سیرتِ پاک صلی اللہ علیہ وسلم ایک پُرکشش انداز میں

دُرِّ یتیم

ماہر القادری

تفصیلات

نام کتاب : درِّ یتیم

مصنف : ماہر القادری

سن اشاعت : ۲۰۲۰ء

صفحات : ۲۵۶

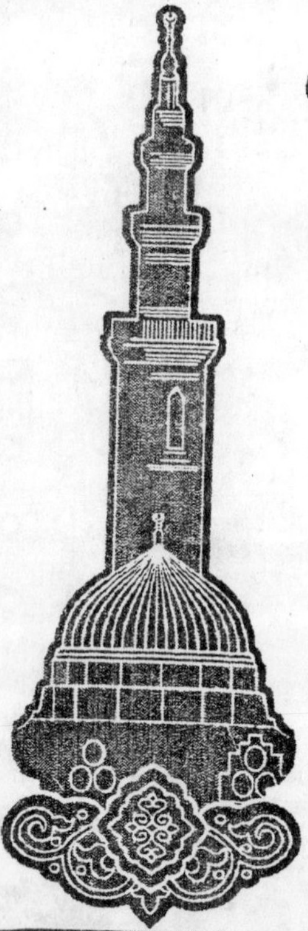

فہرست مضامین

گزارش

ناولوں اور افسانوں کی بنیاد خود تراشیدہ خاکے ہوتے ہیں جن میں انشاء پرداز کا تخیل رنگ بھرتا ہے۔ ''دریتیم'' بھی ناول کے انداز پر لکھا گیا ہے۔ لیکن اس ناول کا ''ہیرو'' وہ ''انسانِ کامل'' ہے، جس سے بہتر انسان پر آج تک سورج طلوع نہیں ہوا۔ یہی ذاتِ گرامی خلاصۂ کائنات، فخر موجودات اور شرفِ انسانیت ہے۔ اس لیے ''دریتیم'' میں ایک لفظ بھی ایسا نہیں ملے گا جو اس زبان حق ترجمان سے کہ ''وَمَا یَنْطِقُ عَنِ الْھَوٰی اِنْ ھُوَ اِلَّا وَحیٌ یُّوحیٰ'' کی مصداق ہے نہ ادا ہوا ہو، اور اس کتاب میں شامل کر دیا گیا ہو۔

اس ناول کے واقعات تاریخی اساس اور روایتی شہادتیں رکھتے ہیں، درایت کو بھی نظر انداز نہیں کیا گیا، ہم حبابوں اور آب گینوں کی اس منزل سے بڑی احتیاط کے ساتھ گزرے ہیں۔ ہاں! یہ ضرور ہے کہ بعض کیفیات اور تفصیلیں ''زبانِ حال'' سے بیان ہوئی ہیں جن میں ناول نگار کی تخئیل بھی شامل ہوگئی ہے۔

مثلاً روایتوں سے یہ ثابت ہے کہ عبد المطلب نے منت مانی تھی کہ جب میرے دس بیٹے ہو جائیں گے تو ایک بیٹے کو راہِ خدا میں قربان کروں گا۔ اس منت کے پورا کرنے کا انہوں نے ارادہ کیا تو عبد اللہ کے ننہیال والوں نے مزاحمت کی۔ اس سلسلے میں جو مکالمہ درج ہے اور واقعہ کی جو تفصیل پیش کی گئی ہے۔ وہ تخیلی ہے۔ یعنی اس تاریخی شہادت کو میں نے افسانوی طرز پر پھیلا دیا ہے کہ اس سلسلے میں یہ واقعات نفسیاتی طور پر پیش آنے چاہئیں یہ پیش آئے ہوں گے اور اس انداز کی بات چیت ہوئی ہوگی۔

دودھ پلانے والیوں کا مکالمہ ''حلیمہ سعدیہ'' کی گفتگو اور ان کے سفر کے واقعات بھی زبان حال'' سے ادا ہوئے ہیں۔ اس ''زبان حال'' کی بنیاد تاریخی روایتیں ہیں مگر تفصیل میرے تخیل نے پیدا کی ہے۔ اس انداز کو تفصیلات سے گریز کرتا تو پھر یہ ناول خالص تاریخی کتاب بن کر رہ جاتا۔

بعثت نبویؐ کے بعد کا حصہ سب سے زیادہ مستند اور معتبر ہے۔ اخبار و سیر کی کتابیں اس کا ماخذ ہیں۔ اس احتیاط کے باوجود مجھ سے بھول چوک ہو سکتی ہے۔ میں انسان ہوں، فرشتہ نہیں ہوں، لیکن اللہ دل کا حال جانتا ہے کہ جہاں تک مجھ سے ہو سکا ہے افسانہ اور ناول کا طرز قائم رکھتے ہوئے بھی میں نے احتیاط برتی ہے۔

میرے بہت سے ناول اور افسانوں کے مجموعہ چھپ کر منظر عام پر آ چکے ہیں۔ لیکن یہ ناول (درِ یتیمؐ) میرے لیے ذخیرۂ عقبیٰ اور توشۂ آخرت ہے۔ نہ جانے کتنی بار خود ہی لکھتے لکھتے بے اختیار رو دیا ہوں۔ یہی آخر میری زندگی کا سرمایہ اور میری خوشیوں کا گراں قدر متاع ہیں۔

ماہر القادری

قربانی کی صبح

ستاروں کے بجھتے ہوئے چراغوں سے دھواں سا نکل رہا تھا، یہ صبح کاذب! دھندلکا اور اجالا ایک دوسرے میں گھل مل گئے تھے، سورج مشرق کے دریچے سے جھانکنے ہی والا تھا، مہ وانجم رات کے مسافر رخت سفر باندھ کر جانے کے لئے تیار کھڑے تھے، بساط شب الٹنے والی تھی، اس کے مہرے آپ ہی آپ کپکپا رہے تھے۔

صبح کے نرم و خنک جھونکے بڑے جسم فریب ہوتے ہیں، بہت کم لوگ اس خواب نوشیں سے بیدار ہو جانا چاہتے ہیں۔ بستر کی شکنیں سونے والے کا دامن تھام کر کہتی ہیں کہ ایکا ایکی بے وفائی نہ کرو، ابھی دن کہاں نکلا ہے، دھوپ اچھی طرح پھیل جائے تو یہاں سے اٹھ کر جانا، خوب لطف کے ساتھ کروٹیں بدلو، انگڑائیاں لو، ہتھیلیوں سے خواب آلودہ آنکھیں ملنے کے بعد بھی لیٹے رہو، ایسی جلدی کیا ہے۔ کلیوں کو تو چٹک جانے دو، شبنم نے ابھی نیم باز غنچوں کے منھ بھی پورے طور پر نہیں دھلائے، نیند کا مزہ جاگنے پر ہی محسوس ہوتا ہے۔ اس لطف کو دیکھو! ادھورا نہ چھوڑ دینا، آنکھ کھلتے ہی بستر سے فوراً اٹھ جانے والے، خواب کی لذت آخر سے محروم رہتے ہیں۔

یہ مکہ کی صبح کاذب تھی، لوگ ٹھنڈی ہواؤں کی گود میں سو رہے تھے، سکوت شب پوری طرح ٹوٹا نہ تھا۔ کسی راستے سے اونٹوں کے گلے کی گھنٹیاں بجنے کی آواز آ رہی تھی۔ مدھم اور بے ترتیب آواز جیسے کوئی نومشق پجاری مندر میں گھنٹی بجا رہا ہو! اہل مکہ کے گھروں پر نیند کی خاموشی چھائی ہوئی تھی۔ اس عالم میں بنو ہاشم کے عریض و طویل مکان کے دروازے کے پاس ایک باوقار شخص سیاہ کمبل پر دیوار سے کمر لگائے بیٹھا تھا، وہ گہرے سوچ میں ڈوبا ہوا تھا، اس کے ماتھے پر سلوٹیں جلد جلد ابھرتیں اور پھر پھیل جاتیں، فکر و احساس کے بار نے اس کے پپوٹوں کو بوجھل بنا دیا تھا، اس کی آنکھوں میں کبھی چمک پیدا ہوتی اور کبھی اندھیرا، خیالات شاخ

درشاخ ہوتے چلے جارہے تھے، وہ یک بارگی کھڑا ہوا اور صحن میں تیز تیز ٹہلنے لگا۔

خوب دھوپ پھیل چکی تھی، ابوقبیس کی چوٹیوں پر سورج کی شعاعوں نے سنہری شعر لکھ دیئے تھے، پرندے چہچہار ہے تھے، بکریاں ممیارہی تھیں اور اونٹ بلبلا رہے تھے، مگر یہ شخص اپنے خیالات میں مستغرق تھا، غور وفکر کی شدت نے صبح کے ہنگامے سے اسے بے خبر بنا دیا تھا۔ گھر کے لوگ اس کی طرف حیرت و تجسس کی نگاہ سے دیکھ رہے تھے۔ کہیں! بنوامیہ سے کسی بات پر جھگڑا تو نہیں ہوگیا، امیہ اور ہاشم کے جانشینوں کی تلوار کو نیام سے تو باہر آنا نہ پڑے گا؟ شام سے جن اونٹوں پر اسبابِ تجارت آرہا تھا کہیں وہ تو نہیں لٹ گئے؟ حج کا زمانہ قریب آرہا ہے، شاید اس کے انتظام کے لئے یہ سوچ بچار ہو رہا ہے! عبدالمطلب کو اتنا فکر مند تو کبھی نہیں دیکھا گیا، آج یہ دارالندوہ بھی نہیں گئے، قریش کے سرداراِن کے منتظر ہوں گے۔ سب لوگ اپنے خیال کے مطابق قیاس آرائی کر رہے تھے، عبدالمطلب سے بات کرنے کی کسی کو جرأت نہ ہوتی تھی۔

عبدالمطلب نے پیشانی سے پسینہ پونچھا، کئی بار ہاتھوں کی مٹھیوں کو بند کیا اور کھولا، پھر اپنے نیچے کرتہ کو اوپر اٹھاتے ہوئے بولے:

''عبداللہ کہاں ہے؟ اسے بلاؤ کعبہ کی دیوار کے سایہ میں آج اسے قربان کر کے اپنی منّت پوری کروں گا۔''

گھر والے سب ایک دوسرے کا منھ تکنے لگے، عبدالمطلب کے فیصلہ کو سن کر سب کے چہرے یک بارگی پیلے پڑ گئے جیسے ان کے جسموں میں لہو نہیں پانی ہے، مکان کے صحن میں اونٹوں کے کجاووں کے پاس دیوار میں بہت بڑا طاق تھا جس میں مٹی کے پیالے، رسیاں، ستو کے خالی تھیلے، آہنی خود، ٹوٹی ہوئی زرہ کے ٹکڑے اور لوہے کے کچھ ہتھیار رکھے تھے، عبدالمطلب نے طاق سے چھری اٹھائی اور اس کی دھار دیکھنے لگے، دھار تیز تھی مگر عبدالمطلب نے احتیاطاً زرہ کے لوہے پر اسے رگڑنا شروع کیا۔

آن کی آن میں بجلی کی طرح ہر طرف خبر پھیل گئی، عبدالمطلب نے جو منّت مانی تھی کہ اللہ تعالیٰ نے مجھے دس بیٹے دے دیئے تو میں ایک بیٹے کو تقرب الٰہی کے لئے قربان کروں گا، آج اس منت کے پورا کرنے کی وہ تیاری کر رہے ہیں۔ چھری کی دھار تیز تر کی جارہی ہے،

بداللہ کے بلانے کے لئے آدمی بھجوادیا ہے۔ ہاشمی گھرانے کے لوگ بات کے پکے اور ادے کے مضبوط ہوتے ہیں اور پھر عبدالمطلب تو قریش کے سردار ہیں۔ ان کے عزم کا ل جانا بہت دشوار ہے۔

تھوڑی دیر میں عبداللہ، حارث، ابو طالب اور دوسرے بھائیوں کے ساتھ باپ کی اب میں حاضر ہوگئے، اور ان کے آنے کے تھوڑی دیر بعد عبداللہ کے ننھیال والے بھی سہ کے قربان کئے جانے کی خبر سن کر وہاں چلے آئے۔ عبداللہ ایک طرف چپ چاپ ھڑے تھے، سب کی نگاہیں انہی پر تھیں۔ ترس کھانے والی نگاہیں، ملتجی نظریں کہ کاش بدالمطلب کے ہاتھ سے کوئی چھری چھین لیتا۔

لوگوں کی ہمدردی کے اس منظر کو دیکھ کر عبدالمطلب نے اونٹ کے کجاوے پر پیر رکھتے ئے کہا:

"مجھے بزدل بنانے کے لیے تم یہاں اکٹھے ہوئے ہو! ہمدردی کا یہ نرالا انداز ہے۔ ایک شریف آدمی کو ایفائے عہد اور تکمیل منت سے روکا جاتا ہے! میری منت سب کو معلوم ہے۔ رات میں نے قرعہ اندازی کی تھی، پورے احتیاط اور ذمہ داری کے ساتھ قرعے ڈالے تھے، عبداللہ کے نام قرعہ نکل آیا، آج اس کو قربان کر کے اپنی منت پوری کروں گا جو لوگ کم ہمت اور بزدل ہیں وہ اپنی آنکھوں پر قمیصوں کے دامن ڈال لیں، جو ذبح ہونے والے کی چیخیں سننے کی تاب نہیں لاسکتے وہ اپنے کانوں میں روئی ٹھونس لیں۔ لوگوں کو میرے بچہ سے ہمدردی ہے مگر میری شرافت اور غیرت سے ہمدردی نہیں ہے۔ عدنان کی اولاد ہائے! اتنی کم ہمت ہوگئی! کاش! ابوقبیس کا سینہ شق ہوجاتا اور تمام بزدل قریش اس میں سماجاتے"۔

عبدالمطلب بار بار داڑھی پر ہاتھ پھیرتے اور چھری کو الٹتے پلٹتے، اپنے عزم کا ثبات نے کے لیے! عبداللہ کے ننھیال کے لوگ اور سب سے بڑھ کر ابو طالب درمیان میں ئے کہ ایسا نہیں ہوسکتا، ہم یہ کام نہیں ہونے دیں گے، پہلے ہماری گردنوں پر چھری پھیردو عبداللہ کے جسم کو ہاتھ لگانا، بات بڑھنے لگی، عبدالمطلب اپنی ضد پر قائم تھے کہ چاہے دنیا

ادھر کی ادھر ہو جائے میرا ارادہ نہیں بدل سکتا۔ مردوں کا قول جان دار ہوتا ہے اور وزنی بھی میں اس وزن کو عزیزوں رشتہ داروں کے کہنے میں آکر ہلکا نہ ہونے دوں گا۔ مجھے اللہ نے اپنی مہربانی سے دس بیٹے دیے ہیں۔ ایک بیٹا جاتا رہے گا تو کیا ہو جائے گا، پھر منت کا پور کرنا ہر محبت اور تعلق سے بڑھ کر ہے۔

سخت کش مکش کی نوبت آگئی، دونوں طرف سے کوئی بھی اپنی بات سے ذرہ برابر ہٹنے کے لیے تیار نہ تھا، ایک ہاتھ میں چھری تھی اور دوسری جانب سے دسیوں سینے عبداللہ کے سامنے سپر بننے کے لیے آمادہ تھے۔

"یا سید القریش! ایک بات کہوں، مانو گے؟" ایک بوڑھے عرب نے اپنی کمر سے رسی کی گرہ ڈھیلی کرتے ہوئے کہا۔

"مجھ سے کسی بات کا اقرار نہ لو بڑے میاں! تمہیں جو کچھ کہنا ہے کہہ ڈالو۔" عبدالمطلب نے جواب دیا۔

"بنو عامر کے محلّہ میں جو کاہنہ رہتی ہے، اسے تو آپ جانتے ہیں۔" بوڑھے نے دریافت کیا

"میں کیا سارا مکہ اسے جانتا ہے۔ کہانت میں آج اس کا جواب نہیں ہے۔ یمن اور نجد تک کے لوگ اس سے فال کھلوانے کے لیے آتے ہیں۔ عبدالمطلب چھری کی نوک دیو میں چبھوتے ہوئے بولے۔

"اتنا ہی نہیں! غسان اور سیمانہ کے بادشاہ اس کاہنہ کی خدمت میں نذریں اور ہد بھیجتے ہیں۔ چلو اس کے پاس چل کر اس قضیہ کو پیش کر دیں، وہ جو کہے گی اس پر عمل کر گے، اسے کسی بات کا لالچ ہے اور نہ کسی کا خوف، اس کا فیصلہ دو ٹوک ہوگا"۔

بوڑھے کے کہنے پر عبدالمطلب نے کرتہ کا اٹھایا ہوا دامن ہاتھ سے چھوڑ دیا۔ گویا کاہنہ کے پاس چلنے کو تیار ہیں اور یہ بات انھیں منظور ہے۔

"اس چھری کو تو گھر میں رکھتے چلو؟" ایک رشتہ دار نے قدرے جھنجھلا کر کہا۔

"نہیں! یہ نہیں ہوسکتا۔ کاہنہ کے فیصلہ تک یہ چھری عبدالمطلب کے ہاتھ سے جد ہو سکے گی، مجھے ہر بات کے لیے مجبور نہ کرو" عبدالمطلب نے گھر کے دروازے سے نـ ہوئے جواب دیا۔

بنو ہاشم کے چند لوگ عبدالمطلب کو لے کر کاہنہ کے پاس پہنچے، کاہنہ ادھیڑ عمر کی عورت تھی بکھرے اور الجھے ہوئے بال، چہرہ گرد آلود، نیم برہنہ جسم، گلے میں اونٹ کی ہڈیوں کی بدقوار مالا، ہاتھوں، پیروں اور بازوؤں میں لوہے کے موٹے موٹے کڑے! انتہائی بھیانک اور ڈراؤنا چہرہ! لال پیلی آنکھیں، تنی ہوئی بھویں، شکن آلود ماتھا، نیلے ہونٹ، چوڑا جبڑا، عورت کاہے کو تھی اچھی خاصی دیونی تھی، اس بدہیئتی نے کاہنہ کا لوگوں کو عقیدت مند بنا دیا تھا، لات وعزیٰ کے پرستاروں کا خیال تھا کہ غیب کی باتیں عام چہرے مہرے کے آدمی نہیں بتا سکتے، اس کے لیے تو سب سے الگ چہرے اور جداوضع قطع ہونی چاہیے۔

سب لوگ عقیدت کے ساتھ کاہنہ کے اِرد گرد کھڑے ہوئے۔ اس نے اپنی لکڑی لے اشارے سے جس پر زیتون کا تیل ملا تھا زمین پر بیٹھنے کے لیے اشارہ کیا۔ عبدالمطلب چھری کو زمین میں گاڑ کر اس کے سہارے بیٹھے، کوئی نیم قد جھکا اور اکڑوں بیٹھ گیا، کاہنہ کے روبرو معاملہ پیش ہوا۔ وہ غور سے سنتی رہی۔ آنکھیں بند کیے ہوئے جیسے اس کا جسم زمین پر ہے، مگر اس کا دماغ آسمان کی سیر کر رہا ہے اور غیب کے نوشتے اس کی چشم بصیرت کے سامنے کھلے ہوئے ہیں۔

''ہم چاہتے ہیں کہ کسی طرح عبداللہ کی جان بچ جائے اور'' ایک ہاشمی کی بات ابھی پوری نہیں ہوئی تھی کہ عبدالمطلب بیچ میں بول پڑے:

''آپ (کاہنہ کی طرف مخاطب ہو کر) ان کے کہنے میں نہ آئیں، جو کچھ آپ کا دل، ضمیر اور سب سے بڑھ کر یہ کہ آپ کا علم کہے اس کو جوں کا توں ظاہر کر دیں۔'' اس پر کاہنہ نے قہقہہ لگایا، بڑے بڑے دانتوں کی پیلاہٹ نے اس ملطف آمیز قہقہہ کو ڈراؤنا بنا دیا، وہ اپنے خاص انداز میں بولی:

> ''منت دوسری بھی پوری ہو سکتی ہے! عبداللہ کے نام کے ساتھ اونٹوں کا بھی قرعہ ڈالو۔ یہاں تک کہ عبداللہ کی جگہ اونٹوں کا نام نکل آئے، تب اونٹ قربان کر دیے جائیں، منت پوری ہو جائے گی۔''

سب لوگ خوشی خوشی گھر واپس آئے اور قرعہ اندازی شروع ہوئی۔ قرعہ کا آغاز دس اونٹوں سے ہوا، ہر بار عبداللہ کا نام نکلتا، گھر والوں کے چہرے فق ہو جاتے، سو اونٹوں پر

جا کر عبداللہ کی جگہ اونٹوں کے نام کا قرعہ نکلا اور عبدالمطلب نے سو اونٹ قربان کر دیے۔

عبداللہ آج چھری تلے سے نکلے تھے۔ انھیں دوبارہ زندگی ملی تھی، جتنی خوشی ہوتی تھوڑی تھی۔ کنواری لڑکیاں خوشی کے گیت گانے لگیں، بچے چھوٹے چھوٹے نیزے اور کمانیں لے کر کھیلنے لگے، عبدالمطلب کا گھر مہمان خانہ بنا ہوا تھا۔ ہر طرف چولھے، دیگچیاں، پیالے، روٹیاں، اور شوربہ کے قدح دکھائی دیتے تھے۔ قریش اس نامور سردار (قصیٰ) کی اولاد تھے جس نے اب سے سیکڑوں سال پہلے قریش کو جمع کر کے تقریر کی تھی کہ سینکڑوں ہزاروں میل سے لوگ چل کر حرم کی زیارت کو آتے ہیں، ان کے کھانے پینے کا اہتمام ہمارا فرض ہے، قصیٰ کی تقریر نے سب کے دل پر اثر کیا، قریش سال کے سال ایک رقم جمع کر دیتے، جس سے حاجیوں کو کھانا کھلایا جاتا، پانی کے لیے چمڑے کے بڑے بڑے حوض بنا دیے گئے تھے۔ عبدالمطلب اپنے دادا قصی کے صحیح جانشین تھے۔ وہی وقار، وہی سیر چشمی اور مہمان نوازی! ان کے یہاں جو کچھ ہوتا کم تھا۔

عبداللہ ذبح ہوتے ہوتے رہ گئے۔ قربانی کی منت دوسری صورت میں پوری ہوئی۔ تب سے کئی ہزار سال پہلے اسی مکہ میں حضرت اسمٰعیلؑ کے ساتھ ''ذبح عظیم'' کا مہتم بالشان واقعہ پیش آیا تھا، تاریخ نے ذرا بدلے ہوئے انداز میں پھر اپنے کو دہرا دیا تھا، وہی نسل، وہی گھرانا، وہی شہر، ان اسرار پر ابھی قدرت نے نورانی حجاب ڈال رکھا تھا جس کے ظہور کے لیے مہ و آفتاب کی نگاہیں منتظر تھیں۔

پاکباز عبداللہ

عبدالمطلب کے ایک چھوڑ دس بیٹے تھے۔ مگر ان سب میں دل کش، وجیہ اور شکیل یہی عبداللہ تھے جن کے ذبح کرنے کے لیے باپ نے چھری ہاتھ میں سنبھال لی تھی۔ چہرہ ابولہب کا بھی سرخ تھا مگر انگارے کی طرح لال بھبوکا جس کو دیکھ کر طبیعت کو اُنس نہیں اُلٹی وحشت ہوتی تھی، عبداللہ کی صورت میں بلا کی جاذبیت اور دل کشی تھی، ان کی پیشانی میں ایک عجیب چمک تھی، جو قریش کے کسی نوجوان کی پیشانی میں نظر نہ آتی تھی۔ ان کا ماتھا سچ مچ نور کا تڑکا تھا جس میں بہت سی صبحیں مسکراتی تھیں۔

ایک دن دوپہر کے وقت ایک قریشی چرواہا گھر بھاگا ہوا آیا اور اپنے گھر والوں سے کہنے لگا کہ میں نے آج ایک عجیب بات دیکھی ہے، اسی کے کہنے کے لیے میں جنگل سے بستی میں آیا ہوں، ابھی تھوڑی دیر ہوئی میں بکریاں چرا رہا تھا، عبدالمطلب کا بیٹا عبداللہ ہمارے قریب سے گزرا، سخت دھوپ پڑ رہی تھی، مطلع بالکل صاف تھا، سورج کی کرنیں جسموں کو جھلسے دیتی تھیں، اتنے میں کیا دیکھتا ہوں کہ عبداللہ کے سر پر بادل کا ٹکڑا سایہ کیے ہوئے ہے اور وہ ابر پارہ اس کے ساتھ ساتھ چل رہا ہے۔

لوگ مسکرانے لگے کہ چرواہا خواب دیکھ کر آیا ہے یا اس کی آنکھیں دھوپ میں چندھیا گئی ہیں اور اس نے کچھ کا کچھ دیکھ لیا۔ سب نے لڑکے کی بات ہنسی میں اُڑا دی۔ چرواہا اس پر جھنجھلا کر بولا۔ آپ مجھے جھوٹا سمجھتے ہیں۔ میری آنکھوں کو ذرا سا بھی دھوکا نہیں ہوا، آپ کو یقین نہ آئے تو کعبہ کا پردہ تھام کر اسی بات کو دہرا دوں یا لات و ہبل کے مقدس پیر کو چھو کر قسم کھالوں، بات واقعی بہت زیادہ عجیب ہے، پر میں اپنی آنکھوں کو آخر کس طرح جھٹلا دوں۔

اس پر ایک بوڑھا عرب کمان پر کہنی کا زور دے کر بولا:

''ہمارے خدا لات و عزیٰ گرمی میں جلتے رہتے ہیں اور ان بادل کے کسی ٹکڑے

کو ان پر سایہ فگن ہونے کی توفیق نہیں ہوتی، حالانکہ یہ اصنام ہماری حاجت روائی کرتے ہیں۔ انہی کے دم سے مکہ کے کھجور سرسبز ہیں اور طائف کے سبزہ زار لہلہاتے ہیں۔ لڑائیوں میں یہی معبود ہماری مدد کرتے ہیں، یہ عبدالمطلب کا بیٹا کیا لات وہبل سے بھی زیادہ مقدس اور پہنچا ہوا ہے۔ اس کل کے لونڈے کی باتوں میں ہم جہاں دیدہ لوگ نہیں آسکتے۔" سب ہنسنے لگے، چرواہا کھسیانا ہو کر جنگل کو لوٹ گیا۔

مکہ کا ماحول فواحش اور بدکاریوں کا ماحول تھا، مگر عبداللہ کی طبیعت کا شروع ہی سے پاک بازی اور نکوکاری کی طرف میلان تھا۔ خانہ کعبہ کا طواف کرتے برہنہ عورتوں کی چھچل سنتے ہی وہ آنکھیں بند کر لیتے۔ جوانانِ قریش کی رنگ رلیوں سے ان کی طبیعت یکسر بیزار تھی ان کے ساتھی چھیڑتے تھے کہ عبداللہ کو تو چوڑیاں پہن کر اور دوپٹہ اوڑھ کر گھر میں بیٹھ جانا چاہیے۔ جوان مردوں کی سی ترنگیں عبدالمطلب کے اس شرمیلے فرزند میں نہیں پائی جاتیں، جوانی میں راہبوں اور بطریقوں کی طرح زندگی گزارنا بہت بڑی حماقت اور بدتوفیقی ہے۔ یہی تو لطف کرنے اور مزے اُڑانے کے دن ہیں۔ آہ! بے چارے عبداللہ کی جوانی! خشک، بے مزہ، لذتوں سے خالی -- سے زیادہ راتیں بے کیف۔ گویا کہ اس چمن میں بہار ہی نہیں آئی۔

عبداللہ ایک دن مکہ کی ایک گلی سے گزر رہے تھے، راستہ کی گرد پر اونٹوں کے پیروں کے نشان ابھرے تھے، جیسے ابھی ابھی کچھ اونٹ ادھر سے گزرے ہیں۔ عبداللہ کی آنکھیں ان ہی نشانوں پر جمی تھیں کہ ایکا ایکی ایک مکان کا دروازہ کھلا، عبداللہ نے دیکھا تو مرالخثیمہ کی جوان لڑکی دروازے کا پٹ کھولے کھڑی تھی۔ جوانی، حسن وتناسب، بچپن، موزونیت! لڑکی سر سے پیر ایک دل کشی اور رعنائی کی تصویر تھی۔ لڑکی نے اشارہ کر کے عبداللہ کو روکا اور اپنی ہوس ناک خواہشوں کا پیام دیا۔ یہ حسن وجوانی کی طرف سے پہل ہو رہی تھی، رعنائیاں خود اقدام کر رہی تھیں۔ عبداللہ کے سینے میں جوان دل تھا۔ گرم ولولوں سے دہکا ہوا! نفس نے اُبھارنا چاہا کہ ایسے رنگین مواقع روز روز میسر نہیں آتے۔ اس حسینہ کی طرف قریشی نوجوانوں کی ٹولیاں مائل ہیں۔ ہر کوئی اس کے لیے اپنی مٹھی میں دل دبائے پھرتا ہے، اور تیری جانب وہ آپ ہی آپ بڑھ رہی ہے۔ دیکھنا! چوکنا نہیں، غفلت نہ کرنا، حسن وجوانی کی

التجائیں ٹھکرائی نہیں جاتیں۔ مگر عبداللہ کے ضمیر نے چٹکی لی۔ شرم وغیرت کی رگ کو دبایا۔ عبداللہ نے دوشیزۂ عرب کی ایک مسکراہٹ کو بھی قبول نہیں کیا۔

خشیمہ کی حسین لڑکی کو یقین تھا کہ عبداللہ اس کے اقدام پر ہنس کھیل کر ''لبیک'' کہے گا۔ اب جو توقع کے خلاف ناکامی ہوئی تو حسن اپنی ناکامی پر جھنجھلا گیا۔ شدتِ عتاب نے رخساروں کی سپیدی میں سرخی ملادی۔ لڑکی تھی ہوش مند! بڑے صبر وضبط کے ساتھ خفگی کو چھپایا اور حسن وجوانی کی پیش کش کے ساتھ سرخ اونٹوں کا بھی لالچ دیا۔ مگر عبداللہ اس کے جواب میں یہ قطعہ پڑھتے ہوئے بڑھ گئے۔

''فعل حرام کے ارتکاب سے تو مرجانا ہی اچھا ہے۔ حلال کو میں بے شک پسند کرتا ہوں۔ مگر اس کے لیے اعلان ضروری ہے۔ تم بہکاتی اور پھسلاتی ہو لیکن شریف آدمی پر اپنے دین اور عفت کی حفاظت لازم ہے۔''

لڑکی دیکھتی کی دیکھتی رہ گئی۔ عبداللہ کے نقشِ قدم بس وہاں دکھائی دیتے تھے وہ ہوسناکی کو دھتکار کر چلے گئے تھے۔

عبدمناف کے گھرانے میں شکار کا گوشت آیا ہے۔ دیگچی چولھے پر چڑھی ہے۔ ایک بوڑھی عورت لکڑی کے کفگیر سے دیگچی کے پانی کو چلارہی ہے۔ کھانے کے انتظار میں گھر کے لوگ زمین پر بیٹھے ہیں۔ مٹی کے بڑے بڑے پیالے ان کے آگے رکھے ہیں۔

''آپ نے عبدالمطلب کے یہاں کیا جواب بھجوایا؟'' ایک ادھیڑ عمر کے عرب نے پوچھا۔

''میں بالکل رضامند ہوں، بس ذرا ایک دودن میں میرے چچا نخلہ سے آجائیں ان سے اور مشورہ کرلوں۔ بڑے بوڑھوں کا مشورہ اچھا ہوتا ہے۔'' بوڑھے نے جواب دیا۔

''میں کہتا ہوں اس نیک کام میں دیر کرنا مناسب نہیں۔ عبدالمطلب کے بیٹے عبداللہ کے لیے مکہ میں لڑکیوں کی کمی نہیں۔ لوگ تمنائیں کررہے ہیں کہ کیسے ہی ہماری لڑکی کا عبداللہ کے ساتھ رشتہ ہوجائے۔ عبداللہ جیسا لڑکا چراغ لے کر ڈھونڈو گے تو بھی سارے عرب میں نہ ملے گا۔ اس کا گھرانا قریش کا سب سے محترم گھرانا ہے، اس کے باپ عبدالمطلب ''سید القریش'' ہیں اور ان کا یہ شرف کیا کم ہے کہ چاہِ زمزم جسے عمرو بن حرث جرہمی نے بند کرادیا اور کسی کو یاد بھی نہ رہا کہ یہاں اس نام کا کوئی کنواں بھی تھا۔ عبدالمطلب نے اپنے بیٹے حارث

کو لے کر کھود نکالا۔ ابن عم! جلدی کرو، آمنہ کی تقدیر کے ستارے کو جلد چمکنے دو۔"

بات طے ہوگئی۔ عبدالمطلب کے یہاں جواب بھجوا دیا گیا کہ ہمیں یہ رشتہ منظور ہے دونوں طرف خوشی ہونے لگی۔ عبداللہ باپ کا چہیتا اور "ذبیح" بیٹا تھا۔ جس کی شرافت ا نکوکاری کی قریش قسم کھاتے تھے اور بی بی آمنہ اپنے گھرانے کی چشم و چراغ تھیں۔ عفت حیا کا مجسمہ، پاکیزگی کا پیکر! عرب کی عورتیں میلوں میں بے باکی کے ساتھ شریک ہوتیں قریش کی بزم ناؤنوش کو گرماتیں۔ مگر آمنہ کی جبلت ان سب سے جدا اور منفرد تھی۔ وہ ا عزیزوں سے بات کرتے شرماتیں۔ سر سے دوپٹہ ڈھلکنے نہ پاتا۔ قریش کی عورتیں کہا کر تھیں کہ آمنہ تو سچ مچ گڑیا ہے۔ بے زبان، سنجیدہ اور متین! دوسری لڑکیوں کی طرح شوخیا اسے نہیں آتیں، آمنہ کے گھر والے اس سے محبت ہی نہیں بلکہ احترام کرتے تھے۔

عبدالمطلب اپنے ساتھ روٴسائے قریش کو لے کر عبداللہ کی سسرال پہنچے۔ لڑکی والو نے بارات کا استقبال کیا۔ لانبے لانبے کرتے کمر سے بٹی ہوئی رسیاں بندھی ہوئیں، ہاتھو میں تلواریں، کسی کسی شخص کے کاندھے پر یمنی چادر بھی پڑی تھی اور کسی کے کرتے کے گریبا پر شامی کلابتوں کے پھول بھی بنے تھے۔ بیٹی والے کے گھر میں گانا بجانا ہو رہا تھا۔ قریش چھوٹی چھوٹی لڑکیاں دف پر گیت گا رہی تھیں۔ ان گیتوں میں کعبہ کی عظمت، قریش کے نسـ فخر، بوقبیس کی تعریف اور اونٹوں کی رفاقت کا ذکر تھا اور کسی کے شعر میں قریش کی نبرد آزمائ بھی سراہا گیا تھا کہ قریش کی تلواروں کے جوہر لہو چاٹ کر چمکتے ہیں اور ان کی مخالفت کے معنی ہیں کہ زمین و آسمان کی دشمنی مول لی جا رہی ہے۔ لڑکیوں کے نغمے زیادہ مرتب نہ تـ مگر آواز میں بلا کا سوز اور قیامت کی مٹھاس تھی، عرب جھومے جا رہے تھے اور ان زمزمو کی بدولت خوشی اور دوبالا ہوگئی تھی۔ نغمہ مسرت کی تخلیق کرتا ہے اور اس کے زیر و بم سے خوشـ پھوٹتی ہے۔

عرب کے قدیم طریقہ نکاح کی رسم ادا ہوئی۔ انتہائی سادگی کے ساتھ! اعلان ہوا عبداللہ ابن عبدالمطلب اور آمنہ بنت وہب ایک دوسرے کے نکاح میں آگئے۔ عبدالمطلـ کو لوگوں نے مبارکباد دی۔ سید القریش نے اظہار شکر کے لیے آسمان کی طرف دیکھا، تقدیروں کے ستارے مل گئے اور دو زندگیاں ایک دوسرے کی شریک بن گئیں۔

آمنہ رخصت ہو کر سسرال آئیں، اقبال مند بہو کا گھر والیوں نے استقبال کیا۔ بلکہ اس کی راہ میں آنکھیں بچھادی۔ ہر کسی کی زبان پر تھا کہ دولہا دلہن کا ایسا خوش نصیب جوڑا آج تک دیکھنے میں نہیں آیا۔ عبداللہ آفتاب تو آمنہ ماہتاب ہے۔ دونوں نیک اور شرمیلے، شرافت وغیرت کے نمونے! ایک دوسرے کا جواب۔ اسے چھپاؤ اور اسے نکالو۔

عبدالمطلب نے عزیزوں، رشتہ داروں اور دوستوں کو کھانا کھلایا۔ بڑی بڑی دیگچیوں میں شوربہ بھرا تھا۔ اس میں روٹیاں ٹکڑے کر کے بھگودی گئیں۔ یہ عربوں کا محبوب کھانا ''ثرید'' تھا۔ بڑے بڑے طباقوں میں ثرید نکالا گیا اور کئی کئی عرب ایک طباق کو لے کر بیٹھ گئے۔ آپس میں ہنسی مذاق کی باتیں بھی ہوتی جاتی تھیں۔

''یہ اس اونٹ کا گوشت ہے جو یمن سے لوبان، بخور اور عطریات لے کر آیا تھا۔''

''ہاں، ہاں، جب ہی تو یہ گوشت خوشبودار ہے۔'' (قہقہہ)

''ابوقارعہ! اس ہڈی کو دیکھو، تلوار کی طرح تیز ہے۔ اس اونٹ کے باپ دادا شاید حدادی کا پیشہ کرتے تھے۔'' (نوجوان ہنسنے لگے)

''آہستہ بات کرو لید! یہ عبدالمطلب کا گھر ہے۔ قمیہ کے بیٹے رضاعہ کا شراب خانہ نہیں ہے، وقار و متانت ہاشمی گھرانے کا شعار ہے۔''

عبدالمطلب نے عبداللہ اور دوسرے بیٹوں کو ساتھ لے کر کعبہ کے طواف کیے۔ طوافِ شکرانہ! اس میں محبت، عقیدت اور دلی جوش بھی شریک تھا، کعبہ کی منڈیروں پر خوبصورت کبوتر بھی رقص کر رہے تھے۔ گویا کہ طواف کرنے والوں کا ساتھ دے رہے ہیں اور زبان حال سے کہہ رہے ہیں کہ ہمیں بھی اس خوشی میں برابر کا شریک سمجھو۔

❂ ❂ ❂

شام کی طرف

شادی ہوئے تقریباً ڈھائی تین مہینے گزر چکے ہیں۔ عبدالمطلب کے مکان میں اونٹوں کے کجاوے کسے جا رہے ہیں۔ ستو کی تھیلیوں کے منہ بندھ رہے ہیں اور پانی کی چھاگلیں بھری جا رہی ہیں۔ تلواروں کی پھٹی ہوئی نیامیں بدلی گئیں۔ ترکش میں تیز قسم کے تیر رکھے گئے۔ یہ سفر ہے۔ پرائے ملک میں جانا ہوگا۔ اور پردیس کو ہر کوئی وطن کے مقابلہ میں زیادہ بن سنور کر جاتا ہے۔

عبداللہ جنھیں دولہا بنے چند دن ہوئے ہیں، شام کی طرف تجارت کے لئے جا رہے ہیں۔ عزیز رشتہ دار جانے والے کو ''الوداع'' کہنے کے لیے جمع ہو گئے۔ یہ سفر سنسان جنگلوں پُرہول بیابانوں اور دشوار گزار راستوں سے ہو کر طے ہوگا۔

''یا ابن عبدالمطلب! مدینہ سے چھ منزل جا کر جو نخلستان آتا ہے وہ خطرناک ہے، وہاں قافلے لٹ جایا کرتے ہیں۔ سنا ہے کہ قبیلہ غفار کے لیٹروں نے ادھر قیامت مچا رکھی ہے، ہوشیاری کے ساتھ جانا۔''

عبداللہ نے اس کے جواب میں اپنی تلوار کی طرف دیکھا، یہی تلوار دیکھنا کہنے والے کی بات کا جواب تھا کہ قزاقوں اور بٹ ماروں کا سامنا ہو گیا تو اس تلوار سے ترکی بہ ترکی جواب دیا جائے گا۔ ہاشمی گھرانے کے لوگ دلیری اور شجاعت میں اپنی نظیر نہیں رکھتے۔ خطرے ان کو ڈرا نہیں سکتے۔ ان کی تلواروں نے بڑے بڑے خطرناک موقعوں پر کعبہ کی نگہبانی کی ہے۔ عبدالمطلب نے عبداللہ کی پیشانی کو چوما۔ عبداللہ کا سرِ نیاز آپ ہی آپ جھک گیا۔ بیٹے کی کامیاب واپسی کے لئے دعائیں کیں۔ ہونٹوں کے ساتھ سفید داڑھی بھی ہلنے لگی۔ عباس نے نکیل پکڑی۔ حمزہ نے کجاوے پر بیٹھتے ہوئے محبت کے ساتھ بھائی کا ہاتھ تھاما۔ آمنہ چپ چاپ بت کی طرح کھڑی ہوئی اس منظر کو دیکھ رہی تھی، شوہر نہیں، اس کی دنیا جا رہی تھی۔ سنسان جنگلوں کی طرف جہاں کوسوں تک آبادی کا نشان نہیں ملتا، وہ اپنا غم کسی سے کہتے ہوئے بھی شرماتی تھی۔ اس کا بس چلتا تو رکھے ہوئے کجاوے کو اتروا دیتی اور جانے

والے کو سفر کرنے سے روک دیتی ۔ آمنہ کا دماغ تسلی دے رہا تھا، ڈھارس بندھا رہا تھا کہ اتنی ملول کیوں ہوتی ہے، تیرا شوہر تجارتی کاروبار کے لئے شام جا رہا ہے، جنگ پر نہیں جا رہا ہے، خیر و خوبی کے ساتھ واپس آجائے گا، قریش آئے دن یمن، شام، نجد، اور مصر جاتے ہی رہتے ہیں ۔ قریش کی تو زندگی گھوڑوں کی پیٹھوں اور اونٹوں کے کوہانوں پر گزرتی ہے ۔ پانچ چھ مہینے کی بات ہی کیا ہے ۔ پلک جھپکاتے اتنے دن بیت جائیں گے ۔

مگر اس کا دل آپ ہی آپ بیٹھا جا رہا تھا ۔ کوئی اس کے کان میں کہہ رہا تھا کہ عبداللہ کو خوب جی بھر کے دیکھ لے ۔ پھر دیکھنا نصیب ہو کہ نہ ہو ۔

عبداللہ نے بھی در و دیوار پر حسرت کی نگاہ ڈالی، جیسے کوئی ہمیشہ کے لیے رخصت ہو رہا ہو ۔ ان کی آنکھوں میں ابدی جدائی جھلک رہی تھی ۔ دیکھنے والے محسوس کر رہے تھے کہ قریش کے گھرانوں سے روزانہ لوگ سفر پر جاتے رہتے ہیں لیکن اس انداز میں تو کوئی رخصت نہیں ہوا کرتا ۔ جدائی کا یہ منظر اور مفارقت کا یہ سماں ہی عجیب سا ہے، ربِ کعبہ! عبداللہ کو عافیت کے ساتھ واپس لائے جس طرح ہم آج اس کی پیٹھ دیکھ رہے ہیں کل اس کا منھ بھی دیکھیں ۔

عبداللہ جب مکہ کی گلیوں سے گزر رہے تھے تو بازار کے موڑ کے پاس ہی ایک خس پوش مکان کے پاس کچھ عورتیں کھڑی تھیں ۔ ان کی باتیں:

"ام سعد! یہ عامر کا چہیتا فرزند عبداللہ تجارت کے اونٹ لے کر سفر پر جا رہا ہے" ۔

"اس کے باپ کا نام عبدالمطلب ہے ۔ سید القریش، مقدس کعبہ کے دربان اور تم ۔ تم" ۔

(بات کاٹ کر) "انجان کہیں کی ۔ تجھے تو بس گڑیوں کے ساتھ کھیلنا اور گیت گانا آتا ہے ۔ اری نادان! عبدالمطلب کا اصلی نام عامر ہے اور اس کا لقب شیبہ ہے ۔ سمجھی!"

"شکریہ! مہربانی! لات و ہبل کی سب برکتیں تیرے حصہ میں آئیں" ۔

"اور یہ بھی کہو کہ میرا بیٹا لبید کی طرح شعر کہنے لگے ۔ عرب میں اس کا نام ہو اور عکاظ وذوالمجنۃ کے بازار اس کے قصیدوں سے گونج اٹھیں" ۔

"زبان نے نہیں، دل نے کہہ دیا" ۔

"ہاں تو میں یہ کہہ رہی تھی کہ شادی ہونے سے پہلے عبداللہ کی پیشانی میں جو نور نظر آتا تھا، اب وہ دکھائی نہیں دیتا ۔ پیشانی میں بس اس کی تجلی کی جھلکیاں سی رہ گئی ہیں جیسے سورج

چھپنے کے بعد قبتیس کی چوٹیوں پر کرنوں کی مضمحل سی دھاریاں چھوڑ جاتا ہے۔"

"تمہاری بات کی میری یہ نگاہیں تصدیق کر رہی ہیں۔ مجھے بھی اپنا ہم خیال اور ہم نگا سمجھو۔" (تیسری عورت نے کہا)

عبداللہ کے کان میں بھی ان باتوں کی بھنک پڑی، مگر مبہم! کچھ سنا کچھ نہ سنا۔ اونٹوں کی گھنٹیوں کی آواز اب ذرا تیز ہوتی جا رہی تھی۔

آمنہ کوٹھے پر چڑھ گئی اور اس وقت تک عبداللہ کے اونٹوں کی قطاریں دیکھتی رہی جب تک کھجوروں کے جھنڈ میں یہ قافلہ چھپ نہ گیا۔ مکہ کی پہاڑیوں نے اس دھند لکے پر او حجاب ڈال دیئے۔ وہ چھت سے اتری، مغموم، افسردہ، جدائی کا غم لئے ہوئے، نمناک پلکوں کو کرتہ کے دامن سے پونچھا، لرزتے ہوئے ہاتھوں سے! عبداللہ جا چکے تھے، ان کی نگاہوں کے نقش آمنہ کو درو دیوار پر ضرور نظر آ رہے تھے۔ جھلکیاں، پرچھائیاں، لکیریں، یا ماضی کے کچھ ادھورے خاکے۔

✲ ✲ ✲

انتظار

آمنہ کو انتظار تھا۔ شوہر کی واپسی کا انتظار! وہ ایک ایک گھڑی گن رہی تھی۔ سہاگن کی غمگین راتیں اور زیادہ اداس ہوتی ہیں۔ وہ لوگوں سے پوچھتی رہتی کہ تیز اونٹ پر شام سے ملہ کا سفر کتنے دن میں طے ہوسکتا ہے؟ اور عبدالمطلب جب کبھی تجارت کے لئے جاتے ہیں تو شام میں کتنے دن ٹھہرتے ہیں؟ ان باتوں سے وہ اپنے دل کو بہلاتی، احساس جدائی کو تھپکیاں ورغمِ فرقت کو لوریاں دیتی۔ شام سے واپس آنے والے خبر دیتے کہ ہم نے فلاں پہاڑی کے امن میں عبداللہ کو جاتے ہوئے دیکھا تھا، اس پڑاؤ پر عبداللہ ٹھہرے تھے، فلاں نخلستان میں پنے اونٹوں کو وہ چارہ کھلا رہے تھے، مگر شام سے واپسی کا حال کوئی نہ بتاتا۔

جس راستہ سے عبداللہ گئے تھے وہ آمنہ کی نگاہ میں تھا۔ وہ دل ہی دل میں خوش ہوکر کہتی کہ انہی کھجوروں کی اوٹ سے وہ آفتاب کی طرح طلوع ہوتے دکھائی دیں گے۔ سرخ ونٹ اس کی گردن میں گھنٹی پڑی ہوئی، خوب صورت کجاوہ، پانی کی وہ چھاگل جس کا تسمہ میں نے اپنے ہاتھوں سے باندھا تھا۔ اور پھر وہ! قریش انھیں بڑھ کر ''اھلا و سھلا'' کہیں گے اور عبدالمطلب بیٹے کے لائے ہوئے درہم و دینار خوشی خوشی گنتے ہوں گے۔

اسی انتظار میں کئی مہینے بیت گئے۔ خود عبدالمطلب کو بیٹے کی طرف سے فکر ہوگئی۔ معلوم ہوا کہ مدینہ سے شام کے وقت قافلہ آیا ہے۔ قافلے والے بہت تھکے ہارے ہیں۔ صبح سویرے عبدالمطلب کے یہاں خیر خبر دینے کے لئے آئیں گے۔ مگر عبدالمطلب تلوار لے کر اٹھے، آنے والوں سے خود جا کر ملے، انھیں بتایا گیا کہ عبداللہ شام سے واپس ہوکر یثرب میں ٹھہر گئے ہیں، بیمار ہیں۔ جب ہم چلے ہیں تو ان کو بخار تھا۔ آمنہ خسر کے انتظار میں دہلیز سے لگی کھڑی تھی کہ یثرب سے آئے ہوئے قافلہ والوں کی زبانی کوئی خبر ملی ہوگی۔ عبدالمطلب کے چہرے پر فکر و پریشانی کے آثار نمایاں تھے مگر بہو کو منتظر و نگراں پا کر انھوں نے دل گرفتگی کو چھپانا چاہا۔ کڑک کر بولے:

”عبداللہ کو یوں ہی سا بخار آ گیا ہے، سفر بھی تو بہت لمبا تھا، جوان آدمی کا بدن تکان سے یوں بھی گرم ہو جاتا ہے۔ فکر کی کوئی بات نہیں ہے۔ وہاں اپنے عزیزوں میں وہ ٹھہرا ہوا ہے۔ یثرب کے لوگ بہت متواضع اور دردمند ہوتے ہیں۔ تیمارداری میں کوئی کسر نہ اٹھا رکھیں گے۔ میں کل صبح حارث کو یثرب بھیج دوں گا۔ وہ عبداللہ کو اپنے ساتھ لے آئے گا۔“

شوہر کی بیماری کی خبر پا کر آمنہ کا کلیجہ دھک سے ہو کر رہ گیا۔ ”وہ بیمار ہو گئے، یثرب میں ہیں۔“ یہ الفاظ اس کے کان کے پردوں میں چبھ کر رہ گئے۔ ایک زبردست دھچکا سا لگا۔ آنکھیں خشک تھیں پر دل رو رہا تھا۔ وہ اسی حالت میں ٹہلنے لگی۔ غم کے بوجھ سے وہ دبی جا رہی تھی۔ رہ رہ کے دسیوں بیسیوں وسوسے ذہن میں آتے تھے۔ امید بندھتی تو آنکھیں چمک اٹھتیں اور آس ٹوٹتی تو چہرے پر دھندلی چھائیاں سی نمودار ہو جاتیں۔ اس کے تصورات کا ایک پاؤں دریا میں اور دوسرا ساحل پر تھا۔ امیدوں کی دھوپ چھاؤں سی۔

”بی بی! سہاگنوں اور نئی نویلی دلہنوں کو اس ”زمانہ“ میں غم نہ کرنا چاہیے۔ یہ نازک دن ہنسی خوشی میں گزارنے چاہئیں۔“ کنیز کے اس کہنے سے آمنہ کے چہرے پر شرم وحیا کی سرخی دوڑ گئی۔

”مگر وہ بیمار ہیں۔ پردیس ہے۔ اور“ آمنہ کی بات پوری ہونے سے پہلے کنیز جھٹ سے بول پڑی:

تو کیا ہوا، تندرست آدمی ہی تو بیمار ہوا کرتے ہیں۔ اس میں دل تھوڑا کرنے کی کیا بات ہے؟ میرے بڑے بھائی بیماری دور کرنے کا عمل جانتے ہیں۔ میں ان کے پاس ابھی جاتی ہوں، انھوں نے یہیں مکہ میں بیٹھے بیٹھے منتر پڑھ کر یثرب کی طرف پھونک دیا تو چٹکی بجاتے بیماری جاتی رہے گی۔ لات وہبل ان کی سنتے ہیں، اور عزیٰ ان پر بہت مہربان ہے“۔

عبدالمطلب لوگوں کے جھگڑے چکانے اور ضروری باتوں میں مشورہ کرنے کے لیے دارالندوہ چلے گئے۔ کنیز روٹیاں پکانے لگی۔ گھر کی دوسری عورتیں اپنے اپنے کاموں میں لگ گئیں۔ مگر آمنہ کا دل یثرب میں پڑا تھا۔ وہی ایک تصور! وہی ایک یاد۔ پاکباز عورت کی دنیا شوہر کے سوا اور کچھ نہیں ہوتا۔

ظہورِ قدسی - صبحِ سعادت

زندگی خواب ہے - اور بہت سے خواب سچ مچ زندگی بن جاتے ہیں - ہر کسی کو ایسے سچے خواب دکھائی نہیں دیتے - بہت سے لوگ خوابوں کو تصورات کی افسانہ طرازی اور اوہام کی بت گری بتاتے ہیں - لیکن اپنی اپنی وسعتِ فکر و خیال اور دل و نگاہ کی پاکیزگی کی بات ہے - بعض خواب اوہام کی شیشہ گری سے بلند ہوتے ہیں - حال و مستقبل کے برزخ کی اس طرح مثالی سیر کرائی ہے کہ آنے والے واقعات کا عکس آئینہ ادراک پر پڑنے لگتا ہے - یہ خواب دوسروں کی بیداری سے زیادہ سچے، کارآمد بلکہ مقدس ہوتے ہیں۔

اس دینا میں بہت سے ایسے بھی ہیں جو جاگتے ہیں - مگر ان کے دل سوتے رہتے ہیں، نفس و آفاق کی نشانی میں بھی انھیں ہدایت کا کوئی اشارہ نہیں ملتا - ماضی اور حال کے واقعات کی رسدگاہ سے مستقبل کی ایک پرچھائیں بھی ان کو نظر نہیں آتی - ساری زندگی بےخبری میں گزرجاتی ہے - مگر کچھ سعید روحیں عالم خواب میں بھی بیدرای کی نعمتوں سے بہرہ مند ہوتی ہیں اور مستقبل ان کے سامنے آپ ہی آپ آکھڑا ہوتا ہے۔

آمنہ کو خواب نظر آنے لگے - نہایت ہی عجیب و مبارک خواب، کبھی یہ کہ بی بی آمنہ کا جسم خاکی یکبارگی آئینہ کی طرح جھلکنے لگا اور روئیں روئیں سے سرد شعاعیں نکلنے لگیں - کبھی کانوں نے سنا کہ بہشت کی حوریں، آسمان کے فرشتے اور مقدس روحیں مبارک باد دے رہی ہیں - کبھی سوتے میں ایسا کیا کہ وہ اپنے نورانی اور شفاف جسم کے ساتھ بلندی پر ہے - اونچے سے اونچے پہاڑ پست نظر آتے ہیں - آمنہ کے تلوے ستاروں کو چھو رہے ہیں اور چاروں طرف تہنیت و تبریک کے زمزمے چھڑے ہیں۔

دستور کے مطابق قبیلہ کی عورتیں آمنہ کی مزاج پُرسی کے لیے آتیں تو انھیں کچھ ایسا نظر آتا جیسے بام کعبہ سے لے کر عبداللہ کے گھر تک نور کا شامیانہ تنا ہوا ہے - جسے کافوری شمعوں سے زیادہ اجلے اور روشن ہاتھ تھامے ہوئے ہیں - گھروں میں چرچے ہونے لگے کہ آمنہ پر

آسمان کی نورانی دیویاں بہت مہربان ہیں۔ وہب کی بیٹی، عبدالمطلب کی بہو، عبداللہ کی شریک حیات اور ہونے والے بچہ کی ماں آمنہ خود زہرہ و مشتری بنی جارہی ہے۔

''اے لو! ستارے زمین پر جھک آئے۔ یہ آج کیا ہورہا ہے۔'' عبداللہ کی پھوپی نے کہا۔

''میں بھی یہی دیکھ رہی ہوں کہ جتنی روشن یہ پچھلی رات ہے، اتنے اجلے تو دن بھی نہیں ہوتے۔ ایک بوڑھی عورت نے جواب دیا۔

''اُمِ معبد! اور یہ خنک ہوائیں، باد صبح گاہی کے جھونکے، نسیم سحر کی اٹھکھیلیاں، در و دیوار جھومے جارہے ہیں، طائف کے سبزہ زاروں اور باغیچوں کی بھی میں نے صبحیں دیکھی ہیں پر آج کی صبح تو سب سے زیادہ عجیب ہے۔ اور خوشبو کی لپٹیں جیسے یمن کا تمام عطر جمع کرکے کسی نے چھڑک دیا ہے، کاش! اس رات کی صبح نہ ہوتی اور ہم سدا یہی منظر دیکھتے رہتے۔'' تیسری عورت نے دوپٹہ کا آنچل موڑتے ہوئے کہا۔

قریش کے جن گھرانوں میں لوگ آج جلد اُٹھ بیٹھتے تھے وہ اپنے بتوں کو تھامتے تھامتے اور اُٹھاتے اٹھاتے تھک جاتے تھے۔ مگر بت! کسی طرح کھڑے رہنے کے لیے تیار نہ تھے۔ ان کی پیشانیاں آپ ہی آپ سجدے میں جھکی جارہی تھیں۔

''آج کیا ہوگیا ہے میرے معبود کو۔ لیٹے جاتے ہیں۔ گرے جاتے ہیں۔ شاید نیند آرہی ہے۔ مگر بت تو سویا نہیں کرتے۔ کہیں مجھ سے ناراض تو نہیں ہوگئے۔ لاؤ پھر ایک بار خلوص عقیدت سے سجدہ کروں۔'' بوڑھے قریشی نے بت کو دیوار کے سہارے کھڑا کرکے سجدہ کیا اور پھر جو سر اٹھایا تو بت کا ماتھا بھی خاک پر رکھا تھا۔ اتنے میں ایک عورت دوڑتی ہوئی آئی اور بوڑھے کا ہاتھ تھام کر بولی:

''میرے ساتھ چل کر دیکھو، فریسہ کا معبود، زہیر کا حاجت روا، قبیس کا بت اور خود میرا خدا سب کے سب خاک پر پیشانی کے بل گر پڑے ہیں۔''

اس پر بوڑھے عرب نے عورت کا ہاتھ جھٹک کر جواب دیا۔ ''میں خود اسی پریشانی میں مبتلا ہوں۔ میرے معبود کو نہیں دیکھ رہی ہو، خاک پر سر رکھا ہے۔ تم اپنے معبودوں کو سنبھالو، میں اپنے خدا کو تھامتا ہوں''۔

یہاں عبدالمطلب کے گھر میں آمنہ پر سرور آمیز غنودگی سی طاری تھی، اسی عالم میں اس

ے کانوں نے سنا:

یہ اسمٰعیل ذبیح اللہ کی ماں ہاجرہ ہیں۔

آواز تھوڑی دیر کے لیے رک گئی اور وقفہ کے بعد زیادہ شیریں لہجہ میں کسی نے کہا:

ام احمد! دعائے ابراہیم علیہ السلام مبارک!

آمنہ! یہ عیسیٰ روح اللہ کی ماں مریم ہیں۔ کنواری مریم!

شہرِ جلیل کے مبلغ کی والدہ محترمہ! پھر دوسری آواز۔

امِ محمد! نوید مسیحا، مبارک۔

ابھی دن رات ملے جلے تھے، اس لیے کہ دونوں کی تقدیروں کو ایک ساتھ چمکنا تھا۔ بیدۂ سحر نمودار ہو ہی رہا تھا، غنچوں کی نازک پتیوں پر شبنم کے موتی ڈھلک رہے تھے۔ سرو مشاد نے پھولوں کی مہک پا کر انگڑائی لی۔ طائرانِ خوش نوا کی چہکاروں سے تمام فضا نغمہ زار بن گئی۔ جنت آج سچ مچ زمین پر اتر آئی تھی۔ منٰی کی وادی، مروہ کے سنگریزے، قبیس کی چوٹیاں اور عرفات کا میدان نور کی جھلکیوں میں جھم جھم کر رہا تھا۔

ستارے جھلملا رہے تھے، کلیاں چٹک رہی تھیں اور پھول مہک ہی رہے تھے کہ اتنے میں گھر کی عورتیں خوشی سے بے تاب ہو کر پکاریں:

کوئی عبد المطلب کو جا کر مبارک باد دو۔"

عبد المطلب اس مژدہ کو سنتے ہی تیزی کے ساتھ آئے خوشی کے مارے پاؤں بہکے بہکے سے پڑ رہے تھے۔ عبد المطلب کے رخساروں کی جھریوں میں مسرت جھل مل کر رہی تھی۔ آمنہ نے فرطِ غیرت سے چادر منہ پر ڈال لی۔ عبد المطلب نے پوتے کو دیکھا۔ پیشانی کو چوما۔ ان کی آنکھوں میں بجلیاں سی چمک رہی تھیں۔

سید القریش! اتنا نورانی چہرہ آپ نے آج تک دیکھا نہ ہوگا۔" عورتوں نے یک زبان ہو کر کہا۔

"لاریب! نہ صرف میں نے، شاید دنیا میں کسی آنکھ نے ایسے جلوے نہ دیکھے ہوں۔ چاند، سورج، کہکشاں، قوسِ قزح، پھول، غنچے، حیران ہوں کہ کس چیز سے اس نونہال کے چہرے کو تشبیہ دوں، اس کے حسن و جمال کے سامنے تو یہ سب پھیکے اور بے رنگ ہیں! اور یہ

باتیں مجھ سے محبت نہیں کہلوا رہی ہے۔ یہ حقیقت ہے جو عبدالمطلب کی زبان سے آپ ہی آپ بول رہی ہے۔ عبدالمطلب کے جواب پر عورتوں میں باہم سرگوشیاں ہونے لگیں جیسے کوئی اپنے دل کی بات کہنا بھی چاہے اور کسی سبب سے کھل کر نہ کہہ سکے۔

"کیا سرگوشیاں ہو رہی ہیں۔ اچھا! گیت گانا چاہتی ہو، میں چلا جاؤں! مجھ بوڑھے کے سامنے دف بجاتے ہوئے شرم آتی ہوگی"۔

عبدالمطلب کے کہنے پر عورتیں بولیں:

"یا ابا عبداللہ! رات ہم نے اپنی آنکھوں سے جو کیفیت دیکھی ہے، اگر کسی کے سامنے بیان کریں تو لوگ کہیں گے کہ یہ عورتیں دیوانی ہوگئی ہیں۔ کسی نے ان پر جادو کر دیا ہے، ان کے دماغ میں خلل آگیا ہے۔ رات کا سماں لفظوں میں ادا نہیں ہوسکتا۔ وہ دیکھنے ہی کی چیز تھی۔ کہنے کی نہیں، اور کوئی کہنا بھی چاہے تو وہ کیفیتیں لفظوں میں کہاں سما سکیں گی"۔

"عبدالمطلب نے مسکرا کر جانا چاہا"۔

"ابنِ عبداللہ کہا کریں اس ہاشمی نونہال کو؟"

ایک خاتون نے دریافت کیا۔

"اچھا! نام کی طرف اشارہ ہے! بہت خوب! عبداللہ کے لختِ جگر اور آمنہ کے نورِ نظر کا نام ہم نے رکھا "احمد" اور ہاں "محمد ﷺ" بھی۔ تمام دنیا میں تعریف کی جائے گی میرے چاند کی!" فضا میں معاً ایک دھیما سا غیبی نغمہ گونجا۔ "زمینوں میں ہی نہیں، آسمانوں میں بھی اسکی حمد و ثنا کے نغمے بلند ہوں گے"۔

عبدالمطلب کا جواب سن کر آمنہ کے ہونٹوں پر مسکراہٹ کھیلنے لگی جیسے اس کے دل کی بات عبدالمطلب کی زبان پر آگئی۔

❁ ❁ ❁

تذکرے

کعبہ سے ہٹ کر کچھ دور پر جہاں عام الفیل میں ابرہہ کے لشکر نے حرم پر چڑھائی کے لیے آتے ہوئے آخری منزل کی تھی ۔ چند دکانیں ہیں ۔ کچی دکانیں !اور خس پوش بھی ! کسی کسی کی محرابوں میں پکی اینٹیں بھی لگی ہیں ۔ ان دکانوں پر گھریلو ضرورت کا سودا سلف ملتا ہے ۔ آٹا، چاول، ستو، نمک، زیتون کا تیل، کپڑا سینے کا دھاگا اور فصل کی ترکاریاں اور پھل بھی ۔ گاہک آتے ہیں، سودا لے کر چلے جاتے ہیں، اور دکان دار اور ان کے دوست احباب پھر باتیں کرنے لگتے ہیں۔

"کچھ سنا تم نے عبید! عبدالمطلب نے اپنے پوتے کے دو نام رکھے ہیں احمدؐ اور محمدؐ" ایک سانولی رنگت کے دکاندار نے کہا۔

"بالکل نئے انداز کا نام ہے ۔ میں انسابِ قریش کا ماہر ہوں اور نہ صرف نسب نامے مجھے یاد ہیں بلکہ عدنان کے حالات، مرّہ کی زندگی، کلاب کی داستانِ حیات، لوی کے واقعات اور قصی کے کارنامے گن گن کر بتا سکتا ہوں ۔ مجھے معلوم ہے کہ بنو بکر اور بنو تغلب کے درمیان جب اونٹ چرانے پر جھگڑا ہوا تھا تو کس قبیلہ کے کتنے آدمی مارے گئے تھے ۔"

"تمہاری اس خصوصیت پر تو بنو خزیمہ ناز کرتے ہیں" ان ہی لوگوں میں سے ایک بول پڑا اس پر ماہر انساب مسکراتا ہے"۔

"آدمی تو آدمی، میں یہ تک بتا سکتا ہوں کہ امیہ جس گھوڑے پر چڑھا کرتے تھے، اسکی نسل کے گھوڑے کہاں کہاں ہیں ؟ اور یہ ابو سفیان کے پاس جو تلوار ہے اسے نجد کے حاکم نے حرب کو کب اور کیوں دی تھی ؟ یہی نہیں کھجوروں تک کے نسب مجھے یاد ہیں ۔" ارے

صاحب! آپ تو اس بحرِ بے کراں کے شناور ہیں! خطاب اس فن میں آپ کی برابری کریں تو کریں اور تو کوئی مکہ میں آپ کے جوڑ کا نظر نہیں آتا" سننے والوں میں سے ایک نے کہا۔ اور بوڑھے کے لہجہ میں احساس فخر نے اور زور پیدا کر دیا۔

"یہ جو مطالعہ کا باغ خوش ذائقہ کھجوروں کے لئے سارے حجاز میں مشہور ہے اس کی نسل کا سلسلہ قبیلہ طے کے اس نخلستان تک پہنچتا ہے جو معرکۂ فجارئیں اُجڑ گیا، کہو تو ملوک حیرہ کی داستانیں سنا دوں، قبطیوں کے عروج و زوال کی تاریخ بیان کروں۔"

"چچا جان! ابن عبداللہ کا ذکر ہو رہا تھا۔"

اس پر بوڑھے نے گہری سانس لی۔ تیز اور مسلسل گفتگو نے اُسے تھکا سا دیا تھا بولا:

"میں یقین کے ساتھ کہہ سکتا ہوں کہ احمدؐ اور محمدؐ آج تک کسی قرشی کا نام سننے میں نہیں آیا۔ بالکل نیا نام، اچھوتا نام۔ مگر کتنا پیارا۔ اس نام کی طرف دل آپ سے آپ کھنچا جاتا ہے۔"

اس پر ایک ادھیڑ عمر کا عرب جو رسّی بٹ رہا تھا۔ اس کام کرتے میں باتیں بھی سنتا جاتا تھا کہنے لگا:

میری سوتیلی ماں ابن عبداللہ کو دیکھ کر آئی ہے۔ وہ بتوں پر ہاتھ رکھ کر کہتی تھی کہ اس قدر ہنس مکھ، پیارا، ہونہار اور خوب صورت بچہ میں نے آج تک نہیں دیکھا آنکھیں کسی طرح نظارہ کرتے کرتے سیر نہیں ہوتیں۔ جی چاہتا ہے کہ بس دیکھتے ہی رہو۔ عبدالدار کے گھر والوں کو زبید کی خوبصورتی پر بہت ناز ہے، زبید واقعی بہت خوبصورت ہے مگر آمنہ کے نورِ نظر کے تلوے اس زبید کے گالوں سے زیادہ روشن ہیں میں کہتی ہوں عبدالمطلب کے گھر میں اب چراغ جلانے کی ضرورت نہیں ہے محمدؐ کا چہرہ خود سراجِ منیر ہے۔"

دارالندوہ میں بھی اعیان قریش اسی موضوع پر گفتگو کر رہے تھے۔ ان کی باتیں:

"ابن عبداللہ کا ہر گھر میں چرچا ہے۔"

"جی ہاں! یہی حال ہے۔ امیہ نے بیٹا پیدا ہونے کی خوشی میں سارے مکہ کی دعوت کی تھی۔ مگر یہ شہرت اور قبولِ عام تو اسے بھی نصیب نہیں ہوا۔"

"آج جب کعبہ کا طواف کر رہا تھا تو ابن عبداللہ کی پیدائش کے خیال کے ساتھ ہی

مجھے ایسا محسوس ہوا جیسے کوئی میرے کان میں کہہ رہا ہے کہ عرب کی تاریخ کا سب سے زیادہ روشن بلکہ غیر فانی ورق الٹنے والا ہے۔"

اور میرا خواب---آپ لوگ نہ سنیں تو اچھا ہے۔ آپ کو دکھ ہوگا---سب نے مل کر کہا "نہیں نہیں! یہ نہیں ہو سکتا۔ جب بات زبان پر آگئی تو اسے کہہ ڈالنا ہی اچھا ہے"۔

"میں نے رات خواب میں دیکھا کہ میں شراب پینا چاہتا ہوں۔ مگر کسی نے میرے ہاتھ سے پیالہ چھین کر پھینک دیا۔ میں نے اپنے معبود یعوق کو سجدہ کرنا چاہا تو ایک ہاتھ نے پکڑ کو مجھے سیدھا کر دیا کہ اب بتوں کی پوجا نہ ہوا کرے گی۔" (سردارانِ قریش کے ماتھے پر پسینہ آگیا) "اور میں نے اپنی داشتہ ذہبہ کی طرف بڑھنے کی کوشش کی تو مجھے کسی نے جھٹکا مار کر پلنگ سے نیچے گرادیا کہ ان بدکاریوں کو اب ختم کردو۔"

(ایک بوڑھا قریشی جس کی بھویں تک سپید ہوگئی تھیں) "خواب بہت زیادہ خوفناک ہے۔ میں نے بڑی بڑی خون ریز جنگوں میں پامردی کا ثبوت دیا ہے، اور کبھی ہمت نہیں ہاری۔ مگر نہ جانے کیوں اس خواب کے سننے سے دل بیٹھا سا جاتا ہے۔ (ہاتھ اٹھا کر) عزیٰ میرے دل کو سنبھال! لات! مجھ میں جرأت پیدا کر! منات! یہ ہم کیا سن رہے ہیں۔ تیری خدائی کے جھنڈے کہیں جھک نہ جائیں۔"

(نوجوانِ عرب جوش میں آکر اکڑوں بیٹھتے ہوئے) کیسی بزدلانہ باتیں کر رہے ہو، ابو مرجان! بتوں کی توہین کا پہلو نکلتا ہے تمہاری گفتگو سے۔ میں ڈرتا ہوں کہ کہیں تم ہمارے خداؤں کے عذاب میں مبتلا نہ ہو جاؤ۔ خواب کی باتیں سن کر تمہارے چھکے چھوٹ گئے۔ تم تو کہتے تھے کہ بنی کنانہ سے جب لڑائی ہوئی تھی تو مجھ اکیلے نے بیس دشمنوں کی تلواریں بے کار کردی تھیں اور میرا گھوڑا بہت دیر تک لاشوں پر دوڑتا رہا۔ مگر آج تو تمہاری مردانگی مفلوج ہوئی جارہی ہے۔ معلوم ہوتا ہے تمہارے بال دھوپ میں سپید ہوئے ہیں۔ جب ہی تو خواب وخیال کو اتنی اہمیت دے رہے ہو۔ میں ابھی ابھی نائلہ کی پوجا کر کے آرہا ہوں۔ راستہ میں میری معشوقہ غزالہ مل گئی، اس نے تیز شراب کے دو تین پیالے پلادیے۔ پھر اس کی چھوٹی بہن نے طرفہ کا یہ شعر گا کر سنایا:

”دل کی لگی شراب ہی سے بجھتی ہے۔اور کبھی آتش دل بھڑک بھی جاتی ہے،اسی لگے
بجھانے میں زندگی کا لطف ہے۔“

(قریش کا ایک سردار جس کی داڑھی گھنی اور سر کے بال الجھے الجھے سے تھے) ”جب شعر
وشاعری کا ذکر چھڑ گیا ہے،تو مجھ سے بھی دو شعر سن لیجئے۔آج ہی کہے ہیں :عبدالمطلب کے
بیٹے(۱) کی ولادت باسعادت کا حال سن کر:

عبداللہ بیابان میں ہے اور اس کے گھر میں چاند نکلا ہے۔کاش !اس تک یہ پیغام پہنچ
سکتا۔بنی ہاشم پہلے ہی سے مفتخر اور محترم تھے۔مگر اب ان کی جبینِ فخر آسمان سے بھی اونچی
ہو گئی ہے۔یہ عزتیں قسمت والے کو ہی ملتی ہیں۔“

”احسنت،مرحبا،صَدَقْتَ یَا ابن عم“ کی صدائیں گونجنے لگیں۔

مکہ معظمہ سے تھوڑی دُور پر ایک مقام کا نام مرالظہران ہے جو عوام میں وادیِ فاطمہ
کے نام سے مشہور ہے،اسی وادی میں ایک راہب رہتا تھا جس کا نام عیص تھا۔عیص نے
تقرب الٰہی کی دھن میں اپنی مذہبی روایات کی بنا پر دنیا چھوڑ رکھی تھی۔موٹا جھوٹا کھاتا پہنتا
اور عبادت و مراقبہ میں مصروف رہتا۔سب لوگ اسے عزت اور عقیدت کی نگاہ سے دیکھتے
تھے۔عبدالمطلب بھی عیص کے پاس آتے جاتے رہتے تھے۔

جس صبح عرب کا آفتاب طلوع ہوا ہے۔اسی دن عبدالمطلب خوشی خوشی عیص کے پاس
پوتے کی ولادت کا مژدہ سنانے کے لیے پہنچے۔عیص خانقاہ کے دروازے کی کھجور کے نیچے
کوئی عمل پڑھ رہا تھا۔

”آج بڑے تیز تیز قدم اٹھ رہے ہیں عبدالمطلب !“۔عیص نے مسکرا کر پوچھا۔

”اے ربِ خانقاہ !ایک مژدہ لایا ہوں۔خبر مسرت !آپ بیوی بچوں اور اولاد کے
تعلقات سے آزاد اور بے خبر ہیں۔مگر پھر بھی آپ کو خوشی ہوگی“۔عبدالمطلب نے عمامہ
پیچ سنبھالتے ہوئے جواب دیا۔

”کہو کہو !تمہیں تو خوشی نے اس بڑھاپے میں جوان بنا دیا۔“ عیص بولا۔

”عبداللہ کے آج صبح بیٹا پیدا ہوا۔حسین بچہ !انتہائی حسین !سارے مکہ میں اس کے

(۱)عرب پوتے کو دادا کا بیٹا کہتے ہیں۔

حسن کی دھوم مچی ہے۔ لوگوں کی مبارک بادیں قبول کرتے کرتے میں تھک گیا۔ عبدالمطلب نے عبا کا دامن اٹھاتے ہوئے کہا۔

''اس کا تم نے نام کیا رکھا؟'' ۔عیص راہب نے دریافت کیا۔

''محمد'' (ہونٹوں پر زبان پھیرتے ہوئے جیسے کوئی مٹھاس سے لذت گیر ہونا چاہے)

عبدالمطلب نے جواب دیا۔

''اب میں تمھیں مبارکباد دیتا ہوں! یہ وہی بچہ ہے جس کی ولادت کی خبر میں نے بار بار تمھیں دی ہے۔ سنو! اس لڑکے کو میں نے تین سبب سے پہچانا۔ ایک تو یہ کہ رات ایک ستارہ طلوع ہوا جو اس سے پہلے کبھی نہیں دیکھا گیا۔ دوسرے ولادت دوشنبہ کے دن ہوئی۔ تیسرے اس کا نام محمد رکھا گیا۔ اپنی تقدیر پر ناز کرو عبدالمطلب! بنو ہاشم کو تاریخ کبھی نہ بھلا سکے گی، کاش! تم اس کا جاہ و جلال دیکھنے کے لیے زندہ رہ سکتے۔''

آمنہ بیوہ ہو گئیں

بی بی آمنہ کے دل میں ارمان مچل رہے تھے کہ عبداللہ اپنے نورِ نظر کو دیکھ کر کتنے خو
ہوں گے، ان کا صبیح چہرہ میرے چاند کی پیشانی چوم کر گلنار ہو جائے گا۔ وہ پوچھیں گے نا
رکھا ہے میرے لاڈلے کا۔ میں شرما کر کہوں گی ۔ احمدؐ اور محمدؐ۔ وہ اور زیادہ خوش ہو جا
گے۔ کیوں کہ ان ناموں میں عجیب نغمگی اور قیامت کی مٹھاس ہے۔ پھر میں شکایت کر
گی کہ آپ نے سفر میں اتنے دن لگا دیے۔ قافلے تو مکہ سے شام جا جا کر کبھی کے لوٹ آ
وہ کہیں گے ام محمدؐ! میں یثرب میں بیمار ہو گیا تھا۔ تمہارے ہی عزیزوں اور رشتہ داروں بنو
کے یہاں ٹھہر گیا تھا۔ اچھا ہوتے ہی مکہ دوڑا چلا آیا۔ اور میں جواب دوں گی، اس کی تو
حسرت رہ گئی کہ میں بیماری میں تمہاری خدمت نہ کر سکی۔ میں تمہاری بیماری کی خبر پا کر ب
بے قرار ہو گئی تھی، یا ابا محمدؐ! دل کہتا تھا کہ میرے پر لگ جائیں اور میں کیسے ہی یثرب
جاؤں۔ بنو ہاشم کے گھرانے کی عورتیں تمہیں معلوم ہے کہ تنہا سفر نہیں کیا کرتیں ورنہ میں
ناقہ پر سوار ہو کر یثرب پہنچ کر دم لیتی۔

حضرت آمنہ کو ہر آن عبداللہ کے آنے کا انتظار تھا۔ وہ اس خیال میں غرق تھیں ک
(عبداللہ) یثرب سے اونٹوں سمیت چل دیے ہوں گے۔ ان کا ناقہ تو بہت تیز ہے۔ ہوا
باتیں کرتا ہے اور لوگ بیس دن میں یثرب سے مکہ آتے ہیں۔ تو وہ دس دن میں آن پہنچ
گے۔ وہ آ رہے ہیں۔ آ چکے، دروازے پر انہی کی ہلچل میں سن رہی ہوں۔

"یثرب سے قافلہ آ گیا۔ عبدالمطلب قافلے والوں سے مل کر آ رہے ہیں"۔ ایک
نے باہر سے آ کر کہا۔

"کیا کہا۔ قافلہ آ گیا؟ اور وہ نہیں آئے"۔ آمنہ کی زبان سے رک رک کر یہ لفظ ن
اتنے میں عبدالمطلب آئے۔ چہرہ گرد آلود، بال پریشان، پیشانی پسینہ میں ڈوبی ہوئی۔ ع

ے پیچ گردن میں پڑے ہوئے۔ اس ہیئت کو دیکھ کر ہی آمنہ کے کلیجہ میں دھکا سا لگا۔ عرب
ج پیچ سے بات کہنے کے عادی نہیں ہوتے۔ عبدالمطلب آتے ہی بولے۔ ''آمنہ! تو بیوہ ہو
ئی، محمد یتیم ہو گیا۔ عبداللہ مر گیا۔ دو ڈھائی مہینے ہوئے۔ کاش! مرنے والا اپنے حسین بچہ کو
ے نگاہ دیکھ لیتا۔ مگر قسمت کے نوشتہ کو بدلنا انسان کے بس کا کام نہیں!''

آمنہ کی آنکھوں میں آنسو آ گئے۔ عبدالمطلب کے وہاں رہنے تک آنسو رُکے رہے۔
رت نے جذبات کو تھامے رکھا، خسر کے جاتے ہی آنکھوں سے آنسوؤں کی جھڑی لگ گئی۔
ں پڑوس اور گھر باہر کی عورتیں بھی عبداللہ کو رونے کے لیے اکٹھی ہو گئیں۔ اس نئے غم کے
تھ پرانی چوٹیں بھی آپ ہی اُبھر آئیں۔ خواتین قریش بیان کر کر کے رونے لگیں:

''عبداللہ! تمہاری نکوکاری کے چرچے ہر کسی کی زبان پر ہیں۔ اور تمہارے حسن و جمال کا شہرہ مکہ کی گلی گلی میں ہے۔ عبداللہ! فیاض عبداللہ، شریف وعفیف عبداللہ، بنی ہاشم تمہاری جوان مرگی کے غم سے نڈھال ہوئے جا رہے ہیں۔ ہائے مکہ کا چاند یثرب کی خاک میں چھپ گیا۔ حج کے لیے جب باہر سے لوگ آئیں گے تو تمہاری طرح کون ان کی تواضع کرے گا۔ عبداللہ! تمہارے بوڑھے باپ کی سفید داڑھی آنسوؤں میں بھیگ رہی ہے۔ آمنہ کا سہاگ اجڑ گیا۔ اس کا بیوگی دیکھا نہیں جاتا وا مصیبتا! فرطِ غم سے اس کی حالت غیر ہوئی جا رہی ہے۔ اور تمہارا احمدؐ۔ محمدؐ (ہچکیاں مسلسل ہچکیاں۔ جیسے شدت جذبات نے گویائی کا گلا گھونٹ دیا اور اس سے زیادہ کہنے کی تاب نہیں۔)

آمنہ خاموش تھیں! سکتہ کا عالم! جیسے یہ سچ مچ بے جان ہو گئیں۔ چہرہ ستا ہوا، لبوں پر
وں کی دھیمی دھیمی آنچ! اشک بار آنکھیں، اجڑا ہوا سہاگ، مامتا بن کر عبداللہ کے یتیم محمدؐ کو
ڈ گر دیکھ رہا تھا۔

بہت سے غم بیان نہیں ہو سکتے۔ دل کی بہت سی چوٹیں الفاظ نہیں بن سکتیں، بہت سے
ے کہے نہیں جا سکتے، غم کی اصل نزاکت تو لفظوں میں آ کر اور مجروح ہو جاتی ہے۔ آمنہ
م بھی اسی انداز کا غم تھا۔ سوگوار سکوت۔ غم انگیز خموشی، آنسوؤں سے وارداتِ دل کی
ڑی بہت ترجمانی ہو رہی تھی۔ ہائے! وہ جوان بیوہ جس کا سہاگ ایکا ایکی شوہر کی موت
کھسوٹ لیا ہو۔

حلیمہ کے یہاں

آمنہ کے لال کو دودھ پلانے کی سعادت ابولہب کی کنیز ثوبیہ کو نصیب ہوئی۔ اس کے بعد عرب کے دستور کے مطابق مکہ کے نوزائیدہ بچوں کو لینے کے لیے باہر کی بستیوں سے دودھ پلانے والی عورتیں آئیں۔ اس کو بھی دنیا میں قدم قدم پر مایا کے پھندے لگے ہیں۔ ہر کسی کے دل میں روپیہ پیسہ کا لالچ ہوتا ہے۔ نفع کی تمنا، سود و منفعت کی امید! عرب کی دائیاں بھی اس جذبہ سے خالی نہ تھیں، ان کے ساتھ پیٹ کا دوزخ لگا تھا، وہ مکہ اسی تمنا میں آئی تھیں کہ مالدار گھرانوں کے بچے لے کر انعام واکرام سے اپنی اپنی گود بھر لیں گی۔ سب نے ایسے ہی بچوں کو چن لیا جن کے ماں باپ زندہ تھے، جو کھاتے پیتے گھرانوں کے تھے۔

یہ دنیا بہت زیادہ ظاہر پرست اور کم نظر واقع ہوئی ہے۔ یہاں کے لوگ چھلکے پر جان دیتے ہیں۔ مغز تک پہنچنے اور اسے حاصل کرنے کی کوشش نہیں کرتے، پھولوں کی رنگت کے سب فدائی اور تماشائی ہیں۔ لیکن یہ کوئی نہیں سوچتا کہ آؤ رنگ و بو کے اس پردے کو بھی ذرا اُلٹ کر دیکھیں کہ اس کے پیچھے بھی کچھ ہے کہ نہیں۔ ہوس اور لالچ نے آنکھوں پر حجاب ڈال رکھے ہیں، مجاز کے یہ دیوانے حقائق سے ناآشنا رہتے ہیں۔ بس اوپری لذتیں۔ لطفِ باطن سے بے خبر۔ صرف مشاہدۂ صورت۔ معنی سے بے گانگی۔

عرب کی دودھ پلانے والیاں۔ بدقسمت اور کم نظر عورتیں مال دار گھرانوں میں پھر رہیں۔ مگر عبدالمطلب کے گھر آتے ہوئے ہچکچائیں، عبداللہ کے "دریتیم" پر کسی کی توجہ نہ ہوئی اس خیال سے کہ بے باپ کا بچہ ہے ہمیں کیا ہاتھ آئے گا۔ بیوہ ماں خود ہی مغموم اور پریشان ہے ہمیں بے چاری کیا دے گی۔ مانا کہ عبدالمطلب قریش کے معزز سردار اور کعبہ کے نگہبان ہیں سب ان کی عزت کرتے ہیں لیکن سیر چشمی اور فیاضی کی بدولت ان کے پاس بچتا ہی کیا ہے۔

کی آمدنی اور دو سو کا خرچ، جب دیکھو گھر میں مسافروں کی مہمان داری ہو رہی ہے، اور حج کے
وقع پر تو عبدالمطلب بالکل قلاش ہو جاتے ہیں۔ سال بھر کی کمائی حجاج کی تواضع کی نذر ہو جاتی
ہے۔ دائیاں قریش کے بچوں کو مکہ سے لے کر اس سر و سامان کے ساتھ روانہ ہوئیں۔

''عبدالعزیٰ نے بیس دینار اور دو سو درہم مجھے دیئے ہیں''۔ ایک دایہ نے فخر کے
ہجہ میں کہا۔

''اور مجھے اس بچہ کے ماموں نے الگ انعام دیا۔ چچا نے جدا نوازش کی۔ اور باپ
نے تو مجھ پریشان حال کو نہال کر دیا۔ درہم و دینار سے تھیلی بھر کر لے جا رہی ہوں۔'' دوسری
ایہ نے جواب دیا۔

''یہ دیکھ یمنی چادریں، چاندی کا ہار اور قیمتی بازو بند اور ابو رفادہ نے اپنے معبود بت پر
تھ رکھ کر کہا کہ جب تو میرے بچہ کو صحیح سلامتی کے ساتھ واپس لے کر آئے گی اس وقت اپنے
ل کے ارمان نکالوں گا۔ یہ تو میری نوازشوں کی پہلی برکھا ہے۔'' تیسری عورت نے کہا۔

''اس لاڈلے (بچہ کی طرف اشارہ کرتے ہوئے) کے دادا نے ایک اونٹ سامان
سے لدوا دیا ہے۔ کھجور، غلہ، ستو، برتن، پہننے کے جوڑے اور چلتے وقت بڑے میاں نے کہا،
ج کے موقع پر اپنے کسی رشتہ دار کو مکہ بھیج دینا۔ ایک دو اونٹ اور دس بیس بکریاں تیرے لیے
س کے ساتھ کر دوں گا۔

''مگر بے چاری حلیمہ''۔ چوتھی عورت کی بات ادھوری رہ گئی (بات کاٹ کر) ''ہاں
ریب حلیمہ پر مجھے ترس آتا ہے۔ کسی مال دار گھر کا بچہ اسے نہ مل سکا۔ عبدالمطلب کے گھر گئی
ہے، عبداللہ کے یتیم کو لینے کے لیے! وہاں اسے کیا ملے گا۔ بہت سے بہت دس پانچ صاع
کھجور اور ستو کی ایک دو تھیلیاں۔ یتیم بچوں کو دودھ پلانے میں سدا گھاٹا رہا کرتا ہے دائیوں کو!
منہ کے پاس دعاؤں کے سوا اور کیا رکھا ہے۔ مگر نری دعاؤں سے تو بھوکے کا پیٹ نہیں بھرتا۔
ں کہتی ہوں کوئی سو دعائیں نہ دے، ایک درہم دے دے''۔ پانچویں دایہ نے غم خواری اور
ر کے ملے جلے انداز میں کہا، اور اس کا اونٹ بلبلانے لگا۔

بنی سعد بن بکر کے قبیلہ کی دایہ حلیمہ بہت ملول اور افسردہ تھی۔ دل ہی دل میں پچھتاتی کہ
ئے! امیر گھرانوں کے تمام بچے دوسری دائیوں نے چن لیے۔ میری تقدیر میں یتیم بچہ کا

دودھ پلانا لکھا تھا، شیما (حلیمہ کی لڑکی کا نام) کے باپ جھنجھلا کر طعنے دیں گے کہ اچھے بچہ کو لے کر آئی ہے جس کے گھر والوں کو درہم و دینار تو ایک طرف رہے، دو چار من غلہ بھی ساتھ کرنے کی توفیق نہ ہوئی۔ ان کے طعنے مجھے سننے پڑیں گے۔ مجھ سے کوئی جواب نہ بن پڑے گا۔

حلیمہ، ملول و افسردہ۔ حلیمہ تاسف آمیز انداز میں عبدالمطلب کے گھر پہنچی۔ محمدؐ سو رہے تھے، چہرۂ مبارک سے ہلکا ہلکا نور چھن رہا تھا۔ چاندنی سے زیادہ دل کش اور نظر نواز۔ حلیمہ دبے پاؤں نزدیک گئی، سینۂ مبارک پر پیار سے ہاتھ رکھا، محمدؐ نے آنکھیں کھول دیں۔ مسکرائے اور حلیمہ کی طرف دیکھنے لگے۔ حلیمہ نے سینکڑوں بچے دیکھے تھے اور دسیوں کو دودھ پلایا تھا۔ مگر اس یتیم کی دھج ہی سب سے نرالی تھی۔ اس کی مسکراہٹ میں تسکین کا پیام، راحت و محبت کی دعوت اور سب سے بڑھ کر یہ کہ وقار و متانت کی آمیزش تھی۔ چھوٹے اور اتنے! بچے یوں ہی مسکرا دیا کرتے ہیں۔ لیکن عبداللہ کے یتیم کے تبسم میں ایک مقصد اور پیام جھلک رہا تھا۔ مسکراہٹ آپ ہی آپ بول رہی تھی، اور خاموش نگاہیں کچھ کہہ رہی تھیں۔

"حلیمہ اس بچے کو یتیم سمجھ کر ملول نہ ہونا۔ خدا کی قسم اس کی بڑی شان ہونے والی ہے۔" آمنہ نے حلیمہ دائی سے کہا۔

"بی بی! سچ کہوں گی، جھوٹ نہ بولوں گی۔ اب سے پہلے میں بہت ملول تھی۔ رہ رہ کر پچھتاوا آتا تھا کہ کسی امیر گھرانے کا بچہ کیوں نہ ملا۔ اپنی بد نصیبی پر میں جھنجھلا کر رہ جاتی تھی۔ مگر تمہارے لاڈلے یتیم کی مسکراہٹ نے میرے دل سے سارا ملال دور کر دیا۔ ان کی نگاہوں نے تمام غم بھلا دیے۔ اُمّ محمدؐ! میں اپنے دل کی کیفیت لفظوں میں ظاہر نہیں کر سکتی۔ میرے دل کو آج کے برابر کبھی خوشی نہیں ہوئی۔ تمہیں خود بھی نہیں معلوم بنتِ وہب! تمہارے محمدؐ کی مسکراہٹ نے مجھے کیا بنا دیا۔ اس صبح سے بہتر صبح مجھ پر آج تک طلوع نہیں ہوئی۔" (بی بی آمنہ مسکراتی ہیں)

حلیمہ آمنہ کے لال کو لے کر رخصت ہوئی۔ بیوہ ماں نے یتیم بچے کے ماتھے کو چوما۔ ممتا کے نشان چاند سی پیشانی پر اُبھر آئے، پلکیں بے اختیار نمناک ہو گئیں۔ معصوم یتیم کی جدائی نے باپ کے داغِ فرقت کو تازہ کر دیا۔ ایک غم دوسرے غم کی یاد دلا دیا کرتا ہے۔

بوڑھے عبدالمطلب نے پوتے کو محبت کے ساتھ رخصت کیا۔ مکہ کی پہاڑیوں تک حلیمہ

کے اونٹ کے ساتھ ساتھ عبدالمطلب پیادہ پا گئے۔ بھرائی ہوئی آواز میں بولے:

"حلیمہ! یتیم بچہ سمجھ کر دیکھ بھال میں کمی نہ کرنا۔ خدا کی قسم! قریش میں اتنا سعادت منداور بااقبال بچہ آج تک پیدا نہیں ہوا۔ مجھ سے کاہنوں، راہبوں، بطریقوں اور اسقفوں نے کہا ہے کہ ایک دن ایسا آئے گا کہ تمام دنیا محمدؐ کے قدموں پر جھکی ہوگی۔"

حلیمہ نے اس کے جواب میں کہا:

"سیدالقریش! آپ نشاطِ خاطر رکھیں، تمہارے بچہ کا اللہ نے چاہا تو کان بھی گرم نہ ہونے پائے گا۔ میں خود گیلے میں سوؤں گی اور اسے سوکھے میں سلاؤں گی، میری بچی شیما کے ہونٹ اس وقت تک شیر آشنا نہیں ہوسکتے جب تک محمدؐ شکم سیر نہ ہوجائیں۔ یہ میں پوری ذمہ داری کے ساتھ کہہ رہی ہوں عبدالمطلب! خدا کو بیچ میں لاکر! مجھ پر بھروسہ کرو یا ابا عبداللہ!"

حلیمہ خوش خوش روانہ ہوئی۔ اونٹ ریگستان میں چل رہا تھا اور حلیمہ محمدؐ کے چہرے کو دیکھے جارہی تھی، باربار پیشانی مبارک چوم کر کہتی:

محمدؐ، احمدؐ عبداللہ کے یتیم، آمنہ کے لاڈلے، عبدالمطلب کے نورِ نظر! تم تو مجھے اس طرح دیکھتے ہو، جیسے مجھے پہلے سے پہچانتے ہو، تمہیں جب سے دیکھا ہے مجھے اپنے بچے یاد نہیں آئے۔ تم میری ممتا بن کر رہ گئے ہو ابن عبداللہ! (محمدؐ مسکراتے ہیں) ہاں، ہاں! تم مسکرا کر میری بات کی تصدیق کررہے ہو، کہ حلیمہ تو سچ کہہ رہی ہے۔ تمہاری مسکراہٹوں نے میری تاریک دنیا میں اُجالا کردیا محمدؐ! اور ارے۔ یہ۔ یہ میری سست قدم اونٹنی ہوا کی طرح اُڑی جارہی ہے (اور چاروں طرف حیرت کے ساتھ دیکھتے ہوئے) یہ کیا ہورہا ہے۔ کھجور کی سوکھی ڈالیوں سے ایکا ایکی روشنی سی برسنے لگی، پہاڑیوں کی چٹانیں لو دے رہی ہیں اور یہ راستہ! جیسے کسی نے ستارے کوٹ کر بچھادیے ہیں۔ بڑے ہوکر نہ جانے تم کیا بننے والے ہو محمدؐ! اس وقت اپنی دایہ حلیمہ کو کہیں نہ بھول جانا۔ مگر یہ میں کیا نادانوں کی سی باتیں کررہی ہوں۔ تم مجھے نہیں بھول سکتے۔ تمہارے منہ سے تو

محبت ووفا کی بو آتی ہے۔ ان پیاری آنکھوں میں مروت جھلک رہی ہے، اور مجھے تو ایسا دکھائی دیتا ہے جیسے محمدؐ! تمہارے کاندھے دنیا جہان کی غم گساری کا بار اُٹھائے ہیں۔"

حلیمہ کا ناقہ خوب تیز تیز جا رہا تھا۔ ساربان اس کی صبا رفتاری پر خود حیران تھا، پچھلی رات تھی ستارے جھلملا رہے تھے۔ خنک ہواؤں کی گود میں ببول کی ڈالیاں جھولا جھول رہی تھیں، ساربان حدی خوانی کے لیے بے اختیار سا ہو گیا۔ اسے آج شراب و نغمہ اور ہوسناک جذبات کے موضوع پر شعر یاد ہی نہیں آ رہے تھے۔ اس نے حافظہ پر زور ڈال کر طرفہ کے اشعار یاد کرنے کی کوشش کی مگر یاد نہ آئے۔ ایسا محسوس ہوتا تھا جیسے اس کی لوحِ ذہن سے شوخ و رنگین اشعار کسی نے دھو دیے ہیں۔ حجازی۔ لے میں اس کی نشید:

برک الغماد کے نخلستان میں جب تیماء کے رئیس سرخ اونٹوں پر سفر کر رہے ہوں تو ان سے کہنا کہ شرافت کا ایک ذرّہ چاندی سونے کے پہاڑوں پر بھاری ہوتا ہے۔ یمن کے سرخ حلوں سے اس کمبل کے پیوند اچھے ہیں جسے دستِ نکوکار نے چھوا ہو۔ یہ بات وہ ہے جو سورج ہر صبح طلوع ہوتے وقت مجھ سے کہتا ہے۔

عدن کے موتی محنت نکالے جا سکتے ہیں، پر سعادت کسی کوشش سے حاصل نہیں ہو سکتی، ہر تقدیر کے نوشتہ میں سعادت کی لکیریں نہیں ہوتیں۔ یہ قدرت کا عطیہ ہے اور آسمان کی بلندیوں سے اتری ہوئی نعمت!"

حدی خواں ساربان نے پھر حلیمہ کو مخاطب کرتے ہوئے کہا:

"ام شیما! تم بھی تو کوئی شعر سناؤ! تمہارا قبیلہ تو فصاحت میں مشہور ہے۔ ہم اعرابی تو زبان دانی میں تم لوگوں کے شاگرد ہیں۔"

حلیمہ نے جواب دیا:

مجھے بس ایک ہی شعر یاد ہے۔ محمدؐ۔ محمدؐ۔ احمدؐ۔ احمدؐ۔ اس نام سے زیادہ شریں شعرائے عرب کے تمام قصیدے مل کر بھی نہیں ہو سکتے۔ عبدالفصیح پر جب بنو سعد کی دوشیزائیں گیت گا کر مجھ سے کچھ سنانے کے لیے کہیں گی تو میں بس۔ محمدؐ۔ کہہ کر خاموش ہو جاؤں گی، یہ نام ان سب کے نغموں کا جواب ہوگا، ساربان! تم اپنی حدی خوانی کیے جاؤ، مجھے متوجہ کرنے کی

کوشش نہ کرو۔ یہ دیکھو۔محمدؐ مسکرانے لگے۔ (حلیمہ کے ہونٹ جھکتے ہوئے قوس بن جاتے ہیں)

راستہ کے درخت، ریت کے ٹیلے، پتھریلی گھاٹیاں، یہاں تک کہ ہوا میں اُڑنے والی پتیاں حلیمہ کو زبانِ حال سے مبارک باد دے رہی تھیں اور کہتی تھیں:

حلیمہ! خوش قسمت حلیمہ! تبریک کے ہدیے قبول کر! معلوم ہے تو کسے لیے جارہی ہے۔ اب دنیا میں جسے بھی سعادت اور ہدایت ملے گی وہ اسی کی بدولت ملے گی۔ اسی کا نقشِ قدم ''صراطِ مستقیم'' بنایا جائے گا۔ قیصر و کسریٰ کے تاج اس کے غلاموں کی ٹھوکروں سے لگے ہوں گے۔ ہدایت کے جتنے چراغ اب تک روشن ہو چکے ہیں، ان سب کا اجالا اس کے نورِ ہدایت میں مل کر ''مشکوٰۃ ابد'' بن جائے گا جس کی روشنی کبھی ماند پڑنے نہ پائے گی۔ حلیمہ! شہنشاہوں اور فرماں رواؤں کے نام مٹ جائیں گے۔ مگر عبداللہ کے درِیتیم میں تیرا نام تاریخ میں سدا یادر ہے گا۔ جب کبھی محمدؐ کی سیرت بیان ہوگی لوگ کہیں گے حلیمہ سعدیہ نے انہیں دودھ پلایا تھا۔ غیر فانی ہو گیا تیرا نام حلیمہ! بنوسعد کی گمنام دودھ پلانے والی، تجھے ابدی شہرت حاصل ہوگئی۔ قریش کا بڑے سے بڑا امیر تجھے سونے میں تول سکتا تھا مگر اس درِیتیم کے صدقہ میں جو نعمت تجھے ملی ہے اسے کون دے سکتا ہے؟

حلیمہ جب بستی میں پہنچی تو اس کی اونٹنی کی تیز رفتاری کو دیکھ کر سب تعجب کرنے لگے، ایک عورت نے بالاخانے کے دریچے سے جھانکتے ہوئے کہا:

''یہ حلیمہ یہاں سے تو مریل اونٹنی پر سوار ہو کر گئی تھی اس سے چلا ہی نہیں جاتا تھا، دبلی پتلی فاقوں کی ماری اونٹنی، ایک ایک ہڈی گن لو اور کوئی پھونک مار دے تو بے چاری کا دم نکل جائے۔ سب ہنستے تھے کہ حلیمہ اس نیم مردہ سواری پر کیسے مکہ پہنچے گی۔ ہم تو یہ خبر سننے کے منتظر میں تھے کہ فلاں منزل میں حلیمہ کی اونٹنی نے ٹھوکر کھا کر جان دے دی۔ مگر یہ تو کچھ اور ہی دکھائی دے رہا ہے، اونٹنی کے تو پر لگ گئے ہیں۔ ہوا سے باتیں کرتی ہے، مکہ کے ببول کھا کھا کر اس مریل پر جوانی آ گئی۔''

حلیمہ اس کے جواب میں مسکرا کر بولی:

''بہن ! یہ سب اس یتیم بچہ کی برکت ہے۔ خدا کی قسم ہماری بستی اور قبیلہ کی تقدیر بدل جائے گی۔''

گھر کے دروازے پر اونٹنی جا کر بیٹھ گئی۔ حلیمہ نے بڑی احتیاط کے ساتھ ابن عبداللہ اتارا۔ اتنے میں حلیمہ کے شوہر آ گئے اور خشمگیں لہجہ میں بولے:

''تم اب تک کہاں رہیں امّ شیما! میں تو سمجھا تھا تمہاری اونٹنی نے بیچ راستہ میں دغا دے دی۔ مگر یہ تو ظالم سفر سے توانا ہو کر آئی ہے۔ اور ہاں! تمہارے پیچھے بکریوں نے دودھ دینا چھوڑ دیا۔ سب کے تھن سوکھ گئے جیسے کبھی ان میں دودھ تھا ہی نہیں۔ ایک مصیبت ہو تو بیان کروں۔ اب کی بار ہماری کھیتیاں آپ ہی آپ خشک ہوئی جا رہی ہیں۔ سب فکرمند ہیں کہ فصل کی یہی حالت رہی تو کھائیں گے کیا؟

حلیمہ نے -محمدؐ- کو شوہر کی گود میں دیتے ہوئے کہا:

''تم تو دنیا بھر کے فسانے سنانے بیٹھ گئے شیما کے باپ! اس بچہ کو تو گود میں لو، بنی ہاشم کا چشم و چراغ، سید القریش عبدالمطلب کا پوتا، عبداللہ کا یتیم اور آمنہ کا لختِ جگر ہے یہ نونہال اور اس کا نام سن کر تو تم جھوم جاؤ گے۔ (قدرے توقف کے بعد) احمدؐ- اور محمدؐ بھی - اس کی برکت سے ساری پریشانیاں دور ہو جائیں گی۔ راستہ بھر اس کے نور سے جگمگ جگمگ ہو آئی ہے۔''

حلیمہ کے شوہر نے -محمدؐ- کو پیار کیا اور ان کے جمال جہاں آرا کو دیکھ کر حیرت زدہ ہو گ دیر تک نظارہ کرتا رہا۔ پھر بولا۔ ''تم بھوکی ہوگی ام شیما! تمہارے لیے کہیں سے دودھ لے آؤں۔ ہماری بکریاں تو۔'' یہ (کہتے ہوئے اس کی نگاہ بکری کے تھنوں پر پڑی) ارے! کیا سوکھے ہوئے تھنوں میں دودھ آ گیا۔

حلیمہ کا شوہر دوڑا ہوا گیا اور برتن نیچے رکھ کر دودھ دوہنے لگا۔ پورا برتن دودھ سے بھر گیا۔ ''میں خواب تو نہیں دیکھ رہا ہوں ام شیما۔ یہ تو جادو کی سی باتیں ہو رہی ہیں'' حلیمہ کے شوہر نے کہا۔

''ابھی تو محمدؐ کی برکتوں کا آغاز ہے۔ تم دیکھنا، اور کیا کیا ہوتا ہے۔ ساری کلفتیں د

ہو جائیں گی ! اور میں تو کہتی ہوں کہ اس بچہ کے دیکھنے میں جو لطف ملتا ہے، سارے جہاں کی مسرتیں اس کے آگے ہیچ ہیں۔ میں اپنی قسمت پر ناز کروں یا تمہیں مبارک باد دوں۔"

حلیمہ نے بڑے ناز و نعم اور چاہ کے ساتھ محمدؐ کی پرورش کی۔ جی ہاں پرورش! اس بہانہ خود اس کی تقدیر اور زندگی کی پرورش ہو رہی تھی۔ حلیمہ کی گود میں کونین کی دولت سمٹ کر آگئی تھی۔ مہ و انجم کی نگاہیں حلیمہ کے گھر کا طواف کر رہی تھیں۔ قبیلہ سعد کی قسمت کا ستارہ آج سچ مچ برجِ شرف میں تھا اور اللہ نے ان کے دن پھیر دیے تھے۔

صبح کو بنو سعد کے کسان جو اپنے کھیتوں میں پہنچے تو کیا دیکھتے ہیں کہ سوکھے پودوں اور مرجھائی ہوئی ڈالیوں میں ایکا یکی جان سی پڑ گئی۔ خشک کھیتیاں لہلہانے لگیں جیسے کسی نے ان پر آبِ حیات چھڑک دیا ہے۔ لوگ خوشی خوشی دوڑے ہوئے آئے اور کہنے لگے :

"ایھا الاخوان! کسی کو زندہ جادو اور جیتی جاگتی کرامات دیکھنی ہو تو ہمارے ساتھ جنگل میں چلیے، تمام سوکھے اور بد رونق کھیتوں میں ہریالی ہی ہریالی نظر آتی ہے۔ فصل پر اس قدر رعنائیوں کے ساتھ تو آج تک بہار نہیں آئی، تمام کھیت باغ و بہار بن گئے، کونپلوں کا اٹھان اور ڈالیوں کی بڑھوار اس غضب کی ہے جیسے دنوں کے ہوتے چند ساعتوں میں خوشے لگ جائیں گے۔ رات کی رات میں یہ کیا ہو گیا؟ مینہ کی ایک بوند بھی بادلوں سے نہیں گری، اور ہم کہتے ہیں دھواں دھار بارش ہو بھی جاتی تو بارش کا اثر آخر ہوتے ہوتے ہوتا ہے! قبیلہ بنو سعد کے غلہ کی پیداوار میں عرب کا کوئی قبیلہ برابری نہ کر سکے گا۔"

لوگوں میں اس بات کے چرچے ہونے لگے، بڑے بوڑھے آدمی جنھوں نے زمانے کے بہت سے گرم اور سرد دنیا کے بڑے بڑے انقلابات دیکھے تھے۔ کہنے لگے کہ ایسا تو کبھی دیکھنے میں نہیں آیا کہ رات کی رات میں سوکھے کھیت سرسبز ہو جائیں۔ شاید ہمارے معبود ہم پر زیادہ مہربان ہو گئے ہیں۔ انھی کی چشم توجہ اور نگاہ کرم کی یہ گل کاریاں ہیں۔

"مگر یہ معبود تو سالہا سال سے ہم میں موجود ہیں، چھ سال ہوئے جب قحط پڑا تھا تو انھوں نے ہم پر کب توجہ کی تھی؟" ایک شخص نے کہا اور اس آدمی کی بات ختم ہوئی تھی کہ حلیمہ کا شوہر فخر کے لہجہ میں بولا :

''تم لوگ عقل اور قیاس کے زور پر نرے تکّے لگا رہے ہو، اصل حقیقت سے بے خبر ہو۔ سو میں بتاتا ہوں۔ سنو! شیما کی ماں مکہ سے ابن عبداللہ کو دودھ پلانے کے لئے لیکر آئی ہے۔ محمدؐ ہے اس درِ یتیم کا نام! جب سے وہ طفل سعید ہمارے گھر میں آیا ہے، برکتوں اور رحمتوں کا نزول ہو رہا ہے۔ میری بکریوں کا دودھ خشک ہو گیا تھا، مگر رات سے ان کے تھنوں سے دودھ کے فوارے چھٹ رہے ہیں۔ اس کی برکتوں کی داستان تو تم حلیمہ کی زبان سے سنو۔ کہتی تھی کہ راستہ بھر نور برستا ہوا آیا ہے۔ یہ ہمارے کھیت جو آن کی آن میں لہلہا اٹھے ہیں اسی یتیم عبداللہ کی برکت سے ایسا ہوا ہے۔ تم چل کر ذرا محمدؐ کو ایک نگاہ دیکھ تو لو، تم خود پکار اٹھو گے کہ ایسا نورانی اور دل کش چہرہ ہم نے آج تک نہیں دیکھا۔''

حلیمہ دائی نے محمدؐ کو اپنے دودھ میں محبت گھول گھول کر پلائی، اس نے اپنی ساری توجہ اور مامتا اسی یتیم پر صرف کر دی۔ محمدؐ کی ذرا سی بے چینی بھی اس سے دیکھی نہ جاتی۔ گھنٹوں کلیجہ سے لگا کر ٹہلتی، جھولا جھلاتی - اور اپنے مخصوص انداز میں اشعار پڑھتی جاتی، اس کی لوریاں:

''نیند آنکھوں میں گھل مل کر راحت بن جاتی ہے، پھر اسی راحت کی آغوش سے زندگی بیداری کی انگڑائیاں لیتی ہوئی چونکتی ہے۔ بہت سوں کی آنکھیں بند ہوتی ہیں تو دل بھی سو جاتے ہیں اور بعض کی آنکھیں سوتی ہیں مگر دل جاگتے رہتے ہیں''۔

دو سال بعد آمنہ کے یتیم کا دودھ چھوٹ گیا اور حلیمہ اسے لیکر آمنہ کے پاس آئی۔ حضرت آمنہ کی خوشی کا کیا پوچھنا۔ طویل جدائی کے بعد اپنے نورِ نظر کو دیکھا تھا۔ مامتا آنکھوں میں کھینچ کر آ گئی اور خوابیدہ تمنائیں یک بارگی جاگ اٹھیں، عبدالمطلب نے پوتے کو بار بار چوما اور دل گیر ہو کر بولے:

''آج عبداللہ ہوتا تو اپنے لاڈلے کو دیکھ کر کتنا خوش ہوتا مگر اس بچہ کی تقدیر میں یتیمی کا داغ لکھا تھا۔ قسمت کا لکھا پورا ہو کر رہا''۔

مکہ میں ان دنوں شدید وبا پھیلی ہوئی تھی۔ ایک ایک گھر سے کئی کئی جنازے نکلتے۔ تمام شہر پریشان، ہراساں اور خوفزدہ تھا اور ڈرنے اور پریشان ہونے کی بات ہی تھی۔ ہر شخص کو موت کی پرچھائیاں دکھائی دیتی تھیں۔ جیسے اب پیام اجل آیا اور اب آنکھیں بند ہوئیں۔ کسی کے ذرا سی چوٹ بھی لگ جاتی تو وہ یہی سمجھتا کہ موت کا قاصد اب آیا ہی چاہتا

ہے۔ زندگی کی یہ آخری ساعتیں ہیں۔ اسی کے بعد نزع اور موت اور پھر خاک کا ڈھیر۔ ان اندیشوں نے زندوں کو بیماروں سے بدتر بنا دیا تھا۔

بستی سے باہر نئی قبریں ہی قبریں نظر آتی تھیں۔ ملک الموت کو شاید مکہ والے پسند گئے تھے جو ان غریبوں کی جانوں پر مشق ناز ہو رہی تھی، اہل مکہ نے اپنے بتوں کے آگے بہت کچھ ہاتھ جوڑے، سجدے کئے، منتیں مانیں، چڑھاوے چڑھائے، دہائیاں دیں، فریادیں کیں، پیشانی رگڑیں، مگر وبا کا زور کم نہ ہوا۔ بیماری اور پھیلتی جاتی تھی، بعض بعض قریشی نوجوانوں کو جھنجھلاہٹ بھی آجاتی تھی کہ ان بتوں پر ہم تو جان چھڑکتے ہیں مگر ان کے دل ایسے پتھر کے ہیں کہ کسی طرح پسیجتے ہی نہیں۔ جن خداؤں سے دکھ درد اور مصیبت میں کوئی فائدہ نہ پہنچے وہ کس کام کے! ہمارے سجدوں کا آخر کچھ تو صلہ ملنا چاہیے۔

وبا کا زور دیکھ کر بی آمنہ نے محمدؐ کو پھر حلیمہ کے ساتھ واپس بھیج دیا اور تین سال تک حلیمہ کو یہ سعادت حاصل رہی۔ بنو سعد کا قبیلہ فصاحت میں مشہور تھا۔ اس قبیلہ میں بلند پایہ شاعروں اور شعلہ بیان مقرروں کی بہتات تھی۔ عرب کہا کرتے تھے کہ بنی سعد کے کھیتوں میں سبزہ کی جگہ فصاحت اُگتی ہے۔ مگر محمدؐ کے سادہ اور میٹھے بولوں کو سن کر سب حیران تھے کہ اس کمسنی میں یہ اعجازِ گویائی ہے تو بڑی ہو کر فصاحت اور حسن تکلم کو ان لبوں پر ناز ہوگا۔

محمدؐ اپنی دایہ حلیمہ کی بکری کا دودھ پیتے تو اپنی رضاعی بہن کے لیے از خود حصہ چھوڑ دیتے، دوسرے تھن کو منھ نہ لگاتے۔ چھٹ پن میں اس عدل و نصفت اور ہوش و آگہی کو دیکھ کر حلیمہ کے گھر والے کہتے کہ عبداللہ کا در یتیم بڑا ہو کر دنیا کو انصاف اور بھلائی سے معمور کر دے گا، اور اس کی ماں نے سچ کہا تھا کہ اس بچہ کی بڑی شان ہونے والی ہے۔ اس نیک بی بی کے خواب ایک ایک کر کے پورے ہوں گے۔

کئی سال تک حلیمہ کا گھر اس سعادت اور برکت سے بہرہ اندوز ہوتا رہا۔ محمدؐ کی برکت نے ان کی ساری پریشانیاں اور غم دور کر دیے۔ وہ دعائیں کرتے تھے کہ چمن ہاشمی کا یہ غنچۂ نورس یہیں پھول بنے۔ یہ سعادت اب ہم سے جدا نہ ہو۔ لیکن یہ ہو نہ سکتا تھا۔ قدرت اس سعادت کو عالم افروز اور جہاں گیر بنانے والی تھی، یہ تجلیاں کسی ایک کاشانہ کے لیے نہیں، تمام دنیا اور آفاق کے لیے تھیں۔ اس روشنی سے مشرق و مغرب جگمگانے والے تھے۔ اور

سحاب رحمت سبزہ زاروں سے لے کر چٹیل میدانوں تک پر برسنے والا تھا۔

محمدؐ کی عمر پانچ سال کی تھی جب حلیمہ انھیں آمنہ کے گھر واپس لائیں اور ماں کی امانت ان کو سونپ دی۔ غم اور خوشی کی جھلکیاں، آمنہ کو نورِ نظر سے ملنے کی خوشی تھی اور حلیمہ کو جدائی کا غم تھا۔ ایک کے لبوں پر مسکراہٹیں اور دوسری کی آنکھوں میں آنسو۔ یہ خوشی بھی مسعود اور یہ غم بھی مبارک تھا کہ ان دونوں باتوں کا تعلق اس ایک ہی ذات اور ایک ہی وجود سے تھا۔ بی بی حلیمہ ارمانوں اور تمناؤں کے ہجوم محمدؐ کے اردگرد چھوڑ کر واپس ہوئیں، گھر آئیں تو در و بام کو بے رونق اور اجڑا ہوا سا پایا جیسے اس گھر سے بہار رخصت ہوگئی۔

* * *

غموں کے دو پہاڑ

بی بی آمنہ نے سات سال کا زمانہ بیوگی میں گزارا۔ عبدالمطلب نے معصوم سیرت اور فرشتہ صفا تیمو کی بہت کچھ دلجوئی کی۔ مگر رنڈاپا خود اپنی جگہ مستقل غم ہے۔ کوئی حسن سلوک اور مسرت آمیز برتاؤ اس غم کا مداوا نہیں کرسکتا، آمنہ کی دنیا میں بس اب محمدؐ کے دم سے روشنی تھی۔ اپنے لاڈلے یتیم کو دیکھ کر، کھلا کر اور چوم کر اپنا غم غلط کرتیں۔ کبھی ایسا بھی ہوتا کہ آنکھ میں آنسو چھلک رہے ہیں اور ہونٹوں پر مسکراہٹ کھیل رہی ہے۔ غم اس کا کہ جواں بخت اور جواں سال شوہر پردیس میں پیوندِ زمین ہوگیا۔ اور خوشی اس بات کی کہ خدا نے محمدؐ جیسا بیٹا عطا کیا۔

حضرت آمنہ کے ننھیال کے لوگ یثرب (مدینہ) میں تھے، ان سے ملے ہوئے ایک زمانہ ہوگیا تھا۔ سفر میں غم کا بار بھی ذرا ہلکا ہوجاتا ہے، اور یہ بھی خیال تھا کہ مدینہ کے قریب ہی ''ابوا'' میں عبداللہ کی قبر ہے۔ اگر انقلابِ زمانہ نے ان کی قبر کا نشان چھوڑا ہوگا تو اس کی بھی زیارت ہوجائے گی۔ ان امیدوں اور تصورات کے ساتھ آمنہ مدینہ روانہ ہوگئیں۔ ساتھ میں ام ایمن تھیں اور ان کی آنکھوں کا تارا محمدؐ بھی۔

جس نونہال کی برکتوں نے حلیمہ کے غبارِ راہ کو غیرتِ مہ وانجم بنادیا، اس کی اپنی بیوہ ماں کے سفر میں کیا کچھ برکتیں نازل نہ ہوں گی۔

ابن عبداللہ کا یہ مدینہ کا سفر دراصل ہجرت کے سفر کا مقدمۃ الجیش تھا۔ قدرت تاریخ انسانیت کے نہایت مہتم بالشان واقعہ کے لیے ابھی سے طرح ڈال رہی تھی۔

مدینہ میں بی بی آمنہ پہنچیں تو شریف وبامروت عزیزوں نے بڑی خوشی کا اظہار کیا۔ یوں تو مدینہ کے تمام گھرانے مہمان نواز اور عزیز دوست واقع ہوئے ہیں۔ مگر بنونجار اس شرف میں ممتاز تھے۔ وہ باہر سے آئے ہوئے پردیسیوں کی راہ میں آنکھیں بچھادیتے اور

آمنہ تو پھر اپنی تھیں۔ خوب خاطر تواضع کی اور انتہائی مدارات اور وسعت خلق و مروت کے ساتھ پیش آئے۔

بی بی آمنہ کو بڑی بوڑھی عورتوں نے کلیجہ سے لگایا اور یتیم عبداللہ کے سر پر شفقت کا ہاتھ پھیرا۔ عورتیں یوں بھی دل کی نرم اور حساس ہوتی ہیں، اور یہ تو موقع بھی اظہار غم کا تھا۔ ایک بیوہ اور ایک یتیم کا وہ خیر مقدم کر رہی تھیں۔ سب کی آنکھیں اشک بار ہوگئیں۔ ان آنسوؤں میں نو واردوں کے آنے کی خوشی بھی ملی جلی تھیں۔ اس احساس نے آنسوؤں کو بہت زیادہ اجلا اور جان دار بنا دیا تھا۔ صرف غم کے آنسو دھندلے سے ہوتے ہیں۔

محمدؐ کے وقار و متانت کو دیکھ کر سب کو خوشی بھی ہوئی اور حیرت بھی! محلّہ میں چرچے ہونے لگے کہ مکہ معظمہ کے خاندانِ بنی ہاشم کا ایک بچہ آیا ہے جس کی پیشانی سے اقبال و سعادت کا آفتاب طلوع ہوتا نظر آتا ہے، اس کی باتوں میں اس قدر دل کشی ہے کہ دل کہتا ہے کہ چمن ہاشمی کا یہ بلبل چہکتا ہی رہے۔

مدینہ کے بچے زیادہ مہذب اور باشعور بچے نہ تھے۔ ان میں ایسے بھی تھے جو ایک دوسرے سے فحش کلامی کے ساتھ پیش آتے، آپس میں لڑتے، ایک کا ہاتھ دوسرے کا گریبان۔ کوئی خاک اڑا رہا ہے، کوئی کنکریاں پھینک رہا ہے۔ مگر محمدؐ ان باتوں کے قریب نہ پھٹکتے۔ ہاں! کوئی بچہ تیر اندازی کی مشق کرتا ہوتا تو اس کا ساتھ دیتے یا پھر بنو عدی بن النجار کی باؤلی میں تیرا کرتے۔

مدینہ میں ایک مہینہ قیام کے بعد بی بی آمنہ مکہ جانے کے لیے واپس ہوئیں۔ راستہ میں "ابوا" پڑتا تھا۔ یہاں حضرت عبداللہ کی قبر تھی، ٹھہر گئیں، ٹھہر جانا پڑا۔ غم محبت نے ان کا دامن تھام کر کہا، شوہر کی قبر کا نشان تو جاتے جاتے دیکھتی جاؤ۔ پھر نہ جانے ادھر آنا نصیب ہو کہ نہ ہو۔ دل میں ایک چوٹ ابھر آئی اور کلیجہ کا ہر زخم ہرا ہو گیا۔ کچھ تکان، کچھ شدتِ غم، کچھ موسم کا اثر، پھر سفر میں نیا دانہ نیا پانی ملا۔ بی بی آمنہ بیمار ہو گئیں۔ مرض بڑھتا ہی گیا۔ "ابوا" کیا پورے عرب میں اس وقت شفا خانوں کا رواج نہ تھا۔ عطائی طبیب جڑی بوٹیوں سے علاج کرتے یا پھر کاہنوں اور راہبوں سے جھاڑ پھونک اور عمل پڑھوائے جاتے۔ آمنہ کی تیمار داری اور غم گساری کے لیے وہاں پردیس میں کون بیٹھا تھا۔ بس لے دے کر ام ایمن تھیں جو

تیمارداری کرتیں اور پورے سفر میں ان کی رفاقت بہت کچھ کام آئی۔ بیمار اور نحیف آمنہ کی غم گساری اور خدمت گزاری میں ام ایمن نے ذرہ برابر کوتاہی نہ کی۔

ہر مرض شروع میں معمولی ہوتا ہے، مگر آئندہ چل کر پیچیدگیاں اور الجھنیں پیدا ہو جاتی ہیں۔ یہاں تک کہ انھیں پیچیدگیوں کے سایہ میں موت کا فرشتہ ایکا ایکی آن کھڑا ہوتا ہے کہ او بیمار! تیری سانسوں کی گنتی پوری ہو چکی۔ تیری زندگی کے کتابچے لکھے جا چکے۔ اب ان میں ایک شوشہ کا بھی اضافہ نہیں ہو سکتا۔ تیرا دانہ پانی دنیا سے اُٹھ چکا۔

مگر آدمی امیدوں کا پتلا ہے، وہ آخری سانس تک مایوس نہیں ہوتا۔ نزع کی آخری گھڑی تک یہی امید بندھی رہتی ہے کیا عجب ہے کہ سانس جا کر پلٹ آئے۔

بی بی آمنہ کو اپنے مرنے سے زیادہ غم اس کا تھا کہ میرے بعد میرے دل کے ٹکڑے محمد کی خبر گیری کون کرے گا۔ پیدا ہونے سے پہلے باپ کا سایہ سر سے اُٹھ گیا۔ اب کچھ ہوش سنبھالا تو ماں کو موت آئی جا رہی ہے۔ دنیا میں ہر بچہ کو ماں باپ ہی کا سہارا ہوتا ہے۔ انہی کی شفقت کے سہارے بچے پروان چڑھتے ہیں، دوسرے عزیز رشتہ دار کتنی ہی غم خواری اور دل دہی کیوں نہ کریں۔ ماں باپ کی محبت کی بات بھلا کہاں پیدا ہوتی ہے۔ یہی غم آمنہ کو مرتے مرتے کھائے جا رہا تھا۔

امّ ایمن تسلی دیتیں، ڈھارس بندھاتیں کہ ام محمدؐ اتنی ہراساں نہ ہو۔ تم اچھی ہو جاؤ گی۔ بیمار کو اتنا زیادہ پریشان نہ ہونا چاہیے۔ تندرست آدمی ہی بیمار ہوا کرتے ہیں۔ اور بیمار اچھے بھی ہو جاتے ہیں۔ سفر میں گھر کی طرح آرام نہیں ملتا۔ ہر منزل پر پانی بدلتا رہتا ہے۔ کہیں ہلکا کہیں بھاری۔ کہیں اس قدر میٹھا جیسے کسی نے مصری گھول دی ہے، اور کسی جگہ اتنا کھاری گویا پانی نہیں، نمک ہی نمک ہے۔ انہی باتوں نے تمہیں بیمار ڈال دیا ہے، اور کوئی بات نہیں ہے۔ تمہارے چہرے پر بحالی کے آثار پائے جاتے ہیں ام محمدؐ! بس اب دو چار دن میں تم اپنے آپ کو اچھا ہوا سمجھو!

آمنہ کے چہرے پر بحالی آ گئی تھی۔ مگر یہ سنبھالا تھا۔ شادابی مرگ تیمارداروں کے لیے یہ دھوکا بڑا دردناک ہوتا ہے۔ وہ سمجھتے ہیں کہ بیمار اچھا ہو رہا ہے اور بیمار مرتا ہوا ہوتا ہے۔ بی بی آمنہ کی حالت بگڑنی شروع ہوئی۔ اپنے لختِ جگر کے سر پر ہاتھ پھیرا۔ آخری ہاتھ! کچھ کہنا چاہا مگر شدتِ نزع نے زبان کو سن کر دیا، دو چار کروٹیں لیں، اور محمدؐ پردیس میں بے ماں کے

رہ گئے۔ وہیں ''ابوا'' میں جہاں اب سے سات سال پہلے عبداللہ پیوند خاک ہوئے تھے، آمنہ بھی مدفون ہوئیں۔ محبت نے سچ مچ زمین کی طنابیں کھینچ دیں۔ اسی جذبہ نے آمنہ کو مکہ سے کشاں کشاں بلاکر عزیز شوہر کی آرام گاہ میں جاں نثار بیوی کو بھی سلادیا۔

محمدؐ نے اپنی زندگی میں یہ پہلا سانحہ دیکھا تھا، اور سانحہ بھی کتنا الم ناک۔ ماں کی ابدی جدائی! وہ بھی کہاں، پردیس میں! عزیز واقارب سے دور، بے کسی اور ناآشنائی کی موت۔ مکہ میں آمنہ مرتیں تو سینکڑوں ابنائے ہاشم جنازے کے ساتھ ہوتے۔ گھر گھر سے رونے والیاں آتیں، اور یہاں ام ایمن کے سوا آنسو بہانے والا بھی کوئی نہ تھا۔ محمدؐ کو روتا دیکھ کر ام ایمن نے بہت کچھ تسلی کی باتیں کیں مگر یتیم بچہ کے لیے ماں کے مرنے کا غم بڑا ہی دردانگیز ہوتا ہے جس پر گزرتی ہے وہ ہی جانتا ہے۔

ام ایمن چند دن کے بعد یتیم و یسیر محمد کو لے کر مکہ آئیں، عبدالمطلب کو بہو اور پوتے کے آنے کا ہر وقت انتظار رہتا تھا۔ پوتا تو آگیا مگر بہو نہ آئیں، نہ آسکیں۔ موت نے نہ آنے دیا۔ ''ابوا'' کی خاک دامن گیر ثابت ہوئی۔ آمنہ کا یہ سفر دراصل سفرِ آخرت تھا۔ موت کو تو ایک بہانہ چاہیے۔ بنو ہاشم کے گھرانے میں کہرام بپا ہوگیا۔ عورتوں نے صف ماتم بچھادی۔

''سید القریش! محمدؐ کا اب تمہارے سوا کوئی نہیں ہے۔'' ام ایمن نے جھجکتے ہوئے انداز میں کہا۔

''ام ایمن! کیا تو یہ سمجھتی ہے کہ آمنہ کی یادگار اور عبداللہ کی نشانی کو یوں ہی بے حفاظت چھوڑ دوں گا! محمدؐ میرے دل کا ٹکڑا اور میری بوڑھی اور سپید آنکھوں کی روشنی ہے۔ یہ حمزہ، عقیل، ابوطالب، حارث، ابولہب اور عباس میرے بیٹے ہیں۔ مگر ربِ کعبہ کی قسم! محمدؐ ان سب سے مجھے پیارا ہے۔ تم میری محبت کا اندازہ نہیں کرسکتیں، ام ایمن! کاش دل دکھانے کی چیز ہوتی۔

قدرت جس کو بڑا بنانا چاہتی ہے اسے آزمائش کی بھٹیوں میں تپاتی اور غم و الم کے خارزاروں سے گزارتی ہے، پہلے غموں سے قلب میں گداز پیدا کیا جاتا ہے کہ اس گداز کو دوسروں کی غم خواری کے کام آنا ہے اور سانحے طبیعت میں نکھار پیدا کرتے ہیں۔ عیش و مسرت سے دنیا کی بڑی شخصیتوں کو جان بوجھ کر دور رکھا جاتا ہے۔ آلام و مصائب کے افق

ہی سے عظمتوں اور بلندیوں کے آفتاب طلوع ہوا کرتے ہیں۔ قدرت کی یہی صفت اور اس کا یہی دستور اور یہی مصلحت ہے۔

ماں کے مرنے کے کوئی ایک سال بعد عبدالمطلب جو عبداللہ کے دریتیم کے کفیل تھے۔ دنیا سے چل بسے، عبدالمطلب کو مرتے دم اس بات کا بڑا غم تھا کہ بے ماں باپ کے بچہ کی کفالت اب کون کرے گا۔ کاش! میں چند دن اور زندہ رہتا۔ یہاں تک کہ محمدؐ اپنے پیروں پر کھڑے ہو جاتے۔

عبدالمطلب کی اس آرزو پر قدرت مسکرا رہی تھی کہ ابن ہاشم! محمدؐ کو بے سہارا سمجھ کر غم کرتا ہے۔ اس کو یتیم جان کر روتا ہے۔ بوڑھے سردار! یہ یتیم تو یتیموں کا والی اور غلاموں کا مولا ہے۔ جس کے دنیا میں سارے سہارے ٹوٹ گئے ہوں اسے یہ ایک دن سہارا دے گا۔ یہ وہ ہے، چاند ستارے اس کے اشارے پر گردش کریں گے۔ عبدالمطلب اطمینان کے ساتھ جان دے۔ محمدؐ کا غم نہ کر، اس کی غم خواری کے لیے اس کا خدا بہت کافی ہے۔

چہرۂ مبارک اترا اترا سا تھا۔ مگر اس سوگواری میں بھی وجہ مقدس اس نیم باز کلی کے مانند تھا جو شبنم میں ذرا ذرا بھیگ گئی ہو۔ غم کی صداقت جبین و رخسار کے حسن کو ماند نہیں پڑنے دیتی بلکہ اور نکھار دیتی ہے۔

غم گسار چچا

عبدالمطلب کے انتقال کے بعد محمدؐ کے چچا ابو طالب نے یتیم بھتیجے کو اپنی نگرانی او
کفالت میں لے لیا۔ قریش کہتے تھے کہ یتیموں کی ان کے عزیز بس دنیا کے دکھاوے ۔
لیے ہی دل دہی کرتے ہیں، حقیقی درد کسے ہوتا ہے۔ مگر ابو طالب نے ان کے اندیشوں کو غل
ثابت کر دیا۔ یہ قیاس آرائیاں ایک ایک کرکے واقعات نے جھٹلا دیں۔ ابو طالب سچے غ
خوار نکلے۔ جیسے ان کے دل میں پہلے ہی سے محمدؐ کے لیے جگہ تھی۔ باپ (عبدالمطلب) ۔
جیتے جی اس جذبہ کے اظہار کا موقع نہیں ملا، اور باپ کا سایہ دور ہوتے ہی ابن اخی کی محبت
کفالت اور غم خواری کے لیے انگڑائی لے کر اٹھ بیٹھی۔

ابو طالب نے محبت اور شفقت کے آنسوؤں سے بھتیجے کے چہرے سے گرد یتیمی کو دھو
ہر طرح کی غم خواری کی۔ دل دہی کے تمام میسر اسباب صرف کر دیے۔ اپنے بچوں سے زیا
شفقت اور راحت کے ساتھ پالا۔ عبداللہ کے در یتیم کی ذرا سی بے چینی بھی غم خوار چچا کو گوا
نہ تھی۔ محمدؐ کے پیر میں ذرا سا کانٹا بھی چبھتا تو اس کی کھٹک ابو طالب کا دل محسوس کرتا۔
حالت دیکھ کر اہل مکہ کہنے لگے، بھئی! ابو طالب آخر سید القریش عبدالمطلب کا بیٹا بلکہ
وارث اور جانشین ہے۔ اس سے اسی قسم کے شریفانہ برتاؤ کی توقع تھی۔ پھر محمدؐ کوئی غیر نہیں
ہے، ابو طالب کا خون اور گوشت پوست ہے۔ اور پھر بچہ بھی کیسا؟ کہ غیر دیکھ کر نہ صرف پیا
بلکہ احترام کرتے ہیں۔ اس یتیم کی خدمت کر کے ابو طالب اپنے لیے خیر و سعادت کا ذخی
جمع کر رہا ہے۔

عربوں کی زندگی سیدھی سادی تھی۔ تہذیب و تمدن کے تکلفات سے وہ یکسر نا آ
تھے۔ اچھے خاصے کھاتے پیتے گھرانوں کے بچے جنگلوں میں جا کر اونٹ اور بکریاں چراتے
شبانی عربوں کا محبوب شغل تھا، اور باعزت بھی! محمدؐ نے بھی مکہ کے جنگلوں میں بکریا

چرائیں، مشیت مکہ کے ببولوں کی ایک ایک پتی سے بول رہی تھی کہ آج ان وادیوں میں جو بکریاں چرارہا ہے کل انسانیت کے گلہ کی نگہبانی کرے گا۔ یہ ''راعی غنم'' حقیقت میں راعی انسانیت ہے۔ جواس کے گلہ میں آجائے گا اسے فلاح ملے گی اور جو اس کی ٹکڑی اور جماعت سے باہر ہوجائے گا اس کے لیے شقاوت و گمراہی مقدر کردی جائے گی۔

عرب یوں ہی حضارت وتمدن سے آشنا نہ تھے۔ بچے لوگوں میں ملنے جلنے اور اٹھنے بیٹھنے سے دوسروں کا اثر قبول کیا کرتے ہیں، تو اس کے لیے قدرت نے یہ انتظام کیا کہ محمدؐ کے بچپن کے دن جنگل میں بسر ہونے لگے۔ خالق کائنات نے گوارہ نہ کیا کہ محمدؐ کی سیرت وکردار پر سوسائٹی کی پرچھائیں بھی پڑنے پائے۔ محمدؐ کی لوح فطرت پر خود ید قدرت نے نقش ابھارے۔ اس لیے کہ خدائے پاک وبرتر نے جس کو دنیا سے کچھ سیکھنے کے لیے نہیں بلکہ دنیا کو سکھانے کے لیے بھیجا تھا۔ وہ ''اُمی'' تھا مگر خدا کا پڑھایا ہوا! قدرت کسی واسطہ اور درمیانی رابطہ کے بغیر خود اس کی تربیت کررہی تھی، اس کو براہ راست عالم قدس سے فیض پہنچتا تھا۔

ہر قوم اور ملک کے بچے شوخ وشریر ہوتے ہیں اور یہ تو ان عربوں کے بچے تھے جن کے گھر کے لوگ بات بات پر کٹ مرتے، کسی کا اونٹ دوسرے کی چراگاہ میں آگیا، اور اتنی سی بات پر تلواریں چلنے لگیں۔ ایسے والدین کی اولاد کو لڑاکو اور جھگڑالو ہونا ہی چاہیے تھا۔ مگر محمدؐ کی سرشت ہی سب سے جدا اور اندازِ طبیعت سب سے منفرد تھا۔ اس اندھیرے میں یہی ایک چراغ اور اس خارزار میں یہی ایک گل صد برگ تھا۔ بچوں کے ساتھ کھیلنے سے محمدؐ کی طبیعت نفرت کرتی۔ کوئی فحش کلامی کرتا ہوتا تو آپؐ دور چلے جاتے۔ برے لفظ سننا تک گوارا نہ کرتے۔ بہت سے بہت اتنا کرتے کہ ساتھی چرواہوں کے ساتھ خودرو جھر بیریاں توڑ کر کھالیں، اور اس میں بھی متانت اور وقار کا خیال رکھتے۔

قریش کے گھرانوں میں محمدؐ کی اس عجیب وغریب زندگی کے تذکرے ہونے لگے۔

''صاحب! یہ عبداللہ کا بیٹا محمدؐ تو فرشتہ صفت ہے۔ ہم نے آج تک اسے دوسرے بچوں کی طرح لڑتا جھگڑتا اور سخت کلامی کرتے نہیں دیکھا۔''

''اجی آپ لڑنے جھگڑنے کا ذکر کررہے ہیں۔ میں نے اس معصوم کو کھلکھلا کر ہنستے تک نہیں دیکھا۔ بس زیرلب تبسم! کلیوں سے آنکھیں نیچی کیے گزرتا ہے۔ ایہا القریش! یہ بچہ

بہت بڑا آدمی بننے والا ہے۔ آثار کہہ رہے ہیں، بتا رہے ہیں، بول رہے ہیں! کیا عجب ہے کہ اس کی بدولت ہم بادیہ نشینوں کی تقدیر کا ستارہ چمک جائے، اور اہل عرب کے عظمت وقار پر مصر وایران والے رشک کرنے لگیں۔"

ایک بوڑھا قریشی: مگر صاحبو! محمدؐ کا تیر اندازی اور شہسواری میں ہم میں سے کسی کا نوجوان بیٹا بھی مقابلہ نہیں کرسکتا۔ اس کا نشانہ خطا ہی نہیں ہوتا اور گھوڑے پر بیٹھ کر تو ایسا سمجھ ہے جیسے اس نے عکاظ اور ذوالمجنہ کی گھوڑ دور میں شہسوارانِ نجد وحجاز کو نیچا دکھایا ہے۔

ایک ریش دراز شخص جس کے گریبان میں خانہ کعبہ کے پردے کا پیوند لگا تھا: میں نے تو اس سے زیادہ عجیب باتیں سنی ہیں (کیا؟ وہ کیا؟ تمام اہل محفل شوق وانتظار کے ساتھ یک زبان ہوکر بول اُٹھے) میرا چھوٹا لڑکا فضل کہہ رہا تھا، اور اس کی بات کی تصدیق عمار کے بھانجے اشعث نے بھی کی کہ محمدؐ جس وقت درخت کے پاس سے گزرتا ہے ڈالیاں جھک لگتی ہیں۔ پتھروں سے آوازیں سی نکلتی ہیں جیسے کوئی کسی کو سلام کرتا ہے۔ ایک شوخ نوجوان: لوگوں کی باتیں بہت دل چسپ ہیں۔ مگر آؤ شراب کا ایک ایک پیالہ چڑھالیں، لطف دوبالا ہوجائے گا۔

نوجوان کے کہنے پر فضا میں قہقہے گونجنے لگے۔ مگر سنجیدہ لوگوں کو نوجوان کا مذاق اچھا لگا۔ وہ چاہتے تھے کہ یہ گفتگو اور طول کھینچتی تو اچھا تھا۔

ابو طالب تجارت کیا کرتے تھے۔ سال میں ایک بار شام جاتے اور کاروبار کرکے چلے آتے۔ مکہ کا مال شام کی منڈی میں لے گئے۔ وہاں سے ضرورت کی چیزیں لاکر یہاں دیں۔ اس الٹ پھیر میں گزر اوقات کے قابل نفع ہوجاتا مگر کنبہ بڑا تھا۔ پھر دل کے سخی اور فیاض بھی تھے۔ عبدالمطلب جیسے سیر چشم اور کشادہ دست کے بیٹے کو ایسا ہونا ہی چاہئے تھا اس لیے کھاپی کر کچھ نہ بچتا تھا۔

ابو طالب جب شام جانے لگے تو محمدؐ کی عمر بارہ برس کے لگ بھگ تھی۔ ابو طالب بھتیجے کو بہت عزیز رکھتے تھے مگر اس سفر میں ساتھ لے جانا مناسب نہ سمجھا۔ خیال آتا تھا دور دراز کا سفر ہے۔ راستہ میں سبزہ زار اور دریا کے مناظر نہیں ہیں جو بچہ کا دل بہلتا رہے، لق ودق صحرا ہے، کوسوں تک آبادی کا نام ونشان نہیں۔ منزلوں تو پانی نہیں ملتا۔ اور یہ بھی و

تھا کہ شام کا سفر اس کے باپ عبداللہ کو ہی راس نہیں آیا۔ دشمنوں کے منہ میں خاک کہیں محمدؐ کے ساتھ بھی ایسا حادثہ پیش نہ آجائے۔ عبداللہ بھی تو جوان دلہن کو چھوڑ کر اچھے خاصے شام گئے تھے مگر پردیس میں زندگی نے دھوکا دے دیا۔ اور محمدؐ کی مسیں نہیں بھیگیں۔ ان صعوبتوں میں اسے لے جانے پر دل راضی نہیں ہوتا۔

ابوطالب مکان سے چلنے لگے تو محمدؐ چچا سے لپٹ گئے۔ محبت مصلحت پر غالب آگئی، یتیم بھتیجے کی افسردگی، شفیق چچا سے نہ دیکھی گئی، کمسن مسافر کو ساتھ لے لیا، اور یہ چھوٹا سا قافلہ مکہ سے شام کے لیے روانہ ہوگیا۔ ابوطالب کا گمان تھا کہ راستہ میں محمدؐ کو سنبھالنا پڑے گا۔ مگر محمدؐ میں نہ خود اپنے سنبھالنے کی طاقت تھی بلکہ چچا کا بھی ہاتھ بٹایا۔ انتہائی مستعدی اور فرض شناسی کے ساتھ! یہ رفاقت ابوطالب کے لیے بہت آرام دہ ثابت ہوئی۔

اس سفر میں مختلف منزلوں، وادیوں اور راہوں سے گزرنا پڑا۔ کہیں ریت ہی ریت، کسی جگہ پتھریلے راستے اور پہاڑیوں کے دامن، کہیں نخلستان اور ہریالی بھی، صبح کسی چشمہ پر ہوئی اور شام ریگستانوں میں! کسی پڑاؤ پر آرام ملا اور کسی منزل پر انتہائی تکلیفوں کا سامنا کرنا پڑا، حجاز کی حدود سے باہر عبداللہ کے دریتیم کا یہ سب سے پہلا سفر تھا اور وہ بھی اتنا طویل اور دشوار گزار! سفر میں بچے ساتھ کے لوگوں پر بار ہو جاتے ہیں۔ مگر محمدؐ کی ہوش مندی رفقاء کے لیے معجزہ سے کم نہ تھی۔

بصرہ شام کا مشہور شہر تھا۔ اور اس کے قریب ہی گاؤں میں ایک صومعہ تھا جسے آس پاس کے لوگ بہت مقدس اور متبرک سمجھتے تھے۔ اسی صومعہ میں بحیرہ نام کا ایک راہب رہتا تھا۔ بحیرہ کو نصاریٰ میں خاص منزلت اور تقدس حاصل تھا۔ اس راہب کا احبار میں شمار ہوتا تھا۔ انجیل کے علاوہ توریت کے مضامین پر بھی اس کی نگاہ تھی اور صحف سماوی پڑھ کر ظاہر ہونے والی روشنی اور آنے والی روحِ حق کا منتظر تھا۔

صومعہ کے قریب ہی ابوطالب نے اپنے اونٹوں کے ساتھ قیام کیا۔ چچا اور بھتیجے دونوں درخت کے سایہ میں زمین پر بیٹھے تھے۔ بحیرہ بھی پھرتا پھراتا ادھر آنکلا، اور محمدؐ کے چہرے کو غور سے دیکھنے لگا۔ اس کی ٹکٹکی بندھ گئی جیسے نظارہ کے ساتھ ساتھ حافظہ کے نقوش سے نظر آنے والی نشانیوں کی مطابقت کرتا جاتا ہے۔

محمدؐ خاموش تھے۔ بحیرہ اور قریب آیا۔ اس کی آنکھوں میں خوشی کی چمک پیدا ہوئی۔ گویا حقیقتِ منتظر اسے نظر آ گئی۔ اپنی تمام تقدیس دین اور شرفِ رہبانیت کے باوجود عقیدت کے ساتھ فرش پر بیٹھ گیا اور کہنے لگا:

"توریت وانجیل پر میں نے برسوں غور وفکر کیا ہے! اس میں ہم نے جو نشانیاں پڑھی ہیں کہ روح حق کا ظہور ہوگا۔ وہ نشانیاں تمام کی تمام اس نونہال میں پائی جاتی ہیں۔ میں اسکی نبوت کی بعثت سے پہلے ہی تصدیق کرتا ہوں۔ نہ جانے اس وقت تک میں زندہ رہوں یا نہ رہوں۔"

عیسائی مؤرخین نے اپنی اسلام دشمنی کی بنا پر اس واقعہ کو انتہائی مسخ کر کے پیش کیا ہے اور کذب اور غلط بیانیوں کا انبار لگایا ہے۔ مغربی اہل تاریخ کی اسی عصبیت اور بداندیشی کی بدولت اسلام کے اصلی خدوخال یورپ والوں کے سامنے نہ آسکے۔ انھوں نے اپنے مؤرخین کی کتابوں پر اعتماد کیا اور اس گندے تالاب سے باہر نکلنے کی کوشش ہی نہیں کی۔ جس کا نتیجہ یہ نکلا کہ اسلام اور پیغمبر اسلام کے بارے میں بالکل جھوٹی اور بے سروپا باتیں مشہور ہوگئیں، اور اب تک یہ زہر مغرب کے رگ وپے میں سرایت کیے ہوئے ہے۔

کئی مہینے کے بعد ابوطالب اپنے کمسن رفیق سفر کو لے کر مکہ واپس ہوئے۔ اتنے لمبے اور دشوار گزار سفر سے خیر وخوبی کے ساتھ واپسی پر عزیزوں اور دوستوں کو خوش ہونا ہی چاہیے تھا۔ ابوطالب کے کئی دن تو لوگوں سے ملنے ملانے اور حالات سفر بیان کرنے میں صرف ہو گئے۔

کوئی پوچھتا کہ شام کی سرحد شروع ہونے سے دو تین منزل ادھر جو تالاب آتا ہے وہ اسی حالت میں ہے یا خشک ہوگیا۔ کسی نے دریافت کیا کہ ابوطالب میرا اونٹ عریضہ کی وادی میں گم ہوگیا تھا۔ کہیں وہ آپ کو گھومتا پھرتا دکھائی تو نہیں دیا۔ کسی نے بھیڑوں کی اون کا بھاؤ دریافت کیا، تو کوئی شام کی منڈی کا حال چال پوچھنے لگا۔ کسی نے کہا، اب کی بار آپ شام جائیں تو غلہ کا ایک اونٹ میں آپ کے ساتھ کر دوں گا۔ آپ کی کوشش اور توجہ سے غلہ اچھے داموں پر بک جائے گا۔

ابوطالب بہت ہنس مکھ اور بردبار تھے۔ سب کی باتوں کا جواب دیتے اور ترش روئی

کا اظہار نہ کرتے۔ ان کی جگہ کوئی اور تیز مزاج ہوتا تو خفا ہو جاتا۔

زمانہ پلک جھپکاتے کہاں سے کہاں پہنچ جاتا ہے۔ وقت کی رفتار شاید بجلی سے زیادہ سریع السیر ہے۔ ادھر دن نکلا اور ادھر دوپہر ہو گئی، اور پھر دیکھتے دیکھتے دوپہر ڈھل کر شام کا دھندلکا اپنے جلو میں لیلیٰ شب کو لیے ہوئے آن پہنچا۔ یہاں تک کہ رات ہو گئی، اور اسکے بعد پھر وہی سپیدۂ سحر اور روزمرہ کی طرح سورج کی تاک جھانک۔

راز ہستی کی یہاں کس کو خبر ہوتی ہے
زیست ایک سلسلۂ شام و سحر ہوتی ہے

طلوع آفتاب و غروب اور دھوپ چھاؤں کے اسی عالم میں آدمی بچہ سے جوان اور جوان سے بوڑھا ہو جاتا ہے۔ کہنے کو ایک مہینے کی مدت بھی بہت کچھ ہوتی ہے۔ مگر حقیقت میں قرن اور صدیاں بھی یوں ہی ہنگاموں کے گریز پا سایہ میں بیت جاتی ہیں۔ بہت کم آدمی وقت کی رفتار کو محسوس کرتے ہیں اور صرف اتنا ہی نہیں ہوتا، ماں باپ اپنے بچے کو بڑا ہوتا دیکھ کر خوشیاں مناتے ہیں۔ حالانکہ زندگی کا ہر گزرنے والا لمحہ آدمی کو موت سے قریب تر کر دیتا ہے۔ یہی سانس جو سبب حیات ہے زندگی کو موت کی طرف بڑھائے بھی لئے جاتا ہے۔ یہ سالِ گرہوں کے جشن ہائے مسرت اور خوشی کے جلسے اصل میں موت کے خیر مقدم کے جشن ہیں۔ آدمی تمام کچھ ہوش و آگہی کے باوجود کیسے کیسے دھوکوں میں آجاتا ہے۔

آدمی تشنۂ غفلت میں بھلا دیتا ہے
ورنہ جو سانس ہے پیغام فنا دیتا ہے

بہر حال اسے زندگی کا ظہور کہیئے یا موت کی نزدیکی، قانونِ فطرت انسانوں کو بچہ سے جوان اور جوان سے بوڑھا بناتا ہی رہتا ہے۔ اسی کے سہارے نظام کائنات قائم ہے۔

❁ ❁ ❁

حسن وجمال

عبداللہ کے یتیم محمدؐ بھی قانونِ فطرت کے مطابق جوان ہو گئے، وہ جسمانی اعتبار سے بھی انتہائی صحت مند، متناسب الاعضاء اور حسین وجمیل تھے۔ سپیدی میں سرخی ملی ہوئی رنگت، دل میں گھر کرنے والی حسین وسیاہ آنکھیں، کشادہ پیشانی، موزوں قد اور وہ سب کچھ جسے حسن وجمال کی معراج اور دل کشی ورعنائی کا منتہائے کمال کہہ سکتے ہیں۔ کسی آدمی کے قدو قامت کی بہت سے بہت تعریف ان لفظوں میں کی جاسکتی ہے کہ وہ سروقد اور شمشاد قامت ہے۔ مگر محمدؐ کے قد موزوں کو یہ تشبیہیں اور استعارے چھو بھی نہیں سکتے۔

ترا چو سرد نخوانم کہ سر و سر تا پا
ہمہ تن است و تو از پائے تا بسر جانی

لالہ وگل، یاسمین ونسترن، سنبل ونرگس، آفتاب، ماہتاب، لعل یمن، درعدن، مشک ختن، عنبر سارا، تبسم سحر اور شگفت غنچہ۔ انسان کے حسن وجمال اور اس کی خوبی ورعنائی کے یہ تمام استعارے ہیں۔ مگر محمدؐ کے جمال کی شرح وتفسیر کے لئے یہ سب کے سب استعارے ناتمام ادھورے اور تشبیہ ومماثلت کی سطح سے بہت فروتر ہیں۔

رخ مصطفیٰ ہے وہ آئینہ کہ اب ایسا دوسرا آئینہ
نہ ہماری بزم خیال میں نہ دکان آئینہ ساز میں

جہاں شعروادب کے ان استعاروں اور تشبیہوں کی انتہا ہوتی ہے وہاں سے محمدؐ کے حسن وخوبی کا آغاز ہوتا ہے۔ محمدؐ آپ اپنا جواب ہیں۔

دونوں جہاں آئینہ دکھلا کے رہ گئے
لانا پڑا تمہیں کو تمہاری مثال میں

قدرت نے محمدؐ کو "انسان کامل" بنا کر بھیجا تھا۔ پس اس کی ضرورت تھی کہ باطن ہی نہیں ظاہر بھی حسین ترین ہو۔ حسن سیرت کے ساتھ صورت بھی خوب تر ہونی چاہئے۔ دل

سے نگاہ تک، روح سے جسم تک اور سر سے پیر تک حسن ہی حسن، پاکیزگی ہی پاکیزگی، اور دل کشی ہی دل کشی ہونا لازمی اور ضروری ہے اس لئے کہ:

بزم میں اہل نظر بھی ہیں تماشائی بھی

"انسان کامل" کو سیرت وصورت، جسم وروح، ظاہر و باطن کے اعتبار سے خوبی کمال کا "معیار آخر" ہونا چاہئے اور محمدؐ اس کے صحیح مصداق تھے۔

ہم چو تا ناز نینے سر تاپا لطافت

گیتی نشاں نداده ایرد نیا فریده

جوانی کا زمانہ گزرنے کے بہت دن بعد جابر بن سمرہ ایک صحابی نے محمدؐ کو سرخ حلہ میں دیکھا۔ چاند بھی اس رات پوری تابانی پر تھا۔ وہ بہت دیر تک ماہ عرب اور بدرِ کامل میں مقابلہ کرتے رہے۔ بالآخر انھیں فیصلہ کرنا پڑا اور نگاہیں زبان بن کر پکار اٹھیں کہ یہ گھٹنے بڑھنے والا چاند محمدؐ کے حسن فراواں کی کسی طرح برابری نہیں کر سکتا۔

فروغ مہر بھی دیکھا نمود گلشن بھی

تمہارے سامنے کس کا چراغ جلتا ہے

المانیہ (جرمنی) کا مشہور شاعر نیٹشے جسے اقبال نے "مجذوبِ فرنگی" کہا ہے۔ ساری عمر "مافوق الانسان" کی تلاش میں بھٹکتا رہا۔ کاش! اسے کوئی بتاتا کہ "انسان کامل" تو پیدا ہو چکا ہے، نقاشِ قدرت نے اس شاہ کار نقش کے بنانے میں اپنی تمام چابک دستی، نازکی اور صنعت صرف کردی۔ اس دنیائے آب وگل میں سدا سے انسان پیدا ہوتے آئے ہیں، اور ہوتے رہیں گے۔ لیکن ان میں "انسان کامل" بس یہ اور صرف یہ ایک ہی پیدا ہوا۔ حسن وخوبی اور کمال و بلندی کی اس ذات پر انتہا ہوگئی۔ اب دنیا میں جس کسی کو بھی عروج نصیب ہوگا، اور ترقی ملے گی، وہ اسی "انسان کامل" اور روحِ حق کے اسوۂ حسنہ کی پرچھائیوں میں ملے گی۔

محمدؐ عربی کآبروئے ہر دوسرا ست

کسے کہ خاکِ درش نیست خاکِ بر سرِ او

✲ ✲ ✲

جاہلیت کے افق پر

جس زمانہ میں محمدؐ بن عبداللہ جوانی کی منزلوں سے گزر رہے تھے، تمام دنیا کا ماحول انتہائی خراب، گندہ، پست، سیرت واخلاق کے اعتبار سے مریض اور خدانا شناس تھا۔ بھارت ورش جہاں کبھی گیان دھیان اور ویدانت کے سندر دیپک جلتے تھے۔ سانپوں، برگد اور پیتل کے خداؤں کی پوجا ہوتی تھی۔ چین کنفیوشس کے فلسفۂ اوہام میں الجھا ہوا تھا۔ مصر ویونان میں دیویاں اور عقولِ عشرہ خدا کے شریک کار سمجھتے جاتے تھے، اور سارا مغرب انتہائی جہالت بلکہ نیم حیوانیت کے عالم میں زندگی بسر کر رہا تھا۔

عرب، جہاں خدا کے برگزیدہ نبی ابراہیمؑ نے اپنے فرماں بردار اور سعید بیٹے اسمٰعیلؑ کو ساتھ لے کر صرف خدائے واحد ویکتا کی پرستش کے لیے مقدس گھر بنایا تھا۔ اور توحید الٰہی کا غلغلہ بلند کیا تھا۔ وہاں پتھر کے خود تراشیدہ بتوں نے خدا کی جگہ لے لی تھی۔ اس مقام پر پہنچ کر عرب کی تاریخ کا ایک واقعاتی پس منظر قلم کے واسطہ سے کاغذ پر آنے کے لیے بے تاب ہے۔

حضرت اسمٰعیلؑ نے مکہ کے بنو جرہم قبیلہ میں شادی کی تھی اور یہی ان کے سسرال والے کعبہ کے متولی بن گئے۔ اور بہت دن تک اس منصب جلیلہ پر فائز رہے۔ مگر آگے چل کر زمانہ نے پلٹا کھایا۔ حالات بدل گئے اور کعبہ کی تاریخ نے پچھلے ورق کو موڑ دیا۔ مکہ کا ایک باشندہ ربیعہ جو تاریخ میں عمرو بن لحی کے نام سے یاد کیا جاتا ہے، بہت زور پکڑ گیا۔ آدمی دولت مند تھا اس لیے اس کے بیسیوں ہوا خواہ پیدا ہو گئے۔ اپنے گھرانے کے علاوہ دوسرے قبیلوں کے لوگ بھی اس نے اپنے ساتھ ملا لیے اور اس طرح بنو جرہم کے خلاف محاذ قائم کر دیا۔

بنو جرہم اس سازش سے بے خبر تھے۔ ایکا ایکی ان پر جو حملہ ہوا تو بیچاروں کے پاؤں اکھڑ گئے۔ بنو جرہم کو لڑ کر کعبہ سے نکال دیا گیا۔ اور جرہم کی اولاد سے عمرو بن لحی نے یہ شرف وامتیاز آخر کار چھین لیا۔ عمرو بن لحی، اب کعبہ کا متولی تھا۔ اور اس طرح مذہبی منزلت بھی اسے حاصل ہو گئی۔

مکہ والوں کی سب سے بڑی تجارت گاہ شام کا ملک تھا۔ قافلے کے قافلے بیچنے اور مول لینے کے لیے آئے دن شام آتے جاتے رہتے۔ بنوجرہم کا حریف عمرو بن لحی تجارتی کاربار کرتا تھا۔ ایک بار وہ شام گیا تو اس نے دیکھا کہ بہت سے لوگ بتوں کو سجدہ کر رہے ہیں۔ کوئی ہاتھ باندھے کھڑا ہے اور کوئی پتھر کی مورتی کو انتہائی عقیدت کے ساتھ چوم رہا ہے۔ یہ جدت اور نئی بات عمرو کو اچھی لگی۔

''آپ لوگ یہ کیا کر رہے ہیں؟'' عمرو نے دریافت کیا۔

''پرستش کر رہے ہیں اپنے خداؤں کی۔'' شام کے بت پرستوں نے جواب دیا۔

''پرستش !اور ان پتھر کی مورتوں کی۔ کیا کہہ رہے ہیں آپ'' ۔عمرو نے حیرت انگیز لہجہ میں کہا۔

''ہمارا معبودوں اور حاجت رواؤں کو پتھر کی مورت کہہ کر تحقیر نہ کرو۔'' ان لوگوں نے جواب دیا۔

''اس پرستش سے تمھیں کیا نفع ملتا ہے؟'' عمرو بن لحی نے پوچھا۔

''یہ داستان بہت لمبی ہے۔ اس کے لیے فرصت کی ضرورت ہے۔ مختصر یہ کہ ہمارے یہ معبود آڑے وقت میں ہمارے کام آتے ہیں۔ دشمن سے جو خونریز جنگ ہوئی ہے، ہم نے ان کو پکارا اور ان کی دہائی دی۔ بس آن کی آن میں لڑائی کا نقشہ بدل گیا اور فتح ونصرت کا سہرا ہمارے سر رہا۔ انھیں کی برکت سے مینہ برستا ہے اور قحط دور ہو جاتا ہے۔ یہ بیماروں کو شفا دیتے ہیں اور'' ۔شام کے بت پرستوں کی بات کاٹ کر عمرو انتہائی بے تابی کے ساتھ بولا:

''تو صاحبو! ان میں سے دو چار معبود مجھے بھی عنایت فرما دیجیے۔ ہمارے ملک میں آئے دن قحط پڑتا رہتا ہے، اور دشمنوں سے لڑائیاں ہوتی رہتی ہیں۔ میں مکہ میں شدید وبا چھوڑ کر آیا ہوں۔ آپ کی اس مہربانی سے ہمارا بھلا ہو جائے گا۔ عمر بن لحی کی درخواست پر اہل شام نے چند بت اُسے دے دیے۔

اہل مکہ اب تک بت پرستی سے قطعاً نا آشنا تھے۔ ان کے کانوں میں تو سدا نغمہ توحید گونجتا رہا۔ مگر عمرو بن لحی نے شام سے واپس جا کر پروپیگنڈہ کیا۔ میں شام کے بڑے بڑے امیروں، سرداروں، عالموں اور راہبوں کو بت پرستی کرتا دیکھ کر آیا ہوں۔ انھیں بتوں کے

افسانوں کو اور نمک مرچ لگا کر بیان کیا، بولا۔ ''میں نے خود اپنی آنکھوں سے دیکھا کہ مطلع بالکل صاف تھا، خوب دھوپ چمک رہی تھی، کہ اتنے میں شام کے ایک سردار نے بت کے سامنے سجدہ کر کے پانی برسنے کے لیے دعا کی۔ اور بس اتنی سی دیر میں کہ اس کا سر سجدے سے اٹھا، دھواں دھار بارش ہونے لگی۔ (اہل مکہ ایک دوسرے کو دیکھ کر مسکراتے ہیں کہ عمرو بن لحی ہماری پریشانیوں کا مداوا شام سے لے کر آ گیا ہے) میں بڑی منت ماجت کر کے یہ بت تم لوگوں کے لیے لایا ہوں۔ ان کی پرستش سے ہمارے دلدر دور ہو جائیں گے۔ اب ہم جب چاہیں گے آسمان سے مینہ برس جایا کرے گا اور جس بات کی تمنا کریں گے پوری ہو کر رہے گی۔

جسمانی آرائش، تن کی راحت اور پیٹ پوجا کا لالچ بہت برا ہوتا ہے۔ اہل مکہ کے دل میں اس کی باتیں گھر کر گئیں اور مکہ میں بتوں کی پوجا شروع ہو گئی۔ مکہ تمام عرب کا مرکز تھا۔ حج کے موقع پر اکناف واطراف کے لوگ وہاں آتے تھے۔ مکہ والوں کو بت پرستی کرتے دیکھ کر ان کو بھی ترغیب ہوئی۔ اور اس طرح رفتہ رفتہ تمام قبائل عرب میں بت پرستی پھیل گئی۔ یہاں تک کہ خود خانۂ کعبہ میں بت رکھ دیے گئے اور اس کی دیواروں پر تصویریں بنا دی گئیں۔ انسانی فطرت کی بہت بڑی کمزوری ہے کہ ''جدت'' اور ''بدعت'' کی طرف طبیعت بہت جلد مائل ہو جاتی ہے حالاں کہ بہت سی نئی چیزیں اور جدت طرازیاں انتہائی گمراہ کن اور انسانی معاشرت کے لیے سخت مضر بلکہ قاتل ہوتی ہیں۔

شرک جو پھیلنا شروع ہوا تو مکہ کا ایک ایک گھر بت خانہ بن گیا۔ نہ صرف قبیلہ اور خاندان بلکہ ہر شخص کا اپنا اپنا جدا بت تھا۔ توہم پرستی اور جہالت و نادانی کی انتہا ہے کہ سفر میں پتھروں کے بت ساتھ لے جانے میں چونکہ دقت ہوتی تھی اس لیے بعض لوگ جو کے ستو کی مورتیں بنا کر اپنے ساتھ رکھ لیتے انھیں پوجتے اور جب ضرورت پیش آتی تو ستو کے بنے ہوئے خداؤں کو گھول کر پی جاتے۔

یمن میں کواکب پرستی کا زور تھا۔ حمیر کا قبیلہ سورج کی پرستش کرتا تھا۔ کنانہ کا ماہتاب خدا تھا۔ اور اسی طرح دوسرے قبیلوں اور علاقوں میں عطارد اور زہرہ و مشتری کی پوجا ہوتی تھی۔ کہانت، جھاڑ پھونک، ٹونے ٹوٹکوں اور جادو کی بھی خوب اشاعت تھی۔ دل و دماغ پر شرک پوری طرح چھایا ہوا تھا۔ خدا پرستی کے تصورات رخصت ہو چکے تھے۔ ورقہ بن نوفل

جیسے دو چار اہل بصیرت اور خدا شناسوں کے سوا سارا عرب ہدایت کی روشنی سے یکسر محروم ہو گیا تھا۔ انسان کی سب سے بڑی بدنصیبی اور گراوٹ خدا ناشناسی اور اپنے خالق و معبود سے دوری اور بے گانگی ہے۔

یہ تو عرب کے مذہب اور معتقدات کا عالم تھا۔ اب رہے اخلاق تو ایک خدا ناشناس قوم جو آخرت کے محاسبہ اور عقوبت کے تصور سے یکسر عاری اور نابلد ہو، اس کو بد اخلاق اور معصیت آلود ہونا ہی چاہیے۔ جہاں اس خیال پر زندگی کی بنیاد ہو کہ کھایا پیا، چین کے مزے اُڑائے اور جب وقت آیا مر گئے۔ پھر نہ کوئی زندگی ہے اور نہ کسی قسم کی باز پرس۔ بس جو کچھ ہے یہی عالم کون و فساد اور دنیائے رنگ و بو کی زندگی ہے۔ وہاں پاکبازی اور نکوکاری کی جگہ فسق و فجور اور سیاہ کاریاں پائی جائیں تو اس میں حیرت کی کیا بات ہے۔

عرب بہت شجاع، بہادر، جری اور بے باک تھے۔ مگر شجاعت کا سارا زور آپس کی خونریزیوں اور معرکہ آرائیوں میں صرف ہوتا تھا۔ کسی شخص کا اونٹ دوسرے کی چراگاہ میں چلا گیا، بس اتنی سی بات پر خون خرابہ ہو گیا۔ گھوڑ دوڑ میں کسی کا گھوڑا دوڑ شروع ہوتے وقت مقررہ حد سے ذرا آگے نکل گیا۔ اس پر تلواریں نیام سے نکل آئیں اور انسانوں کے خون سے زمین لالہ گوں ہو گئی۔ پھر ان کی لڑائیوں کا سلسلہ انتقام در انتقام کی صورت اختیار کر لیتا اور صدیوں تک قبیلوں میں چشمک رہتی۔

خونریزی اور قتل و غارت گری عربوں کے لیے ایک کھیل تھی۔ انسانی جان کی ان کی نگاہ میں کوئی قدر و قیمت ہی نہ رہی تھی۔ جیسے درختوں کی ڈالیاں اور گھاس کی پتیاں کاٹ دی اور مسل دی جاتی ہیں۔ بالکل اسی طرح وہ شقاوت پیشہ بھی ایک دوسرے کا گلا کاٹ کر کسی طرح کی پشیمانی اور ندامت و افسوس کا اظہار نہ کرتے تھے۔ انسانوں کے جسم ان کے نزدیک مٹی کے گھروندے تھے کہ جب چاہا توڑ پھوڑ ڈالا۔

شراب ان کی گھٹی میں پڑی تھی، شرابیں پی کر ناچتے، گاتے بجاتے اور بدمستیاں کرتے۔ ساغر و مینا اور بادہ و شاہد ان کی زندگی بن گئے تھے۔ ان کے ایک مشہور شاعر کو جب قتل کی سزا تجویز ہوئی اور اس سے پوچھا گیا کہ تم کس طرح قتل ہونا چاہتے ہو تو اس نے تمنا ظاہر کی کہ خوب شراب پی کر جب میں انتہائی مست و بے خود ہو جاؤں تو میری فصدیں

تیز اور گہرے نشتر سے کھلوادینا۔ یہاں تک کہ خون ٹپکتے ٹپکتے مجھ میں جان باقی نہ رہے۔ ان میں ایسے شقی القلب بھی تھے جو اپنے دشمنوں کو قتل کرنے کے بعد ان کی کھوپڑیوں میں مزے لے لے کر انتہائی فخر وغرور کے ساتھ شراب پیتے تھے۔

قمار بازی اہل عرب کا محبوب شغل تھا۔ لوٹ مار، چوری، بددیانتی، حیلہ گری، وعدہ خلافی اور دروغ بافی کو وہ ''آرٹ'' سمجھتے تھے۔ ایک دوسرے کو دھوکا دیتے، جھوٹی قسمیں کھاتے، عہد و پیمان کرتے اور توڑ ڈالتے، قافلوں کو لوٹتے، یتیموں کا مال ناجائز طریقہ سے دبا لیتے، اور ستم بالائے ستم یہ کہ ان تمام برائیوں کے باوجود ان کا دعویٰ تھا کہ ساری دنیا میں بس وہی عزت وشرافت کے مالک ہیں۔

وہ غیور تھے۔ مگر ان کی غیرت انتہائی شقاوت اور سنگ دلی کے سانچے میں ڈھل گئی تھی۔ لڑکی کا بیاہنا ان کے نزدیک عار سمجھا جاتا تھا۔ قانونِ فطرت سے وہ اس طرح جنگ کرتے کہ لڑکیوں کو پیدا ہوتے ہی زمین میں دفن کر دیتے۔ سینکڑوں ہزاروں جانیں اسی جاہلانہ غیرت اور شقاوت کی بھینٹ چڑھ گئیں۔ مائیں اپنی لڑکیوں کو پیدا ہوتے ہی چھپانے کی کوشش کرتیں۔ مگر یہ درندے ان کے دھڑکتے سینوں سے پھول سی بچیوں کو چھڑا کر زمین میں گاڑ دیتے۔ مامتا دیکھتی کی دیکھتی رہ جاتی۔

عربوں کے میلوں ٹھیلوں میں کھیل کود، تفریح، فحش کلامی اور عریاں شعر وشاعری کا مظاہرہ ہوتا۔ ان کی شاعری گویا اس زمانہ کا ''ادب لطیف'' اور ''ترقی پسند ادب'' تھا۔ جنسی نفسیات کی شرمناک تفسیر، ہوسناکی کو ابھارنے والے خیالات، فحاشی اور عریانی کی ترجمانی، خلوت وتنہائی کی ان باتوں کا ذکر جو واقعیت کے باوجود اظہار کے قابل نہیں ہوتیں اور شرافت ایک لمحہ کے لیے اسے برداشت نہیں کر سکتی۔ جو شعراء نسبتاً سنجیدہ تھے، وہ اپنے قصیدوں میں نسل ونسب کے تفاخر کا ذکر کرتے اور اس طرح قبائل میں حریفانہ جذبات کی آگ بجھنے نہ پاتی۔ ان کی رجز خوانی قبائلی عصبیت اور نسلی منافرت کو شعلۂ سوزاں بناتی اور ان کی نظموں سے رقابت کے آتش فشاں سچ مچ آگ اگلنے لگتے۔

بدکاری اہل عرب میں عام تھی۔ ہوسناکی کے عملی اظہار میں انھوں نے عاد وثمود کو بھی پیچھے چھوڑ دیا۔ عورت ان کے پاس صرف تسکین ہوس کا ذریعہ تھی۔ چھپی ہوئی آشنائیوں سے

لے کر کھلے ہوئے ناجائز تعلقات کی گرم بازاری تھی، سوتیلی مائیں تک ان کی ہوس رانیوں کی آماجگاہ تھیں۔ اور ان بے حیائیوں پر وہ شرمانے کے بجائے اُلٹا فخر کرتے، برائیاں ان کا مزاج اور جبلت بن چکی تھیں۔ ان کی جلوتیں اور خلوتیں فحش کاری سے معمور تھیں۔ عصمت و عفت کی قدر و قیمت پہچاننے کی صلاحیت ہی ان میں باقی نہ رہی تھی۔ آدمی کے بھیس میں حیوان، درندے اور شیطان بھی! شیطان نے صرف ایک سجدے سے انکار کیا تھا اور یہاں پر پوری زندگی انکار و الحاد اور عصیان و فجور میں بسر ہوتی تھی۔

❁ ❁ ❁

جوانی

اتنے گناہ آلود ماحول، بری سوسائٹی اور مذموم گردوپیش میں محمدؐ کی جوانی کا آغاز ہوا۔ قدم قدم پر فتنوں کا ہجوم اور برائیوں کا جمگھٹا، نفس کی رغبت، الجھاؤ اور میلان کے لیے ہر قسم کی سہولتیں موجود تھیں۔ میخانے بھی تھے اور شاہدانِ سیمیں بدن کے خلوت کدے بھی۔ قمار خانوں کی بھی کثرت تھی اور نغمہ و رقص کی محفلوں کی بھی بہتات! وہاں فحش کاری کے اڈے بھی تھے اور بداخلاقی کے مرکز بھی۔ جس طرف جایئے برائیوں کے پھندے لگے تھے اور بدچلنی کے دام بچھے تھے۔ چھوٹے بڑے مرد عورتیں سب کا ایک ہی رنگ تھا۔

اس سراپا معصیت ماحول میں عبداللہ کے دریتیم محمدؐ نے انتہائی تقویٰ، طہارت، پاکیزگی اور خوش اخلاقی کے ساتھ دورِ جوانی اور عہدِ شباب گزارا۔ وہ ان قاتلوں، سفاکوں اور لٹیروں میں تنہا صلح و سلامتی کا پیامبر، چوروں، رہزنوں، پیماں شکنوں اور جھوٹوں میں اکیلا صادق الوعد اور امانت دار، جواریوں، شرابیوں، زانیوں، اور بدکاروں میں تنہا متقی پرہیزگار اور نیک کردار تھا۔ زیادہ سے زیادہ نیکی کا تصور جو انسان کر سکتا ہے، محمدؐ اس سے بھی زیادہ نیک اور صالح فطرت تھے۔ انسانیت کی بلندی کا آخری مقام جو ذہن میں آسکتا ہے محمدؐ کی شخصیت اس سے بھی بہت بلند تھی۔

دنیا کے اندھیرے میں صرف یہی ایک چراغ تھا، زمانہ کے خارستان میں اس کی ذات گلاب بن کر مہک رہی تھی۔ دہر کے خس و خاشاک اور کنکروں پتھروں میں اس کی شخصیت گوہر شب تاب تھی۔ ہر پیالہ میں زہر اور حنظل ملا تھا۔ صرف اسی ایک کے جامِ حیات اور مینائے زندگی میں امرت ہلکورے لیتا تھا۔ عام رنگ و بو میں بس وہی ایک ذات حق صداقت کا مرکز اور ہدایت کا روشن مینارہ تھی۔ یہی ایک انسان ناطق تھا جس کے نطق پر سچائی ناز کرتی تھی۔

شیوخِ قریش میں تذکرے ہوتے:

یہ عبداللہ کا بیٹا محمدؐ تو کنواری لڑکیوں سے زیادہ شرمیلا اور باحیا ہے، راستے میں چلے گا تو آنکھیں جھکائے ہوئے، وقار و متانت کے ساتھ۔

ایہاالاخوان! نہ جانے یہ نوجوان آگے چل کر کیا بننے والا ہے۔ اس انداز کا شریف، سچا اور نیک کردار آدمی ہم نے نہ تو دیکھا نہ کانوں سے سنا۔ صاحبو! کسی سے وعدہ کرے تو چاہے زمین ٹل جائے، آسمان ٹوٹ پڑے، مگر یہ اپنے قول سے نہیں پھر سکتا۔

شراب اور لطف و تفریح کی خلوتیں تو ایک طرف رہیں۔ گانے بجانے یہاں تک کہ افسانہ خوانوں کی محفل میں بھی اسے کسی نے نہیں دیکھا۔ اور لطف یہ ہے کہ وہ راہب بھی نہیں ہے کہ دنیا سے کوئی سروکار اور واسطہ نہ ہو۔ وہ بازاروں میں جا کر خرید و فروخت کرتا ہے۔ قرض لیتا ہے، لوگوں کی امانتیں رکھتا ہے، ملکِ شام تک کے بازار اسے تاجر کی حیثیت سے جانتے ہیں۔ مگر اس کے ہر کام میں انتہا درجہ کی سچائی، دیانت داری اور عدل پایا جاتا ہے۔

(ایک نوجوان) ہمارے خداوند بتوں کی اس محمدؐ کے حال پر مہربانی ہے جبھی تو اس میں اتنی بہت سی اچھائیاں جمع ہو گئی ہیں۔

(ایک بوڑھا) مگر میاں صاحب زادے! محمدؐ کو تو آج تک کسی بت کے پاس جاتے ہوئے بھی نہیں دیکھا۔ یہ تو ان سے دور دور رہتا ہے جیسے اس کے دل میں ہمارے خداؤں سے کوئی لگاؤ اور کسی طرح کی دل چسپی ہی نہیں ہے۔ بے عقیدہ لوگوں پر یہ بت کاہے کو مہربان ہونے لگے۔

(ایک قریش جس کے ہاتھ میں ترکش ہے) عبداللہ کے بیٹے میں اور سب بھلائیاں ہی بھلائیاں ہیں۔ بس اس کی یہی ایک بات ہمیں اچھی نہیں لگتی کہ لات و منات و نصر و ہبل اور ہمارے دوسرے خداؤں سے وہ عقیدت نہیں رکھتا۔

دوسرے انسانوں کو لغزش، زلتِ قدم اور بھول چوک کے لیے ڈھیل دی جا سکتی ہے مگر ''انسانِ کامل'' کو ادنیٰ غلطی اور ہلکی سے ہلکی اونچ نیچ سے بچایا جاتا ہے۔ قدرت خود اس کی تربیت کرتی ہے۔ اول تو اس کی فطرت ہی کو صالح، سلیم، عادل اور سعید بنا کے بھیجا جاتا ہے۔ اس لیے کسی ناپسندیدہ بات کو وہ خیالی طور پر بھی نہیں چاہتا، لیکن بفرضِ محال کبھی کبھار

کوئی ایسا خطرہ ذہن میں آ بھی جائے تو خدا کی مشیت اس کا عملی ظہور نہیں ہونے دیتی۔

محمدؐ کی کمسنی کا واقعہ ہے کہ مکہ میں نوجوان کہانیاں کہا اور سنا کرتے تھے۔ ان محفلوں اور صحبتوں کی بڑی دھوم تھی۔ ایک بار آپؐ بھی اسی ارادے سے شہر میں آئے۔ وہاں آ کر کیا دیکھتے ہیں کہ کسی کے یہاں بیاہ ہے اور گانا بجانا ہو رہا ہے۔ بانسری بج رہی ہے اور لوگ مزے لے لے کر جھوم رہے ہیں۔ یہ نہایت ہی ہلکی قسم کی بے ضرر تفریح تھی۔ محمدؐ اس شادی کے مکان میں تشریف لے گئے۔ مگر وہاں جا کر آپ ہی آپ نیند کا ایسا غلبہ ہوا کہ ساز ومطرب کی صدائیں نہ سن سکے اور اتنے زور کی نیند آئی کہ صبح ہو کر دھوپ پھیل گئی تو آنکھ کھلی۔ اس وقت تک ساری محفل ہی درہم برہم ہو چکی تھی۔

محمدؐ کی جوانی چاندنی سے زیادہ اجلی اور پھولوں سے بڑھ کر بے داغ اور معصوم تھی۔ قدرت نے آپ کے دامن کردار پر بھول چوک کی پرچھائیں بھی نہ پڑنے دی۔ یہ آپؐ کی آخری معیار اور سیرت و کردار کی معراج تھی۔ آپؐ کے دشمن اور شدید دشمن بھی آپؐ کی عصمت، پاک دامنی، اور خوش اخلاقی کے قائل تھے۔ تاریخ نہیں بتا سکتی کہ محمدؐ کے کسی دشمن نے آپؐ کے کردار کے بارے میں کسی قسم کے شک کا اظہار کیا ہو۔ خون کے پیاسے اعداء نے آپؐ کے پیغام کو جھٹلایا، سارے عرب کو آپ کے خلاف جنگ کے لیے کھڑا کر دیا۔ لیکن کوئی شخص آپؐ کی زندگی اور ذات و شخصیت پر تہمت نہ لگا سکا۔

محمدؐ کی سچائی، امانت، راست بازی اور عدل و نکوکاری سے متاثر ہو کر قوم نے آپؐ کو ''امین'' کا خطاب دیا۔ سب لوگ آپ کا احترام کرتے تھے، بوڑھے بوڑھے قریش محمدؐ کی بڑائی اور عظمت کو محسوس کر کے عزت کرنے کے لیے مجبور ہو جاتے۔ جدھر سے آپ گزرتے لوگوں میں چرچے ہونے لگتے کہ عبداللہ کا نیک، سچا اور پرہیزگار بیٹا جا رہا ہے۔ اور پھر آپ کی تعریفیں ہوتیں کہ اس میں یہ خوبیاں ہیں، یہ بڑائیاں ہیں۔

لڑائی رُک گئی

ایک بار مکہ کے قریبی علاقہ میں بہت زور کی بارش ہوئی۔ مینھ کی جھڑی لگی تو یہ سلسلہ کئی
ن تک جاری رہا۔ بادل کھلنے کا نام ہی نہ لیتے۔ اس کا یہ اثر ہوا کہ مکہ میں بہت زور کا سیلاب
گیا۔ گلیوں میں نہروں کی طرح پانی بہنے لگا۔ بہت سے مکان منہدم ہو گئے۔ اہل مکہ کے
یے بڑی پریشانی کا سامنا تھا۔ خانۂ کعبہ بھی سیلاب کی اس زد میں آ گیا۔ دیواریں گر پڑیں،
ر ان کے ساتھ حجر اسود بھی اپنی جگہ سے زمین پر گر گیا۔

کعبہ کی تمام عرب والے عزت کرتے تھے اور بت پرستی کے بے پناہ شوق اور لامحدود
قیدت و گرویدگی کے باوجود بیت اللہ کے احترام سے ان کے دل و دماغ کبھی خالی نہیں
ئے۔ اپنے مکانوں، بیٹھکوں، اور مویشی خانوں سے پہلے کعبہ کی تعمیر مقدم سمجھی گئی۔ سب
وں نے نہایت دلچسپی اور جوشِ عقیدت کے ساتھ اس نیک کام میں حصہ لیا۔ محمد بھی قریش
ے ساتھ پتھر ڈھو ڈھو کر لاتے اور کعبہ بنانے والوں کا ہاتھ بٹاتے۔

کعبہ کی دیواریں اُٹھ گئیں تو حجرِ اسود کے لگانے کا سوال در پیش ہوا۔ ہر شخص کہتا تھا کہ اس
دس پتھر کی تنصیب کا شرف میں حاصل کروں گا۔ اس پر بات بڑھنے لگی۔ قبیلوں کے تفاخرو
ور کی داستانیں چھڑ گئیں۔ ایک نے کہا کہ ابرہہ نے جب کعبہ پر ہاتھیوں کے لشکر سے
ھائی کی تھی تو میں اور میرا بوڑھا باپ کعبہ کی حفاظت میں سب سے پیش پیش تھے اس لیے
ِ اسود کے نصب کرنے کا حق مجھے پہنچتا ہے۔ دوسرا بولا کہ حربِ فجار میں میرے قبیلے کے لوگ
ن کی بازی نہ لگاتے تو قریش کو ایسی شکستِ فاش ہوتی کہ ان کی عظمت و شرف کے دفتر ورق
ق ہو جاتے۔ تیسرے نے کہا، میرے دادا نے دو بار تمام حاجیوں کو کھانا کھلایا تھا۔ اس کی
ری کمائی اور تمام پس انداز اسی مہمانی اور ضیافت میں صرف ہو گیا۔ چوتھا تلوار ٹیک کر بولا کہ
بہ میں سالہا سال سے بخور اور عود و عنبر ہمارے قبیلہ کے لوگ سلگا رہے ہیں۔

جوش بڑھتا ہی جا رہا تھا۔ بعض من چلوں نے عرب کے دستور کے مطابق خون میں

انگلیاں ڈبولیں۔ یہ اس بات کا عہد تھا یا تو ہم کعبہ کی دیوار میں سنگِ اسود نصب کر کے رہیں
گے یا پھر لڑ کر جان دے دیں گے، اب اس بات کا فیصلہ تلوار کرے گی، جس میں طاقت ہو گی
وہی اس شرف کا حامل بن سکے گا۔ چار دن تک نزاع ہوتی رہی۔ پانچویں دن ابوامیہ بن مغیرہ
نے جو قریش میں سب سے زیادہ بوڑھا تھا، کہا کہ نادانو! اتنے بے قابو کیوں ہوئے جا رہے
ہو۔ کیا حرم مقدس کی زمین کو خون سے لالہ زار بنانے کا ارادہ ہے۔ یہاں تلوار چل گئی تو پھر
رکے گی نہیں۔ صدیوں تک اس جنگ کے شعلے بھڑکتے رہیں گے۔ میں کہتا ہوں کہ ہر بات کا
فیصلہ تلوار ہی سے نہیں ہوا کرتا۔ اس کی دوسری صورتیں بھی ممکن ہیں۔ اس پر سب لوگ بولے
اچھا صاحب! آپ ہی کوئی تدبیر بتائیے کہ ہم کیا کریں۔ ابوامیہ نے کہا کہ اس مسئلہ کو کسی ثالث
پر چھوڑ دینا چاہیے۔ لیکن یہ بات خود ایک نزاع بن جائے گی کہ ثالث کس کو بنایا جائے۔ اس
مشکل کا حل بھی بتاتا ہوں۔ وہ یہ کہ خانۂ کعبہ میں جو شخص کل صبح سب سے پہلے داخل ہو اسی کو
حاکم مان لیا جائے اور جو فیصلہ وہ صادر کرے اسے سب لوگ بغیر کسی چون و چرا کے مان لیں۔

اس پر سب نے حامی بھری کہ ہمیں یہ بات منظور ہے۔ شام ہوئی پھر رات اور اس
کے بعد سپیدۂ سحر نمودار ہوا۔ اور اتنے میں لوگوں نے دیکھا کہ محمد بن عبداللہ سب سے پہلے
کعبہ میں داخل ہو رہے ہیں۔ سب نے کہا کہ آپ ہمارے ثالث ہیں۔ اس بات کا فیصلہ
آپ ہی فرمائیں گے۔ تمام لوگ یہ کہنے کے بعد محمدؐ کا چہرہ دیکھنے لگے کہ نہ جانے ہلنے والے
لبوں سے کس کے حق میں فیصلہ صادر ہوتا ہے، ہر کوئی پر آرزو بھی تھا اور مایوس بھی! ایسے
موقعوں پر تصویر کے روشن اور تاریک دونوں پہلو سامنے آیا کرتے ہیں۔

محمدؐ نے کعبہ کے فرش پر ردائے مبارک بچھادی۔ قریش حیرت کے ساتھ ایک دوسرے
کا منھ تکنے لگے کہ نہ جانے چادر کے بچھانے میں کیا مصلحت پوشیدہ ہے۔ اس پر پانسے ڈال
کر ناموں کا قرعہ نکلوایا جائے گا یا اس چادر کے ذریعہ کسی مشکل ورزش کے لیے حکم ہو گا کہ جو
اس میں کامیاب ہو جائے گا وہی سنگ اسود نصب کر سکے گا۔ دیکھیے کیا ہوتا ہے؟

محمدؐ نے اپنی چادر میں سنگ اسود اٹھا کر رکھا فرمایا کہ تمام قبیلوں میں سے ایک ایک
آدمی اس چادر کو تھام لے تا کہ تنصیب حجرِ اسود کا شرف تمام قبائل میں مساوی طور پر بٹ
جائے۔ ہر قبیلہ کے ایک ایک آدمی نے چادر تھام کر اوپر اٹھائی اور اس طرح سب نے مل جل

کر کعبہ کی دیوار میں حجرِ اسود نصب کر دیا۔

محمدؐ کے اس فیصلہ سے سب خوش ہو گئے۔ کھنچی ہوئی تلواریں نیام میں آ گئیں اور ایک ہت بڑی خونریزی رُک گئی۔ تمام لوگوں نے محمدؐ کی اصابتِ رائے، حکمت و دانش اور فہم و راست کا اقرار کیا۔ سارے مکہ میں اس صلح کن فیصلہ کی دھوم مچ گئی کہ ابن عبداللہ کی دانائی کی بدولت خون خرابہ کی نوبت نہ آسکی۔ ورنہ تلواروں کے جوہروں کی چمک زبانِ حال سے کہہ رہی تھی کہ یہ لڑائی بنو بکر اور بنو تغلب کی خونریز جنگوں کی شہرت پر پانی پھیر دے گی۔ اہل مکہ نے محسوس کیا کہ محمدؐ صرف نکوکار، پرہیزگار، امین اور راست باز ہی نہیں ہیں، ان میں یصلہ کرنے اور آپس کے جھگڑے چکانے کی بھی بے پناہ قابلیت پائی جاتی ہے۔

❁ ❁ ❁

سفرِ شام سے شادی تک

بچپن میں ابوطالب اپنے یتیم بھتیجے محمدؐ کی اگرچہ کفالت کرتے رہے۔ مگر اس زما
میں بھی محمدؐ نے دوسرے بچوں کی طرح کھیل کود میں بچپن نہیں گزارا۔ چچا کے بارِ کفالت کو ا
طرح ہلکا کیا کہ تمام تمام دن جنگل میں ان کی بکریاں چرائیں۔ بڑے ہوکر وہ خود اپنے پاؤ
پر کھڑے ہوگئے اور دنیا کے سب سے زیادہ معزز پیشہ تجارت کو اس عالم اسباب میں آذو
حیات کا ذریعہ بنایا۔ محمدؐ ہاتھ کے سچے اور بات کے پکے تھے۔ تجارتی کاروبار میں جس
جو معاملت ہوگئی اور جس بات کے لیے زبان دے دی چاہے زمین و آسمان کیوں نہ ٹل
جائیں اور تجارت میں کتنا ہی گھاٹا کیوں نہ ہوجائے، اپنے قول اور عہد کی تاویلیں کر
زبان پھیرنے کا تصور بھی نہ فرماتے۔ کسی سے مال خریدتے تو دینے والے کی مرضی پر چھ
دیتے۔ وہ اونچا بھی تول دیتا تو گوارہ فرمالیتے، مگر جب خود کسی کو مال بیچتے تو خوب جھکتا
تولتے۔ تاجروں میں آپ کی دیانت اور خوش معاملگی کے تذکرے ہوتے کہ تجارتی کاروبا
میں دنیا ایک ایک پیسہ کے لیے جان دیتی ہے۔ ہر شخص اپنے فائدے کے لیے غلط طریق
سے بھی کوششیں کرنے میں کوتاہی نہیں کرتا۔ منفعت کے لیے نئی نئی ترکیبیں اور حیلے نکا
جاتے ہیں، اور یہ ابن عبداللہ تو کشادہ دست تاجر ہے۔ تجارت میں فیاضی کرتے ہوئے ا
کے سوا اور کسی کو نہیں دیکھا گیا۔

خویلد کی بیوہ بیٹی خدیجہؓ ایک شریف اور دولت مند خاتون تھیں، نوکر چاکر اور عز
رشتہ دار اُن کا تجارتی کاروبار سنبھالے ہوئے تھے۔ محمدؐ کی دیانت اور راست بازی کا شہرہ س
کر خدیجہ نے بہت منت کے ساتھ آپؐ کی خدمت میں پیام بھجوایا کہ میں آپ کے ذریعہ ا
مال تجارت شام بھیجنا چاہتی ہوں۔ مجھے آپؐ کی ذات پر پورا اعتماد ہے۔ آپ کی زحمت
فرمائی کا مجھ بیوہ پر احسان ہوگا۔ محمدؐ نے شام جانے کی ہامی بھرلی۔ اور چند دن بعد خدیجہؓ
سامانِ تجارت لے کر شام کی طرف کوچ فرمایا، اس مختصر سے تجارتی قافلہ میں خدیجہؓ کا ایک

رشتہ دار اور ان کا غلام میسرہ بھی تھا!

یہ وہی راستہ تھا جس میں محمدؐ کے باپ عبداللہ کے نقشِ قدم اگرچہ زمانہ کے انقلاب نے مٹادیے تھے۔ مگر باپ کی محبت محسوس کررہی تھی کہ ع

ابھی اس راہ سے کوئی گیا ہے

محبت کا یہ خاصہ ہے کہ وہ ماضی کو حال کو مستقبل بنا سکتی ہے، محمدؐ کے احساس نے گزشتہ واقعات کے اوراق اُلٹ دیے۔ عبداللہ کی جوان مرگ اور آمنہ کا جوانی میں بیوہ ہونا، محبت کی خاموش آواز، اونٹوں کی گھنٹیوں میں مل جل گئی۔

یہ وہی راستہ تھا جہاں بارہ سال کی عمر میں محمدؐ نے اپنے چچا ابوطالب کے ساتھ سفر کیا تھا۔ وہی وادیاں، وہی کوہ ودشت۔ مگر ہاں! پُرشور آندھیوں نے ریت کے تودوں کو کہیں سے کہیں پہنچا دیا تھا اس لیے کہیں کہیں راہیں بھی مڑ گئی تھیں اور منزلوں کے نشان بھی تبدیل ہو گئے تھے۔ بارہ تیرہ سال کی مدت میں اتنا کچھ بدل جانا ضروری تھا۔

یہ محمدؐ کی عمر کا پچیسواں سال تھا۔ ذمہ داری، ہوش مندی اور فراست کا آفتاب جبینِ سعادت آثار سے طلوع ہو رہا تھا۔ قافلہ چلا، چلتا رہا۔ یہاں تک کہ شام پہنچ گیا۔ یہ کارواں اندھیرے سے بھی گزرا اور چاندنی میں بھی اس نے منزلیں طے کیں۔ دھوپ کی شدت بھی دیکھی اور سایہ کی راحت بھی۔ کہیں اتنا چٹیل میدان کہ دور دور تک کسی درخت کا نام ونشان نہیں۔ بس کہیں کہیں غبار آلود جھاڑیاں نظر آتی تھیں۔ وہ بھی جھلسی ہوئی، جیسے ان میں قوتِ نمو ہی نہیں ہے، اور کسی جگہ نخلستان کا سلسلہ دُور تک چلا جاتا، اور آس پاس لہلہاتے کھیت دکھائی دینے لگتے، خدیجہ بنت خویلد کے رشتہ دار خزیمہ اور ان کے غلام میسرہ نے اس سفر میں بہت سی عجیب باتیں مشاہدہ کیں۔ قدم قدم پر برکتوں کا نزول اور سعادتوں کا ظہور۔ ایسے ایسے واقعات اور آثار جو انہوں نے اس سے پہلے دیکھے نہ تھے۔ ان کی حیرتیں بڑھتی ہی چلی جاتی تھیں۔ یہاں تک کہ ایک سوکھا پیڑ جس کے نیچے محمدؐ نے قیام فرمایا۔ دیکھتے ہی دیکھتے سرسبز ہو گیا۔ اسی مقام پر "نسطورا" نامی راہب رہتا تھا اس نے کہا کہ پیشین گوئیوں اور مقدس بزرگوں کے اخبار کی روشنی میں اس حقیقت کے اظہار میں تامل نہیں کرسکتا، مجھے بتایا گیا ہے کہ اس درخت کے نیچے ایک پیغمبر آکر قیام کرے گا جس کی برکت سے سوکھی ڈالیاں ہری ہو

جائیں گی۔اس کے ہاتھ میں انجیل کے نوشتے تھے اور انھیں پڑھ پڑھ کر وہ باتیں کہتا جاتا تھا۔

خدیجہؓ کے مالِ تجارتی میں توقع سے بہت زیادہ نفع ہوا اور محمدؐ نے تمام مال کی قیمت جوں کی توں خدیجہ کو دے دی۔خدیجہؓ آپ کی اس دیانت اور راست بازی سے بہت متاثر ہوئی۔وہ دیکھتی تھی کہ مکہ میں تجارتی کاروبار، لین دین، مول تول اور خرید وفروخت پر آئے دن جھگڑے ہوتے رہتے ہیں۔ہر شخص دوسرے کا مال ناجائز طریقہ سے غصب کرنے کی کوشش کرتا ہے۔لوگ عہد و پیمان کرتے ہیں اور توڑ ڈالتے ہیں۔ان لوگوں میں محمدؐ جیسے امانت دار، راست باز اور متدین آدمی کا پایا جانا غیر معمولی واقعہ بلکہ معجزہ ہے۔

خزیمہ اور میسرہ نے یک زبان ہوکر خدیجہؓ سے کہا کہ محمدؐ کے ساتھ سفر میں رہ کر ہم نے اپنی آنکھوں سے ایسی ایسی عجیب وغریب باتیں دیکھی ہیں جو شاید کسی نے سنی بھی نہ ہوں۔اندھیری راتوں میں روشنی ہوگئی ہے، محمدؐ کی برکت سے۔خشک درخت کے نیچے محمدؐ بیٹھے اور سوکھی ڈالیاں آن کی آن میں لہلہانے لگیں جیسے کسی نے ان پر آب حیات چھڑک دیا۔ایک واقعہ ہوتو بتائیں۔ہم تو راستے بھر ان کے ساتھ خواب دیکھتے رہے۔اور یہ محمدؐ! اتنا کچھ بابرکت ہونے کے باوجود انتہائی خلیق، متواضع، دردمند اور غم گسار ہیں، راستہ میں ہمیں انھوں نے کسی قسم کی تکلیف نہ ہونے دی۔نہایت مستعدی کے ساتھ ہر کام خود انجام دیا۔اتنے دردمند رفیق سفر ہر کسی کو میسر نہیں آتے اور ان کی پاک بازی اور پرہیز گاری کی تو لفظوں میں تعریف ہی نہیں ہوسکتی۔شام کی عورتیں بہت خوب صورت ہوتی ہیں۔ان کی دل کشی اور عنائی دور دور مشہور ہے۔مگر ہم نے خاص طور سے اس بات کو محسوس کیا کہ محمدؐ بازاروں، گلیوں اور سڑکوں سے گزرتے ہوئے ادھر ادھر نہیں دیکھتے۔حیا، غیرت، متانت اور سنجیدگی کا پیکر ہے، ان کی ذات! نہ جانے یہ دنیا کہاں تک ہے اور کتنی بڑی ہے۔ہم نے تو عرب اور شام یہی دو ملک دیکھے ہیں۔ہم دعوے کے ساتھ کہہ سکتے ہیں کہ ان ملکوں میں تو محمدؐ جیسا شریف، نیک، پرہیزگار اور بابرکت آدمی ہماری نگاہ سے نہیں گزرا۔یہ عرب کے جاہل لوگ اپنی شاعری، بہادری اور نسب ناموں پر فخر کرتے کرتے مرے جاتے ہیں حالانکہ ان کے لئے سب سے بڑا فخر محمدؐ قریشی الہاشمی کی ذات ہے۔

مکہ کا ہر شخص محمدؐ کے اخلاق اور نیکی کا گرویدہ و معترف تھا۔خدیجہؓ کو تجارت کے سلسلہ

میں آپ ؐ کی دیانت کا ذاتی تجربہ بھی ہو گیا۔ پھر خزیمہ اور میسرہ کی عینی شہادتوں نے اس ایقان کو اور زیادہ مستحکم اور اس اثر کو پائدار بنا دیا۔ خدیجہ بیوہ تھیں۔ ان کی دنیا ویران ویران سی تھی، افسردہ اور غمگین تمنائیں! مرجھائے ہوئے احساسات! دل و دماغ نے ایک زبان ہو کر کہا کہ خدیجہ! دیکھ محمد ؐ سے زیادہ شریف اور با عزت انسان پورے عرب میں نہیں مل سکتا۔ ان کے پاس پاکیزہ تمناؤں کا پیام بھیج! مکہ میں نوجوانوں اور امیروں کی کمی نہیں ہے۔ لیکن تیری شرافت کا ان بدکرداروں کی زندگی سے کیا جوڑ! محمد ؐ نے اگر تیرے پیام کو قبول کر لیا تو تیری تقدیر کا ستارہ چمک جائے گا۔

خدیجہ ؓ نے محمد ؐ کی خدمت میں شادی کا پیغام بھیجا۔ آپ نے قبول فرمالیا۔ آپ اپنے چچا ابو طالب، حمزہ اور دوسرے عزیزوں کو ساتھ لے کر خدیجہ ؓ کے مکان پر پہنچے۔ وہاں پہلے سے اہتمام تھا۔ اور خدیجہ ؓ کے عزیز و اقارب انتظار میں تھے، نکاح ہوا۔ ابو طالب نے خطبہ پڑھا۔ اس خطبہ میں ابو طالب نے پہلے خدا کی حمد و ثنا بیان کی اور اس کے بعد کہا کہ سارے قریش میں محمد ؐ کے پلہ کا ایک آدمی نہیں ہے۔ کوئی شخص شرافت و نکوکاری میں میرے سعید و امین بھتیجے کی برابری نہیں کر سکتا۔ ہاں مال و دولت اس کے پاس نہیں ہے۔ مگر دولت، روپیہ پیسہ، خزانے، مال و اسباب تو چلتی پھرتی چھاؤں کے مانند ہیں، آج اس کے پاس کل دوسرے کے پاس۔ ان کا کوئی اعتبار نہیں۔ اصل چیز تو ذاتی شرافت ہے جو ہر حال میں باقی رہے گی۔

محمد ؐ کی زندگی کا یہ بالکل نیا دور تھا۔ خدیجہ بہترین شریک زندگی ثابت ہوئیں۔ نیک، فرماں بردار، اطاعت گزار، شوہر کے دکھ سکھ کی شریک، ہر اعتبار سے ہم خیال۔ وہ کسی بات میں محمد ؐ سے اختلاف ہی نہ کرتیں۔ ان کی فطرت میں محبت اور وفا سموئی ہوئی تھی۔ خدیجہ ؓ نے بھی محمد ؐ کو توقع سے بہت زیادہ ہم درد اور غم گسار پایا۔ وہ جتنا نیک شادی سے پہلے سمجھتی تھیں، محمد ؐ اس سے بڑھ کر نیک اور پرہیزگار نکلے۔ ان کی خلوت ہی نہیں جلوت بھی نیکی، حیا اور عفت سے معمور تھی۔ مکہ کی عورتیں رشک کرتیں کہ خدیجہ کو محمد ؐ جیسا بہترین شریک حیات مل گیا۔ مگر رشک کرنے سے ہوئی بات ان ہونی نہیں ہو سکتی اور نہ کسی کی تقدیر کی سعادتیں چھینی جا سکتی ہیں۔ خدیجہ ؓ کے لئے بہر حال بہترین خلائق اور بزرگ ترین انسان کا حرم بننا مقدر ہو چکا تھا۔ اور یہ وہی مبرم مقدرات ہیں کہ جن کے لکھ دینے کے بعد قدرت کا قلم خشک ہو گیا اور

ان میں کوئی تبدیلی نہیں ہوسکتی۔

خدیجہؓ کی رفاقت سے محمدؐ کو بھی سکون حاصل ہوا۔ ان کی خانگی زندگی، شکر رنجی اور بدمزگی سے پاک تھی۔ دونوں ایک دوسرے کے ہمدرد، غم گسار اور سچ مچ شریک حیات۔ سکون و اطمینان اور میل جول کی زندگی۔ ازدواج، مناکحت اور شادی کا لطف ہی میل ملاپ، ایک دوسرے کی ہمدردی اور فکر و خیال کی یک رنگی میں ہے یہ نہ ہو تو پھر جنت بھی جہنم بن کر رہ جاتی ہے۔ شوہر کی اطاعت تدبیر منزل کی بنیاد ہے اور بیوی کی ہمدردی معاشرت کی جان ہے۔ جہاں یہ توازن باقی نہ رہے وہاں گھریلو زندگی کا نظام تہ و بالا ہو جاتا ہے۔ محمدؐ اور خدیجہؓ کی زندگی اس توازن کا بہترین نمونہ تھی۔

وحی کا نزول

جس مہتم بالشان مقصد کی تبلیغ اور تکمیل کے لئے محمدؐ دنیا میں بھیجے گئے تھے۔اس کے ظہور اور اعلان کا زمانہ قریب آتا جا رہا تھا! انسانیت کی تاریخ کا آخری اور سب سے زیادہ روشن ورق الٹنے کے لئے قدرت کے ہاتھ جنبش میں آنے والے تھے۔ اندھیرا آپ ہی آپ کپکپاتا اور سمٹتا جا رہا تھا۔ جیسے اجالے کے لئے جگہ خالی کرنی ہے۔ برائیاں پسینہ پسینہ ہوئی جا رہی تھیں کہ نیکیوں کا دور شروع ہونے والا ہے۔ گمراہی کی جان لبوں پر آ گئی تھی کہ ہدایت کا ستارہ انقلاب کے جھرو کے سے جھانک رہا ہے۔ کائنات کا ایک ایک ذرہ تبدیلی محسوس کر رہا تھا اور:

جب اپنی پوری جوانی پہ آ چکی دنیا
جہاں کے واسطے اک آخری نظام آیا

کا پیام فضا میں گونج رہا تھا۔

محمدؐ پر غور و فکر اور استغراق کی کیفیت طاری رہنے لگی۔ مکہ سے تھوڑی دور پر حرا نام کا ایک غار تھا۔ آپ ستو اور پانی لے کر وہاں چلے جاتے اور کئی کئی دن تک ریاضت وعبادت اور غور و فکر میں ڈوبے رہتے۔ نفس کا یہ مجاہدہ اور استغراق کی یہ کیفیت کسی ''غیبی نمود'' کی منتظر تھی۔ دل ونگاہ کو نہایت بے چینی کے ساتھ کسی پیغام کا انتظار تھا۔ طبیعت بہت بے قرار سی رہتی، اسی تلاش، حیرانی اور بے قراری کو قرآن نے ''ضال'' سے تعبیر کیا ہے۔ قلبِ مبارک کی بے چینی دن رات بڑھتی جا رہی تھی۔ کھانا پانی نبٹ جاتا پھر بھی بھوکے پیاسے خدا کی یاد غار کی تنہائی میں ہوتی رہتی۔ حقیقتِ منتظر چالیس سال سے جھانک رہی تھی۔ مگر پورے طور پر کھل کر سامنے نہ آئی تھی۔ غنچۂ دل نسیم قدس کا منتظر تھا۔ تلاش و بے قراری کے عقدے ناخنِ ربوبیت کی راہ دیکھ رہے تھے۔ نگاہیں بار بار آسمان کی طرف اٹھتیں اور سجدے میں جھک جاتیں۔ انتظار اور مسلسل انتظار یہاں تک کہ غار حرا کے اندھیرے میں یکا یک روشنی نمودار ہوئی۔ ناموسِ اکبر خدا کا پیام لے کر حاضر ہوا، اور اس ربانی پیام کے الفاظ پوری ترتیل کے ساتھ محمدؐ کی زبان سے

دہرائے گئے۔اس پیام نخستیں اور وحی اولیں میں خدا کے نام کے ساتھ انسان کی تخلیق کا ذکر تھا اور وہ اس لئے کہ انسانوں سے خدا کا ٹوٹا ہوا رشتہ جوڑنے کے لئے محمدؐ بن عبداللہ کو نبوت عطا ہوئی تھی، اور اسی مقصدِ عظیم کی تکمیل کے لئے آپ کو دنیا میں بھیجا گیا تھا۔

کسی معمولی فرماں روا، حاکم اور افسر کا حکم پڑھ کر اور پیام سن کر دل کی حالت دگرگوں ہو جاتی ہے اور یہ تو رب السمٰوات والارض کا پیام تھا۔اس کی طرف سے وحی بھیجی گئی تھی جس کی ربوبیت اور قدرت سارے عالم کو گھیرے ہوئے ہے۔جس کے ہاتھ میں تمام لوگوں کی پیشانیاں ہیں، وہ اگر چاہے تو یہ اونچے اونچے پہاڑ پلک جھپکنے سے پہلے دھوئیں کی طرح اڑ جائیں۔ پرشور سمندر ریگستان بن جائیں اور ٹھنڈے ستاروں سے انگارے برسنے لگیں۔فطری طور پر اتنے عظیم الشان پیام کے بعد قلب کو انس کے ساتھ ہیبت سے بھی متاثر ہونا چاہئے تھا۔یہی انسانی فطرت ہے۔حضرت محمد رسول اللہ (صلی اللہ علیہ وآلہٖ وسلم) کا دل بھی ہیبت الٰہی سے متاثر ہوئے بغیر نہ رہ سکا۔

یہ پیام اگر محمد رسول اللہ (صلی اللہ علیہ وآلہٖ وسلم) کی جگہ کسی پہاڑ پر نازل ہوتا تو یقیناً پہاڑ ریزے ریزے ہو جاتا۔یہ اسی ذات کے قلب پر وقار کی طاقت تھی جو ذمہ داری کے اس بار گراں کو سہار لیا۔جبریل تھے، خدا کا کلام تھا، تجلیاں تھیں، محمد عربی تھے اور غارِ حرا تھا۔ہم تو بس اتنا ہی کہہ سکتے ہیں، جو بات ہمارے قلب پر نہیں گزری، جس کو ہم نے اپنی آنکھ سے نہیں دیکھا اس کی تشریح آخر کس طرح ممکن ہے۔وحی الٰہی کی کیفیت مہبطِ وحی کے سوا اور کون بتا سکتا ہے۔یہی وہ مقام ہے جہاں لفظ کام نہیں دیتے، شرح و بیان کا جس جگہ دم گھٹنے لگتا ہے، زبان گنگ ہو جاتی ہے اور قلم کانپ جاتا ہے۔

ہم زیادہ سے زیادہ اپنی زبان میں اتنا کہہ سکیں گے کہ غارِ حرا کی تقدیر چمک گئی۔اس کے ذرّے رشکِ طور بن گئے۔تمام گرد و پیش تجلی زار نظر آنے لگا۔مگر یہ سب رسمی تشبیہیں ہیں جو ہر کسی کے لیے استعمال ہوتی رہتی ہیں۔محمد رسول اللہ کو جن تجلیات اور کیفیات کا مشاہدہ اور احساس ہوا ان پر یہ رسمی باتیں زیب نہیں دیتیں۔ہمارے حواس نے جن کیفیات اور مشاہدات کا خواب بھی نہیں دیکھا ان کا اظہار ہم کر بھی نہیں سکتے۔فلسفہ کو اس منزل میں آ کر حیرانی ہوتی ہے۔عقل کی آنکھوں میں چکا چوند پیدا ہو جاتی ہے اور دماغ سراسیمہ ہو جاتا ہے۔یہی وہ مقام مقدس اور عالم وراء الوراء ہے جہاں یقین اور صرف یقین کے چراغوں کی

روشنی میں صراطِ مستقیم نظر آسکتی ہے۔ بے یقینی اور شک وتذبذب کے پاؤں یہاں جم ہی نہیں سکتے۔ وہ کم نظر لوگ جو ''روٹی اور معدے'' سے آگے دیکھنا ہی نہیں چاہتے، ان روحانی کیفیات اور غیبی اسرار کو آخر کس طرح سمجھ سکتے ہیں۔ اس پر یقین لانے کے لیے کارل مارکس اور اسٹالن کا دماغ نہیں، ابوبکر صدیقؓ، علی مرتضیٰ اور بلال حبشیؓ کے قلوبِ عرفان آثار چاہئیں۔

محمد رسول اللہ غارِ حرا سے مکان تشریف لائے تو پیشانی مبارک سے پسینہ ٹپک رہا تھا۔ ہیبت الٰہی سے چہرہ متغیر تھا۔ گھر آتے ہی حضرت خدیجہؓ سے فرمایا:

''مجھے چادر اوڑھاؤ، چادر اوڑھاؤ''۔

خدیجہؓ نے جلدی سے دوڑ کر چادر اٹھائی اور آپ کو اوڑھا دی۔ آپ نے پورا واقعہ سنایا۔ خدیجہؓ کی فطرتِ سلیم نے ان واقعہ میں ذرا بھی شک آمیز اعجوبیت محسوس نہیں کی۔ بلکہ کہا کہ آپ کی ذات بھلائیوں کا سرچشمہ ہے۔ خدا آپ کو ضائع نہیں کرے گا، پھر وہ آپؐ کو ورقہ بن نوفل کے پاس جو ایک خداشناس بزرگ تھے لے کر گئیں۔ ورقہ نے کہا کہ یہی وہ ناموس ہے جو انبیاء بنی اسرائیل پر نازل ہوا کرتا تھا۔ محمدؐ! میں تمہیں مبارک باد دیتا ہوں۔

خوشی ہو یا غم، انس ہو یا ہیبت، ان کیفیات کی شدت سے قلب ایک بار محسوس کرنے لگتا ہے، اور جب تک دوسرے پر اس کا اظہار نہ ہو جائے یہ بار ہلکا نہیں ہوتا۔ یہ انسانی فطرت ہے اور محمد رسول اللہ سے اس عالمِ اسباب اور دہر حوادث میں فطرت کی اسی سادگی کا ظہور ہوا۔ پھر قدرت شاید اس ذریعہ سے عورت کا درجہ اور مقام بعثت مبارک کے پہلے ہی دن بلند کرنا چاہتی تھی۔ یعنی یہ کہ ہبوطِ وحی، نزولِ جبریل اور آغازِ نبوت کی پہلی تصدیق صنفِ نازک کی زبان سے ہو اور اس کی محبت کے بھرے تسکین آمیز کلمات سے ہیبت میں انس کا رنگ پیدا ہو جائے۔ اللہ کے نام اور پیام کی ہیبت خود اپنی جگہ بولتی ہوئی تصدیق ہے۔ وہ شخص فطرتِ انسانی کی نزاکت اور آدمی کی طبیعت کے مذاق صحیح سے بے خبر ہے جو اس سادہ سی بات کو تصدیق اور عام تصدیق کے الجھاوے میں ڈال کر تشکیک وتذبذب کا دروازہ کھولنا چاہتا ہے۔ لوگ واقعات کو اپنے ذاتی رجحان کے پیمانہ سے ناپنا چاہتے ہیں اور جب کوئی واقعہ اس پیمانہ پر پورا نہیں اترتا تو پھر وہ اس کے وقوع ہی سے انکار کر دیتے ہیں۔ جرح وتعدیل کی غلط اندیشیاں اور فکر ونظر کی کم کوشیاں!

اعلانِ حق

اعلان حق، اظہار صداقت اور تبلیغ خیر وہدایت پر منصب نبوت اور فریضۂ رسالت کی بنیاد ہے۔ محمد رسول اللہ بھی اسی کام پر مامور کیے گئے۔ یہ فرض جس قدر اہم اور برتر وعالی ہے اسی قدر نازک اور دشوار بھی ہے۔ یہاں قدم قدم پر مصیبتوں، رکاوٹوں اور مخالفتوں کا سامنا کرنا پڑتا ہے۔ تاجدارِ نبوت کی راہ میں کانٹے بھی بچھائے جاتے ہیں۔ سر پر خاک بھی ڈالی جاتی ہے۔ اظہارِ حق کی پاداش میں اسے گالیاں بھی سننی پڑتی ہیں اور پتھروں کی بارش سے اس کا بدن بھی لہولہان ہو جاتا ہے۔ کوئی دنیا پرست اور بندۂ ہوا وہوس ہو تو ان مصائب سے گھبرا کر جی چھوڑ جائے۔ کہ میں بیٹھے بٹھائے اپنی جان مصیبت میں کیوں ڈالوں، لوگ راہِ حق پر نہیں آتے تو نہ آئیں۔ میں آخر تکلیفیں کس لیے اٹھاؤں۔

مگر نبی اور رسول کے دل کو اللہ تعالیٰ صبر و استقامت اور عزیمت و توکل کی خاص قابلیت اور طاقت عطا فرماتا ہے۔ کوئی مخالفت اسے اعلانِ حق سے نہیں روک سکتی۔ اس کی راہ میں مشکلوں کے الوندو البرز اور مصیبتوں کے اوقیانوس آتے ہیں۔ مگر وہ اپنے پائے استقامت سے ان کو ریزہ ریزہ اور پایاب کرتا ہوا گزرا چلا جاتا ہے۔ تلواروں کی دھاریں، برچھیوں کے پھل، نیزوں کی انی اور تیروں کے سوفار بھی نبیؐ ورسول کو تبلیغ وتذکیر سے باز نہیں رکھ سکتے، تلوار کے نئے گھاؤ سے لہو ٹپکتا ہوتا ہے اور اس وقت بھی اس کی زبان حق ترجمان پر اللہ کی حمد وثنا ہوتی ہے۔ محمدؐ کی بعثت کے وقت ماحول انتہائی تیرہ وتاریک، گرد وپیش بہت ہی بگڑا ہوا اور سوسائٹی پرلے درجہ کی خراب تھی۔ صدیوں کی برائیاں جڑ پکڑ چکی تھیں۔ قرنوں کے گناہ عادت بن چکے تھے۔ ہر طرف اندھیرا ہی اندھیرا دکھائی دیتا تھا۔ ان حالات میں اصلاح ودرستی کی ہمت کرنا صرف ایک نبی کا ہی کام ہو سکتا ہے۔ اس ذات قدسی صفات کا جسے خدا کی تائید ونصرت اور ہدایات حاصل ہوتی ہے۔

حضرت محمدؐ رسول اللہ ایک دن کوہِ صفا پر تشریف لے گئے اور لوگوں کو آواز دی جیسے کوئی

خاص اعلان کرنا اور کسی اہم واقعہ کی خبر دینا چاہتا ہو۔ جس نے اس پکار کو سنا۔ صفا کی طرف چل پڑا۔ ایک نے دوسرے سے کہا کہ بھئی محمدؐ ابن عبداللہ آج نہ جانے کیوں صفا کی چوٹی سے لوگوں کو پکار رہے ہیں۔ چلو چل کر دیکھیں آخر معاملہ کیا ہے! اور۔۔۔ وہاں محمدؐ۔ صادق و امین محمدؐ، صداقت، متانت اور سنجیدگی میں اپنا جواب نہیں رکھتے، انھوں نے کسی خاص بات کی اطلاع دینے کے لیے بلایا ہوگا۔

ایک آیا، دوسرا آیا، تعداد بڑھتی گئی۔ یہاں تک کہ اچھا خاصہ مجمع ہو گیا ان میں بوڑھے قریش بھی تھے جنھوں نے زمانہ کے بہت کچھ گرم و سرد دیکھے تھے۔ جوان بھی تھے جو نا تجربہ کار تھے۔ مگر ان کی ہمتوں میں بلندی اور ولولوں میں جوش تھا۔ بچے بھی تھے جن کی زندگی کا گھروندا ابھی بن ہی رہا تھا۔ بعض نے خیال کیا کہ محمدؐ نے اس اہتمام کے ساتھ قلۂ کوہ سے پکارا ہے۔ ممکن ہے کسی دشمن کے حملہ کی خبر آئی ہو۔ اس طرح خالی ہاتھ چلنا ٹھیک نہیں، ہتھیار ساتھ رکھنے چاہئیں۔ کوئی بازار میں کھجور کھا رہا تھا۔ اسی حالت میں چل دیا کہ ہاتھ میں کھجوریں تھیں اور ہونٹوں پر شیرہ لگا تھا۔ بڑوں کی دیکھا دیکھی بچے بھی ساتھ ہو لیے۔

محمدؐ رسول اللہ انتہائی وقار و متانت اور احساس ذمہ داری کے ساتھ صفا کی چوٹی پر کھڑے تھے۔ آپؐ کے اردگرد قریش کا مجمع تھا۔ سب کی نظریں حضرت محمدؐ کے چہرے پر تھیں کہ نہ جانے کیا کہا جائے گا۔ اس سے پہلے تو اس طرح محمدؐ نے لوگوں کو جمع نہیں کیا، یہ تو بالکل نئی بات ہے۔ شاید کسی اہم واقعہ کی اطلاع دینا مقصود ہے۔ تمام مجمع گوش بر آواز تھا۔

حضرت محمدؐ رسول اللہ نے فرمایا:

"دیکھو میں قلۂ کوہ پر کھڑا ہوں، تم اس کے نیچے ہو، میں پہاڑ کے دونوں طرف دیکھ رہا ہوں۔ اگر اچھا! میں یہ کہوں کہ ایک ہتھیار بند لشکر دور سے آتا دکھائی دے رہا ہے جو مکہ پر چڑھائی کرے گا تو تم اس کا یقین کر لوگے؟"

مجمع سے آواز آئی، سب نے یک زبان ہو کر پکارا:

"یقیناً ہم تمہاری بات مان لیں گے، تم جیسے راست باز اور صادق القول کو ہم بھلا جھٹلا سکتے ہیں۔"

مجمع کی بے چینی میں اضافہ ہو گیا۔ وہ چاہتے تھے کہ محمدؐ جلدی سے جو کچھ کہنا چاہتے ہیں

کہہ دیں۔ مسلح لشکر کے حملہ کی خبر نے ان کو مضطرب بنا دیا۔ محمدؐ کی زبان سے قریش نے کبھی کوئی غلط بات نہ سنی تھی۔ ہر فردِ بشر آپ کی سچائی کا دل سے معترف تھا۔ لوگ سمجھے کہ محمدؐ اپنے دل سے گھڑ کر کوئی بات کہہ ہی نہیں سکتے۔ یقیناً لٹیروں کی کوئی ٹولی مکہ پر چھاپہ مارنے کے لیے آ رہی ہے۔ اب محمدؐ ہی شاید ان حملہ آوروں سے بچاؤ کے لیے کوئی تدبیر بتائیں گے۔ یہ نرے سچے اور نیک ہی نہیں، بہادر، شجاع اور انتہائی دلیر بھی ہیں اور صاحب ہوش و فراست بھی۔

اس کے بعد آپ نے ارشاد فرمایا:

''یہ تو سمجھانے کے لیے ایک مثال تھی، تم یقین کر لو کہ موت تمہارے سر پر آ رہی ہے اور تمہیں خدا کے سامنے حاضر ہونا ہے۔ ایہا القریش! جس طرح تم دنیا اور اس کی چیزوں کو دیکھ رہے ہو، میں اسی طرح عالمِ آخرت کو دیکھ رہا ہوں۔''

بتوں کے پوجنے والوں کے لیے یہ پیام بالکل انوکھا اور عجیب سا پیام تھا۔ ان کے دل و دماغ میں کبھی یہ خیال ہی نہیں آیا کہ آخرت بھی کوئی چیز ہے اور دنیوی زندگی کے اعمال پر عاقبت میں محاسبہ بھی ہوگا۔ ان کے شاعروں نے تو ان کے ذہن میں یہ بات اتار دی تھی کہ۔

مٹی میں مل کر اور پھر زندہ ہونا یہ کیا\
خرافات ہے؟ دیوانوں کی سی باتیں

ابولہب اپنے گدھے پر سوار تھا، کھجور کی چھڑی سے خاک اڑا کر کہنے لگا کہ کیا اتنی سی بات کہنے کے لیے اتنے بہت سے آدمیوں کو تکلیف دی تھی۔ دوسرے لوگ گھروں کو واپس ہوئے۔ آپس میں چہ میگوئیاں کرتے ہوئے کہ ابن عبداللہ کو یہ کیا ہو گیا ہے کہ ایکا ایکی لوگوں کو جمع کر کے ایک ایسی بات کہی جسے ہمارے کانوں نے آج تک نہیں سنا۔

''تو کیا جھوٹا سمجھ لیں ہم محمدؐ کو! اس کی زبان سے تو آج تک کسی نے ایسی ویسی بات نہیں سنی۔'' ایک شخص نے کہا۔

''میں محمدؐ کو جھوٹا کب کہہ رہا ہوں۔ اس پر جھوٹ کا الزام کون لگا سکتا ہے، وہ تو سچوں کا سچا ---مگر بھائی! میں سمجھتا ہوں اس کے دماغ میں کچھ خلل آ گیا ہے یا آسیب کا سایہ ہو گیا ہے، اور ممکن ہے کہ بنی ہاشم کے کسی دشمن نے اس پر جادو کر دیا ہو۔ جس کے سبب عبدالمطلب کا شریف و امین پوتا ایسی بہکی بہکی باتیں کرنے لگا۔'' دوسرے آدمی نے راستہ چلتے ہوئے جواب دیا۔

ہزار منھ اور ہزار باتیں تھیں۔ محمدؐ رسول اللہ کے پیام حق اور اعلانِ صداقت کی تاویلیں کی جارہی تھیں۔ قیاس آرائیاں، بداندیشیاں، رائے زنی۔ اور کوئی کوئی خدا کا بندہ یہ بھی کہتا کہ بھائیو! اتنے سچے اور نیک آدمی کی بات کو اس طرح ہنسی میں اڑادینا مناسب نہیں۔ اس نے کچھ سمجھ کر ہی کہا ہوگا۔ اچھے بھلے آدمی کو مجنوں اور آسیب زدہ کہہ دینا عقل مندوں کا شیوہ نہیں۔ جلدی کے فیصلے ٹھیک نہیں ہوتے۔ حقیقت حال کو خوب جانچ اور پرکھ لینا چاہیے۔

کوہِ صفا پر اعلانِ حق کے بعد رسول اللہؐ نے تبلیغ عام کردی، گلی کوچوں اور بازاروں میں، سڑکوں اور چوراہوں پر خدا کا پیغام پہنچاتے۔ مکہ ہی کیا سارے عرب ملک کے سامعہ کے لیے یہ پیام بالکل اجنبی اور نامانوس تھا۔ لوگ نیکی اور ہدایت کی باتوں سے بدکتے تھے، روایتی عصبیت اور موروثی عقائد قبول حق سے روکتے تھے کہ ہیں! کہیں عبد اللہ کے بیٹے محمدؐ کی باتوں میں آکر اپنے باپ دادا کے دین کو نہ چھوڑ بیٹھنا۔ تمہارے آبا واجداد بے وقوف نہیں تھے۔ تم سے زیادہ عقل مند اور صاحب فراست تھے۔ انہوں نے سوچ سمجھ کر ہی یہ راستہ اختیار کیا تھا۔ جن خداؤں نے صدیوں سے تمہاری حاجت روائی کی ہے جو تمہارے آڑے وقت کام آئے ہیں ان سے اس طرح منھ موڑ لینا شان مروت اور احسان شناسی کی خلاف ہے۔ بہادر آدمیوں کی ایک زبان ہوتی ہے جسے ایک بار بزرگ اور بڑا کہہ دیا بس ساری عمر اس کی بزرگی کی عزت کرتے رہیں گے۔ ان تصورات اور توہمات نے رسول اللہ کی آواز کو دل تک پہنچ پہنچ کر واپس کردیا۔

سب سے پہلے جن نیک بندوں کو ایمان کی توفیق اور اسلام کی سعادت نصیب ہوئی وہ ۔۔؟

(۱) آزاد مردوں میں سب سے پہلے ابوبکر بن قحافہ۔

(۲) بچوں میں سب سے پہلے علی ابن ابی طالب۔

(۳) عورتوں میں سب سے پہلے خدیجہ بنت خویلد۔

(۴) موالی میں سب سے پہلے زید بن حارثہ۔

اور

(۵) غلاموں میں سب سے پہلے بلال حبشی۔

غارِ حرا میں ناموسِ اکبر کا ظہور ہوا تھا، وہ اللہ کا پیام اور وحی لے کر آتا ہی رہا۔ اللہ تعالیٰ اپنے بندوں کی قدم قدم پر رہنمائی کر رہا تھا۔ واضح دلیلوں اور روشن آیات کے ساتھ ایک دن حکم ربانی ہوا: ''وَاَنْذِرْ عَشِیْرَتَکَ الْاَقْرَبِیْنَ'' اس کی تعمیل میں آپ نے قریبی عزیزوں اور رشتہ داروں کو کھانے پر بلایا، سادہ کھانا تکلف اور تصنع سے دور، مگر پوری تواضع اور مدارات کے ساتھ، میزبانوں کا احترام کرتے ہوئے، ان لوگوں میں بنی ہاشم کے سوا اور کوئی نہ تھا۔ کھا پی کر سب فارغ ہو گئے تو رسول اللہ نے اپنا مقصد بیان کرنا چاہا۔ مگر ابولہب بڑا ہی گرگِ باراں دیدہ تھا۔ وہ سمجھ گیا کہ محمدؐ نے ہم سب کو بلا وجہ کھانے پر جمع نہیں کیا، نہ شادی ہے نہ خوشی کی تقریب ہے، نہ کوئی تہوار ہے۔ یہ دعوت کوئی مقصد اور غرض رکھتی ہے۔ اور محمد کو تو ان دنوں بس ایک ہی دھن ہے۔ خدا کو ایک مانو، بت پرستی چھوڑ دو، نیک کام کرو، برائیوں سے بچو، تم سب کو ایک دن خدا کے سامنے جانا ہے، اس دن کے لیے کچھ کر رکھو، تو آج بھی وہ یقیناً یہی باتیں --- سنائے گا اس لیے ابولہب نے اس دن باتوں کا جو سلسلہ شروع کیا تو کسی اور کو بولنے ہی نہ دیا۔ محمدؐ رسول اللہ کو کچھ فرمانے کا موقع ہی نہ مل سکا۔

آپؐ نے دوسری شب پھر کھانے کا اہتمام فرمایا اور اس دن اپنے عزیزوں کو اسلام کی دعوت دی۔ اور حق کا پیغام پہنچایا۔ اس دعوتِ حق اور تبلیغِ عام میں کوئی امتیاز اور فرق نہ تھا۔ آپؐ جو بات غیروں سے کہتے تھے وہی اپنوں سے بھی کہی، امیروں کی محفل ہو یا غریبوں کا مجمع، ہر جگہ آپؐ کا ایک ہی پیام تھا جس طرح ٹھنڈی ہوائیں امیروں اور غریبوں کے جسموں میں، بارش کے جھالے دولت مند اور فاقہ کش کے کھیتوں میں اور چاندنی قصر و ایوان اور جھونپڑوں میں کوئی امتیاز نہیں کرتی۔ اسی طرح نبی کی دعوت حق بھی کسی امتیاز اور خصوصیت کو گوارا نہیں کر سکتی۔

حق کا انکار

قبولِ حق کی راہ میں خاندانی عصبیت، آبائی عقائد اور موروثی تصورات ہمیشہ سنگِ گراں ثابت ہوتے ہیں۔ اچھے اچھے اہلِ نظر اس غلطی کا شکار ہوجاتے ہیں کہ جو بات بہت زمانہ سے ہوتی چلی آرہی ہے وہ ٹھیک ہے، درست ہے، جائز ہے۔ لوگ حق وصداقت کو باپ دادا کی محبت کے پیمانوں سے ناپنا چاہتے ہیں، انسانی فطرت کی اس کمزوری نے سچائی کے ماننے میں سدارکاوٹیں پیدا کی ہیں اور رخنے ڈالے ہیں۔ تمام مصلحین اور حق کے مبلغین کو اکثر وبیشتر اسی ناسزا ذہنیت سے سابقہ پڑا ہے۔

حضرت سیدنا ابراہیمؑ نے جب توحید کا غلغلہ بلند کیا تو چاند ستاروں اور بتوں کی پوجنے والی قوم اس بات پر بگڑ گئی کہ ہیں! آذر کا یہ بیٹا ہمارے اسلاف سے بھی زیادہ عقل منداور حق شناس ہے، اتنے بڑے بڑے مرتبوں اور شخصیتوں کے لوگ کیا بالکل ناسمجھ تھے۔ صدیوں سے ہم جس راستہ پر چلتے آئے ہیں کیا ابراہیمؑ کے کہنے سے اس کو چھوڑ دیں۔ پوری قوم نے حضرت ابراہیمؑ کا مذاق اُڑایا۔ ان کے پیغام کو جھٹلایا اور خود ان کے گھر کے لوگ اس مخالفت میں پیش پیش تھے۔ حضرت سیدنا موسیٰؑ کے ساتھ بھی یہی پیش آیا۔ فرعون جس قوم کا خدا تھا اس نے حضرت موسیٰؑ کی شدید مخالفت کی۔ ان لوگوں کو بادشاہ پرستی کا مرض لاحق تھا۔ جو شخص تاج و تخت کا مالک ہوتا خدائی کا دعویدار بھی بن بیٹھتا۔ بادشاہوں کے درباروں میں سجدے ہوتے اور جبروت وسطوت ماری کی ہوئی مخلوق بادشاہ کو خدا کا سایہ نہیں بلکہ خدا سمجھتی تھی۔

حضرت سیدنا محمد رسول اللہ صلی اللہ علیہ وسلم کو جس قوم سے سابقہ پڑا وہ آباء پرستی میں پچھلی قوموں سے منزلوں آگے تھی۔ اپنے پرانے عقیدوں کے خلاف جب انھوں نے سچائی کی باتیں سنیں تو ساری قوم مخالفت پر آمادہ ہوگئی۔ آپ کا چچا ابولہب دشمنانِ اسلام اور مخالفینِ رسولؐ کا سرکردہ تھا۔ اس کم بخت وبدنصیب کا تو دن رات کام ہی یہ تھا کہ حضور جہاں تشریف

لے جاتے، یہ بھی ساتھ ساتھ ہو لیتا یا وہاں پہنچ جاتا۔ آپؐ لوگوں کو سمجھاتے، حق وصداقت کا درس دیتے، نیکی کی تبلیغ فرماتے تو ابولہب آپؐ کی مخالفت کرتا، قریش سے کہتا کہ لوگو! کہیں عبداللہ کے بیٹے کی باتوں میں آکر اپنے آبائی دین کو نہ چھوڑ بیٹھنا۔ یہ میرا بھتیجا تو (معاذ اللہ) بے دین ہو گیا ہے۔ یہ کیسے ہوسکتا ہے کہ ہم اپنے معبودوں کو چھوڑ دیں۔ جنھوں نے ہر مشکل میں ہماری مدد کی ہے۔ صدیوں سے ہمارے اسلاف جن بتوں کی پرستش کرتے آئے ہیں، کیا اس ایک آدمی کے کہنے سے ان کو ٹھکرا دیں۔ یہ نہیں ہوسکتا، کبھی نہیں ہوسکتا، جب تک میری جان میں جان ہے، لات ومنات اور نصر وہبل کی عظمت کے پرچم سرنگوں نہیں ہوں گے، اور ہاں یہ محمدؐ! آخرت کے عذاب سے لوگوں کو اکثر ڈراتا رہتا ہے، سمجھ میں نہیں آتا، یہ آخرت کیا بلا ہے؟ مرنے کے بعد کہیں پھر کوئی زندہ ہوسکتا ہے؟ ناسمجھی کی باتیں! اور صاحبو! سو باتوں کی ایک بات ہے کہ بے دیکھی ہوئی حقیقت کو ہم آخر کس طرح مان لیں، ہم تو اس بات کو جب سچ جانیں کہ اپنے خدا سے ہماری باتیں کرادے، یہ نہ ہو تو کم سے کم آسمانوں سے آوازیں لے آئیں کہ ابن عبداللہ خدا کا بھیجا ہوا ہے اور اس کی بات پر دنیا کو ایمان لے آنا چاہیے۔

اور ایک ابولہب ہی کیا تمام قریش یہی کہتے تھے کہ یہ محمدؐ خدا کا کیسا نبی ہے جو ہماری طرح کھاتا پیتا اور بازاروں میں چلتا پھرتا ہے۔ اس کے بیوی بچے بھی ہیں۔ دنیا کی ضرورتیں بھی اس کے ساتھ لگی ہوئی ہیں، نبوت کا منصب تو مکہ یا طائف کے کسی دولت مند یا شیخ قبیلہ کو ملنا چاہیے تھا۔ محمد بن عبداللہ کے گھر میں تو بیٹھنے کے لیے ثابت چٹائی بھی نہیں ہے۔ کئی کئی دن کے فاقے ہوتے ہیں اس کے گھرانے میں! بھلا ایسے مفلس اور تہی دست کو نبی مان کر ہمیں کیا مل جائے گا جن لوگوں نے محمدؐ کو اپنا پیشوا مانا ہے، ان میں زیادہ تر غریب، قلاش اور پریشان روزگار ہیں۔ کسی کسی کے پاس تو بدن چھپانے کے لیے کپڑے بھی نہیں ہیں۔ کیا ہم بھی محمدؐ کی جماعت میں شامل ہو کر ان جیسے بن جائیں۔ اور صاحب! ابن عبداللہ کے ہم عقیدہ اور ہم خیال ہونے کے یہ معنی ہیں کہ تمام قریش کی مخالفت مول لے لیں، اپنے عزیزوں اور رشتہ داروں سے تعلقات ------ یہ تجارت بڑی مہنگی پڑے گی بلکہ اس میں ٹوٹا ہی ٹوٹا ہے۔

وہ لوگ ایک دوسرے سے یہ بھی کہتے کہ محمدؐ کوئی شک نہیں انتہائی راست باز، صادق

لوعد اور امین ہے، اس کے چالیس سال ہمارے درمیان بسر ہوئے ہیں۔ آج تک کوئی بُری بات اس سے ظہور میں نہیں آئی، اس کے کردار پر کوئی ذراسی انگلی بھی نہیں رکھ سکتا۔ ایسا شریف، عفیف اور سچا آدمی تو ہمارے عرب میں نہیں ہے۔ مکہ کی گلیاں، قبیس کی چوٹیاں، صفا کی چٹانیں اور کعبہ کی محرابیں اس محمد ابن عبداللہ کی نکوکاری کی شہادت دیتی ہیں۔ ان کی اب تک سب باتیں اچھی ہی چھی رہی ہیں، ستودہ، محمود، بلند، مگر چند دن سے جو اس نے ہمارے بتوں کی بُرائی کرنی شروع کی ہے، یہ ہمیں پسند نہیں ہے۔

مگر میں کہتا ہوں محمدؐ ابن عبداللہ ہمیشہ سے ہمارے بتوں کے مخالف رہے ہیں۔ ایک قریشی نے کہا۔

نہیں یہ بات نہیں ہے۔ دوسرے شخص نے جواب دیا۔

ارے صاحب! آپ تو خوش فہمیوں کے شبستانوں کے رہنے والے ہیں، اور معاف فرمایئے کم نظر بھی! محمدؐ کی پچھلی زندگی پر تو ذرا ایک نگاہ ڈال جایئے۔ حقیقت حال واضح ہوجائے گی اور آپ کو ماننا پڑے گا کہ میں سچ کہہ رہا ہوں۔ پیر سالخوردہ نے کہا۔

اچھا کچھ کہیے تو سہی۔ آپ تو نکاح کی طرح شرطیں قبلوا رہے ہیں دوسرے شخص نے جواب دیا۔

آدمی کے خیالات، اس کے فعل، عمل، کردار اور زندگی سے پہچانے اور معلوم کیے جاتے ہیں۔ کیا آپ نے بچپن میں محمدؐ کو کسی بت کے پاس پھٹکتے بھی دیکھا۔ (سننے والا "نفی" کے لیے سر ہلاتا ہے) اور دورِ جوانی میں، یہاں تک کہ کوہ صفا پر اعلان کرنے تک محمد کو بتوں کی طرف ذرہ برابر بھی متوجہ پایا گیا۔ (پھر سر کو نفی آمیز جنبش) تو پھر اس کا یہی مطلب نکلا کہ انہوںؐ نے کھل کر اعلان تو اب کیا ہے مگر عملی طور پر وہ ہمیشہ سے بت پرستی کا مخالف رہا ہے۔ آپ کو معلوم نہ ہو تو لاؤ میں بتاؤں۔ زید بن عمرو بن نفیل نے محمدؐ کی ایک دفعہ دعوت کی تھی، گوشت کے خوان جب سامنے آئے تو اس نے جھٹ سے یہ کہہ کر ہاتھ کھینچ لیا کہ بتوں اور استھانوں پر چڑھا ہوا گوشت میں نہیں کھاتا۔ میں تو اس جانور کا گوشت کھاتا ہوں جو خدا کا نام لے کر ذبح کیا گیا ہو۔ ہم تو اسی دن سمجھ گئے تھے کہ یہ شخص ایک دن رنگ لائے گا۔ اور صاحب! یہ ابن عبداللہ تو ہمارے رسم و رواج، معاشرت اور میلوں ٹھیلوں تک کا مخالف رہا ہے، پچھلے

سالوں میں کیسے کیسے گانے بجانے ہوتے رہے ہیں۔ حصین کی کنیز رفادہ کے نغمہ ورقص پر نوّے نوّے سال بوڑھے کے جھوم جھوم گئے ہیں۔اور بنت عاصم کی دف نوازی نے آنکھوں کی نیندیں اُڑا اُڑدی ہیں۔سارا مکہ ان محفلوں میں شریک ہوا مگر محمدؐ کی پرچھائیں بھی وہاں نظر نہ آئی۔شراب ہم عربوں کا موروثی شغل ہے، ہم جام و مینا کے بغیر ایک رات بھی نہیں گزار سکتے، لیکن محمدؐ ابن عبداللہ کو مے نوشی کی کسی محفل میں نہیں دیکھا گیا۔میں اپنے معبودوں کی قسم کھا کر کہتا ہوں کہ محمدؐ نے آج تک جامِ شراب چھوا تک نہیں۔تو پھر آخر اس سے کیا نتیجہ نکلتا ہے؟ آپ ہی ذرا تشریح کردیں تو اچھا ہے (ایک آواز) جس طرح دو اونٹ اور دو اونٹ، چار اونٹ ہوتے ہیں۔اس سے نہ کم ہو سکتے ہیں اور نہ زیادہ، اسی طرح یہ ایک ثابت شدہ حقیقت ہے کہ محمدؐ ہمارے مذہب، تمدن، معاشرت اور گردوپیش کا ہمیشہ سے مخالف رہا ہے۔اسے ہماری تہذیب ایک آنکھ نہیں بھاتی۔اس کی زندگی ہم سب کی زندگیوں سے مختلف رہی ہے اپنوں میں رہ کر یہ بے گانہ وشی، مخالفت، بیزاری اور دوری ونفرت نہیں تو اور کیا ہے۔" کہنے والوں کی باتوں پر بیک وقت کئی سروں کو جنبش ہوئی کہ تم ٹھیک کہہ رہے ہو۔

حضرت سیدنا محمدؐ رسول صلی اللہ علیہ وآلہٖ وسلم نے "لا الٰہ الا اللہ" کا نعرہ لگا کر کفر کے ایوانوں کو کپکپا دیا، جہاں جہاں اس کلمہ کی گونج پہنچی، شرک وظلم کے عناصر کانپنے لگے۔ابوجہل اور ابولہب بھڑکے کہ یہ ہماری سیادت پر اس کی زد آ کر پڑتی ہے۔ابوسفیان تھرایا کہ میری سرداری کو یہ چیلنج دیا جارہا ہے۔نسب ونسل اور خون ورنگ پر فخر کرنے والے ڈرے کہ ہمارے نسبی فخر وغرور کے بتوں پر ضرب لگائی جارہی ہے۔کاہنوں، راہبوں، جادوگروں اور پروہتوں پجاریوں کو پسینہ آ گیا کہ ہمارا مذہبی تقدس اس کلمۂ توحید نے خطرے میں ڈال دیا۔نفس کے بندے اور خواہشوں کے پرستار خوف زدہ ہوئے کہ ہوس کاریوں کے خلاف یہ محاذ قائم ہورہا ہے۔ہماری نفسانی لذتوں کے تمام سہارے ٹوٹ جائیں گے اور عیش پروردہ زندگیاں بے مزہ اور بے کیف ہو کر رہ جائیں گی۔جو جتنا زیادہ بُرا اور راہِ استقامت سے جس قدر زیادہ دُور اور منحرف تھا وہ اتنا ہی زیادہ خوف محسوس کررہا تھا۔سچے خدا کا نام بلند ہوتے ہی ہر مصنوعی رب، جھوٹا خدا اور بناوٹی معبود لرز گیا۔

قریش مکہ، یمن، شام اور دوسرے ملکوں میں تجارت کے لیے جاتے اور حضرت

محمد رسول اللہ کی نبوت اور آپؐ کے پیغام کا تذکرہ چھیڑتے تو سننے والے آپ ہی آپ سوچ میں پڑ جاتے، ان کے دل محسوس کرنے لگتے کہ یہ انقلاب جیسے ہماری طرف بھی بڑھ رہا ہے، اور اس کے حدودِ عمل سے ہم باہر نہیں رہ سکتے۔

ان تمام مخالفتوں، بیزاریوں اور مشکلوں کے باوجود خدا کا سچا نبی حق کا اعلان کر رہا تھا۔ کوئی مخالفت اس کے عزم محکم میں ذرہ برابر ڈھیل پیدا نہ کر سکتی تھی۔ صبر و استقامت اور حق صداقت کا اس کی ذات کوہِ گراں تھی۔ یہ تمام طوفان بے اثر ثابت ہوئے، اس کی رسالت کا چراغ آندھیوں کی گود میں بھی جلتا رہا۔ اور تیزاب کے دھارے میں بھی اس کی صداقت کا دانہ نشوونما پاتا رہا۔ فتح ونصرت اس کے لیے مقدر ہو چکی تھی۔

قریش مخالف ہونے کے باوجود بڑے کشمکش و پیچ اور ذہنی کوفت میں بھی مبتلا ہوتے، ان کا ضمیر چٹکی لیتا کہ نادانو! جسے تم بچپن سے سچا کہتے آئے ہو اور جس کی زبان سے کسی کان نے ایک حرف بھی غلط اور کذب آمیز نہیں سنا، آج اسے کس دلیل کی بنا پر جھٹلاتے ہو یہ کیسے ممکن ہے کہ ایک آدمی جو چالیس سال تک ہمیشہ سچ بولتا رہا ہو اور ایکا ایکی جھوٹ بولنے لگے اور وہ بھی کسی دنیوی منفعت اور اپنے ذاتی فائدے کے لیے نہیں! وہ تم سے مال و دولت نہیں چاہتا ہے، سرداری اور بادشاہی کا طلب گار نہیں ہے۔ صرف ایک ''کلمۂ توحید'' پر تم کو جمع کرنا چاہتا ہے۔ مگر جب باپ دادا کے عقائد اور قوم کے رسم و رواج کا خیال آتا تو ضمیر کی یہ آواز دب کر رہ جاتی۔

قریش نے مل جل کر محمدؐ رسول اللہ سے مطالبہ کیا:

(۱): آپ جب خدا کے سچے نبی ہیں، اور خدا آپ کی ہر بات مانتا ہے تو مکہ کے سامنے جو پہاڑ کھڑے ہوئے ہیں۔ جنھوں نے سارے شہر کو محصور اور ڈھانپ رکھا ہے، ان اپنے خدا سے کہہ کر ہٹوا دیجیے تا کہ ہمارے شہر کے آس پاس کھلی فضا ہو جائے۔

(۲): عراق وشام کے باشندے کتنے خوش نصیب ہیں کہ ان کے ملکوں میں دریا بہیں مارتے ہیں جن کی وجہ سے وہاں کی زمین شاداب ہے۔ آپ بھی اپنے رب سے دعا کیجیے کہ چند نہریں ہمارے یہاں بھی جاری ہو جائیں۔

(۳): آپ کہا کرتے ہیں کہ موت اور زندگی خدا کے ہاتھ میں ہے تو پھر اپنے خدا سے

کہیے کہ ہمارے باپ داداؤں کو زندہ کردے۔اور ہاں دیکھیے۔ایک بات کا خاص خیال رہے وہ یہ کہ ہمارے آباواجدامیں قصی بن کلاب کوتو جیسے بنے ضرورزندہ کروادیجیے۔قصی ہماری قوم کا سردارتھا،اس نے قریش کی عظمت کو چار چاند لگادیے اورسچ بھی بولا کرتا تھا۔بس ہم قصی سے آپ کے بارے میں بھی پوچھ لیں گے۔محمدؐابن عبداللہ کیا سچ مچ خدا کے رسول ہیں!قصی جھوٹ نہیں بول سکتا۔حقیقت حال اورصورتِ واقعہ کووہ ٹھیک ظاہر کردے گا۔اپنی اولاد کوقصی جیسا شریف انسان دھوکے اوراندھیرے میں نہیں رکھ سکتا۔

(۴):اورہاں محمد!زندگی کی ضروریات کو پورا کرنے کے لیے تمھیں خود بازاروں میں جانا پڑتا ہے۔اپنی پیٹھ پر لادکرغلہ اورسودا سلف لاتے ہو۔تلاش معاش کے لیے تمھیں دوڑ دھوپ بھی کرنی پڑتی ہے۔تمھاری مالی حالت بھی درست نہیں ہے اورتمھارا مکان کچا، ٹوٹا پھوٹا،نہ گرمی میں آرام دہ اورنہ سردی میں ضرورت کے لیے کافی۔توپھرتم اپنے خدا سے کہوکہ مجھے نبی بناکربھیجنے والے قادرمطلق!میرے لیے عالی شان محل بنادے،میرے اردگرد سونا چاندی جمع کردے اورمیری تفریح کے لیے باغ لگادے۔اوریہ بھی عرض کرواپنے خدا سے کہ میرے ساتھ ایک فرشتہ کردیاجائے تاکہ وہ لوگوں سے کہے کہ''یہ آدمی اپنے دعوے میں سچا ہے''۔

قریش کی خام خیالیوں اورکم نظری کے پورے پورے ترجمان ہیں،ان کے یہ مطالبے۔ان کے دل ودماغ پردنیا کی رنگینیاں اورخوش سامانیاں چھائی ہوئی تھیں۔اونچے اونچے محلوں،سونے چاندی کے ڈھیروں اورلہلہاتے باغوں کوہی انھوں نے سب کچھ سمجھ رکھا تھا۔انسانی شرافت کی قدروقیمت وہ پہچانتے ہی نہ تھے،ان کونہیں معلوم تھا اوراگرمعلوم تھا تو وہ جان کرانجان بن رہے تھے کہ عزت نفس،شرافت،سچائی اورانسان کی بڑائی کے لیے قصر وایوان کا طمطراق اورسیم وزرکی خیرہ نگاہیاں ضروری نہیں ہیں۔مال ودولت کے پیمانہ سے کسی انسان کی عظمت کوناپنا سب سے بڑی جہالت اورحماقت ہے اوریہ بھی قدرت کی سنت رہی ہے کہ حق وصداقت کے چراغ شروع شروع میں ٹوٹے پھوٹے مکانوں اورخس پوش جھونپڑیوں ہی میں جلتے رہے ہیں۔

قریش کے ان مطالبوں کے جواب میں زبان نبوت یوں گہرافشاں ہوئی:

''میں ان باتوں کے لیے نبی بنا کر نہیں بھیجا گیا۔ میں اپنے خدا سے ایسا سوال ہرگز نہ کروں گا، مجھے اللہ تعالیٰ نے خدا کی رحمتوں کا خوش خبری دینے والا اور اس کے عذاب سے ڈرانے والا بنا کر بھیجا ہے۔ تم میری بات مان لوگے تو دین و دنیا میں اس سے خود تمہارا فائدہ ہوگا اور نہ صبر کروں گا اور خدا کے فیصلہ کا منتظر رہوں گا۔''

حضرت محمد رسول اللہؐ کے اس جواب پر قریش حیرت کے ساتھ ایک دوسرے کا منھ تکنے لگے۔ پھر تأمل کے بعد بولے:

''تمہیں اپنے سچے ہونے کا اتنا زعم ہے، اور خدا پر بہت ناز ہے تو تم آسمان کا ایک ٹکڑا ہی ہم پر گرادو۔''

اس کے جواب میں حضورؐ نے فرمایا کہ ''خدا چاہے تو ایسا کر سکتا ہے۔'' اس پر وہ لوگ بولے کہ ''جب تک تم ایسا نہ کروگے تو ہم تم پر ایمان لانے سے رہے۔''

رسول اللہؐ نے ارشاد فرمایا: ''یہ خدا کے اختیار میں ہے، وہ چاہے گا تو ایسا ہو جائے گا۔''

عمر فاروقؓ کے اسلام لانے کے بعد

مکہ کے رہنے والے بڑے ہی سخت دل اور سیاہ باطن تھے، کہا جا سکتا ہے کہ ان کے دل پتھر کی طرح سخت تھے۔ مگر بعض پتھروں سے تو پانی برسنے لگتا ہے یہاں تک کہ چشمے پھوٹ نکلتے ہیں اور یہاں تو قریش کے دلوں میں اتنی بھی صلاحیت نہ تھی۔ قدرت نے ان کو سمعِ قبول سے بھی محروم کر دیا تھا۔ ہدایت کی روشنی دیکھ کر ان کی سیاہ باطنی اور تاریکیٔ ضمیر کو اُلٹی وحشت ہوتی تھی۔ ان کے دلوں میں سچ مچ تالے پڑے ہوئے تھے، آنکھیں تھیں مگر دیکھتی نہ تھیں، کان تھے پر سنتے نہ تھے اور دلوں میں شعور و فکر کی استعداد ہی باقی نہ رہی تھی۔ نادانی کے مجسمے، جہالت کے پیکر اور گمراہی کی چلتی پھرتی مورتیں۔

حضرت محمدؐ رسول اللہ نے ان نادانوں کو طرح طرح سے سمجھایا۔ دل نشیں سے دل نشیں اندازِ بیان ان کے لیے صرف کر دیا۔ عذابِ الٰہی کے ڈراوے کو بار بار دہرایا۔ ان سے کہا کہ یہ دنیا کی زندگی تو چند دن کی ہے۔ اس پر نہ اتراؤ، اصل زندگی تو آخرت کی زندگی ہے۔ مرنے کے بعد اللہ تعالیٰ تمام مخلوقات کو پھر سے زندہ کرے گا اور قیامت کے دن ہر نفس کے اعمال پر محاسبہ ہوگا۔ مشرکوں، کافروں اور فاسقوں کے لیے اللہ تعالیٰ نے جہنم بنائی ہے جہاں بڑے دردناک عذاب دیے جائیں گے۔ اور یہی نہیں پچھلی قوموں کی تباہی اور ہلاکت کی داستانیں بھی سنائیں کہ ان کے چہرے اور رہنے کے مکان تک پہچانے نہ جاتے تھے۔ اللہ تعالیٰ کے عذاب نے جب ان کو آ کر پکڑا تو کوئی طاقت بچا نہ سکی۔ آندھی کے ایک جھونکے اور عذاب الٰہی کی ایک چیخ نے انھیں موت کی نیند سلا دیا۔

ہدایت اور بھلائی کی ان باتوں کا قریش نے الٹا مذاق اڑایا۔ نادان آپس میں کہتے کہ محمدؐ ابن عبداللہ پر کسی نے جادو کر دیا ہے، کوئی رائے زنی اور قیاس آرائی کرتا کہ یہ محمد جس کو وحی بتاتا ہے بس زیادہ سے زیادہ اعلیٰ درجہ کی شاعری ہے۔ اور اس میں کچھ کہانت کی بھی جھلکیاں نظر آتی ہیں۔ صداقت کا آفتاب طلوع ہو چکا تھا، مگر اندھے اس کی روشنی سے محروم تھے۔

کفارِ قریش محمد رسول اللہ صلی اللہ علیہ وآلہٖ وسلم اور آپ ؐ کے پیام کی دشمنی میں انتہائی شدید اور بے باک تھے۔ مگر اس عداوت کے باوجود ان کے دل اندر سے سہمے ہوئے سے تھے، ان کے ضمیر کہتے تھے کہ حق کی یہ آواز کسی کے روکے سے رک نہیں سکتی۔ اس پیام صداقت میں غیر معمولی طاقت پائی جاتی ہے۔ مخالفتیں اس کا کچھ بگاڑ نہیں سکتیں۔ اس مظلومیت میں بھی محمد رسول اللہ صلی اللہ علیہ وآلہٖ وسلم کے ماننے والے ہمت نہیں ہارتے، وہ اپنے عزم میں انتہائی مخلص اور کمال درجہ کے مستقل مزاج اور ثابت قدم ہیں۔ اس جذبہ کے لوگ ناکام نہیں رہ سکتے۔

ہدایت کی رفتار شروع میں تیز نہ تھی، صداقت آہستہ آہستہ اثر کر رہی تھی، مگر جس دل میں یہ آواز گھر کر لیتی پھر دنیا کی کوئی طاقت اس دل کو اپنی طرف جھکا نہ سکتی تھی۔ وہ شخص دنیا کے ہر فائدے اور نفع کو لات مار کر بس خدا اور رسول کا ہو لیتا۔ اس کی زندگی اسلام بن کر رہ جاتی۔ اسلام کی خدمت اسے ہر طرف سے بیگانہ بنا دیتی، وہ صحابہ جو ''سابقون الاولون'' کے شرف سے ممتاز ہیں ان کی تعداد بہت تھوڑی تھی۔ چند گنے چنے لوگ، جیسے آٹے میں نمک۔ مگر اسلام کی خاطر ہر قربانی اور ایثار کے لیے ہمہ تن تیار!

خطّاب کے نامور بیٹے عمرؓ بھی خوش نصیب افراد میں سے تھے جن کو بہت پہلے اسلام کی دولت میسر ہوئی۔ اسلام لانے سے قبل عمر ابن خطاب دین حق کے سخت دشمن تھے۔ ایک دن تلوار گلے میں ڈال کر گھر سے نکلے کہ آج (خاکم بدہن) محمدؐ کو قتل کر کے اس جھگڑے کا ہی خاتمہ کیے دیتا ہوں۔ آدمی تھے شجاع اور بے باک! بڑے بڑے بہادر عمر سے گھبراتے تھے۔ کفارِ قریش عمر کے اس عزم کو دیکھ کر بہت خوش تھے، کہ عمر کی تلوار سے اب پیغمبرِ اسلام کو پناہ نہ مل سکے گی۔ ابن خطاب کی تیغ بے نیام ہونے کے بعد اس وقت تک نیام کی عافیت سے آشنا نہیں ہوتی جب تک اپنے دشمن کے لہو میں خوب تیر نہ لے۔ عمرؓ اپنے مقصد میں کامیاب ہوئے بغیر واپس نہیں آئے گا۔ ہمارے معبودوں کی برکتیں اس کے ساتھ ہیں۔ محمدؐ کب سے ہمارے خداؤں کا مذاق اڑا رہے ہیں۔ اب اس کی سزا انھیں مل کر رہے گی۔

عمر کو تیغ بکف دیکھ کر کفر کے ہونٹوں پر ہنسی کھیل رہی تھی۔ ابو جہل مسرت کے مارے جھوما جاتا تھا۔ عتبہ کی آنکھوں میں خوشی چمک رہی تھی اور ابولہب اس خیال سے شادماں تھا کہ اب کوئی دم میں ابن عبداللہ کا کام تمام ہوا جاتا ہے۔ بس اس کے قتل ہوتے ہی اس کا لایا ہوا

دین بھی پارہ پارہ ہو جائے گا۔ عمر اپنی بے باک جوانی کے نشہ میں سرشار تھا کہ محمد ابن عبداللہ کے ساتھیوں میں میرا کوئی مقابلہ نہ کر سکے گا۔ وہ تیز تیز چل رہا تھا، اتنے میں ایک صحابی راستہ میں ملے، عمر کے ارادے کی اطلاع پا کر بولے کہ عمر! پہلے اپنے گھر کی تو خبر لو، تمہاری بہن اور بہنوئی بھی مسلمان ہو چکے ہیں۔

عمر اس اطلاع کے پاتے ہی بہن کے گھر پہنچے، تیور بہت زیادہ خشمگیں تھے، آنکھوں سے لہو برس رہا تھا۔ کفر کی حمایت کے جوش نے رخساروں کو تمتما کر لال بھبوکا بنا دیا تھا۔ بہن قرآن شریف کی تلاوت میں مصروف تھی، دروازہ بند تھا۔ عمرؓ نے دستک دی اور دستک کے ساتھ ساتھ آواز بھی دی۔ بہن نے قرآن کے اجزا سمیٹ کر چھپا دیے۔ عمر نے کہا، بتاؤ تم کیا پڑھ رہی تھیں۔ بہن نے بات چھپانی چاہی، عمر نے طیش میں آ کر بہن کو خوب مارا۔ بہنوئی نے بچانے کی کوشش کی تو وہ غریب بھی اس جھپٹ میں آ گئے۔ عمر کی بہن نے کہا کہ عمر! میں مسلمان ہو چکی ہوں۔ ایمان اب میرے دل سے نہیں نکل سکتا۔ چاہے مجھے قتل ہی کیوں نہ کر دیا جائے۔ اس جواب پر عمر کو غصہ آنے کے بجائے حیرت ہوئی، وہ کچھ سوچ میں پڑ گئے کہ کیسا نشہ ہے جو لہولہان ہو کر بھی اترا نہیں بلکہ اور تیز ہو گیا۔ بہن سے فرمائش کی کہ جو چیز تم میرے آنے سے پہلے پڑھ رہی تھیں، مجھے بھی سناؤ۔ بہن نے قرآن کی آیتیں تلاوت کیں، ایک ایک لفظ عمر کے دل میں نشتر کی طرح اترنے لگا۔ بے اختیار آنکھیں ڈبڈبا آئیں۔ اللہ کے کلام کی تاثیر نے تقدیر عمر کو بدل دیا۔ ایمان کی بادِ بہاری جو چلی تو کفر و بے یقینی کے چراغ آن کی آن بجھ گئے۔

حضرت محمدؐ رسول اللہ کی خدمت میں عمر تیزی کے ساتھ پہنچے، حضورؐ عمرؓ کا گریبان پکڑ کر مسکرائے۔ عمرؓ نے کلمہ شہادت پڑھا اور صحابہ کرامؓ نے اس جوش کے ساتھ نعرۂ تکبیر بلند کیا کہ مکہ کی پہاڑیاں گونج اٹھیں۔ محمدؐ رسول اللہ کی ایک مسکراہٹ نے عمر کو سب کچھ دے دیا۔ ہدایت، سعادت، برکت، فوز و فلاح اور وہ سب کچھ جو ایک خدا شناس اور جویائے حق کو دیا جا سکتا ہے۔ عمرؓ جو محمد کو قتل کرنے کے ارادے سے چلے تھے اب محمدؐ کے غلام بن کر لوٹے، سر سے پیر تک بدلے ہوئے۔

صد سالہ دورِ چرخ تھا ساقی کا ایک جام
نکلے جو میکدے سے تو دنیا بدل گئی

کفارِ قریش اس انتظار میں تھے عمر واپس آکر خوش خبری سنائیں گے کہ میں اپنے مقصد میں کامیاب ہو گیا اور ہم سب مل کر لات و ہبل کی جے پکاریں گے اور اس کے بعد اپنے کانوں سے خدیجہ کی آہ و بکا، ابو بکر کی غم ناک چیخیں، علی کی دل دوز آہیں اور بلالِ حبشی کی صدائے فغاں و فریاد سنیں گے۔ ابو طالب کے گھر میں صفِ ماتم بچھ جائے گی اور مسلمان غم کے مارے اپنے سینے کوٹتے ہوں گے، کتنا زمانہ ہو گیا ہے ہمیں اپنے معبودوں کی برائیاں سنتے سنتے! برداشت کی ایک حد ہوتی ہے، ابن خطاب کی غیرت نے آخر کار ہم سب کو سرخرو کر دیا۔ ورنہ دنیا کہتی کہ یہ قریش بڑے بے غیرت اور بزدل ہیں کہ ایک انسان کو نہ مارا گیا ان سے!

مگر قدرت ان کے ارادوں اور خوش خیالیوں پر ہنس رہی تھی کہ نادانو! تمناؤں کے جن کمزور کھلونوں سے تم دل بہلا رہے ہو، بہت جلد ٹوٹنے والے ہیں، تمہاری امیدوں کے باغ اجڑ تو سکتے ہیں، مگر لہلہا نہیں سکتے، تمہاری آرزوؤں کے محل سرنگوں ہو کر رہیں گے۔ اپنی کثرت اور قوت پر اتنا گھمنڈ نہ کرو۔ محمدؐ سے جنگ خود خدا سے جنگ ہے۔ اپنے کو قوی اور مسلمانوں کو کمزور پا کر اتراؤ نہیں۔ کامیابی اور ناکامی اللہ کے ہاتھ میں ہے۔

حضرت عمرؓ مسلمان ہونے کے بعد خانہ کعبہ میں پہنچے اور کافروں سے لڑ بھڑ کر نماز پڑھی۔

کفر حیران تھا، انگشت بدنداں تھا، اور مغموم تھا کہ یہ کیا ہو گیا؟ بتوں کا پجاری عمر ایکا ایکی خدا کی بارگاہ میں سر جھکانے لگا۔ محمدؐ رسول اللہ کا دشمن ان کا غلام بن گیا۔ جس کی تلوار سے ہم قریشیوں کو بہت کچھ امیدیں تھیں۔ اب وہ تلوار اسلام کی حمایت میں بے نیام ہوا کرے گی۔ ابن خطاب کا مسلمان ہونا بہت بڑا واقعہ ہے۔ ایسا محسوس ہو رہا ہے جیسے ہم قریشیوں کا سیدھا بازو ٹوٹ گیا۔ عمرؓ سے اس نادانی اور کم ہمتی کی ہمیں ہرگز توقع نہ تھی۔ محمدؐ ابن عبد اللہ کی نگاہ اور زبان میں نہ جانے کیا تاثیر پنہاں ہے کہ آدمی بس انھیں کا ہو کر رہ جاتا ہے۔

حضرت عمر، حضرت حمزہ جیسے بہادر اور جری لوگوں کو مسلمان ہوتا دیکھ کر اہل مکہ کی عداوت اور تیز ہو گئی، ان کے عتاب کا پارہ بہت اونچا ہو گیا۔ آپس میں مشورے ہونے لگے کہ اگر اسلام کی ترقی کی یہی رفتار رہی تو ہمارے دیکھتے دیکھتے سارا مکہ اپنے آبائی دین سے پھر جائے گا اور لات و ہبل کی طرف شاید ایک پیشانی بھی نہ جھکا کرے گی۔ یہ چیز اب برداشت نہیں کی جا سکتی اور اس کا توڑ جلد اور بہت جلد ہونا چاہیے۔

سب لوگ اکٹھے ہوکر ابوطالب کے پاس آئے، تمتمائے ہوئے چہرے، غضبناک تیور، جوشِ غضب سے آنکھوں کے ڈھیلے نکلے پڑتے تھے؟ کسی کے گلے میں تلوار، کسی کے ہاتھ میں نیزہ اور کسی کے کاندھے پر ترکش لٹکی ہوئی! دکھانا یہ تھا کہ ہم لڑائی کے لیے تیار ہیں۔ ہمارے پاس زور ہے، ساز وسامان ہے، آدمیوں کی کثرت اور اسلحہ کی بہتات ہے۔ ہم نے نعرۂ جنگ بلند کیا تو پھر مکہ کی گلیوں میں خون کی ندیاں بہہ جائیں گی۔

ان لوگوں نے ایک زبان ہوکر ابوطالب سے کہا:

''ابوطالب! ہم آپ کا احترام کرتے ہیں، اسی احترام اور مروت کے سبب ہم نے اب تک کوئی مزاحمت نہیں کی۔ ہم طرح اور ڈھیل دیتے رہے کہ آپ کا بھتیجا محمدؐ شاید اپنی حرکتوں سے باز آجائے۔ مگر اس کی سرگرمیاں تو روز بروز بڑھتی ہی چلی جارہی ہیں۔ ہم آخر کب تک اپنے خداؤں کی برائی سنتے رہیں۔ جن خداؤں نے ہماری مشکلیں حل کی ہیں، ہم پر احسانوں کا مینھ برسایا ہے کیا ابن عبداللہ کے کہنے میں آکر ہم ان سے نیازمندی اور عقیدت کا رشتہ توڑ لیں۔ یہ نہیں ہوسکتا، ہرگز نہیں ہوسکتا۔ دیکھیے ابوطالب! آپ سمجھ دار ہیں اور غیور بھی۔ خود آپ کو بھی یہ باتیں پسند نہ ہوں گی۔ ہم تین شرطیں لے کر آپ کے پاس آئے ہیں:

(۱) اپنے بھتیجے محمدؐ سے کہیے کہ وہ سارے بتوں کو برا بھلا کہنا چھوڑ دے۔ اور اگر یہ نہیں ہوسکتا تو۔

(۲) آپ محمدؐ کی حمایت سے ہاتھ اٹھاکر اسے ہمارے حوالے کردیجیے۔

(۳) ورنہ پھر آپ ہم سے جنگ کرنے کے لیے تیار ہوجائیے۔

سنیے ابوطالب! یہ ہمارا آخری اور قطعی فیصلہ ہے، ہم اپنی تمام قبائلی مخالفتوں اور خاندانی عداوتوں کے باوجود اس مقصد کے لیے بالکل ایک ہوگئے ہیں۔ اچھی طرح سوچ سمجھ لیجیے کہ آپ کو ان شرطوں میں سے کون سی شرط منظور ہے، بوڑھے آدمی جہاندیدہ، تجربہ کار اور ہوش مند ہوتے ہیں۔ یقین ہے کہ آپ بھی دانائی اور فراست کا ثبوت دیں گے۔ آپ کے ادب واحترام کے سبب جس میں مروت اور ہمدردی بھی شامل ہے۔ ہم نے نہایت ہی آسان اور ہلکی شرطیں پیش کی ہیں۔ ہمارے نوجوان تو ان شرطوں کے بھی خلاف ہیں۔ وہ تو کہتے ہیں کہ بنوہاشم سے فوراً جنگ چھیڑ دینی چاہیے۔ مگر ہم نے ان کو سمجھا بجھا کر راضی کیا کہ

نرمی اور سہولت سے کام نکل جائے تو اچھا ہے، ہم ابوطالب کے پاس جاتے ہیں۔ اور ان سے آج دوٹوک باتیں کریں گے۔

ابوطالب قریش کی گفتگو سن کر سوچ میں پڑ گئے۔ ان لوگوں کے جانے کے بعد وہ بہت دیر تک سوچتے رہے کہ عجیب مشکل آن پڑی ہے۔ پیارے بھتیجے کو ان ظالموں اور سخت گیر دشمنوں کے حوالے کرتے ہوئے دل دکھتا ہے، اور محمدؐ کی رفاقت کرتا ہوں تو ہزاروں آدمیوں سے لڑائی مول لینی پڑتی ہے۔ کیا کروں کیا نہ کروں۔ یہ لوگ سچ مچ بگڑ بیٹھے تو ہم گنتی کے بنو ہاشم ان کا مقابلہ کس طرح کر سکیں گے۔ ہزاروں تلواریں بیک وقت ہمارے سروں پر ٹوٹ پڑیں گی۔ تباہ ہو جائے گا ہمارا گھرانا؟ سو دو سو آدمی ہوں تو ان کا مقابلہ بھی کیا جا سکتا ہے مگر ہزاروں آدمیوں کے حملہ کی تاب لانا بہت دشوار ہے۔ یہ لوگ ذرا ذرا سی بات پر تلواریں سونت کر میدان میں آجاتے ہیں اور جب تک زمین خون میں ڈوب نہیں جاتی لڑائی بند نہیں ہوتی اور یہ تو ان کے آبائی عقائد اور دین کا معاملہ ہے۔ اس کے لیے تو وہ جان کی بازی لگا دیں گے۔ ابوطالب کے دل و دماغ عجیب کش مکش میں مبتلا تھے۔ کبھی تصور کا روشن پہلو سامنے آتا اور کبھی انتہائی تاریک اور بھیانک رُخ ہمت توڑ دیتا۔

ابوطالب نے حضرت محمد رسول اللہ کو بلا کر کہا کہ تمہاری قوم میرے پاس آئی تھی اور یہ بات مجھ سے کہہ گئی ہے، تم اپنی ذات پر رحم کرو۔ اتنے لوگوں سے لڑنا میری طاقت سے باہر ہے اس پر خدا کے سچے نبی نے نہایت اطمینان، بے خوفی اور یقین کے ساتھ فرمایا:

"آپ شاید اس گمان میں ہوں گے کہ میں آپ کی حمایت کے بھروسہ پر یہ کام کرتا ہوں۔ نہیں یہ بات نہیں ہے میرا ناصر وحامی تو میرا خدا ہے۔ میرے اللہ نے اس کام کے لیے مجھ کو حکم دیا ہے جب تک یہ مہم سر نہ ہو جائے گی تب تک میں ہٹوں گا نہیں! آپ کی سعادت ہے ورنہ خدا کی مدد اور آسمانی تائید میرے لیے کافی ہے۔ اگر یہ لوگ میرے ایک ہاتھ پر سورج اور ایک ہاتھ پر چاند بھی رکھ دیں تو بھی میں اپنے فرض کے ادا کرنے سے نہ رکوں گا۔"

اس جواب کو سن کر ابوطالب کی آنکھوں میں بے اختیار آنسو آگئے۔ وہ بولے: یا محمدؐ! تم اپنا کام جاری رکھو، ربِ کعبہ کی قسم کھا کر کہتا ہوں کہ جب تک میری جان میں جان ہے، اور میرے نتھنوں میں سانس جاری ہے تب تک یہ لوگ تم پر قابو نہیں پا سکتے۔

پتھروں کی بارش

مکہ سے چند کوس کے فاصلے پر طائف کی بستی ہے جو اپنے شاداب باغیچوں، لہلہاتے کھیتوں اور سرسبز نخلستانوں کے لیے بہت مشہور ہے۔ طائف ملک حجاز کا کشمیر ہے۔ گرمی کے زمانہ میں حجاز کے رؤساء وہاں قیام کرتے ہیں تاکہ جھلسا دینے والی ہواؤں کے طمانچوں سے بچے رہیں۔ طائف کے آس پاس کی زمین بہت زیادہ زرخیز ہے، پھل اور ترکاریاں تو خاص طور پر خوب پیدا ہوتی ہیں۔

حضرت محمدؐ رسول اللہ پیامِ حق کی تبلیغ کے لیے پیدل چل کر طائف پہنچے۔ طائف کے سب سے بڑے رئیس عبد یالیل پر اسلام پیش کیا اور اس کے بعد عام طور پر وعظ و تلقین فرمانے لگے، اس درسِ ہدایت میں خدا کی بڑائی، بُت پرستی کی مذمت، برائیوں سے باز رہنے کی تاکید اور اچھائی کی زندگی گزارنے کی دعوت تھی۔ انتہائی شیریں لہجے، نرم الفاظ، دل نشیں تقریر! مگر طائف کے لوگ مکہ والوں سے کم ظالم اور حق ناشناس نہ تھے۔ ان کم بختوں نے اپنے غلاموں اور چھوکروں کو آپ کے خلاف اکسا کر پیچھے لگا دیا۔ سرِ بازار آپ کو گالیاں دی گئیں، برا بھلا کہا گیا اور پھر پتھروں کا مینھ برسایا گیا۔ یہاں تک کہ حضورؐ کے پائے مبارک خون میں بھر گئے۔ یہ منظر بڑا ہی دردناک تھا، سورج کی آنکھ سے خون ٹپکا پڑ رہا تھا، درو دیوار کانپ جاتے تھے۔ سینۂ گیتی سے دلدوز آہیں نکل رہی تھیں شجر و حجر کی زبان پر فریاد تھی، ایک طرف دنیا کا سب سے بڑا انسان، انسانیت کا محسنِ اعظم اور خدا کا سچا رسول بھلائی کی باتیں بیان کر رہا تھا۔ لوگوں کو اندھیرے کی سمت سے روشنی کی طرف بلا رہا تھا۔ اور دوسری طرف اس کے جواب میں پتھر برسائے جا رہے تھے، رسول اللہ زخموں کے سبب زمین پر گر گر پڑتے، آپ صلی اللہ علیہ وآلہٖ وسلم کے خدام بازو پکڑ کر کھڑا کرتے اور چلنے لگتے تو وہ نامراد اور زیادہ تیزی اور بے دردی کے ساتھ پتھراؤ کرتے یہاں تک کہ حضور صلی اللہ علیہ وآلہٖ وسلم پھر زمین پر بیٹھ جاتے۔ آپ صلی اللہ علیہ وآلہٖ وسلم کی یہ حالت دیکھ کر طائف کے لونڈے تالیاں بجا بجا کر ہنستے

حضرت زید بن حارثہ نے رسول اللہ کے بچانے کے لیے اپنا سینہ سپر کر دیا تھا اور پتھروں سے اس جاں نثار خادم کا سر پھٹ گیا۔

موت اور تباہی وہلاکت کے فرشتے انتظار میں تھے کہ اب محمد صلی اللہ علیہ وآلہ وسلم کی زبان سے اہل طائف کے لیے بددعا نکلتی ہے اور خدا کا حکم پا کر طائف کی سرزمین کو ہم دھوئیں کی طرح اڑا دیتے ہیں۔ محمد صلی اللہ علیہ وآلہ وسلم کے لہو کی ایک ایک بوند کا ہم انتقام لے کر رہیں گے، ایک ایک درشت فقرے کا جواب دیا جائے گا، عاد و ثمود کی قوموں سے زیادہ برا حشر کر کے چھوڑیں گے ان طائف والوں کا۔ سید عالم کی توہین سے اور بڑھ کر جرم کیا ہو سکتا ہے مگر رحمۃ للعالمین کی زبان حق ترجمان سے ایک لفظ بھی بددعا کا نہ نکلا۔ اپنے اللہ سے اس ظلم و زیادتی کا آپ نے ذرا بھی شکوہ نہیں کیا، صبر و استقامت اور توکل علی اللہ کی ایک ایسی مثال قائم کی جس کے ذکر سے تمام اگلی پچھلی تاریخیں خالی تھیں۔

طائف والے اپنی کامیابی پر بہت نازاں تھے کہ ہم نے اپنے معبودوں کی توہین کا آج خوب جی کھول کر بدلہ لے لیا، وہ بہت نڈر ہو گئے تھے اور اپنے کیے پر ذرا بھی پشیمان نہ تھے آپس میں کہتے تھے کہ یہ کیسا رسولؐ ہے کہ ذرا ذرا سے چھوکرے اس کا مذاق اڑاتے ہیں اور پتھر برساتے ہیں مگر اس کا خدا نہ تو اسے بچاتا ہے اور نہ اس کی مدد کے لیے آسمان سے کسی فرشتہ کو بھیجتا ہے۔ یہ ان کی خام خیالیاں اور غلط فہمیاں تھیں، باطل سدا سے اسی طرح کے دھوکوں میں خوش رہتا آیا ہے۔

حضرت محمد (صلی اللہ علیہ وآلہ وسلم) طائف سے واپس ہوئے، پاؤں زخموں سے چور تھے، طائف کی ٹھنڈی ہواؤں سے چوٹوں میں ٹھیس ہوتی تھی۔ اور راستہ کی گرد و غبار نے زخموں کو اور زیادہ تکلیف دہ بنا دیا تھا، پھولوں کے عوض بدن پر جراحتیں لے کر آپ مکہ پہنچے، کفار مکہ آپ کی نقل و حرکت کی خبر رکھتے تھے کہ آج کیا کہا کس سے ملاقات ہوئی، کس پر کیا اثر ہوا؟ طائف کے واقعہ کی اطلاع سے وہ بہت خوش ہوئے اور طائف والوں کے اس ظلم کو خوب سراہا۔ ان کے بڑے بڑے نوجوان قریش کو غیرت دلاتے کہ تم سے زیادہ بہادر اور غیرت مند تو طائف کے چھوکرے نکلے جنھوں نے کہ محمد ابن عبداللہ کی سربازار توہین کی اور ان کی بات کسی کو نہ سننے دی۔

غموں کا سال

ان تمام مخالفتوں اور عداوتوں کے باوجود مسلمانوں کی تعداد میں اضافہ ہوتا جارہا تھا جو اس دین حق کو قبول کر لیتا، وہ اپنی جگہ خود پیکرِ تبلیغ اور مجسمۂ ہدایت بن جاتا۔ مکہ کے گھٹا ٹوپ اندھیرے میں اسلام کی روشنی پھیلتی جارہی تھی، اسلام کی اس ترقی کو دیکھ کر کفارِ قریش بہت تلملائے کہ محمد ابن عبداللہ کا پیام تو کسی طرح نہیں رکتا۔ یہ پودا تو مخالفتوں کی آندھیوں میں اور جڑ پکڑتا اور پھیلتا چلا جاتا ہے اور یہی نہیں اس دین میں نہ جانے کیا لذت ہے کہ جس نے اسے قبول کرلیا بس وہ اسی کا ہولیا۔ مسلمان سرِ راہ پٹتے ہیں، زخم کھاتے ہیں۔ گھر والے انھیں کھانا کپڑا تک نہیں دیتے۔ مگر یہ لوگ ایسے دھن کے پکے ہیں کہ ان تمام سختیوں کے باوجود محمد ہی کا کلمہ پڑھے جاتے ہیں۔

اعیانِ قریش جمع ہوئے۔ کس کام کے لئے؟ کیا کسی کے یہاں دعوت تھی، کسی بادشاہ یا حاکم کے دربار میں سفارت بھیجنی تھی، تجارتی سفر کے لئے مشورہ ہورہا تھا۔ نہیں ان میں سے کوئی بات بھی نہ تھی۔ حضرت محمد رسول اللہ کی تباہی، ہلاکت اور آپ صلی اللہ علیہ وآلہٖ وسلم کے پیام کو ناکام بنانے کی تدبیر سوچنے اور اس پر عمل کرنے کے لئے یہ کانفرنس منعقد ہوئی تھی، بہت کچھ سوچ بچار اور قیل وقال کے بعد آخر یہ طے ہوا کہ حضرت محمدؐ کو آپؐ کے پورے خاندان کے ساتھ کسی جگہ محصور کر کے سوشل بائیکاٹ کردیا جائے، کھانے پینے کی چیزوں کی جب بندش ہوگی تو بنو ہاشم بھوک پیاس کی تاب نہ لاکر ہماری ہر شرط مان لیں گے، قوم کا دباؤ بہت بری چیز ہے، اچھے اچھوں کے ہوش ٹھکانے آجاتے ہیں۔

منصور بن عکرمہ نے تمام قبائل کی طرف سے ایک معاہدہ لکھا:

"جب تک محمد ابن عبداللہ کو بنو ہاشم قتل کے لئے ہمارے حوالے نہ کردیں اس وقت تک بنو ہاشم سے نہ کوئی بیاہ شادی کرے گا، نہ ان کے ساتھ خرید وفروخت ہوگی، نہ ان سے کوئی بولے چالے گا، اور نہ اس خاندان والوں کے پاس کھانے پینے کی کوئی چیز جانے دے گا۔"

یہ معاہدہ، اونٹ کی کھال پر لکھ کر کعبہ کے دروازہ پر لٹکا دیا گیا، تا کہ تمام مکہ اس سے آگاہ ہوجائے، جو شخص اس معاہدے کو پڑھتا وہ دوسرے سے ذکر کرتا اور دوسرا تیسرے سے! اس طرح تمام مکہ میں اس کی شہرت ہوگئی کہ بنو ہاشم سے ملنا جلنا، معاملات کرنا اور انھیں کھانے پینے کی چیزیں دینا بہت بڑا قومی جرم ہے۔ قبیلوں کے تمام سردار اس معاہدے میں شریک ہیں اس لئے ہر قبیلہ والے پر ان شرائط کی پابندی ضروری ہے۔

ابو طالب اپنے خاندان سمیت شعب ابو طالب میں پناہ گزیں ہوگئے۔ یہ ایک طرح کی قید تھی، اس گھرانے کے کسی آدمی سے کوئی قریشی بات چیت نہ کرتا۔ گلیوں کے موڑوں پر پہرے بٹھا دیئے گئے تھے کہ کوئی شخص ترس کھا کر کھانے پینے کی کوئی چیز بنو ہاشم تک نہ پہنچا آئے۔ شعبِ ابو طالب سے آنے جانے والوں کی نقل وحرکت پر کڑی نگرانی رکھی جاتی۔

حضرت محمد صلی اللہ علیہ وآلہ وسلم رسول اللہ اور آپ کے صحابہ پر کئی کئی وقت کے فاقے گزرنے لگے۔ صحابہ کرام بھوک سے بے تاب ہوکر درختوں کی پتیاں کھا کھا کر بسر کرتے، ایک صحابی کو اتفاق سے گلی میں ایک سوکھا چمڑا مل گیا۔ انھوں نے پانی میں بھگو کر اسے کوٹا اور جب خوب نرم ہوگیا تو اسے حلق سے اتار لیا۔ ہاشمی گھرانے کے پھول سے بچے بھوک کی تاب نہ لا کر روتے تو ان کی آوازیں سن سن کر کفارِ قریش خوش ہوتے۔ ایک دوسرے کو مبارک بادیاں دیتا کہ قبائلِ قریش نے اس معاہدے کی پابندی کر کے قومی عظمت کو دوبالا کر دیا، اگر ہم سب میں اسی طرح یک جہتی اور ایکا رہا، تو بنو ہاشم مجبور ہوکر ہمارے آگے جھک جائیں گے۔ معاشرتی مقاطعہ کی مار بہت بری ہوتی ہے۔ آخر کب تک ان سختیوں کا مقابلہ کرتے رہیں گے، وہ وقت بہت قریب ہے کہ ابو طالب اپنی سفید داڑھی کو مٹھی میں پکڑ کر کہتے ہوں گے کہ بھائیو! میرے خاندان کی خطا معاف کردو۔ یہ لو محمد صلی اللہ علیہ وآلہ وسلم ابن عبد اللہ کو میں تمہارے حوالے کرتا ہوں، ان کو چاہے قید میں رکھو یا قتل کر ڈالو۔

پورے تین سال اسی عالم میں گزر گئے۔ پریشانیوں کی کوئی انتہا نہ رہی، مصیبتوں کی حد ہوگئی۔ مکہ کی بھری بستی میں بنو ہاشم بیگانوں بلکہ اچھوتوں اور قیدیوں کی طرح زندگی گزار رہے تھے۔ بیکسی اور کس مپرسی کی زندگی، ایسی زندگی جس کے مقابلہ میں آدمی خودکشی کو ترجیح دینے پر مجبور ہوجاتا ہے۔ قریش نے بنو ہاشم، محمد صلی اللہ علیہ وآلہ وسلم اور اصحابِ محمد کو ایک دانہ کے لیے

ترسادیا، مگران کے ثباتِ عزم میں فرق نہ آیا۔ بھوک پیاس کی حالت میں بھی وہ اپنے خدا کی حمد وثنا کرتے رہے۔ ان کی جگہ کوئی اور ہوتا تو کسی مصلحت کی آڑ لے کر صلح کر لیتا۔ ہاں مرنا قبول تھا مگر اپنے مقصد سے سرِ مو تجاوز کرنا گوارہ نہ کیا۔ یہاں تک کہ اندوہ و مصیبت کے یہ تین سال بھی بیت گئے۔ اور کفارِ قریش کے سوشل بائیکاٹ کا بھر پور وار بھی اوچھا نکلا۔

ابوطالب کا بڑھاپا تھا۔ غموں نے ان کو اور نڈھال کر دیا، بھتیجے کی حمایت کے سبب ساری قوم مخالف ہوگئی تھی، بوڑھی کمزور ہڈیاں تھیں، کب تک بارِ غم اُٹھاتیں، ایک بار بیمار پڑ گئے۔

حضرت محمد رسول اللہ شفیق چچا کی عیادت کے لیے تشریف لے گئے۔ ابوطالب نے آپؐ سے کہا:

"یا ابن عم! جس خدا نے تجھے رسول بنا کر مبعوث کیا ہے، اس سے میرے اچھے ہو جانے کے لیے دعا کیوں نہیں کرتا؟"

حضور صلی اللہ علیہ وآلہ وسلم نے چچا کی اس خواہش کا اشارہ پا کر خدا کی بارگاہ میں دعا کی۔ دعائے محمد کے خیر مقدم کے لیے اجابت خود دوڑی ہوئی آئی اور ابوطالب تندرست ہو گئے، ان میں توانائی آ گئی جیسے ان کے نحیف جسم میں کسی نے نئے سرے سے جان ڈال دی ہو۔ خوش ہو کر بولے:

"بھتیجے! خدا تیری بات مانتا ہے۔"

اس پر حضور صلی اللہ علیہ وآلہ وسلم نے فرمایا:

"عمی! اگر آپ بھی خدا کی بات مان لیں اور اس کے کہے کو پورا کر دکھائیں تو وہ بھی آپ کا کہا مانے۔"

چند دن اچھے رہ کر ابوطالب پھر بیمار پڑے، زندگی کا آفتاب سچ مچ لب بام آ گیا۔ بڑھاپے کی اوٹ سے موت جھانکنے لگی، سانس کا ڈورا اتنا کمزور ہو گیا تھا کہ بس ذرا سے جھٹکے کی دیر تھی۔ پھر قصہ پاک تھا۔ دنیا میں ہر دکھ کا علاج اور ہر درد کا مداوا موجود ہے مگر موت کا کوئی علاج نہیں۔ ابنِ مریم کی مسیحا نفسی بھی مرض الموت کا مداوا نہیں کر سکتی۔ اس منزل میں آ کر ہر کوئی مجبور اور بے دست و پا ہو جاتا ہے، اس راستہ میں قدرت شاہ و گدا اور عالم و جاہل

کے ساتھ بالکل ایک سا برتاؤ کرتی ہے۔ موت کا فرشتہ آہنی قلعوں میں بھی پہنچ جاتا ہے۔ اسی آسانی کے ساتھ جس طرح جھونپڑیوں میں پہنچتا ہے، ملک الموت کے وار کا توڑ کسی کو نہیں معلوم، اس کے پنجہ سے کسی کا حلقوم بھی محفوظ نہیں رہ سکتا۔

ابوطالب کی بیماری نے قدرے طول کھینچا، مکہ کے رسم ورواج کے مطابق دوادارو بھی ہوئی۔ مگر قدرت ان کی زندگی کے منشور پر خاتمہ کی مہر لگا چکی تھی۔ آخر کار بوڑھے ابوطالب نزع کی ہچکیاں لے کر موت کی ابدی نیند سو گئے۔ حضرت محمد رسول اللہ کو شفیق وغم گسار چچا کی موت کا غم ہونا ہی چاہیے تھا۔ مگر کفارِ قریش کے گھروں میں خوشی کے چراغ جل رہے تھے، اور جشنِ مسرت ہو رہا تھا کہ آج محمد کا سب سے بڑا سہارا جاتا رہا۔ ابوطالب کی حمایت جو آج تک ابن عبداللہ کے کام آتی رہی۔ اب موت نے چھین لی، مٹا دی، بلکہ فنا کر دی۔ اول تو محمد چچا کی موت سے خود ہی شکستہ خاطر ہو گئے ہوں گے اور ان میں پہلا سا جوش نہ رہا ہوگا لیکن اب بھی انہوں نے پہلے کی طرح اپنی سرگرمیاں جاری رکھیں، تو ہم ان کا زور توڑ کر رکھ دیں گے، یہ ابوطالب کا منھ تھا جو ہم محمد ابن عبداللہ کی تھوڑی بہت رعایت کر جاتے تھے۔ اب ان کے ساتھ کسی قسم کی رعایت، درگزر، چشم پوشی اور مروت روا نہ رکھی جائے گی چچا کی محبت بھتیجے کے لیے ہر جگہ سپر بن جاتی تھی مگر اب خود وہ سپر ہی ٹوٹ گئی۔

یہ ان لوگوں کی بھول، کم نظری اور کوتاہ اندیشی تھی، قدرت ان کی باتوں پر ہنس رہی تھی کہ ارے نادانو! محمد کا بھروسہ ابوطالب پر نہیں خدا پر تھا۔ ابوطالب مر گئے مگر خدا زندہ ہے، ہاں! ہاں تمہاری آنکھوں نے ابوطالب کی موت پر محمد کو مغموم وافسردہ دیکھا ہے۔ مگر یہ غم اور افسردگی اس لیے نہیں تھی کہ محمد بے سہارا ہو گیا۔ یہ تو قرابت، خون، تعلقات اور فطری لگاؤ کا غم تھا۔ تم نے محمد کے غم کو اپنے دنیوی غرض مند غموں کے پیمانوں سے ناپنے کی غلط کوشش کی۔ یاد رکھو! جان لو! اچھی طرح سمجھ لو کہ محمد کو دنیا میں کسی سہارے اور وسیلہ کی ضرورت نہیں، جس خدا نے اسے نبی بنا کر بھیجا ہے وہی اس کا محافظ، نگہبان اور سب سے بڑا سہارا ہے۔ اور تمہاری اس دنیا کے سہارے تو کچے دھاگے سے بھی زیادہ کمزور ہیں، ذرا اونچ نیچ ہوئی اور یہ دھاگے یا تو بکھر گئے یا ٹوٹ گئے۔ مگر خدا کا سہارا نہیں ٹوٹ سکتا، غم اور مصیبتیں تو اس تعلق، رابطہ اور سہارے کو اور مضبوط بناتی ہیں۔

غم سے دل میں ایک خاص گداز پیدا ہو جاتا ہے اسی لیے اللہ تعالیٰ کی یہ سنت رہی ہے کہ اس نے ان مقدس نفوس کو جن سے دنیا کی اصلاح ورہبری متعلق کی ہے، غموں، مصیبتوں پریشانیوں اور سخت آزمائشوں میں مبتلا کیا ہے۔ عیش و تنعم کی فضا ہدایت و اصلاح کے مقدس پودے کے لیے سدا ناسازگار ثابت ہوئی ہے۔ دوسرے کا غم وہی شخص اچھی طرح جان سکتا ہے جو خود غم و آلام کا شکار رہا ہو۔ بھوک کی شدت اور تکلیف فاقہ کشوں سے پوچھیے یہ شکم سیر اور پیٹ بھرے اسے کیا جانیں! جس کسی کی بوائی بھی نہ پھٹی ہو وہ غمِ نادیدہ پرائی پیڑ کیا سمجھے۔

ابوطالب کی موت کا غم ابھی تازہ ہی تھا کہ حضرت محمد (صلی اللہ علیہ وآلہٖ وسلم) کی غم گسار شریکِ حیات حضرت خدیجۃ الکبریٰ چند دن بیمار رہ کر اللہ کو پیاری ہو گئیں۔ آگے پیچھے ایک چھوڑ دو غم خوار اور شفیق عزیزوں کا اُٹھ جانا کوئی معمولی حادثہ نہ تھا۔ غموں کے دو پہاڑ تھے جو تھوڑے تھوڑے وقفہ سے ابن عبداللہ پر ٹوٹ پڑے۔ مگر محمد ان غموں کو صبر و شکر کے سہارے برداشت کر گئے۔ اللہ تعالیٰ نے صبر کی بشارت اور اپنے وعدۂ معیت سے آپؐ کے دل کو تھاما، مگر کسی سانحہ کو محسوس کر کے اس سے متاثر ہونا انسانی فطرت ہے۔ آپ پر بھی دہرے دہرے حادثوں کا اثر ہوا اس سال کو آپ ''عام الحزن'' یعنی غم کا سال فرمایا کرتے تھے۔

ابوطالب کی موت پر ہی کافروں نے خوشیاں منائی تھیں اور اب حضرت خدیجہؓ کے انتقال نے ان کی مسرتوں میں اور اضافہ کر دیا۔ دشمنی آدمی کو بہت تنگ دل اور بے رحم بنا دیتی ہے، یہاں تک کہ اپنے حریف اور مدمقابل کی پریشانی اور مصیبت زدگی پر دُکھ کی جگہ خوشی ہوتی ہے۔ کافر سمجھ رہے تھے کہ محمد کے غم خوار، دوست، عزیز اور تمام سہارے ایک ایک کر کے اُٹھتے جا رہے ہیں بس کوئی دن میں یہ ترکی تمام ہونے والی ہے۔ جو نبی (معاذ اللہ) اپنے شفیق چچا اور غمگسار بیوی کو موت سے نہ بچا سکا۔ وہ اپنے دین اور اس کے ماننے والوں کو کیا بچا سکے گا، آسمانوں کی خبر دینے والا زمین کی مصیبتوں کو نہیں ٹال سکتا۔ نادانی کے ظن و تخمین! جہالت کے اندیشے۔

❋ ❋ ❋

نجاشی کے دربار میں

کفارِ قریش کے ظلم وستم کی رفتار اب اور زیادہ تیز ہوگئی، ان کے دل کی کھوٹ ایذاء رسانیوں اور جبر سامانیوں کی صورت میں ظاہر ہونے لگی، وہ اب سچ مچ حضرت محمد رسول اللہ (صلی اللہ علیہ وآلہٖ وسلم) اور آپؐ کے صحابہ کے خون کے پیاسے ہوگئے، ان سب نے ایکا کرلیا تھا، اپنے جھوٹے خداؤں کی قسمیں کھا کھا کر اس بات میں متحد ہوگئے تھے کہ جیسے بن پڑے گا مکہ سے اسلام کے شیداؤں کا نام ونشان مٹا کر دم لیں گے، کانٹے کی نوک سے لے کر نیزے کی اَنی تک ہر چیز مسلمانوں کے خلاف استعمال کی جائے گی، جہاں تک ہمارے دم میں دم ہے، یہ نیا دین عرب میں نہیں چل سکتا، لات وہبل کی عظمت پر ہم حرف نہ آنے دیں گے۔

اسلام دشمنی اذیت کوشیوں کے ہر ضروری ہتھیار سے لیس ہوکر مخالف کے میدان میں آگئی، مشورہ نہیں بلکہ عہد وپیمان ہوئے کہ مکہ کی زمین محمد ابن عبداللہ اور آپ کے ساتھیوں پر تنگ کردی جائے گی۔ کھل کر، چھپ کر جس طرح ممکن ہوگا مسلمانوں کو ستایا جائے گا، کوئی بت پرست اپنے مسلمان عزیز کے ساتھ اس معاملہ میں رورعایت نہ کرے گا۔ قومی سربلندی اور آبائی عظمت ہر چیز سے قیمتی اور عزیز تر ہے۔ ابوطالب اور خدیجہ کی پے در پے موتوں نے محمدؐ اور ان کے ساتھیوں کو دل شکستہ کردیا ہے۔ ان کی اس دل شکستگی سے پورا پورا فائدہ اٹھانا چاہیے۔ غم زدہ دل مخالفتوں کو دیکھ کر سراسیمہ ہوجائیں گے اور ہماری غیرتوں کو کیا ہوگیا ہے کہ گنتی کے چند آدمیوں کو ہم سے تباہ نہیں کیا جاتا۔ گلیوں اور بازاروں میں اپنے معبودوں کی ہم برائی سنتے ہیں، اور کہنے والے کے جسم میں ایک سوئی بھی ہم سے نہیں چبھوئی جاتی۔ حالانکہ لات ومنات کو برا کہنے والی زبان گدی سے کھینچ کر پھینک دیے جانے کے قابل ہے۔

مرد تو مرد عورتیں تک خود حضور نبی کریم (علیہ الصلوٰۃ التسلیم) اور آپ کے جاں نثاروں کو ستانے کے لیے کمربستہ ہوگئیں، جاہلانہ عصبیت پوری قوت کے ساتھ عود کر آئی تھی۔ قریش

صدیوں سے ایک دوسرے کے دشمن تھے، قبائلی عداوتیں قرنوں سے چلی آتی تھیں، انتقام اور کینے دلوں میں مدت سے پرورش پا رہے تھے، قومی اتحاد کی جھاڑو شاید قصی کی موت کے بعد ہی بکھر چکی تھی، مگر اسلام دشمنی کے لیے وہ سب کے سب ایک ہو گئے تھے۔ اس مقصد میں وہ یک خیال اور ہم مقصد تھے، قمار بازی کے لیے پانسے پھینکنے میں وہ ایک دوسرے سے لڑ بیٹھتے، بکریاں چرانے اور گھوڑے دوڑنے پر خون خرابہ ہو جاتا، شعر و شاعری کے جلسوں میں مفاخرت خونریزی کی شکل اختیار کر لیتی ---- مگر حضرت محمدؐ رسول اللہ کی مخالفت میں وہ سب یک جان اور متحد تھے، ان میں سے ہر شخص رسول اللہ اور آپ کے صحابہ کے ستانے میں ابوجہل اور ابولہب سے زیادہ شدید اور ظالم بننے کی کوشش کرتا۔

نوجوان چھوکرے اپنے گھر والوں سے فخریہ لہجہ میں کہتے کہ آج فلاں نخلستان میں ہم نے فلاں مسلمان کو خوب جی بھر کر مارا، اس کے بدن کو لہولہان کر دیا، کوئی بیان کرتا کہ بنوہذیل کی گلی میں ایک مسلمان کو میں نے پہلے تو فحش گالیاں دیں اور پھر اس کی پیشانی پر تاک کر جو پتھر مارا ہے تو ہمارے معبودوں کا یہ دشمن زخم کے اثر سے تلملا کر زمین پر گر پڑا۔ اور میری ٹھوکروں نے اسے اور ہلکاں کر دیا۔ کوئی عورت کہتی کہ بنو ہاشم کے گھرانے میں گئی تھی، ایک مسلمان عورت گوشت پکا رہی تھی۔ میں اس کی ہانڈی میں راکھ جھونک آئی، کوئی شخص فخر کرتا کہ میں نے نماز پڑھتے میں خود محمدؐ ابن عبداللہ کے سر پر اونٹ کی اوجھڑی ڈال دی۔

کفارِ قریش کے دل پہلے ہی سے سخت تھے، اسلام دشمنی نے اس سختی کو اور پتھر بنا دیا۔ ان میں شرافت کی حس، انسانیت کی رمق اور مروت و اخلاق کا جوہر ہی باقی نہ رہا۔ نہ ان کے پاس سمع قبول تھا نہ گوشِ شنوا اور نہ دیدۂ حقیقت نگر ---- حق شناسوں کا ایک بے لگام گروہ تھا جو سچائی کے مقابل ہر امکانی قوت کے ساتھ نبرد آزما تھا۔

اسی پُرآشوب دور میں حضرت محمدؐ رسول اللہ نے خدا کا حکم پا کر اپنے چند صحابہ سے فرمایا کہ تم لوگ حبش چلے جاؤ۔ وہاں کا بادشاہ تمہارے ساتھ اچھا سلوک کرے گا۔ اور اس خطہ میں تمہیں امن مل سکے گا۔ صحابہ کرام کا ایک مختصر قافلہ حبش کی طرف روانہ ہو گیا۔ اللہ کی راہ میں یہ پہلی ہجرت تھی جس کی بدولت عرب سے باہر اسلام کی آواز پہنچ گئی۔

وطن کی محبت اپنے اندر بہت کچھ کشش رکھتی ہے، ایک ایک ذرہ سے آدمی کی نگاہیں

س ہوتی ہیں۔ وطن کے کانٹے پردیس کے پھولوں سے بڑھ کر دل کش ہوتے ہیں۔ مگر حق
سربلندی خدا کے حکم کی تعمیل اور سچائی کی تبلیغ واشاعت کی راہ میں ''ہجرت'' کا نازک مقام
ن آتا ہے جہاں وطن کی محبت پر فرض کو ترجیح دی جاتی ہے۔ وطن کے تعلقات اور محبت
یز روابط دامن پکڑ پکڑ کر اپنی طرف کھینچتے ہیں کہ ہمیں چھوڑ کر کہاں جاتے ہو! پردیس میں
ہاری کون غم خواری کرے گا۔ اجنبی ماحول تمہیں سازگار نہ آئے گا۔ یہیں پڑے رہو۔
وں کی گالیاں دوسروں کی دعاؤں سے اچھی ہوتی ہیں۔ مگر خدا کے مجاہد اس آواز پر کان
یں دھرتے۔ وہ ایک ہی جھٹکے میں تعلقات کے ان تمام دھاگوں کو توڑ ڈالتے ہیں اور خدا
نام لے کر وطن سے چل پڑتے ہیں۔ ان کا ضمیر آواز دیتا ہے۔

ہر ملک ملکِ ماست کہ ملکِ خدائے ماست

یہ توفیق تو ہر کسی کے حصہ میں نہیں آتی، بہت سے لوگ صرف اپنی جان ومال کے بچاؤ
لیے وطن چھوڑتے ہیں۔ یہ ہجرت نہیں گریز وفرار ہے، ہجرت کا مقصد اسلام کی سربلندی
حفاظت کے لیے ترکِ وطن اور اختیارِ غربت ہے، صحابہ کرام نے اسی غرض اور مقصد کے
ے دیس نکالا قبول کیا۔

کفارِ قریش کو جب یہ معلوم ہوا کہ چند مسلمان صحیح سلامت حبش پہنچ گئے تو ان کا ایک وفد
ں حبش روانہ ہوگیا۔ عداوت اور اذیت کوشی کی انتہا ہے کہ وطن چھوڑ دینے کے بعد بھی قریش
ے کلیجہ میں ٹھنڈک نہ پڑی، وہ چاہتے تھے کہ مکہ کی طرح حبش کی زمین بھی مسلمانوں پر تنگ
دی جائے۔ اس حق پرست جماعت کو دنیا کے پردے پر کہیں بھی امان نہ ملے، عافیت
ے تمام دروازے ان پر بند ہوجائیں۔

کفارِ قریش بڑے ہی چالاک، فتنہ گر اور سازشی تھے۔ بادشاہوں کی مطلق العنانی کا
تھا۔ وہ اچھی طرح جانتے تھے کہ شاہِ حبش کی نگاہ اگر مسلمانوں کی طرف سے پھر گئی تو کوئی
ت ان کو حبش میں پناہ نہ دے سکے گی اور یہاں سے ان کو نکل جانا پڑے گا۔ مگر بادشاہ کو
ہ راست متاثر کرنا بہت دشوار تھا۔ اس مقصد کے حصول کے لیے ان لوگوں نے زمین
ار کرنا شروع کی، سب سے پہلے بادشاہ کے درباریوں اور مصاحبوں سے جا کر ملے۔ ان
ہر طرح سے پرچایا اور صحابہ کرام کے خلاف ابھارا کہ یہ لوگ ایک نیا دین لے کر تمہارے

ملک میں آئے ہیں، انہوں نے ہمارے نوجوانوں کو بہکا کر غلط راہ پر ڈال دیا ہے، دیکھ
کہیں یہ جادو تمہارے لوگوں پر بھی نہ چل جائے، اسلام عیسائی مذہب کا سخت مخالف ہے،
لوگ تو بس توحید کے نشہ میں سرشار ہیں۔ ان کا تو یہی تکیہ کلام اور شب وروز کا وظیفہ ہے
''اللہ ایک ہے'' ہمارے معبودوں کی بھی یہ توہین کرتے ہیں اور تمہارے مقدس پیغمبر عیسیٰ
کے خدا کا بیٹا ہونے کو بھی جھٹلاتے ہیں۔ اگر مسلمانوں کو حبش میں پاؤں جمانے کا موقع مل گ
تو وہ دن دُور نہیں ہے کہ خود عیسائی نوجوان کنواری مریم کے مجسمے، مقدس ہیکلیں، اور صلیبیں
اپنے ہاتھوں سے ایک دن توڑتے ہوں گے اور کلیساؤں میں خاک اُڑتی نظر آئے گی۔ ا
اپنے دین کی حفاظت اور بقا چاہتے ہو تو ان لوگوں کو جیسے بنے ہمارے حوالے کو دو، ہم ا
سے بھگت لیں گے۔

شاہِ حبش کے درباریوں نے کہا کہ آپ لوگ نشاطِ خاطر رکھیں، شاہی دربار میں ہم آ
کی پوری پوری ہم نوائی کریں گے، ہمیں اپنا ہم خیال، دوست اور خیر خواہ سمجھیے، جہاں تک
ہمارا بس چلے گا آپ لوگوں کی ہاں میں ہاں ملانے میں کوتاہی نہ کریں گے، کفارِ قریش
وفد کو جب مصاحبوں اور درباریوں کی طرف سے تائید کا یقین اور اطمینان ہو گیا تو وہ لوگ
شاہِ حبش کے دربار میں جا کر فریادی ہوئے کہ جہاں پناہ! یہ (صحابہ کرام) ہمارے قیدی ہ
جو بھاگ کر آپ کے ملک میں چلے آئے ہیں، انھیں ہمارے حوالے فرما دیجیے۔

شاہِ حبش نجاشی پورے جاہ و حشم کے ساتھ تخت پر بیٹھا تھا، دربار کاہے کو تھا، زمین کی جن
تھی۔ زربفت کے پردے، قیمتی قالین، دیدہ زیب ساز وسامان، جھم جھم کرتی ہوئی گراں ق
صلیبیں، سونے چاندی کے گلدان، بادشاہ تو بادشاہ دربان، عصابردار، شاگرد پیشہ اور غ
تک زریں وردیاں پہنے تھے، قریش کے وفد نے مسلمانوں کے خلاف جو استغاثہ پیش کیا ا
کی تائید میں درباریوں کے سروں میں جنبش پیدا ہوئی، رعبِ شاہی کے سبب زبان سے
نہ کہا مگر آنکھوں کی چمک عرض کرنے لگی کہ وفدِ قریش کا ترجمان اور امیر سچ کہہ رہا ہے
مسلمان واقعی وہی ہیں جو کچھ یہ قریش کہہ رہے ہیں، دوسرے ملک کے مفرور قیدی حبش
نہیں رہ سکتے، ورنہ حبش کی حکومت پر الزام آئے گا، رسوائی ہوگی۔ لوگ طنز کریں گے کہ حب
میں غداروں، لٹیروں اور بھاگے ہوئے قیدیوں کو پناہ دی جاتی ہے۔

شاہِ حبش نے وفدِ قریش سے چند سوالات کیے پھر مسلمانوں کی طرف مستفسرانہ نگاہوں سے دیکھا کہ تم کیا کہتے ہو، ان الزامات کے جواب میں اپنی صفائی پیش کرو، صحابہ کرام کی طرف سے حضرت جعفرِ طیار رضی اللہ عنہ نے نہایت ہی دل نشین انداز میں تقریر کی۔ عرب کی جہالت پر مختصر تبصرہ کیا اور رسول اللہ کی تعلیمات پر روشنی ڈالی۔ جعفر اس سے پہلے کسی بادشاہ یا فرمانروا کے دربار میں نہ گئے تھے، یہ ان کا پہلا موقع تھا، مگر دربار کے کروفر سے وہ ذرّہ برابر مرعوب اور متاثر نہیں ہوئے، خدا کا سچا بندہ اور محمدؐ کا یہ مخلص غلام ایوانِ شاہی میں نہایت بے باکی مگر انتہائی سلیقہ کے ساتھ اپنے مقصد کی ترجمانی کرتا رہا۔

حضرت جعفر کی تقریر میں خلوص تھا، سادگی تھی اور سب سے بڑھ کر جرأت اور بلندی فکری! اینچ پیچ سے باتیں کرنا ان کو آتا ہی نہ تھا۔ کھلی کھلی دلیلیں، واضح اور روشن ثبوت، دوٹوک باتیں، بالکل اس طرح جیسے دو اور دو چار (۲+۲=۴) ہوتے ہیں، دربار میں ایک سناٹا سا طاری ہو گیا، کفارِ قریش اس غلط فہمی میں مبتلا تھے کہ مسلمان ہمارے مقابلہ میں کیا بول سکیں گے۔ ہماری سازشیں بے کار نہ جائیں گی، درباری لوگ ہماری پشت پناہی کر رہے ہیں اور مصاحبوں کو ہم نے پہلے سے گانٹھ لیا ہے، میدان ہمارے ہی ہاتھ رہے گا۔ مگر حضرت جعفر کی تقریر نے ان کے منصوبوں کو خاک میں ملا دیا، وہ محسوس کر رہے تھے کہ نجاشی ان کی تقریر کا اثر قبول کر رہا ہے، جعفر کی باتوں میں وزن اور جان ہے ان کے جچے تلے فقرے شاہِ حبش کے دل میں اترتے جا رہے ہیں۔ کس توجہ اور دلچسپی کے ساتھ بادشاہ ان کی تقریر سن رہا ہے۔

اسی دوران میں حضرت عیسیٰؑ کا بھی ذکر چھڑ گیا۔ حضرت جعفر نے بادشاہ کے کہنے پر قرآن کی آیتیں تلاوت کیں۔

کلامِ حق تھا جعفر کی زباں تھی
محمدؐ کی ہدایت درمیاں تھی

قرآن پاک کی ان آیتوں میں اللہ تعالیٰ کی ربوبیت اور عیسیٰ ابن مریم کے بندہ ہونے کا ذکر تھا جس سے عیسائیت کے مروجہ اور خودساختہ عقیدہ تثلیث کی تردید ہوتی تھی، وفدِ قریش کے ارکان کی آنکھوں میں خوشی چمکنے لگی کہ نجاشی بادشاہ اپنے مذہب کی اس تکذیب اور تردید پر یقیناً برہم ہوجائے گا۔ بس اب کوئی گھڑی جاتی ہے کہ مسلمانوں کو یا تو قید میں ڈال دیا جائے

گا یا شاہی غلام اور چوب داران کو ذلت کے ساتھ دربار سے نکال دیں گے۔ مسلمان خود اپنے
دام میں گرفتار ہوگئے، اور یہ روشنی طبع ان کے لیے بلائے جان بن جائے گی۔
شاہِ حبش کے درباری بھی ہونٹوں ہی ہونٹوں میں مسکرانے لگے کہ مسلمان عتابِ شاہی
سے بچ نہیں سکتے۔ جس بنیاد پر عیسائیت قائم ہے قرآن کی آیتوں نے اسی پر ضرب لگادی۔
اس توہین کو نجاشی بھلا کس طرح گوارہ کر سکے گا۔ بادشاہ کے پاس اقتدار ہے۔ مطلق العنانی
ہے۔ پھانسی کے تختے اور قید خانہ کی کوٹھریاں ہیں، ان مٹھی بھر مسلمانوں کا کوئی حمایتی بھی تو
نہیں ہے۔ ایک زبان بھی تو ان کی سفارش کے لیے جنبش نہ کرے گی، خود ان کی قوم کے لوگ
ان کے دشمن ہیں۔ ایسے بے سہارا پردیسیوں کو مٹا دینا کیا مشکل ہے۔ ابھی ہمارے آقائے ولی
نعمت ضبط وتحمل سے کام لے رہے ہیں مگر جب عتاب کا وقت آئے گا تو قیامت بپا ہو جائے گی
جلادوں کی تلواریں شہنشاہ کی جنبشِ ابرو کے انتظار میں ہر وقت بے نیام رہتی ہیں۔
اپنا اپنا مقدر اور اپنی اپنی سعادت اندوزی، خوش بختی اور نیک دلی ہے! ساون کی
گھٹائیں، چٹیل میدانوں اور زرخیز خطوں پر ایک ہی انداز میں برستی ہیں۔ مگر اس کو کیا
کیجیے۔

ع

در باغ لالہ روید و در شور بوم خس

قدرت کی نعمتوں اور برکتوں سے فائدہ اٹھانے کے لئے فطری استعداد کی بہت کم
ضرورت ہے، یہی سبب تھا کہ ابوجہل اور ابولہب مکہ میں خود زبانِ رسالت سے قرآن سن کر
متاثر نہ ہو سکے، مگر حبش کے بادشاہ کو دو چار آیتوں ہی نے قبول حق پر آمادہ کر دیا، اس کی فطری
صلاحیت جواب تک بار اوہام سے دبی تھی ایکا ایکی ابھر آئی۔ اور ضلالت وگمراہی کے پردے
آن کی آن میں چاک ہو گئے۔ نجاشی کے دل میں گداز پیدا ہوا، جیسے کسی غیبی طاقت نے چٹکی
میں لے کر اس کے دل کو دبایا۔ یہاں تک کہ سختی نرمی سے بدل گئی۔ قرآن کی تاثیر نے کنجی بن
کر اس کے دل کے تالے کو چشم زدن میں کھول دیا۔ قفل کا کھلنا تھا کہ حقیقتیں بے نقاب ہو کر
سامنے آگئیں، قرآن کی آیتیں سن کر نجاشی کی آنکھوں میں آنسو آگئے، درباری لوگ اور خود
قریش کا وفد حیران تھا کہ جن آنکھوں سے غم وغصہ کی چنگاریاں نکلنی چاہئے تھیں ان میں آنسو
جھلملا رہے ہیں۔ حضرت جعفر جب قرآن سنا چکے تو نجاشی نے تاثر آمیز لہجہ میں کہا:

"یہ کلام اور انجیل ایک ہی چراغ کے پرتو ہیں"۔

مصاحبوں، درباریوں اور وفد قریش کے ارکان اس جملہ کو سن کر حیران رہ گئے۔ ان پر اوس سی پڑ گئی۔ کیا سوچ کر آئے تھے، کیا ہو گیا؟ قریش مکہ اس انتظار میں تھے کہ ان کا وفد مسلمانوں کو گرفتار کر کے اپنے ساتھ لائے گا، اور ہم خوب جی بھر کر ان پر ظلم وستم کے پہاڑ توڑیں گے۔ دوسرے مسلمانوں کو اپنے بھائی بندوں کی یہ حالت دیکھ کر عبرت ہو گی، کہ یہ قریش تو دھن کے پکے ہیں۔ ہم میں سے کوئی جان بچا کر پردیس میں چلا جائے تو بھی اس کا پیچھا نہیں چھوڑتے۔ بادشاہ تک ان سے متاثر اور مرعوب ہو جاتے ہیں، ایسے دشمنوں سے لڑائی مول لے کر اور مخالفت کر کے ہم کامیاب ہو ہی نہیں سکتے۔

مگر ارکان وفد نے حبش سے واپس ہو کر جب حقیقت حال سے ان کو مطلع کیا تو ان کی تمناؤں کے ہوائی قلعے پانی کے بلبلوں کی طرح ٹوٹ گئے، ارکان وفد نے کہا کہ ایہا الاخوان! ہم نے اپنی کوشش میں کوتاہی نہیں کی۔ بادشاہ حبش کے درباریوں تک کو ہم نے اپنا ہم زبان بنا لیا۔ مگر اس کو کیا کریں کہ جعفر کی تقریر اور پھر قرآن کی آیتوں نے نجاشی کو اتنا متاثر کیا کہ وہ بھرے دربار میں رونے لگا۔ بھائیو! یہ لوگ تو جادوگر معلوم ہوتے ہیں۔ دنیا جہاں میں جہاں بھی یہ پہنچیں گے، لوگ ان کا اثر قبول کیے بغیر نہیں رہ سکتے، ان کے زور کو اگر پوری قوت کے ساتھ کچلا نہ گیا تو عرب ہی نہیں ساری دنیا ان کے دام میں گرفتار ہو جائے گی۔

ایک سعید روح

شہر مکہ پورے ملک عرب کی عقیدت کا مرکز تھا، تمام لوگ کعبہ کا احترام کرتے تھے
سال بھر میں ایک بار دور دور کے لوگ یہاں آتے اور اپنی مذہبی رسموں کو پورا کرکے چ
جاتے۔ کفار قریش نے ٹولیاں بنا رکھی تھیں، جن کے ممبروں کا یہی کام تھا کہ مکہ سے کچھ دور
کر مختلف راستوں پر بیٹھ جاتے اور آنے والوں کو بہکاتے کہ ہماری قوم میں ایک (خاک
بدہن گستاخ) جادوگر پیدا ہوگیا ہے جو اپنے کو خدا کا نبی اور رسول بتاتا ہے۔ یہ شخص ایک
دین لے کر آیا ہے جو ہمارے آبائی مذہب کا ہر اعتبار سے مخالف بلکہ اس کی ضد ہے تو تم ا
محمد بن عبداللہ سے بچے رہنا۔ نہ اس کے پاس جانا اور نہ اس کے ساتھیوں سے ملنا، ان لوگو
کی زبان میں قیامت کی تاثیر ہے۔ ان کی باتیں بڑی آسانی کے ساتھ دل میں گھر کر ل
ہیں، اور آدمی پھر بس اسی دین کا ہو کر رہ جاتا ہے۔ اجی! اس مکہ میں ایسے سر پھرے لوگ
موجود ہیں، جنہوں نے کہ اسلام کی خاطر اپنے مال و متاع، عزیزوں، رشتہ داروں اور گھر
تک کو چھوڑ دیا ہے یہ لوگ پٹتے ہیں، مار کھاتے ہیں، فاقے کرتے ہیں اور تکلیفیں سہتے ہیں
اس دین سے پھرنے کا نام نہیں لیتے۔ تم خانہ کعبہ کا طواف کرنے کے لئے آتے ہو۔ طواف
کرو اور چلے جاؤ۔ نئی نئی باتوں پر کان نہ دھرو۔

جہالت و گمراہی کے یہ پتلے خود بھی گمراہ تھے اور دوسروں کو بھی قبول ہدایت سے رو
تھے۔ حق کی دشمنی اور اسلام کی مخالفت نے ان کو اندھا، بہرا اور گونگا بنا دیا تھا۔ اپنی طر
دوسروں کو بھی اس گندگی اور جہالت میں رکھنا چاہتے تھے، ان کی مخالفانہ باتوں کا لوگوں
بہت زیادہ اثر ہوا۔ اعیان قریش اور شرفائے مکہ کی باتوں کو اہل بادیہ بھلا کس طرح جھٹلا
تھے۔ مگر مخالفت اور دشمنی کی اس گفتگو کے ساتھ باہر والوں کے کان محمد صلی اللہ علیہ وآلہ وسلم رسول اللہ
اسلام کے نام سے ضرور آشنا ہو جاتے، مخالفتیں خود تبلیغ کا خاموش فرض انجام دے رہی تھیں

ہیں کے وار خود انہیں پر الٹ پلٹ کر پڑ رہے تھے، اپنی تدبیروں کی الٹی تاثیروں سے وہ خود بے خبر تھے بجلی کے شراروں سے پانی کے دھارے پھوٹنے کے آپ ہی سامان ہو رہے تھے۔

کفارِ قریش کی ان گمراہ کن اسکیم کا تذکرہ نامکمل رہ جائے گا اگر ایک مستند تاریخی واقعہ کا ں ضمن میں بیان نہ کیا گیا، تاریخ اسلام کا یہ واقعہ ہر اعتبار سے اہمیت اور بہت کچھ قدر و قیمت کھتا ہے اس میں عبرت بھی ہے اور موعظت بھی۔ ہدایت اور فلاح و سعادت بھی۔

طفیل بن عمر دوسی اپنے قبیلہ کا سردار تھا، ملک یمن کے نواحی علاقہ پر اس خاندان کا یکساں نہ اقتدار تھا اور سب لوگ طفیل کے گھرانے کی عزت کرتے تھے۔ خاندانی شرافت، نیوی عزت اور مال و دولت غرض ع

ہر چیز جس سے چشم جہاں میں ہو اعتبار

طفیل کو میسر تھی، طفیل صرف شیخ قبیلہ اور صاحب جاہ و منصب ہی نہیں بلکہ ذاتی طور پر ہت سی خوبیوں کا حامل تھا، فراست و دانائی کا پیکر اور شعر و ادب اور زبان دانی کا بہت بڑا ماہر سب لوگ اسے عزت کی نگاہ سے دیکھتے تھے۔

طفیل جب مکہ آیا تو کفار قریش نے بستی سے بہت دور جا کر اس کا استقبال کیا۔ اور نتہائی احترام و تواضع کے ساتھ اس کی مدارات کی۔ قریش جانتے تھے کہ طفیل کوئی بدوی نہیں ہے جو ہماری باتوں پر کچھ سوچے سمجھے بغیر آمنا و صدقنا کہے گا، وہ نہایت دانشمند اور صاحب فہم ہے اچھے برے میں امتیاز کرنے کی اس میں صلاحیت موجود ہے۔ ایسا آدمی اگر پیغمبر اسلام کی خدمت میں پہنچ گیا تو متاثر ہوئے بغیر نہ رہ سکے گا اور اس کا اثر ساری قوم پر پڑے گا۔

اس لیے قریش نے طفیل کو شیشہ میں اتارنے کے لیے اس کی خوب تواضع کی، کہ اس طرح اس کے دل میں ہمارے لیے خود بخود گنجائش پیدا ہو جائے گی، تواضع اور مدارات کا بڑا اثر ہوتا ہے۔ طفیل بھی قریش کی مہمان نوازی سے بہت متاثر ہوا، پھر قریش نے طفیل کی بہت تعریفیں کیں کہ تم یہ ہو، تم وہ ہو، تم میں فلاں فلاں خوبیاں ہیں۔ قوم تمہاری ذات پر فخر کرتی ہے، اور تمہاری فراست کسی کی چکنی چپڑی باتوں کا اثر قبول نہیں کر سکتی۔ تمہارے رادے اور عقیدے میں ثبات پایا جاتا ہے۔

قریش نے جب اندازہ کر لیا کہ طفیل پر ان باتوں کا جادو چل چکا ہے، اور وہ ان کو اپنا

دوست، ہم درد، اور غم گسار سمجھتا ہے تو سب نے مل جل کر کہا، ایک شخص محمدؐ نامی جو ہماری قو
ایک فرد ہے اس سے ذرا بچے رہنا، اسے جادو آتا ہے جس کے اثر سے وہ باپ بیٹے، شو
بیوی اور بھائی بھائی میں تفرقہ پیدا کر دیتا ہے۔ اس نے ہماری قوم کے شیرازہ کو بکھیر دیا
اور اس کی وجہ سے ہمارے تمام کانوں میں ابتری پیدا ہوگئی ہے۔ ہم نہیں چاہتے کہ آپ
قوم اس بلا کا شکار ہو جائے، اس لیے ہم پورے زور کے ساتھ نصیحت کرتے ہیں کہ آپ
خود اس سے بات چیت کریں، نہ اس کی باتیں سنیں اور نہ اس کے پاس جائیں۔

قریش نے اس قدر غم گساری اور دردمندی کے لہجہ میں طفیل کو نصیحت کی کہ بے چار
کو یقین آگیا کہ یہ لوگ میری بھلائی کے لیے نصیحت کر رہے ہیں۔ ان کی ہم دردی میں خلو
اور بے غرضی پائی جاتی ہے۔ مجھے مسافر اور بے خبر سمجھ کر تمام خطرات سے آگاہ کیا جا رہا ہے
ایسے غم خوار، کرم فرماؤں کی بات نہ ماننا پرلے درجے کی احسان ناشناسی اور حماقت ہے۔

طفیل بن عمر دوسی کے دل میں کفار قریش کی یہ باتیں کچھ اس طرح جاگزیں ہوئیں
جب وہ خانۂ کعبہ جاتا تو کانوں کو روئی سے بند کر لیتا کہ کہیں محمد (صلی اللہ علیہ وآلہ وسلم) کی آواز کی بھنک
پڑ جائے، طواف کرتے وقت ادھر ادھر نہ دیکھتا، آنکھیں بند رکھنے کی کوشش کرتا، تا کہ محمدؐ کا ا
سامنا ہو گیا اور ان سے نگاہیں چار ہو گئیں تو کیا عجب کہ (نعوذ باللہ) ان کا جادو مجھے مت
کر دے، قریش تجربہ اور مشاہدہ کے بعد ہی اس نتیجہ پر پہنچے ہیں اور محمدؐ کے بارے میں را
قائم کی ہے۔ صنادید قریش اور اعیان مکہ کسی پر بلاوجہ تہمت کیوں جوڑنے لگے۔

طفیل کے کئی دن اسی عالم میں گزر گئے۔ کعبہ کا طواف کرتا اور چلا جاتا مگر مشیت کو
اور ہی منظور تھا۔ طفیل کی تقدیر اسی نقطہ سے بدلنے والی تھی۔ ایک دن وہ کعبہ میں طواف
لیے آیا تو حضرت محمد رسول اللہ علیہ الصلوٰۃ والتسلیم خانۂ خدا میں اللہ کا کلام تلاوت فرما ر
تھے، آج وہ کانوں کے بند رکھنے کے لیے زیادہ احتیاط کر کے نہ آیا تھا۔ قرآن کی آیتیں ا
کے کانوں میں پڑیں تو اس پر ایک عجیب تاثر طاری ہو گیا۔ طفیل نے دل میں کہا کہ میں خ
شعر و سخن اور علم و ادب کی پرکھ رکھتا ہوں۔ مگر یہ کلام جو محمدؐ پڑھ رہے ہیں سب سے جدا ا
عجیب ہے۔ میں نے آج تک اتنے میٹھے اور اثر میں ڈوبے ہوئے بول نہیں سنے۔ میری بڑ
بدقسمتی تھی کہ اب تک ایسے کلام سے محروم رہا۔ میں نے محمد رسول اللہ سے اب تک نہ مل

بڑی غلطی کی ہے۔ آخران سے بات چیت کرنے میں کیا ہرج ہے۔ ان کی باتیں اچھی ہوں گی تو سنوں گا، اور مانوں گا، کوئی غلط بات کہیں گے تو اس پر کان نہ دھروں گا، آؤ تجربہ کر کے دیکھوں۔

حضورؐ جب نماز پڑھ چکے اور حجر مقدس کی طرف تشریف لے جانے لگے تو طفیل بھی پیچھے پیچھے ہولیا۔ اس کے بعد اس نے خدمت نبوی میں حاضر ہو کر کافروں کی گمراہ کن نصیحتوں کا کچا چٹھا اور اپنے احتیاط کا واقعہ تفصیل سے عرض کیا طفیل نے کوئی بات چھپائی نہیں، تمام واقعات من وعن بیان کر دیئے۔ یہ بھی کہہ دیا کہ میں کئی دن سے خانۂ کعبہ کے طواف کے لیے کانوں میں روئی رکھ کر آتا ہوں تاکہ آپ کی آواز نہ سن سکوں۔ مگر اس قدر احتیاط کے وجود آج آپ کی آواز میں نے سن ہی لی میری تمنا ہے کہ آپ اپنا پیام مجھے سنائیں۔

حضرت محمد رسول اللہ نے قرآن کی آیتیں زبان مبارک سے تلاوت فرمائیں، طفیل ایک ایک لفظ پر جھوم جھوم گیا، اللہ کا کلام اور پھر محمدؐ کی زبان سے سن کر طفیل پر رقت وخشیت اور اثر ونفوذ کا ایک عجیب عالم طاری ہو گیا، اس نے کہا کہ میں نے آج تک اس انداز کا کلام نہیں سنا جو نیکی، انصاف اور ہدایت سے اس درجہ معمور ہو جہالت کی ساعتیں ختم ہو چکی تھیں۔ سعادت کا دور شروع ہو رہا تھا۔ قبول حق میں اب کسی تاخیر اور سوچ بچار کی گنجائش ہی کہاں تھی۔ طفیل نے بے اختیار کلمہ پڑھا اور خدا اور رسولؐ پر ایمان لاتے ہی طفیل دوسی اب حضرت طفیل ہو گئے۔

مدینہ میں حق کا ظہور

بعثت نبوی کا گیارہواں سال ہے۔ حج کا موسم ہے۔ عرب کے گوشہ گوشہ سے لوگ مکہ چلے آرہے ہیں۔ مکہ کی بستی میں غیر معمولی چہل پہل ہے، حضرت محمد رسول اللہ اور صحابہ کرام باہر سے آنے والوں تک خدا کا پیام پہنچانے کے لیے ہر ممکن سعی فرمارہے ہیں۔ کفار قریش کی مخالفتوں، مزاحمتوں اور رکاوٹوں کے باوجود آپ اپنے فرض کی ادائیگی میں منہمک ہیں۔

شہر مکہ سے چند کوس کی دوری پر عقبہ نام کا ایک مقام ہے جہاں رات کے اندھیرے میں یثرب سے آئے ہوئے لوگ باتیں کررہے ہیں۔ یہ باتیں گھریلو قسم کی ہیں۔ سفر کا ذکر، مکہ والوں کی مذہبی سیادت اور مہمان نوازی کی داستانیں، اوس وخزرج کی خاندانی عظمت کا تذکرہ اور یہ بھی کہ فلاں وادی میں میرا اونٹ گم ہوگیا، اس منزل پر پہنچ کر رات بڑی بے آرامی میں کٹی، فلاں نخلستان کی کھجوریں بہت شیریں ہیں۔ حضرت محمد رسول اللہ ان لوگوں کے پاس تشریف لے گئے۔ یثرب والوں نے اب تک کسی آدمی کا اتنا روشن اور دل کش چہرہ نہ دیکھا تھا۔ اندھیرے میں ایسا دکھائی دیا جیسے بدر کامل بادل کی اوٹ سے نکل آیا۔ وہ لوگ سمجھے کہ قریش کا کوئی سردار کسی اپنی ضرورت سے یا ہم سے کوئی ضروری بات کہنے کے لیے آیا ہے۔ مگر ان کے ضمیر آپ ہی آپ بول رہے تھے کہ اس مقدس ومنور انسان کا رات کی تنہائی میں یہاں آنا کسی اہم واقعہ کا پیش خیمہ ہے۔ یقیناً کوئی نئی بات ظہور میں آنے والی ہے۔

حضورؐ نے یثرب کے ان چھ آدمیوں کے سامنے پہلے اللہ تعالیٰ کی بڑائی بیان کی اور خدا کی جلالت وعظمت سے ان لوگوں کے دلوں کو خوب گرما دیا۔ پھر بتوں کی مذمت اس انداز میں کی کہ سننے والوں کو بت پرستی سے نفرت اور بیزاری ہوجائے، درس توحید کے بعد شرک کی تردید بہرحال ضروری اور نفسیات انسانی کے عین مطابق تھی۔ اس کے بعد حضورؐ نے نیکوکاری اور زہد وورع کی تلقین کی اور فسق وفجور اور برے کاموں سے منع فرمایا۔ یثرب والے نہایت

وشی کے ساتھ حضرت محمد رسول اللہ کی گفتگو سنتے رہے، ان کے دل ایک ایک لفظ کو قبول
تے اور اثر لیتے گئے، تلاش حق کے لیے شاید پہلے ہی سے مضطرب تھے اور دل و دماغ میں
بات ماننے کی پوری پوری صلاحیت موجود تھی، بس یوں سمجھیے کہ زمین تیار تھی، بس اس میں
ڈالنے کی دیر تھی۔

رات کی خموشی، اندھیرا، مکہ کی پہاڑیوں کا دامن، اجنبی لوگوں سے ملاقات، اسی عالم
درس ہدایت کے بعد حضرت محمد رسول اللہ نے قرآن کی آیتیں ان لوگوں کو سنائیں ساری
جھوم جھوم گئی، شجر و حجر پر وجد طاری ہو گیا اور یہ تو پھر انسان تھے۔ ان کے دلوں پر جو کچھ
عالم گزرا ہو تھوڑا تھا۔ کلام الٰہی نے ان لوگوں کے دلوں میں یقین و ایمان کے فانوس
ن کر دیے، بھٹکے ہوؤں کو کسی سان و گمان اور کوشش کے بغیر راہ استقامت مل گئی۔

یثرب کے یہ چھ لوگ اپنی قوم کے ساتھ بت پرستی کرتے تھے، اور اس برائی میں مکہ
وں سے کسی طرح پیچھے نہ تھے، اور ان کے قدموں میں سجدہ کرنا ان کی نگاہ میں نجات کا
ث تھا۔ مگر انھوں نے یثرب کے ہمسایہ یہودیوں کی زبان سے بار بار سنا تھا کہ بہت ہی
یب زمانہ میں ایک نبی ظاہر ہونے والا ہے۔ حضرت محمدؐ کے مقدس چہرے کو دیکھ کر اور
پ کی گفتگو سن کر ان لوگوں کو یقین ہو گیا کہ جس نبی کی بعثت کے لیے ہزار ہا سال سے پیش
ئیاں ہوتی چلی آتی ہیں۔ وہ یہی ہے، اس خیال نے یقین کی صورت اختیار کر لی، اور وہ
ب کے سب ایمان لے آئے، رسول اللہ کے چند لمحوں کی تربیت نے ان میں اسلام کی
ح، توحید کی لذت، ایمان کا ذوق اور نیکوکاری کا احساس پیدا کر دیا، اب جو مکہ سے یہ اپنے
ن کو لوٹ کر گئے تو ان میں سے ہر شخص اللہ کے دین کا مبلغ، خدا کے پیام کا منادی اور رسول
کے ارشادات کا ناشر تھا۔

یثرب سے بہت سے لوگ حج کرنے کے لیے مکہ آئے تھے اور ہر طرف سے آئے دن
ب میں مسافر آتے جاتے رہتے تھے، مگر ان چھ مسلمانوں کے چہروں کو دیکھ کر لوگ کہنے
ے کہ یہ تو مکہ سے بہت کچھ بدل کر آئے ہیں، ان کی ایک ایک ادا، بول چال، رفتار گفتار
ست و برخاست تک میں ایک خاص تبدیلی پائی جاتی ہے، زندگیوں کا اس قدر جلد بدل
ا بہت حیرت انگیز ہے۔

ان سعادت مند افراد نے یثرب پہنچ کر ہر ملنے جلنے والے، اپنے پرائے، عالم جاہل بدوی اور شہری سے کہا کہ بھائیو اور دوستو! وہ نبی جس کا تمام دنیا کو انتظار تھا اور جس کی آمد کی خبر ہم سدا سے سنتے آئے ہیں، اس کا ظہور ہو چکا، ہم اس مقدس نبی کے دیدار سے مشرف ہو کر آئے ہیں۔ اس کا کلام اپنے کانوں سے سنا ہے۔ اس نبی نے زندہ رہنے والے خدا تک ہمیں پہنچا دیا ہے۔ اب ہماری نگاہوں میں دنیا کی زندگی اور موت کی کوئی قدر نہیں رہی۔

یثرب میں اندھیرا تھا مگر ان چھ ستاروں کے طلوع نے ہدایت کی روشنی بکھیر دی، جس دولت سے وہ خود بہرہ یاب ہوئے تھے اسے عام کرنے کے لئے انھوں نے جدوجہد شروع کر دی، مکہ سے واپسی کے بعد وہ ایک لمحہ چین سے نہ بیٹھے، اسلام کی لگن اپنا کام کیے جا رہی تھی، اور ایمان کا ذوق کوچہ و بازار میں انھیں لیے لیے پھرتا تھا، جہاں وہ لوگوں تک اس بشارت کو پہنچاتے کہ مکہ میں ہدایت و سعادت کا آخری اور سب سے زیادہ روشن آفتاب طلوع ہو چکا، اب ہر جگہ سے اندھیرے کو چلا جانا ہے۔ لوگو! بت پرستی سب سے بڑی لعنت ہے۔ ہم اب تک بڑے اندھیرے میں تھے، نہ چاند سورج کسی کی حاجت روائی کر سکتے ہیں اور نہ لات وہبل مصیبت زدوں کی فریاد سن سکتے ہیں، یہ سب جاہلیت کے ڈھکوسلے اور آبا پرستی کے توہمات ہیں، پوجنے کے لائق تو بس خدائے واحد و یکتا کی ذات ہے۔ انسان کی پیشانی بس اسی کے آستانے پر جھکنی چاہیے۔ انسان کی عزت کا معیار نیکی اور پرہیزگاری ہے۔ محمد رسول اللہ کا یہی پیام اور آپ کی تعلیمات کا یہی خلاصہ اور لب لباب ہے۔

اسلام کے ان پرجوش مبلغین کا یہ اثر ہوا کہ یثرب کے ایک ایک گھر میں حضور صلی اللہ علیہ وآلہ وسلم کا ذکر ہونے لگا۔ ان چھ مسلمانوں کی بدلی ہوئی زندگیوں کو دیکھ کر یثرب کے باشندے کہتے کہ ایہا الاخوان! یہ لوگ اسلام لانے کے بعد کچھ سے کچھ ہو گئے ہیں، برائیوں کے پاس تک نہیں پھٹکتے، ہر دم بھلائی اور پاک بازی کا انھیں خیال رہتا ہے، جس دین اور جس پیغمبر کی تعلیمات نے سیرت و کردار کو بدل دیا، اس میں یقیناً صداقت پائی جانی چاہیے۔ شوق و ذوق کی دبی ہوئی چنگاریاں بہت سوں کے دلوں کو گرمانے لگیں، توحید و نیکوکاری کی باتیں سن سن کر سعید روحیں لطف لینے لگیں۔

ایک سال بعد یعنی ۱۲ ربعثتِ نبوی میں یثرب کے بارہ باشندے مکہ آئے، یہ لوگ

گھروں سے یہ ارادہ کر کے چلے تھے کہ محمد رسول اللہ کی خدمت میں حاضر ہو کر آپ کی
تعلیمات اور اصول دین اپنے کانوں سے سنیں گے، آپ کی نقل و حرکت، رفتار گفتار اور آپ
کے ساتھیوں کے حالات سے اندازہ کریں گے کہ آیا یہ ذات واقعی پیروی کیے جانے کے
قابل ہے؟ اور اسکی غلامی اور اطاعت کا قلادہ ہمیں اپنی گردنوں میں ڈال لینا چاہئے۔ حق کی
تلاش، صداقت کی جستجو، ایمان و ہدایت کا سراغ انھیں مکہ کشاں کشاں لے آیا، اور عقیدے
کا معاملہ تھا وہ خوب ٹھونک بجا کر اور دیکھ بھال کر فیصلہ کرنا چاہتے تھے۔

رسول اللہ صلی اللہ علیہ وآلہ وسلم کی خدمت میں یثرب کے یہ بارہ نقیب حاضر ہوئے۔ حضورؐ نے خدا
کا پیام ان تک پہنچایا، نیکی اور پرہیز گاری کی تعلیم دی، قرآن کی آیتیں ان کے حق میں بھی
انقلاب کا سبب اور ہدایت کا ذریعہ بن گئیں، صحابہ کرام کی مقدس اور بے داغ زندگیوں کو
دیکھ کر اور یقین ہو گیا کہ یہ دین ایک ہی تاؤ میں کھوٹے کو کھرا اور پیتل کو کندن بنا دیتا ہے۔
سب نے یک زبان ہو کر اللہ کی ربوبیت اور محمد صلی اللہ علیہ وآلہ وسلم کی رسالت کی شہادت دی۔ اسلام
لاتے ہی ان کی بھی کایا پلٹ ہو گئی۔ وہ اس تبدیلی کو خود محسوس کر رہے تھے، دلوں پر کفر و
ضلالت کے پڑے ہوئے پردے یکبارگی اٹھ گئے۔ ہر شخص ایک دوسرے کو مبارک باد
دیتا، فرطِ مسرت نے ان کے چہروں کو ارغوانی بنا دیا تھا، وہ اپنی قسمتوں پر ناز کر رہے تھے۔

چند دن مکہ میں قیام کرنے کے بعد یہ لوگ جب یثرب (مدینہ) جانے لگے تو حضرت
رسول اللہ صلی اللہ علیہ وآلہ وسلم نے حضرت مصعب بن عمیر کو تعلیم و تربیت کی غرض سے ان کے ساتھ کر
دیا، عمیر کے خوش نصیب بیٹے مصعب نے بڑے ناز و نعم میں پرورش پائی تھی، گھر میں مال و
دولت کی فراوانی تھی، ماں باپ نے ان کو بڑے لاڈ پیار کے ساتھ پالا تھا۔ عیش و تنعم کے تمام
اسباب ان کو میسر تھے۔ مصعب کی زندگی امیرانہ تھی۔ راحت و آرام، کرّ و فر، شان و شوکت!
مصعب ریشمیں لباس زیب تن کر کے جب گھوڑے پر نکلتے تو مرکب کے آگے پیچھے غلام چلا
کرتے اور "ہٹو بچو" کی آوازیں سن کر لوگ سمجھ جاتے کہ مصعب سواری پر جا رہے ہیں۔

مگر اسلام نے مصعب کی زندگی بدل دی۔ اسلام میں اس تفاخر اور ٹھاٹ باٹ کی کہاں
گنجائش تھی۔ یہاں تو سادگی، پاکبازی اور نیکوکاری کا ماحول تھا جس میں پہنچ کر دلوں کی یہ
حالت بدل جاتی تھی۔ اسلام کا نشہ اور توحید کا شوق و ذوق کسی دوسری طرف دل و دماغ کو

متوجہ ہی نہ ہونے دیتا۔ وہاں درودیوار، فرق ودوش اور فرس وجمل کی آرائش وزیبائی ۔
بڑھ کر باطن کے سنوارنے کی فکر تھی، مصعب بن عمیر جن کا بدن ریشمیں حلّوں میں ملبوس ر
تھا اور جن کے قیمتی تکیے جگمگاتے رہتے تھے، اب مسلمان ہونے کے بعد پیوندوں کے کمب
پہنتے اور تکموں کی جگہ ببول کے کانٹوں سے کمبل کو اٹکا لیتے۔ مصعب کو رسول اللہ کے فیض
صحبت نے نکھار کر کندن بنا دیا، تبلیغِ حق اور وعظ وارشاد کا ان میں خاص سلیقہ تھا۔ رسول اللہ
نگاہِ انتخاب اس اہم مقصد کے لیے انھیں پر پڑی۔ وہ بالکل نئی جگہ اللہ کا پیام لے کر جار
تھے جہاں نومسلموں کی تربیت کے ساتھ غیر مسلموں پر بھی حق واضح کرنا تھا، دوہری دوہ
ذمہ داریاں مصعب سے متعلق تھیں، اتنے عظیم الشان کام کے سرانجام دینے کے لیے وہ
وقت اپنے خدا سے تائید واعانت اور نصرت وامداد کے طالب تھے۔

چھ وہ لوگ جن کو عقبۂ اولیٰ میں اسلام کی سعادت نصیب ہوئی اور بارہ یہ نئے
مسلمان۔ اس طرح اب اٹھارہ آدمی یثرب میں مسلمان تھے اور حضرت مصعب نے
تعداد میں ایک کا اور اضافہ کر دیا۔ یثرب میں چرچے ہونے لگے کہ محمد رسول اللہ نے ا
ایک ساتھی کو ہمارے شہر میں تبلیغ کے لیے بھیجا ہے، چلو ان سے چل کر ملیں۔ ان کے ذر
اسلام کے بارے میں ٹھیک معلومات حاصل ہو سکے گی، لوگ مصعب سے آکر ملتے
اسلام کے متعلق سوالات کرتے، حضرت مصعب خود بھی گلیوں، بازاروں اور گھروں
جا کر اسلام کی تبلیغ فرماتے۔ مکہ کی طرح مدینہ شور اور بنجر نہ تھا، یہاں کی زمین میں ہدایت ق
کرنے کی استعداد موجود تھی۔ حضرت مصعب کی تعلیم وتربیت نے بہت سے دلوں کو نورِ ا
سے جگمگا دیا۔ اور اس کی تعداد میں اضافہ ہونے لگا جو شخص مسلمان ہوتا وہ خود اپنی جگہ اسل
منادِ اور مبلغ بن جاتا، ایک چراغ سے دوسرا چراغ روشن ہو جاتا اور ایک دل کا دوسرے دل
اثر پڑتا، جو لوگ ایمان کی حلاوت اور اسلام کی لذت سے آشنا ہوتے، وہ پچھتاتے کہ ہا
ہم اب تک بڑی بے خبری اور اندھیرے میں رہے۔ یہ زندگی لہو ولعب اور خرافات
گزری، کام کی زندگی کا تو اب آغاز ہوا ہے۔ کاش! اب سے بہت پہلے اس نعمت سے
اندوز ہونے کی سعادت حاصل ہو جاتی۔

نالہ از بہر رہائی نکند مرغِ اسیر
خورد افسوس زمانے کہ گرفتار نہ بود

مدینہ میں حضرت مصعب پہنچے تو اسعد بن زرارہ نے رسول اللہ کے پیامی کی میزبانی کا شرف حاصل کیا، اسعد خود بھی تبلیغِ حق میں بہت پیش پیش تھے۔ اسعد کے گھر میں مسلمانوں کا جماؤ ہوتا اور حق کی اشاعت کے لیے مناسب تجویزوں پر سوچ بچار کیا جاتا۔ ان تمام لوگوں کو یہی دھن تھی کہ مدینہ کے کسی ایک گھر میں بھی کفر و شرک کا نام و نشان باقی نہ رہے، گمراہی اور ضلالت کے بادل چھٹ کر، ہدایت کا سپیدہ نمودار ہو جائے۔ ان مقدس روحوں نے اس کام کے لیے اپنی زندگیاں وقف کر دی تھیں، اٹھتے بیٹھتے، کھاتے پیتے اور جلوت و خلوت میں بس یہی دھیان رہتا کہ اسلام کی اشاعت ہو اور جہالت کا دور ختم ہو جائے۔ ایسی والہانہ سرگرمیاں اور خلوص آمیز کوششیں بھلا کس طرح رائے گاں جاسکتی تھیں، اسلام تیزی کے ساتھ یثرب میں پھیلنے لگا۔

بنی عبد الاشہل اور بنی ظفر یثرب کے معزز قبیلے تھے جو ابھی تک ایمان کی دولت سے محروم تھے، ایک دن اسعد بن زرارہ اپنے ساتھ مصعب اور چند دوسرے مسلمانوں کو لے کر مرق کے کنویں پر پہنچے اور وہاں اس بات پر غور کرنے لگے کہ ان قبیلوں میں تبلیغِ دین کے لیے کیا تدبیریں اختیار کی جائیں۔ ہر شخص نے اپنی رائے کا اظہار کیا کہ یہ طریقہ مناسب ہے۔ اس انداز پر تبلیغ کا آغاز ہونا چاہیے۔ پیام ہدایت کی پہل اس طرح ہو، ان تجویزوں میں صداقت، خلوص، اعتماد علی اللہ اور یقین و ثبات کی آمیزش تھی، یہ کوئی سیاسی کانفرنس نہ تھی، یہاں خدا کے نیک بندے اور محمد رسول اللہ کے جاں نثار غلام جمع تھے جن کے نزدیک ایمان اور اسلام دنیا کے ہر فائدے سے گراں قدر اور بلند تر تھا۔

سعد بن معاذ اور اسید بن حضیر ان دونوں قبیلوں کے سردار تھے۔ یہ ابھی تک اسلام کے دائرے میں نہ آئے تھے، ان دونوں تک یہ خبر کسی نے پہنچادی کہ مسلمان تمہارے قبیلوں میں اسلام پھیلانے کے لیے مشورے کر رہے ہیں اور مشورے کے بعد جب کسی فیصلہ پر وہ پہنچ جائیں گے تو کسی تاخیر اور تامل کے بغیر اس پر عمل شروع کر دیں گے، یہ مسلمان اپنے ارادوں میں بڑے مضبوط ہیں، کوئی مزاحمت اور مخالفت ان کے جوش کو تھام نہیں سکتی۔ ان

کی باتوں میں نہ جانے کیا اثر ہے کہ جس کو پیام پہنچاتے ہیں پھر ان کے رنگ میں رنگ جاتا ہے۔ اپنے قبیلوں کو کسی طرح ان سے دُور رکھو، ورنہ یہ لوگ ان میں پہنچ گئے تو پھر ان کی تعلیمات کے اثر کا توڑ دشوار ہو جائے گا۔ فتنہ (معاذ اللہ) کو سر اٹھانے سے پہلے دبا دینا عقل مندوں کا شیوہ ہے، ایسے موقعوں پر ذرا سی بھی ڈھیل دینے سے کام بگڑ جاتا ہے۔

اس خبر کو پا کر سعد بن معاذ غصہ میں آگئے، انھوں نے اسید سے کہا کہ اسید! تم کس غفلت اور بے خبری میں پڑے ہوئے ہو، یہ اسعد اور مصعب دونوں مل جل کر خود ہمارے گھرانوں کے ناسمجھ لوگوں کو بہکانے لگے ہیں اور یہ فتنہ ہمارے لوگوں کے دروازوں تک پہنچ گیا ہے، تم جاؤ اور ان سے جا کر سختی کے ساتھ کہو کہ ہمارے محلوں میں اب دوبارہ قدم رکھا تو اچھا نہ ہوگا۔ اسید! میں خود یہ باتیں جا کر ان لوگوں سے کرتا۔ مگر اسعد میری خالہ کا بیٹا ہے، اس لیے تمہیں بھیج رہا ہوں۔

اسید بن حضیر بھی غصہ کے مارے بیتاب ہو گیا کہ یہ مسلمان اپنے دام کو خود ہمارے گھروں میں پھیلا رہے ہیں۔ سعد بن معاذ کی تقریر نے اسے اور گرما دیا۔ اسید نے اپنے ہتھیار ساتھ لیے اور ہر مخالفت کا مقابلہ کرنے کے لیے تیار ہو کر روانہ ہوا۔ خاندانی عصبیت اور جاہلانہ حمیت پورے جوش پر تھی، اسید اس عزم کے ساتھ روانہ ہوا تھا کہ مسلمانوں نے کوئی سخت سست بات کہی تو نیزے اور تلوار سے اس کا جواب دوں گا۔ پہل میری طرف سے ہوگی۔ پھر سارا قبیلہ مری حمایت میں اُٹھ کھڑا ہوگا، اور اس طرح مسلمانوں کے خلاف جنگ چھڑ جائے گی، مسلمانوں کی تعداد بھی بہت تھوڑی ہے۔ ہمارے قبیلہ کی دیکھا دیکھی دوسرے قبیلے بھی اسلام کے خلاف میدان میں آجائیں گے اور پھر اس نئے دین کا یثرب میں قدم جمنا مشکل بلکہ ناممکن ہو جائے گا۔

اسید کو مسلح آتا دیکھ کر اسعد بن زرارہ نے مصعب بن عمیر سے کہا کہ دیکھیے! اس قبیلہ کا سردار آرہا ہے، اللہ کرے وہ آپ کی بات مان لے اور ہدایت کا پیام قبول کر لے، مصعب نے جواب دیا کہ اگر یہ شخص بیٹھ گیا تو میں اس سے یقیناً گفتگو کروں گا۔ ابھی یہ باتیں ہو رہی تھیں کہ اسید لمبی لمبی ڈگیں بھرتا ہوا وہاں جا پہنچا۔ اس نے کھڑے کھڑے مسلمانوں کو خوب گالیاں سنائیں کہ تم ہمارے قبیلہ کے احمقوں، نادانوں اور ناسمجھ لوگوں کو بہکاتے ہو، دیکھو!

میں تمہیں متنبہ کرتا ہوں کہ ان حرکتوں سے باز آجاؤ، ورنہ تمہارے حق میں اچھا نہ ہوگا۔
مصعب اطمینان کے ساتھ اسید کی دشنام طرازیوں کو سنتے رہے۔ ان کو اس بات کا انتظار تھا کہ یہ اپنی باتیں ختم کرلیں تو میں کچھ کہوں۔ ایسے غضبناک آدمی کی باتوں کے بیچ میں بول پڑنا بھی ٹھیک نہیں۔ ٹوکنے سے اس کے عتاب کا پارہ اور چڑھ جائے گا۔ غیظ وغضب کی حالت میں نیکی کی بات اور اُلٹا اثر کرتی ہے۔

اسید گالی گلوج دے کر جب دل کی بھڑاس نکال چکا تو حضرت مصعب نے انتہائی متانت اور نرمی کے ساتھ فرمایا کہ کاش! آپ بیٹھ کر ہماری بات سن لیں، اگر آپ کو ہماری باتیں پسند آئیں تو قبول فرمالیں اور ناپسند ہوں تو ان پر توجہ نہ کریں، اُسید پر حضرت مصعب کے اس شیریں لہجہ کا بہت اثر ہوا کہ جس شخص کو گالیاں دے رہا تھا اس نے ایک دشنام کا بھی مجھے جواب نہیں دیا۔ اس کے ماتھے پر شکن تک نہیں آئی۔ اس کے لہجہ میں کتنی نرمی اور شیرینی ہے، لاؤ اس کی باتیں سن لوں، بات سننے میں کیا مضائقہ ہے۔ ہر آدمی دن رات میں بیسیوں آدمیوں کی زبانی گفتگوں سنتا رہتا ہے، دیکھوں تو سہی کہ یہ مصعب آخر کیا کہتا ہے۔

اسید نے اپنے ہتھیاروں سمیت زمین پر بیٹھ گیا۔ اس کے کان مصعب کی باتوں کے انتظار میں تھے۔ یہ اضطراب اور انتظار خود حصولِ سعادت وفلاح کی طرف نظر نہ آنے والی انگلی سے اشارہ کررہا تھا، حضرت مصعب نے انتہائی دل نشیں انداز میں اُسید کو بتایا کہ اسلام کیا ہے؟ اسید بڑے غور وتوجہ کے ساتھ ایک ایک لفظ سنتا رہا۔ اسلام کی ایک بات سن کر بھی اسے وحشت نہیں ہوئی حالاں کہ نئی باتوں سے ابتدا میں طبیعت مانوس نہیں ہوتی مگر اسید کے لیے سعادت مقدر ہو چکی تھی۔

اسلام کی حقیقت جب مصعب بیان کرچکے تو اس اثر کو اور پائدار بنانے کے لئے قرآن کی آیتیں پڑھ کر سنائیں، اسید نے خاموشی کے ساتھ قرآن سنا اور بدلے ہوئے انداز میں بولے۔

''یہ تو فرمایئے کہ جب کوئی آپ کے دین میں آنا چاہتا ہے تو آپ کیا کرتے ہیں؟''

حضرت مصعب نے جواب دیا:

ہم ایسے آدمی کو نہلا کر، پاک کپڑے پہناتے ہیں اور پھر کلمہ شہادت پڑھا دیتے ہیں۔
اُسید ہتھیاروں کو زمین پر پھینک کر تیزی کے ساتھ اٹھا، کپڑے دھونے اور نہانے لگا۔

مصعب اور اسعد اور دوسرے مسلمان اسید کی اس تیاری کو دیکھ کر خوش ہو رہے تھے کہ جس زبان پر ابھی ابھی گالیاں جاری تھیں، اب اس سے اللہ کی بڑائی اور محمد صلی اللہ علیہ وآلہٖ وسلم کی نبوت کی شہادت ادا ہوگی۔

اُسید نہا دھو کر اور صاف کپڑے بدل کر مصعب کے سامنے آیا اور نہایت ذوق شوق کے ساتھ کلمۂ شہادت پڑھا۔ اسید جو تبلیغ اسلام کو روکنے کے لئے یہاں آیا تھا، اب خو مسلمان بن کر روانہ ہوا۔ سعد بن معاذ بڑی بے چینی کے ساتھ اُسید کا انتظار کر رہے تھے کہ نہ جانے مسلمانوں کی طرف سے کیا جواب ملتا ہے اور واقعہ کیا صورت اختیار کرتا ہے، اُسید کی واپسی کی تاخیر ہو جانے سے اور فکر بڑھ گئی، طرح طرح کے اندیشے دل میں پیدا ہو رہے تھے، یہ بھی خیال آتا تھا کہ بات چیت بڑھتے بڑھتے کہیں ہاتھا پائی اور جنگ وجدال کی نوبت نہ آگئی ہو۔ اسید تنہا گیا ہے، وہ اتنے بہت سے لوگ ہیں۔ کیا عجب ہے کوئی ناخوش گوار واقعہ پیش آگیا ہو۔

سعد بن معاذ نے دور ہی سے حضرت اسید کو دیکھ کر کہا، یہ وہ چہرہ نہیں ہے جو یہاں سے جاتے وقت تھا۔ اسید سر سے پیر تک بدل گئے تھے، دل کی پاکیزگی اور ضمیر کی صفائی چہرے سے نمایاں تھی، ان کے تیور بتا رہے تھے کہ اُسید وہ نہیں رہے جواب سے چند ساعتیں پہلے تھے، ایمان کا نور آنکھوں سے چمک رہا تھا اور یقین کے کنول جبین ورخسار میں کھل رہے تھے حضرت اُسید کے ہاتھ پاؤں، آنکھیں، ٹھوڑی، ماتھا، غرض سارا جسم وہی تھا مگر دل بدل گیا تھا اور دل کے بدلتے ہی زندگی اور سے اور ہوگئی، زندگی میں تمام کارفرمائی دل ہی کی ہے، اور اس کے سانچے میں زندگی ڈھلتی اور صورت پکڑتی ہے۔

حضرت مصعب نے پھر سعد بن معاذ پر اسلام پیش کیا سعد نے کچھ سوالات کیے تھوڑی دیر بحث مباحثہ اور سوال جواب ہوتے رہے، مصعب نے ہر سوال کا تشفی آمیز جواب دیا۔ اسلام کی حقیقت خوب کھول کر بیان کی، وہ چاہتے تھے کہ سائل کے ذہن میں اسلام کی حقیقت پوری طرح اتر جائے کسی قسم کا شک وشبہ باقی نہ رہے، صرف اجمال سے کام نہ چلے گا، سعد تفصیل چاہتے تھے۔ حضرت مصعب کے جوابات نے سعد بن معاذ کو مطمئن کر دیا حقیقت کھل گئی۔ حق واضح ہو گیا۔ صداقت سامنے آگئی، انھیں یقین ہو گیا کہ فلاح ونجات کا

صراط مستقیم اسلام اور صرف اسلام ہے۔ اب تک خود میں اور میرا قبیلہ گمراہی کی بھول بھلیوں میں ٹکریں مارتا رہا، ضلالت و نادانی کی زندگی کو اب بدل دینا چاہیے۔ محمدؐ رسول اللہ کی اطاعت کے بغیر خدا تک پہنچنا ناممکن ہے کہ یہی ذات حق و صداقت کا مرکز ہے۔

سعد بن معاذ خوشی خوشی اٹھے اور کلمہ پڑھ کر مسلمان ہو گئے۔ اسلام لانے کے بعد وہ اپنے قبیلہ میں پھر پہنچے اور نہایت جوش اور گرمی کے ساتھ تبلیغ کی، قبیلہ کے لوگ سعد کا احترام کرتے تھے۔ ان کی دانائی اور فراست بھی مسلم تھی، سعد کے اثر سے بنی عبدالاشہل کے تمام لوگ ایک دن میں مسلمان ہو گئے۔

حضرت سعد بن معاذ کے اسلام لانے سے یثرب میں مسلمانوں کو بہت تقویت ہوئی۔ اور تبلیغ و تذکیر کا کام زیادہ قوت کے ساتھ ہونے لگا۔ مدینہ کے لوگ نہ جانے کب سے ہدایت کے انتظار میں تیار بیٹھے تھے۔ حق کی آواز کان میں پہنچی اور خدا کی بندگی اور محمد (صلی اللہ علیہ وآلہ وسلم) کی رسالت کا اقرار کر کے اسلام کے جاں نثار فدائی بن گئے۔ ان کے مزاج، جبلت اور افتاد طبع کو اسلامی تعلیمات سے خاص مناسبت تھی، ذرا سی رگڑ میں دلوں کی زنگ چھوٹ جاتی۔ مکہ والوں کی طرح ہٹ دھرم طبیعتیں انھوں نے نہ پائی تھیں، وہ حق شناس تھے۔ سچائی کھل کر سامنے آتی تو اس کو ماننے میں تامل نہ کرتے۔ سعادت مند روحوں کا یہی شیوہ رہا ہے کہ قبول حق میں حیلہ سازیوں سے کام نہیں لیتیں۔

اس کے بعد پھر دوبارہ یثرب کے لوگ حج کے لیے مکہ آئے، اور حضرت محمد رسول اللہ صلی اللہ علیہ وآلہ وسلم کی خدمت میں حاضر ہوئے۔ حضورؐ نے ان کے سامنے اسلام کی تبلیغ کی، قرآن سنایا، نیکی کی دعوت دی، گناہوں کی مذمت فرمائی۔ اب یہ لوگ جو مکہ سے یثرب واپس لوٹے تو سارے شہر میں اسلام کا غلغلہ بلند کر دیا۔ مرد تو مرد عورتیں تک اللہ کا پیام ایک دوسرے کو پہنچاتیں۔ بازاروں بیٹھکوں، چراگاہوں اور شبستانوں میں اسلام ہی کے تذکرے ہوتے، یہاں تک کہ یثرب میں نہایت زور و شور کے ساتھ اسلام پھیلتا چلا گیا۔ قبیلہ کے قبیلہ اور خاندان کے خاندان اسلام کے حلقہ بگوش ہوتے چلے گئے اور تبلیغ حق کے لیے ایک ایک یثربی مسلمان مصعب بن عمیر بن گیا۔

حق پرستی کے جرم میں

کفار قریش دیکھ رہے تھے اور محسوس کر رہے تھے کہ اسلام ان کی مخالفتوں کے باوجود پھیلتا جا رہا ہے۔ لوگ باہر سے آتے ہیں اور محمد رسول اللہ کی باتیں سن کر متاثر ہو جاتے ہیں۔ قرآن کی حکمت آمیز سادگی اور بلاغت نے ان کی شاعرانہ سحر بیانی کو گنگ بنا دیا ہے۔ انہوں نے ایک بار پھر اکٹھا ہو کر جلسہ کیا کہ حج کے موسم میں قبائل آتے ہیں انھیں جس طرح بنے محمد ابن عبداللہ کے پاس جانے، ان کی باتیں سننے اور مسلمانوں سے ملنے جلنے سے روکنا چاہیے، اب تک ہماری باتیں باہر کے لوگوں کو زیادہ متاثر نہیں کر سکیں، یثرب کے کتنے ہی سر برآوردہ لوگ محمدؐ سے ملے اور پھر ان کے ہی ہو کر رہ گئے۔ ہمیں چاہیے کہ ابن عبداللہ کی ذات سے کوئی ایسا عیب منسوب کر دیں جسے سن کر لوگ ان سے بیزار ہو جائیں بلکہ نفرت کرنے لگیں۔

ہمیں مشہور کر دینا چاہیے کہ محمدؐ ابن عبداللہ کاہن ہے۔ مجلس شوریٰ کے بعض ارکان نے کہا۔ میں نے بہت سے کاہنوں کی باتیں سنی ہیں، لیکن محمدؐ جو کچھ کہتا ہے وہ کاہنوں کی باتوں سے بالکل مختلف ہے جب ہماری اس تہمت پر لوگ محمدؐ کے کلام کو پرکھیں گے اور اس میں کاہنوں کے کلام کی صفت نہ پائیں گے تو ہم دروغ گو اور مفتری ثابت ہوں گے۔ بوڑھے ولید بن مغیرہ نے جواب دیا۔

تو پھر ہم کہیں گے کہ یہ شخص مجنوں ہے۔ مجمع سے آواز آئی:

یہ تہمت بھی بے اصل ثابت ہوگی، محمدؐ میں جنون کا شائبہ بھی نہیں پایا جاتا، ولید بولا۔

"اچھا تو صاحب! ہم لوگوں سے کہیں گے محمدؐ شاعر ہیں۔" قریش نے کہا۔

"شعر اور اس کی اقسام کو ہم عربوں سے بہتر کوئی نہیں جانتا۔ محمدؐ کا کلام شعر سے کسی طرح ملتا جلتا نہیں ہے۔" ولید قبا کا تکمہ کھولتے ہوئے بولا۔

"آپ ہماری ایک ایک بات کی کاٹ کر رہے ہیں، لیجیے آخری بات سنیے! ہم کہیں گے کہ محمدؐ جادوگر ہے۔ اس کے کلام میں جادو، اس کی آواز میں سحر اور خود اس کی صورت

ساحرانہ ہے کہ آدمی اس کا کلمہ پڑھنے پر مجبور ہو جاتا ہے۔'' چند لوگوں نے کہا۔

یہ تہمت بھی جھوٹی اور بے سروپا ثابت ہوگی، ہمیں کوئی ایسا عیب محمدؐ میں لگانا چاہیے جو ٹھیک ثابت ہو جائے اور لوگوں کی نگاہ میں ہماری ساکھ بنی رہے! ارے بھائیو! جادوگر تو عام طور پر نجس اور پلید رہا کرتے ہیں، اور محمدؐ تو انتہائی پاک صاف رہتے ہیں، اور پھر ان کی صورت میں جو بزرگی اور تقدیس پائی جاتی ہے اسے تم دیکھنے والوں کی آنکھوں سے آخر کس طرح چھپا دو گے، تجربہ کار اور جہاندیدہ ولید کے جواب پر اعیان قریش اور عمائد مکہ بغلیں جھانکنے لگے۔ ان سے کوئی معقول جواب نہ بن پڑا۔

باطل کا خاصہ ہے کہ حق کو کامیاب دیکھ کر وہ ظلم و زیادتی پر اتر آتا ہے، محکم دلیلیں سن کر اور واضح نشانیاں دیکھ کر جہالت میں اور شدت پیدا ہو جاتی ہے، کفارِ قریش بھی پوری قوت کے ساتھ حضرت محمد رسول اللہ (صلی اللہ علیہ وآلہ وسلم) اور آپ کے صحابہ کے مقابلہ میں آ گئے، ظلم و ستم کے ہر ممکن حربہ کو ان بدبختوں نے پرستاران حق کے خلاف استعمال کیا، جتنی برائی سچائی کے مٹانے کے لیے کر سکتے تھے اس میں انھوں نے کوتاہی نہیں کی، ام القریٰ کا ایک ایک محلہ پیغمبر اسلام اور آپ کے ساتھیوں کے خلاف محاذ جنگ بنا ہوا تھا۔

حضرت محمد رسول اللہ ان عقل کے اندھوں اور دل کے کھوٹوں کو اندھیرے سے نکال کر روشنی میں لانا چاہتے تھے اور یہ اصرار کرتے تھے کہ نہیں! اجالے میں نہیں آئیں گے، اپنے باپ دادا کے آثار کو ہم نہ مٹنے دیں گے حضرت محمدؐ فرماتے تھے کہ خدائے واحد کی پرستش کرو، بتوں کی پوجا چھوڑ دو۔ قریش کہتے کہ واہ! اس شخص کی باتوں میں آ کر کیا اپنے معبوودوں سے کنارہ کشی کر لیں۔ جو صدیوں سے ہماری قوم کے خدا رہے ہیں اور جن سے ہمیں ہر طرح کا فائدہ پہنچتا ہے۔ یہ کیسے ہو سکتا ہے؟ کیا لات کو ہم ذلیل کر دیں، ہبل سے رشتہ توڑ دیں، عزیٰ کی بارگاہ میں ایک پیشانی بھی نہ جھکا کرے، اور نصرا کیلا رہ جائے، جب تک ہماری جان میں جان ہے محمدؐ کی امیدوں کو ہم پورا نہ ہونے دیں گے۔

رحمۃ للعالمین، فخر موجودات، خلاصۂ کائنات حضرت سیدنا محمد رسول اللہ صلی اللہ علیہ وآلہ وسلم ان کے ہاتھوں سے زہر کے پیالے چھین کر، آب حیات کے جام دے رہے تھے مگر وہ کوتاہ اندیش لڑتے تھے، مرنے مارنے کے لیے تیار تھے کہ ہمیں تمہارا آب حیات نہیں چاہیے۔

ہمارے آباواجداد جس زہر کو پیتے چلے آئے ہیں ہم بھی اسی کو پئیں گے۔ یہ ہمارا قومی فریضہ ہے۔ ظالم اور حق ناشناس قریش پھولوں کا جواب پتھروں سے دے رہے تھے، احسان ناشناسی کے ایسے دردناک منظر بہت کم دیکھنے میں آتے ہیں۔

اصحاب رسولؐ پر قریش نے جس بے دردی، شقاوت اور بے رحمی کے ساتھ مظالم کیے اس کے تصور سے آج بھی انسانیت کانپ جاتی ہے۔ گھر والوں نے بہت سے مسلمانوں کا بائیکاٹ کردیا۔ کھانا پینا، ملنا جلنا، اٹھنا بیٹھنا بند! بعض بعض صحابی کے جسم سے اسلام قبول کرنے کی پاداش میں کپڑے تک اتروائیے، لوہے کی زرہیں پہنا کران کو دھوپ میں بٹھاتے، لوہا گرم ہوکر تپنے لگتا۔ آگ کی طرح گرم لوہا، تیز دھوپ اور بھٹی کی بھوبل کی مانند گرم ریت، صحابہ کے جسم ان آتش افشانیوں کی تاب نہ لاکر جھلسنے لگتے، بدن کی چربی تک پگھل جاتی۔ مگر حق کا نشہ اتنا تیز تھا کہ ان ترشیوں سے اترتا تو اور تند تر ہوجاتا۔

بلال حبشی رسول اللہ کے جاں نثار غلام تھے، سیاہ رنگت مگر دل چاندنی سے زیادہ اجلا، تبلیغ حق وصداقت میں پیش پیش! مسلمان ہونے کے بعد بلالؓ آستانۂ نبوت ہی کو اپنا ملجا وماویٰ سمجھتے تھے۔ مسلمانوں میں غریب، امیر اور آزاد وغلام کا امتیاز نہ تھا جو اسلام کے دائرے میں آگیا، وہ مسلمان کا بھائی ہوگیا، نسل ورنگ کی مفاخرت اور امارت وسیادت کا غرور صحابہ میں نہ تھا۔ ان کی نگاہ میں عزت کا معیار پرہیز گاری اور نکوکاری تھا، یہ سب ایک ہی جیسے تھے۔

قریش نے جب یہ دیکھا کہ حبشی غلام بلالؓ عمرؓ اور عثمانؓ کے برابر بیٹھتا ہے اور اس کے ساتھ کوئی امتیاز روا نہیں رکھا جاتا تو ان کو اور زیادہ غصہ آتا کہ یہ اسلام تو ہمارے آبائی عقائد کے ساتھ خاندانی عظمت اور نسلی وقار کو بھی خاک میں ملائے دیتا ہے۔ حبش کا غلام اور ابوطالب، ابوقحافہ اور خطاب جیسے اعیان قریش کے بیٹوں کی برابری کرے! یہ کس طرح گوارہ کیا جاسکتا ہے۔ اس طرح تو حبش، عراق، شام، ایران اور حضر موت کا ہر غلام مسلمان ہوکر قریشیوں کا ہم پلہ ہوجائے گا، یہ تو عظمت قریش کی کھلی ہوئی توہین ہے۔ ہم نے اپنے خاندانی عزت کی ہزاروں سال سے حفاظت کی ہے۔ جنگ کے میدان ہماری تیغ زنی، زورآزمائی اور بے جگری کے شاہد ہیں، ہم نے سینوں پر تلواروں، نیزوں، برچھیوں اور تیروں کے زخم کھائے ہیں۔ مگر قریش کی عظمت کو نیچا نہیں ہونے دیا۔ ہمارے نسب نامے دنیا کی

تمام قوموں سے زیادہ مستند اور باوقار ہیں۔ مگر اب تو محمد ابن عبداللہ کا لایا ہوا دین ہماری اس قبائلی عزت کو یقیناً باقی نہ رہنے دے گا۔ ہماری آنکھوں میں خون اتر آتا ہے، جب بلال حبشی کو ہم ابوبکر وعلی کے دوش بدوش نماز پڑھتا اور زانو سے زانو ملائے ہوئے پاس بیٹھا دیکھتے ہیں۔

دلوں کی جھنجھلاہٹ نے جبر وستم کا روپ دھارلیا، کفار قریش حضرت بلالؓ کی گردن میں رسی ڈال کر شوخ چھوکروں کو سونپ دیتے اور قریش کے یہ ناہنجار لونڈے حضرت بلالؓ کو مکہ کی گلیوں میں گھسیٹتے، کفار تالیاں بجا بجا کر ہنستے کہ بلالؓ اسی کا مستحق ہے، حبش کا غلام مکہ میں سر اٹھا کر نہیں چل سکتا، اس کھینچا تانی میں بلالؓ کی گردن لہولہان ہو ہو جاتی ہے، یہ ان بد بختوں کا روز کا مشغلہ تھا، بلکہ تفریح! وہ نادان یہ سمجھتے تھے کہ اس طرح ہم بلالؓ کو ذلیل کر رہے ہیں۔ اس حقیقت سے وہ بے خبر تھے کہ ایسی اوچھی باتوں سے سچائی اور بلند ہو جاتی ہے۔ سب سے بڑی ذلت سیرت اور کردار کی ذلت ہے۔ آدمی کی زندگی اپنے کردار کے سبب باعزت ہو تو پھر عزت کو دنیا والے نیچا نہیں کر سکتے۔ سچائی ظالموں کے ہاتھ سے جوتوں کا ہار پہن کر بھی پست نہیں ہوتی۔ یہ لوگوں کی بھول اور کم نظری ہے جو وہ ایسا سمجھتے ہیں۔

امیہ بن خلف کے حضرت بلالؓ مملوک تھے، وہ ظالم آپ کو تپتی ہوئی ریت پر لٹاتا، پھر آپ کی چھاتی اور پیٹھ پر گرم پتھر رکھتا، بلالؓ کے بدن کی کھال جھلس جھلس جاتی۔ مگر اسلام کا یہ فدائی اس عالم میں بھی ''احد، احد'' کا نعرہ لگاتا اور آتش سامانیوں کے درمیان خدا کی توحید کا اقرار کرتا، حضرت عمار بن یاسر اور ان کے والدین کو کفار طرح طرح کے عذاب دیتے، یہ تکلیفیں انتہائی بے رحمانہ اور شقاوت آمیز تھیں۔ ایک بار عمار کے گھر والوں کو کفار ستا رہے تھے، حضرت محمد رسول اللہ کا وہاں سے گزر ہوا، آل یاسر نے رسول اللہ کو ملتجی نگاہوں سے دیکھا ان مظلوموں کی نگاہیں زبان حال سے کہہ رہی تھیں۔

به جرم عشق تو ہم می کشد غوغائیست
تو نیز برسر بام آکہ خوش تماشائیست

حضور صلی اللہ علیہ وآلہ وسلم نے ارشاد فرمایا:

''آل یاسر! صبر کرو، جنت کا وعدہ بالتحقیق تمہارے لیے ہے'' اپنے آقا و مولا کی زبان

سے اس بشارت کو سن کر عمار بن یاسر کے گھر والو کے چہروں پر خوشی کی سرخی دوڑ گئی، زبان نہیں دل کہہ رہے تھے کہ محمدؐ آپکی غلامی کا قلادہ اب ہماری گردنوں سے نکل نہیں سکتا، چاہے ہمارے جسموں کا ایک ایک جوڑ کیوں نہ جدا ہوجائے۔ ہم اب آپؐ ہی کے ہو کر جینا اور مرنا چاہتے ہیں۔ دنیا کی کوئی مصیبت ہمیں اب اسلام سے نہیں پھیر سکتی۔ اور ہم نے:

کچھ سمجھ کر ہی تہہ تیغ گلا رکھا ہے

مکہ کی فراخ و وسیع زمین مسلمانوں پر تنگ کر دی گئی تھی، ایک ایک صحابی کافروں کے ظلم وستم کا نشانہ بن رہا تھا، اذیت کوشیوں کے انداز بھی عجیب وغریب تھے۔ کسی مسلمان کو درخت سے باندھ کر الٹا لٹکا دیا جاتا تھا، اور چٹائی میں آگ دے کر دھواں اس کی ناک میں پہنچایا جاتا۔ کسی کے دونوں ہاتھ پلنگ کے پایوں کے نیچے دبا کر کئی کئی آدمی اس پر بیٹھ جاتے اور غریب کے ہاتھوں کی کھال چھل جاتی، ذلت اذیت اور ایذا رسانی کے جو سامان وہ کر سکتے تھے وہ سب کے سب ان ظالموں نے کر ڈالے۔

خود ذات رسالت کے ساتھ وہ وہ گستاخیاں کیں کہ انسانیت کی شہ رگ بلبلا اٹھی، حضورؐ جس راہ سے گزرتے اس میں کانٹے بچھائے جاتے، اور پاؤں مبارک کانٹوں کی نوکوں سے زخمی ہو جاتے۔ حضورؐ راستہ سے جا رہے ہیں اور تمام جسم مٹی میں اَٹ گیا۔ ایک بار حضورؐ کعبہ میں نماز پڑھ رہے تھے کہ عقبہ ابن معیط بہت دیر سے تاک لگائے بیٹھا تھا، اس نے تیزی کے ساتھ بڑھ کر آپ کی گردن میں چادر ڈال دی اور اس زور سے چادر کو بل دے کر اینٹھا کہ [illegible]ت دو عالم کی آنکھوں کے ڈھیلے باہر آ گئے۔ حضرت ابو بکر نے شدید مزاحمت کی اور زخموں [illegible] پروانہ کرتے ہوئے اس شقی ہاتھ سے چادر جیسے تیسے چھڑائی۔ حضرت ابو بکر بولے کہ تم [illegible]س شخص کو قتل کرتے ہو جو تم لوگوں کے پاس اللہ تعالیٰ کی نشانیاں لے کر آیا ہے اور جو یہ کہتا ہے اللہ میرا رب ہے۔

ایک بار حضرت محمد صلی اللہ علیہ وآلہ وسلم گھر اس حالت میں تشریف لائے کہ سر اقدس گرد میں اَٹا ہوا تھا، ایک کافر کی گستاخی نے فرق رسالت اور جبین سعادت کو گرد آلود کر دیا تھا۔ حضرت سیدہ فاطمہؓ نے دیکھا تو پانی کا برتن لے کر دوڑیں سرِ اقدس پر پانی ڈالا گرد دھونے لگیں، آنکھوں میں آنسو آ گئے۔ ضبط کے باوجود گریہ نہ رک سکا۔ حضورؐ نے معصوم و کمسن بیٹی کو روتا دیکھ کر فرمایا:

''جانِ پدر! رو نہیں خدا تیرے باپ کو بچا لے گا''۔

مکہ میں بکریوں اور اونٹوں کے لیے پناہ تھی۔ مگر حضرت محمد رسول اللہ اور آپ کے ساتھیوں پر امن و سلامتی کی تمام راہیں بند کردی گئی تھیں۔ اس بستی کا ایک ایک ذرّہ آپ صلی اللہ علیہ وآلہٖ وسلم کا دشمن تھا، درودیوار آپ کے خون کے پیاسے تھے، ہر طلوع ہونے والی صبح کافروں کی ایذارسانیوں میں ایک نئے باب کا اضافہ کردیتی۔ کفارِ قریش ذاتِ رسالت اور صحابہ کرام کے مٹانے پر پوری طرح تل گئے تھے۔ قبائلی نزاعوں اور مخاصمتوں نے اسلام دشمنی کی صورت اختیار کرلی تھی۔ ہر کافر مسلمانوں کے ستانے میں دوسرے سے سبقت لے جانے کی کوشش کرتا، خدا کے نیک بندوں کو ستا کر وہ لوگ اپنی محفلوں میں فخر کرتے اور ایک دوسرے کے ظالمانہ کارناموں کو سراہتے، سچائی آتشیں امتحان سے گزر رہی تھی۔ حق آزمائش کی بھٹی میں تپایا جارہا تھا۔ اسلام کا سفینہ مخالفتِ کفر کے ہولناک طوفانوں کے مقابل تھا۔ خوفناک تصادم، پُرخطر ٹکراؤ، حوصلہ شکن دشمنی۔

مصلحین اور پرستارانِ حق و صداقت کو بہ ہر حال مخالفتوں کا سامنا کرنا پڑتا ہے۔ کفارِ قریش بڑے بے درد مخالف تھے، رحم و کرم اور عفو درگزر تو وہ جانتے ہی نہ تھے، سچی بات کا جواب ان کے پاس تلوار، نیزے اور برچھی اور پتھر کے سوا کچھ نہ تھا۔ ان کی دشمنی کا کوہ آتش فشاں پوری قوت کے ساتھ آگ اُگل رہا تھا۔ عداوت شباب پر تھی۔ کسی کسی کافر نے تو اپنا کام دھندا تک چھوڑ دیا، اسلام کو مٹانے کے لیے اس نے یہ ایثار کیا تھا۔ وہ اس جہالت کو بہت بڑی قومی خدمت سمجھتا تھا، نسلی عصبیت، بربادی اور ہلاکت کے ہر ممکن ذرائع کے ساتھ میدان میں آگئی تھی، باطل کا حق سے ٹکراؤ ہو رہا تھا۔ کفر مطمئن تھا کہ مٹھی بھر انسان ان سفاکانہ مخالفتوں کا آخر کب تک مقابلہ کرتے رہیں گے۔ ایک دن ایسا ضرور آئے گا کہ مسلمان مجبور ہو کر ہتھیار ڈال دیں گے، انھیں جھکنا پڑے گا۔ اور اگر انھوں نے شکست قبول نہ کی تو وہ مٹ جائیں گے۔ موت ان کے سروں پر منڈلا رہی ہے اور ہلاکت ان کی راہ دیکھ رہی ہے۔ گنتی کے چند آدمی ہزاروں بہادروں کا مقابلہ نہیں کرسکتے۔ گھاس کے تنکے کتنے ہی پُرجوش اور حوصلہ مند کیوں نہ ہوں، طوفان کی ٹکر سہ نہیں سکتے۔

ہجرتِ مکہ سے غارِ ثور تک

ان تمام مخالفتوں کے باوجود اسلام کا دھارا نہ تھما تو کفارِ قریش کے سرداروں نے دارالندوہ میں جمع ہو کر مجلسِ شوریٰ منعقد کی۔ دارالندوہ قریش کا پارلیمنٹ تھا۔ کلاب کا نامور بیٹا قصی اس کا بانی تھا۔ جب کوئی ضروری مشورہ کرنا ہوتا تو سردارانِ قریش یہاں جمع ہو کر گفتگو کرتے، دارالندوہ میں قریش کا اجتماع اس کی دلیل تھا کہ کوئی بڑا معرکہ درپیش ہے اور کسی اہم مسئلہ پر گفت وشنید ہو رہی ہے۔

شاید قصی کے زمانہ سے لیکر اب تک شیوخِ قبائل کا اتنا بڑا اجتماع دارالندوہ میں نہ ہوا تھا۔ لوگ ذمہ داری کے شدید احساس کے ساتھ یہاں آئے تھے۔ ان نادانوں کے خیال میں اس کے سب سے بڑے دشمن کے خلاف یہ مشاورت تھی، قریش کی قومی عظمت اور آبائی دین کی زندگی اور موت کا آج فیصلہ ہونے والا تھا۔ اسلام کے مٹانے کے لیے یہ کونسل منعقد ہوئی تھی۔

شیوخِ قریش جہاندیدہ، تجربہ کار، جری اور بے باک، تلوار کے دھنی، رزم آرائیوں کے ہیرو، جو اپنی بات پر آجائیں تو شراب نوشی کی محفلوں کو ذرا سی دیر میں قتل گاہ بناڈالیں۔ سروں پر عمامے اور عقال، بر میں عبائیں، کرتے، یمنی چادریں، کسی کسی کے پاس ریشمی حلہ بھی تھا۔

بہت دیر کی ردوقدح کے بعد یہ بات طے پائی کہ جس طرح ہو سکے محمد ابن عبداللہ کا کام تمام کر دینا چاہیے۔ وہ ختم ہو گئے تو پھر ان کا دین بھی آپ ہی آپ فنا ہو جائے گا اور ان کے ساتھی بے سردار فوج کی مانند رہ جائیں گے۔ ان کی ہمتیں اپنے پیشوا کے دنیا سے اُٹھ جانے کے بعد خود بخود ٹوٹ جائیں گی، ان کی ہمت بندھانے والا ہی کوئی نہ رہے۔ یہ محمد کا فیضِ صحبت اور ان کی تعلیم وتربیت کا اثر ہے جو یہ مسلمان موت سے کھیلنے کے لیے ہر وقت تیار

رہتے ہیں۔ محمدؐ ہی نہ رہے تو یہ بے چارے خود شکست مان لیں گے۔

اب یہ بات طے ہونی باقی رہی کہ اس تجویز کو عملی جامہ آخر کس طرح پہنایا جائے؟ محمد ابن عبداللہ کے گلے میں اور پیروں میں بیڑیاں ڈال کر ایک مکان میں قید کر کے مکان کے دروازوں اور روشن دانوں کو مٹی سے بند کر دو، یہاں تک کہ زہیر و نابغہ کی طرح وہ اپنی موت مرجائے، چند لوگوں نے ہم آواز ہو کر کہا:

''یہ تدبیر کچھ مناسب معلوم نہیں ہوتی۔ یہ خبر چھپ نہیں سکتی، کسی نہ کسی طرح پھیل کر رہے گی۔ مسلمانوں کو اپنے پیغمبر سے جتنی عقیدت ہے وہ سب کو معلوم ہے جب ان کو اس واقعہ کی خبر ہوگی تو ابن عبداللہ کو چھڑالیں گے اور طاقت پاکر ہم کو بھی مٹادیں گے۔'' ایک بوڑھے نجدی نے جو اس مشورت میں شریک تھا کہا:

''تو پھر ایہا الاخوان! یہ تدبیر مناسب ہے کہ محمد ابن عبداللہ کو ایک، تیز مزاج اور کڑوے دل سرکش اونٹ پر بٹھا کر شہر سے باہر نکال دیں، وہ کہیں بھی جائے، چاہے مرے، چاہے جیے۔''

ایک دوسرا شخص سوچ کر بولا۔ ''بھائیو! یہ تدبیر بھی چلتی نظر نہیں آتی، بلکہ شاید الٹی پڑے گی۔ کیا تم لوگوں نے محمدؐ کی دل کش باتوں کو فراموش کر دیا۔ وہ جس سے بھی باتیں کرتا ہے اس کو اپنا بنا لیتا ہے۔ اس لیے یہ شخص جہاں بھی جائے گا وہاں کے لوگ اس کے ہو جائیں گے۔''

شیخ نجد کے جواب پر سب خاموش ہو گئے۔ سوچ بچار ہونے لگا۔ کسی فیصلہ پر پہنچے بغیر اعیان قریش محفل سے اُٹھنے کے لیے تیار نہ تھے، بہت دیر تک غور و فکر ہوتا رہا۔ ہر شخص اپنے خیال و فکر کے مطابق عقل دوڑانے لگا۔ شیخ نجد کے اعتراضات نے سب کو محتاط بنا دیا تھا کہ خوب سوچ سمجھ کر بات منہ سے نکالنی چاہیے۔

آخر کار ابو جہل کے سر کو جنبش ہوئی، ہونٹ ہلے اور زبان قینچی کی طرح چلنے لگی۔

سب لوگ نہایت توجہ کے ساتھ اس کی باتیں سننے لگے۔

ایہا الصنادید! محمد ابن عبداللہ جب تک قتل نہ ہو جائیں گے، یہ فتنہ (نعوذ باللہ) ہمارا پیچھا نہ چھوڑے گا۔ مگر ان کے قتل پر ایک ہنگامہ اٹھ کھڑے ہونے کا اندیشہ ہے۔ بنی ہاشم

انتقام لینے کے لیے تیار ہو جائیں گے۔ میرے ذہن میں یہ تدبیر آئی ہے کہ مکہ کے ہر مشہور اور معزز قبیلہ سے ایک ایک جواں مرد منتخب کیا جائے۔ یہ سب لوگ رات کے اندر میں محمد کے گھر کا محاصرہ کرلیں اور جب وہ صبح کے وقت نماز پڑھنے کے لیے گھر سے باہر نکلے تو سب بہادر ایک ساتھ اس پر تلواریں لے کے ٹوٹ پڑیں۔ اس طرح محمد کا خون تمام قبیلوں میں بٹ جائے گا۔ اور پھر اتنے بہت سے انتقام کی بنی ہاشم کو ہمت نہ ہوگی۔

تمام مشیروں کی پیشانیاں فرطِ مسرت سے چمک اُٹھیں، سب نے ابوجہل کی تجویز کو سراہا کہ یہ تدبیر نہایت مناسب اور ہر آئینہ قابل عمل ہے۔ ابوجہل کی فراست اور ہوش مندی کی داد دی کہ اس نے کس قدر کامیاب تجویز اور کارگر اسکیم پیش کی ہے۔ پیر نجد جواب تک بہت سی تجویزوں پر تنقید کر چکا تھا، خواموش ہو گیا۔ اس سکوت میں رضامندی پنہاں تھی یعنی یہ کہ ابوجہل نے چلنے والی بات کہی ہے۔ اس میں کوئی خطرہ نہیں ہے۔ معقول ترین تجویز۔ بہترین مشورہ۔

اللہ تعالیٰ نے کافروں کے منصوبوں کی اطلاع وحی کے ذریعہ اپنے سچے رسول، برگزیدہ نبی اور انسانیت کے محسنِ اعظم محمد رسول اللہ کو دے دی۔ کافر سمجھتے تھے کہ ہم نے انتہائی رازداری کے ساتھ مشورہ کیا ہے۔ کسی مسلمان کو اس کی خبر ہی نہیں ہوسکتی۔ دارالندوہ کے آس پاس پہرے بٹھا دیے گئے تھے کہ کوئی اپنا پرایا ادھر آنے نہ پائے چند معتبر لوگ اس اسکیم کے رازدار تھے، بعض کافروں نے اپنے خاص گھر کے لوگوں کو بھی یہ بھید نہیں بتایا۔ اس لیے کہ منھ سے نکلتے ہی بات پرائی ہو جاتی ہے، رازداری کی تعریف ہی یہ ہے کہ کسی شخص پر بھی ظاہر نہ کیا جائے ایسی حالت میں اپنے جانِ جگر پر بھی اعتماد کرنا خطرے سے خالی نہیں ہوتا۔

کفارِ قریش مسرور تھے، ابوجہل کے مشورے پر انہیں ناز تھا۔ ان کے حاشیہ خیال میں بھی یہ بات نہ آئی تھی، اور اس حقیقت کا خطرہ بھی ان سیاہ باطنوں کے دلوں پر نہ گزرا تھا کہ نبوت کا خدا کی ذات سے کیا تعلق ہے، اور جس خدا نے محمد کو نبی بنا کر بھیجا ہے، وہ اس کی حفاظت سے بے خبر نہیں ہے۔ الہام و وحی کی حقیقت ہی سے وہ لوگ ناواقف تھے۔ لات وہبل کے پوجنے والوں کو اس بات کا پتہ ہی نہ تھا کہ اللہ تعالیٰ جو دلوں کے خطروں سے آگاہ ہے اور جس کی مشیت اور قدرت تمام عالم کا احاطہ کیے ہوئے ہے۔ اپنے برگزیدہ بندوں پر

چھپی ہوئی باتیں اور پیش آنے والے واقعات قبل از وقت ظاہر کر سکتا ہے۔ ان ظالموں کو تو بس یہ نظر آتا تھا کہ محمد عبد اللہ کا بیٹا اور عبد المطلب کا پوتا ہے۔ ہماری ہی طرح وہ کھاتا پیتا اور سوتا جاگتا ہے، اپنی ضروریات پوری کرنے کے لیے ہم قریشیوں کی مانند بازاروں میں بھی اسے جانا پڑتا ہے۔ انسان کے فطری حالات میں وہ ہم ہی جیسا ہے۔ انہیں خبر نہ تھی کہ محمدؐ ابن عبد اللہ بن عبد المطلب ابن ہاشم یقیناً انسان ہے۔ اللہ کا بندہ ہے، مگر کیسا بندہ؟ ''رحمۃ للعالمین، سراج منیر، رؤف ورحیم، مہبط وحی'' اس کی یہ شان ہے کہ جس انسان کے لیے وہ جنت کی خوش خبری اپنی زبانِ حق ترجمان سے بیان فرمادے، اس پر جنت واجب ہوجائے۔ اللہ تعالیٰ نے حقائق ومعانی کے اسرار کے لیے اس کا سینہ کھول دیا ہے۔۔۔ اللہ تعالیٰ سے اس کا براہِ راست تعلق ہے۔ ہاں، ہاں وہ سوتا مگر اس کا دل جاگتا رہتا ہے۔ مکہ کے بام ودر اور صحرا کے ببولوں اور کھجوروں کو جو آنکھ دیکھتی ہے اس کے سامنے اسرارِ فطرت اور رموز قدرت کے صحیفے بھی کھلے ہوئے ہیں۔

کارِ پاکاں را قیاس از خود مگیر
گرچہ آید در نوشتن شیر، شیر

اس کے ذکر کو خود اللہ نے بلند فرمایا ہے۔ دنیا کی تمام طاقتیں بھی اسے نیچا نہیں کر سکتیں۔ محمدؐ ابن عبد اللہ سے جنگ درحقیقت خدا سے جنگ ہے، اور خدا پر کوئی طاقت فتح نہیں پاسکتی۔ محمدؐ رسول اللہ کے لیے نصرت وظفر مقدر ہوچکی ہے۔ تم کافروں کی تمام تدبیریں خاک میں مل جائیں گی۔ مت غرور کرو اپنی کثرتِ تعداد پر۔ محمدؐ کی ذات ''روشن چراغ'' ہے، جسے انقلاب کا کوئی جھونکا بھی بجھا نہیں سکتا۔

حضرت محمدؐ رسول اللہ نے اپنے پیارے چچازاد بھائی اور جاں نثار صحابی حضرت علیؓ بن ابی طالب سے فرمایا:

''تم میرے بستر پر میری چادر اوڑھ کر سو رہو، کسی قسم کی فکر اور اندیشہ نہ کرو، تمہارا بال بیکا بھی کوئی نہ کر سکے گا۔''

بڑا شدید امتحان تھا، محمدؐ کے بستر پر آج سونا گویا تلواروں کے سایہ میں سونا تھا۔ یہ موت اور ہلاکت سے دست بدست جنگ تھی۔ مکہ کے مشہور قبیلوں کے نامور بہادروں کی تلواروں

کا مقابلہ تھا۔ خطرناک سے خطرناک صورت پیش آسکتی تھی۔ ہر لمحہ جان جانے کا ڈر تھا۔ کافر پورے سازوسامان اور اٹل ارادے کے ساتھ آئے تھے۔ مگر علیؓ ایمان ویقین کا کوہِ گراں تھے، انہوں نے ذرہ برابر بھی پس وپیش نہ کیا۔ محمدؐ رسول اللہ کے حکم کے بعد غوروفکر کرنا، عقل لڑانا اور عواقب کو سوچنا ایمان کی توہین تھی۔ خدا اور رسولؐ کے ارشاد کے سامنے سر جھکانا ہی اسلام اور ایمان ہے۔ جس نے انقیاد واطاعت میں تامل کیا سمجھ لو کہ اس کے ایمان میں کھوٹ ہے اور وہ مصلحتوں کی ابھی تک پوجا کر رہا ہے۔

حضرت سیدنا علی کرم اللہ وجہہ نہایت اطمینان اور بے فکری کے ساتھ حضرت سرورِ کائنات کے بستر پر سوتے رہے۔ حضورؐ جب مکان سے برآمد ہوئے ہیں تو کفارِ قریش ننگی تلواریں لیے گھات میں بیٹھے تھے، ان کی پلک بھی آج نہ جھپکی تھی۔ وہ اس انتظار میں تھے کہ محمدؐ نے دروازے سے باہر بس قدم رکھا اور ہماری تلواریں ان پر برس پڑیں۔ محمد آج نہیں بچ سکتے۔ یہ ان کی زندگی کی آخری رات ہے۔ ہم اب تک بہت کچھ طرح اور ڈھیل دیتے رہے۔ مگر ابن عبداللہ اپنی بات سے نہ ہٹے، آخر کب تک اپنے معبودوں کی توہین گوارا کرتے، برداشت کی آخر ایک حد ہوتی ہے۔ بنی ہاشم کے گھرانے میں آج صبح سویرے صفِ ماتم بچھی ہوگی۔ عبداللہ ابن عبدالمطلب کی جواں مرگی پر بھی اتنا دردانگیز ماتم نہ ہوا ہوگا۔ ہاشمی گھرانے کی عورتیں بیان کریں گی کہ محمدؐ تم بہت نیک آدمی تھے۔ راست باز، صادق الوعد، خوب صورت، خوش خلق، حیا تمہاری فطرت تھی اور غیرت تمہاری سرشت۔ عرب میں شاید تم جیسا نیک آدمی پیدا نہیں ہوا۔ قصی کے کارنامے بھی تمہارے آگے گرد ہو گئے۔ لیکن تم نے اپنی قوم سے لڑائی مول لے کر کچھ اچھا نہیں کیا۔ اگر تم اپنی قوم کی مخالفت نہ کرتے تو یہ دن دیکھنا نصیب نہ ہوتا۔

کفارِ قریش ان خام خیالیوں کے مدوجزر میں انتظار کی ساعتیں گزار رہے تھے، کہ حضرت محمد رسول اللہ صلی اللہ علیہ وآلہ وسلم رات میں گھر سے نکلے۔ اللہ تعالیٰ نے کفار کی جاگتی ہوئی آنکھوں پر غفلت کے پردے ڈال دیے تھے، کافروں کو حضرت سرورِ کائنات کا جانا محسوس ہی نہیں ہوا۔ خدا جس کو بچانا چاہے دنیا کی تمام طاقتیں بھی مل جل کر اس کا بال بیکا نہیں کر سکتیں۔ اللہ کی تدبیر کا توڑ ہی نہیں ہوسکتا۔ ہم جس کو اپنے تجربہ اور مشاہدہ کی بنا

"طبعی خاصیت" اور عادت وجبلت کہتے ہیں۔ اللہ تعالیٰ اس کا پابند نہیں ہے، وہ چاہے تو ہر عادت کا "خرق" ممکن ہے۔ اس کی قدرت پانی سے جلانے کا اور آگ سے بجھانے کا کام بھی لے سکتی ہے۔ انسانیت اور اس کے ارادے کیا؟ پانی کے بلبلے سمندر کے جھاگ، اوس کی بوندیں، چھوئی موئی کا طلسم! عزائم کا بڑے سے بڑا قلعہ کسی خارجی یا داخلی جنبش سے آن کی آن میں سرنگوں ہو جاتا ہے، آدمی سوچتا کچھ ہے اور ہو کچھ جاتا ہے۔ حضرت محمدؐ رسول اللہ محاصرہ کرنے والوں کی موجودگی میں مکان سے نکل کر باہر تشریف لے گئے، اور کسی کافر کو آپؐ کی پرچھائیں بھی دکھائی نہ دی۔

حضورؐ دولت کدے سے چل کر حضرت ابو بکر رضی اللہ عنہ کے گھر پہنچے اور اپنے ارادے اور حالات کی نوعیت سے مطلع فرمایا۔ ابو بکر نے کسی پس و پیش، ادنیٰ تامل اور ذرا سی ہچکچاہٹ کے بغیر رفاقت کی ہامی بھر لی۔ حضرت محمدؐ کے ساتھ اس سفر میں رفاقت درحقیقت مصیبتوں اور خطروں میں کودنا اور موت کی آواز پر "لبیک" کہنا تھا۔ یہ کوئی تفریحی اور تجارتی سفر نہ تھا۔ اس سفر میں ہر قدم پر شدید سے شدید تر خطروں کے امکانات تھے، یہ جان کی بازی اور زندگی اور موت کا سودا تھا، صدیق اکبر کے ایمان کی قوت نے نفس کے وسوسوں اور اندیشوں کو ابھرنے ہی نہ دیا۔ صدیق کا ایمان خدا اور رسولؐ کے حکم کے آگے "چون وچرا" کرنا جانتا ہی نہ تھا۔ صرف تسلیم ورضا، اطاعت، اتباع اور فرماں برداری! یہ ایمان ویقین کا معاملہ تھا، تجارت نہ تھی۔ جہاں ہر چیز سود وزیاں کے پیمانے سے ناپی جاتی ہے۔ یقین، عواقب اور انجام سے بے پروا ہو کر سرِ تسلیم خم کرتا ہے۔ ہو سکتا ہے کہ سر کو جھکنے کے بعد پھر اٹھنے کی مہلت نہ ملے اور کسی دشمن کی تلوار کا ایک وار سر کو تن سے جدا کر دے، جو یقین، مصلحت شناس اور انجام بین ہو۔ سمجھ لو کہ اس میں ابھی کمزوری اور نارسیدگی موجود ہے۔ ابو بکر صدیقؓ نے محمدؐ رسول اللہ کا حکم سن کر یہ سوچا ہی نہیں کہ اس خطرناک رفاقت اور پُر ہول ہم سفری کا نتیجہ کیا ہوگا؟ صدیق اکبر نے ایمان لانے اور اسلام قبول کرنے کے بعد اپنی جان، مال، عقل، فکر، ہوش وحواس اور دل ودماغ سب کے سب اللہ اور رسول کو سونپ دیے تھے۔ دین کے معاملہ میں ذاتی رائے شخصی مصلحت اور انفرادی سوچ بچار کے لیے اب کوئی گنجائش ہی نہ رہی تھی۔

حضرت ابوبکرؓ نے جلدی جلدی سفر کے لیے ضروری سامان جو اس نازک گھڑی میں میسر آسکتا تھا، درست کیا۔ ستوؤں کی تھیلی کا منھ باندھنے کے لیے عجلت اور اضطراب میں کوئی چیز نہ ملی تو ابوبکرؓ کی سعادت مند بیٹی اسماء نے اپنا کمر بند کاٹ کر اس کے ٹکڑے سے یہ کام لیا اور اس نیکی کی بدولت تاریخِ اسلام میں ''ذات النطاقین'' کے لقب کے ساتھ ابدی شہرت کی مالک ہوگئیں۔ ستو، کھجور، پانی کی چھاگل اور ضرورت کی دو چار چیزیں لے کر رات کی تنہائی میں حضرت سیدنا محمدؐ رسول اللہ اور حضرت ابوبکرؓ روانہ ہوئے۔ مکہ کی گلیوں میں خاموشی طاری تھی۔ لوگ اپنے گھروں میں چین کی نیند سو رہے تھے۔ بستی سے باہر حضرت محمد صلی اللہ علیہ وآلہ وسلم نے مکہ کو محبت کی نگاہوں سے کئی بار مڑ مڑ کر دیکھا۔ مکہ چھوٹ رہا تھا۔ وطن مرز بوم، مولد و منشا جہاں کے در و بام نے محمدؐ کے بچپن اور جوانی کی بہاریں دیکھی تھیں، ایک ایک ذرہ زبانِ حال سے کہہ رہا تھا۔

اے تماشا گاہِ عالم روئے تو
تو کجا بہرِ تماشا می روی

حُبِّ وطن رسول اللہ کے قدموں سے لپٹ گئی کہ ام القریٰ کو چھوڑ کر کہاں جاتے ہو۔ اپنی برکتوں سے مکہ کو محروم نہ کرو، گلیاں، کوچے اور بازار کہہ رہے تھے کہ محمد! تمہارے نقشِ قدم ہمارے سینوں میں محفوظ ہیں، جا رہے ہو تو ہمیں بھی ساتھ لیتے جاؤ، اتنے مبارک قدم اب ہمیں کہاں میسر آئیں گے۔ اے امن و سلامتی کے پیغمبر! دیس چھوڑ کر پردیس نہ جا۔ غربت میں نہ جانے کوئی غم خواری کرے یا نہ کرے۔ یہاں پھر اپنے لوگ ہیں۔ خون کا رشتہ بہت مضبوط ہوتا ہے۔ غیروں کو اتنا لگاؤ نہیں ہوسکتا جتنا اپنوں کو ہے۔ کعبہ کے در و بام پر افسردگی چھائی ہوئی تھی جیسے کوئی غم خوار اور محسن دوست بچھڑ رہا ہے۔ میزابِ رحمت سے لے کر حطیم تک سب سوگوار تھے۔

بھیانک اور اندھیری رات، سنگلاخ راستہ، کہیں کہیں خطرناک موڑ اور نشیب و فراز بھی! پتھروں کی دھاریں اور سنگ ریزوں کی نوکیں پائے مبارک میں چبھنے لگے، خون نکل آیا۔ کسی موڑ اور اونچے نیچے مقام پر ٹھوکر لگتی تو زخمی پیروں کی تکلیف اور بڑھ جاتی۔ یہ حالت دیکھ کر صدیق اکبرؓ سے رہا نہ گیا۔ محمد رسول اللہ کو اپنے کاندھے پر چڑھا لیا۔ پتھروں کی تیز

نوکیں صدیق اکبر کے پیروں کو لہولہان کر رہی تھیں مگر ابوبکرؓ اس خیال سے کہ سرورِ دو عالم کو تکلیف نہ ہو چوٹ کھا کر بھی ہلتے جلتے نہ تھے۔ وہ پتھروں کی نوکوں پر اس انداز سے چل رہے تھے جیسے کوئی پھولوں کی سیج پر چل رہا ہو۔ پانچ میل کی مسافت کے بعد غارِ ثور آ گیا۔ حضرت ابوبکرؓ نے حضرت سیدنا محمد رسول اللہ صلی اللہ علیہ وآلہٖ وسلم سے عرض کیا کہ حضورؐ تھوڑی دیر باہر قیام فرمائیں میں غار میں جا کر ابھی واپس آتا ہوں۔

غارِ ثور خاردار جھاڑیوں میں، مٹی کنکروں اور پتھروں سے اٹا پڑا تھا۔ انتہائی بھیانک اور ڈراؤنا منظر تھا۔ ناتراشیدہ پتھروں کی کالی کالی چٹانیں، سنگ ریزوں کے بے ترتیب ڈھیر، کہیں اونچا، کہیں نیچا، دیواروں میں سوراخ، روزن اور درازیں! صدیق اکبر نے جلدی جلدی غار کو جھاڑ کر صاف کیا، تاکہ زمین بیٹھنے کے قابل ہو جائے۔ پھر بدن کے کپڑے پھاڑ پھاڑ کر غار کے روزنوں کو بند کیا کہ کوئی موذی جانور رسول اللہ کو ستانے نہ پائے۔ غار میں ہر قدم پر سانپ، بچھو اور اسی قسم کے دوسرے جانوروں کا خطرہ تھا۔ مگر صدیق اپنے آقا و مولا محمد رسول اللہ صلی اللہ علیہ وآلہٖ وسلم کی محبت میں سرشار تھے اور اس سرشاری میں انھیں اپنی جان کی فکر اور تن بدن کا ہوش نہ تھا۔ جب ہر طرح سے اطمینان ہو گیا تو ابوبکرؓ غار سے باہر آئے اور حضور صلی اللہ علیہ وآلہٖ وسلم کی خدمت میں اندر چلنے کے لئے عرض کیا، حضور صلی اللہ علیہ وآلہٖ وسلم غار کے اندر تشریف لے گئے، صدیقؓ ساتھ ساتھ تھے اور ادھر ادھر دیکھتے جاتے تھے کہ کسی اذیت کا ظہور اور خطرہ کا وقوع نہ ہونے پائے۔ صدیقؓ کا دل کہہ رہا تھا کہ خدانخواستہ کوئی اژدہا بھی نکل آیا تو اس کا پھن مٹھی میں لے کر مسل دوں گا چاہے ایسا کرنے میں خود میری جان نہ رہے مگر حضور صلی اللہ علیہ وآلہٖ وسلم کو ادنیٰ سی گزند بھی نہ پہنچے۔

ابوبکرؓ کی جگہ کوئی اور دنیا پرست اور اغراض کا بندہ ہوتا تو مصلحتوں کی آڑ لے کر اپنے ساتھی کے لئے خطرہ مول ہی نہ لیتا۔ وہ کہتا بھئی! میں اور تم دونوں ایک حالت میں ہیں۔ تم میری غم خواری کرو، میں تمہاری خبر گیری کرتا ہوں مل جل کر کام چلے گا، تمام بار ایک ہی آدمی پر نہ ڈالا جائے اور اگر وہ تن تنہا سب کچھ بندوبست کر بھی لیتا تو ہزاروں احسان جتاتا کہ میں نے تمہارے لئے یہ کیا، وہ کیا۔ اپنے آرام کو تج کر تمہارے واسطے آسانیاں اور سہولتیں مہیا کیں، تمہاری حفاظت کی خاطر اپنی جان کو خطرے میں ڈال دیا، ان سوراخوں میں بچھو اور سانپ بھی

ہو سکتے تھے مگر میں نے تمہاری محبت میں کسی اذیت کی پرواہ نہیں کی لیکن یہ ابوبکر صدیق رضی اللہ عنہ تھے صحیح معنوں میں یار غار! بے غرض دوست، جان نثار ساتھی، عقیدت مند رفیق سفر، اور سرفروش غلام۔ انھوں نے داد وستائش حاصل کرنے کے لئے یہ خدمت نہیں کی، وہ تو اتنا کچھ کرنے کے بعد بھی پشیمان اور نادم تھے کہ مجھ غریب سے ہائے! کچھ نہ ہوسکا۔ محمد کی راہ میں تو دیدہ ودل بچھانے کے بعد بھی عقیدت کا حق ادا نہیں ہوسکتا۔ جس کی بدولت ایمان کی دولت اور اسلام کی نعمت ملی۔ اس کے احسان سے تو جان دینے کے بعد بھی عہدہ برآ ہونا محال ہے۔

جیسے جیسے رات گزرتی جارہی تھی، کاشانۂ نبوت کا محاصرہ کرنے والے کفار کی خوشی میں اضافہ ہورہا تھا کہ منزل مقصود اب زیادہ دور نہیں رہی، یہاں تک سپیدۂ سحر نمودار ہوگیا مگر محمد رسول اللہ گھر سے نکلتے نظر نہ آئے۔ کافروں کو فکر ہوئی کہ آخر کیا بات ہے، دھوپ نکل آئی ہے اور محمدؐ نماز پڑھنے کے لئے بیدار نہیں ہوئے۔ وہ تو بہت اندھیرے سے کعبہ جانے کے عادی ہیں۔ ان کی سحر خیزی تو سارے مکہ میں مشہور ہے۔ لوگ سوئے ہوتے ہیں اور محمدؐ کی پیشانی کعبہ کے صحن میں اپنے خدا کے سامنے جھکی ہوتی ہے شاید آنکھ نہ کھلی ہو ان کی! کسی کسی کافر کے دل میں یہ خیال گزرا اور کوئی یہ سوچنے لگا کہ ہمارے محاصرے کی اطلاع پاکر محمد گھر میں چھپ رہے۔ چلو اندر چل کر دیکھیں کیا ماجرا ہے۔ ہم جس کام کے لئے یہاں آئے ہیں اور جس غرض کی خاطر تمام رات آنکھوں ہی آنکھوں میں گزاری ہے، اسے پورا کرکے ہی رہیں گے، ہم ناکام نہیں لوٹ سکتے۔

گھر میں پہنچے تو حضرت محمدؐ رسول اللہ صلی اللہ علیہ وآلہ وسلم کے بستر پر حضرت علیؓ ابن ابی طالب کو پاکر انھیں بہت غصہ آیا اور ظالموں نے علیؓ کو پکڑ کر خوب مارا۔

"محمدؐ ابن عبداللہ ہم سب کی آنکھوں میں خاک جھونک کر صاف نکل گئے"۔ ایک قریشی نے کہا اور تمام کافروں نے سر ہلایا کہ تم ہمارے دل کی بات کہہ رہے ہو۔ کافر جھنجھ جھنجھلا کر اپنی تلواروں کو دیکھتے کہ یہ جوہر دار تیغیں یوں ہی رہ گئیں۔ کیا سوچ کر آئے تھے اور کیا ہوگیا۔ ارمان جی کے جی ہی میں رہ گئے۔ ایک آدھ معرکہ آرائی کے بعد ایسا ہو جاتا تو ہم صبر کرلیتے کہ ہمیں اپنی تلواروں کے جوہر دکھانے کا موقع مل گیا مگر یہاں تو کسی کی تلوار نے چھوا تک نہیں اور وہ صحیح سلامت چلے گئے۔

حضرت محمدؐ رسول اللہ کی تلاش شروع ہوئی۔ آپ کی تلاش میں گھوڑے دوڑائے گئے، ناقہ سوار بھی روانہ ہوئے، کچھ لوگ پیدل ہی چل پڑے۔ خیال تھا کہ محمدؐ رسول اللہ مکہ سے دور نہ پہنچے ہوں گے۔ اگر تیزی کے ساتھ تلاش کی جائے تو سراغ لگنا مشکل نہیں ہے۔ مکہ کے قریب کی تمام جھاڑیاں آس پاس کے نخلستان اور راستے چھان مارے مگر پتہ نہ چلا۔ یہاں تک کہ کفار غار ثور کے ٹھیک دروازے پر جا پہنچے۔ سب سے پہلے ان کی پہچل سنائی دی۔ پھر ان کی باتیں کرنے کی آواز آنے لگی۔ حضرت ابوبکرؓ صدیق کو بہت فکر اور غم لاحق ہوا کہ کہیں یہ سفاک غار میں نہ چلے آئیں۔ باہر آنے جانے کا یہی ایک راستہ ہے۔ ہم کہیں جا بھی نہ سکیں گے۔ دشمن بالکل سر پر تھے۔ فطری طور پر تشویش ہونی ہی چاہیے تھی۔ حضرت ابوبکرؓ کو اپنے سے زیادہ ذات رسالت مآب کی فکر تھی کہ دشمنوں کے منھ میں خاک، کہیں حضورؐ کو گزند نہ پہنچے۔ اللہ تعالیٰ نے اسی دن وحی نازل فرمائی اور وحی کے یہ الفاظ: ''لَا تَحْزَنْ اِنَّ اللّٰہَ مَعَنَا''۔

خود زبان نبوت سے سن کر ابوبکر کے دل کو ڈھارس بندھی۔ تشویش اطمینان سے بدلی اور اضطراب کی جگہ سکون حاصل ہوگیا۔ غم جاتا رہا، فکر دور ہوگئی، اللہ تعالیٰ کے اس ارشاد نے کہ ''غم نہ کرو اللہ ہم دونوں کے ساتھ ہے'' صدیق کے جلتے ہوئے دل پر تسکین کا ٹھنڈا مرہم رکھ دیا۔ اللہ تعالیٰ کی معیت کی بشارت نے امید میں جان ڈال دی اور صدیق اکبرؓ کو یقین ہوگیا کہ کافر ہمارا کچھ بگاڑ نہیں سکتے۔ خدا کی تائید و معاونت ہمارے لیے مقدر ہو چکی ہے، چنانچہ کفار قریش الٹے پاؤں واپس چلے گئے۔ ان کے ذہن میں اس بات کا خطرہ بھی نہ گزرا کہ اس غار میں جس کا دہانہ خودرو گھاس سے ڈھکا ہوا ہے، کوئی گیا بھی ہے۔

تین دن تک سرور کائنات علیہ الصلوٰۃ والتحیات اور جناب صدیق اکبر غار ثور میں چھپے رہے۔ جب رات کی تاریکی اچھی طرح پھیل جاتی تو اسماء بنت ابوبکر اپنے گھر سے روٹیاں لے کر روانہ ہوتیں اور نہایت احتیاط اور کمال رازداری کے ساتھ غار ثور میں توشہ پہنچا کر یہ فرض انجام دیا۔ کافروں کو شبہ بھی ہو جاتا تو ان کی جان کی خیر نہ تھی۔ جان جوکھوں کا معاملہ تھا۔ مگر یہ صدیق اکبر اور رسول اللہ کے یارِ غار کی بیٹی تھیں۔ سعادت گویا انھیں ورثہ میں ملی تھی۔ رسول اللہ کی خاطر انھوں نے کسی خطرے کی پرواہی نہیں کی۔ ایمان نے ان کے دل کو قوی اور بے خوف بنا دیا تھا۔

غار ثور سے روانہ ہونے کا مسئلہ بہت نازک تھا۔ اگر اضطراب اور عجلت میں کوئی بات ظہور میں آتی تو نہ جانے کیا حالات پیش آجاتے، موقع کی نزاکت کچھ احتیاط اور سوچ بچار کی محتاج تھی۔ اس لیے قریش کی نقل وحرکت اور ان کے ارادوں سے باخبری ضروری تھی۔ یہ دنیا عالم اسباب ہے یہاں کے ہر رہنے والے کو ظاہری اسباب ووسائل بہ ہر حال استعمال کرنا پڑتے ہیں، یہی اللہ کی مشیت اور قانون قدرت ہے۔ اللہ تعالیٰ کے فضل وکرم پر بھروسہ کرتے ہوئے اسباب کا استعمال اور وسائل کی تلاش اہل ایمان کا کام ہے۔ حضرت ابوبکرؓ کے بیٹے عبداللہ شہر والوں کی نگاہوں سے چھپ چھپا کر غار ثور میں آتے اور اہل مکہ کے حالات سنا کر چلے جاتے۔ عامر بن فہیرہ جو حضرت عائشہ کے بھائی کا غلام تھا، بکریوں کا ریوڑ چرایا کرتا تھا۔ عامر وہاں اپنی بکریاں لے آتا اور حضورؐ اور ابوبکرؓ ضرورت کے موافق دودھ لے لیتے تھے، پھر وہ بکریوں کے نقش قدم راستہ سے مٹا دیتا کہ کہیں اس کھوج پر قریش غار ثور تک نہ آجائیں۔ انتہائی رازداری اور شدید ترین احتیاط کی ضرورت تھی۔

پورے دو دن اور کامل تین راتیں اسی عالم میں گزاریں۔ کفار قریش جستجو سے غافل نہ تھے۔ ان کے آدمی سراغ لگا رہے تھے، آخر چوتھی رات کو حضرت ابوبکرؓ کے گھر سے دو فربہ اور تیز رفتار اونٹنیاں آگئیں۔ ایک اونٹنی پر حضور نبی کریم علیہ الصلوٰۃ والتسلیم اور سیدنا ابوبکرؓ سوار ہوئے اور دوسری عامر بن فہیرہ اور عبداللہ بن اریقط کے حصہ میں آئی۔ عبداللہ کو راستہ بتانے کے لیے ملازم رکھ لیا تھا۔

حضرت ابوبکر صدیق رضی اللہ عنہ کے گھرانے نے جو خدمات ہجرت نبوی کے سلسلہ میں انجام دی ہیں، ان پر تاریخ فخر کرتی ہے۔ باپ، بیٹی، بیٹا اور غلام سبھی نے اپنی بساط اور استطاعت کے مطابق بارگاہ رسالت میں اپنی نیازمندی اور عقیدت کا ہدیہ پیش کیا۔ خانوادۂ صدیق کے اس احسان کو مسلمان فراموش نہیں کر سکتے۔

✵ ✵ ✵

مدینہ میں

غارِ ثور سے یہ مختصر مگر مقدس ترین قافلہ یثرب کی سمت روانہ ہوا، ابوبکرؓ کی اونٹنیوں کے خوب تیزی دکھائی، جیسے وہ اس دن کے لیے پرورش کی گئی تھیں، شبانہ روز سفر کرتے، ٹھہرنا بہت کم ہوتا، دشمن کا ہر وقت خطرہ لگا تھا، جو کافر مسلمانوں کا پیچھا کر کے حبش پہنچے تھے ان کا اپنے ملک میں تعاقب کرنا حیرت انگیز نہ تھا۔ کفار قریش تمام راستوں کے پیچ و خم سے واقف تھے۔ پڑاؤ، منزلیں، نخلستان، گھاٹیاں، ٹیلے، کمین گاہیں، آبادیاں، سبزہ زار چٹیل میدان، غرض سرزمین حجاز کا طول و عرض ان کی نگاہ میں تھا۔ وہ بڑے اچھے شتربان اور شہسوار تھے۔ ان راستوں میں ان کی حدی خوانیاں اب تک گونج رہی تھیں۔ خطرے کی بات ہی تھی کہ نہ جانے کب اور کس منزل میں کافروں سے تصادم ہو جائے۔ ہر لحظہ چوکس رہنے کی ضرورت تھی۔

کفار قریش کے ملال کی کوئی انتہا نہ تھی۔ وہ پچھتاتے، ہاتھ ملتے اور افسوس کرتے کہ محمدؐ بن عبداللہ یہاں سے بچ کر نکل گئے۔ انھوں نے اشتہار دیا کہ جو کوئی محمد (صلی اللہ علیہ وآلہٖ وسلم) یا ابوبکرؓ کو گرفتار کر کے لائے گا، اسے انعام میں سو اونٹ دیے جائیں گے۔ یہ بڑے سے بڑا انعام تھا جو اہل مکہ دے سکتے تھے۔ ایک اونٹ ہی ان کے لیے بہت کچھ تھا اور یہاں تو سو اونٹوں کے انعام کا وعدہ تھا۔ قریش کی طرف سے یہ شاہانہ پیش کش تھی، اور صحرا نشینوں شتربانوں اور خانماں بدوشوں کے لیے سب سے بڑا انعام۔

جعشم کے بہادر بیٹے سراقہ کے منھ میں پانی بھر آیا۔ ایک دو نہیں، پورے سو اونٹ ملیں گے انعام میں! اور کام صرف اتنا کہ محمدؐ اور ابوبکرؓ میں سے کسی ایک کو گرفتار کر کے مکہ لے آنا۔ تو یہ کوئی خطرناک مہم نہیں ہے۔ لاؤ! کوشش کر کے دیکھوں، تقدیر آزمائی کروں، محمدؐ کے ساتھ کوئی فوج نہیں، بہت سے بہت دو چار آدمی ہوں گے، مجھے یہ لوگ مل گئے تو ان پر قابو پالوں گا۔ میں نے بہت سے پرخطر معرکے دیکھے ہیں۔ سراقہ ان امیدوں کے ساتھ صبا رفتار گھوڑے پر بیٹھ کر مکہ سے روانہ ہوا۔

نوجوانی، آغاز شباب اور پھر گرانقدر انعام کی طمع! یہ نشہ دو آتشہ تھا جس کی ترنگ میں وہ سرپٹ گھوڑا دوڑائے چلا گیا۔ یہاں جا، وہاں جا، اس طرف پہنچا، کہیں راہ گیر شتربان اور چرواہے مل جائے تو ان سے پوچھتا کہ تم نے یثرب کی طرف دو چار آدمیوں کو جاتے ہوئے تو نہیں دیکھا۔ لوگ جواب دیتے کہ یثرب کی سمت تو مکہ سے قافلہ آتے جاتے ہی رہتے ہیں۔ اس میں کیا معلوم کہ جن آدمیوں کو تم پوچھ رہے ہو، وہ بھی ان قافلوں میں تھے یا نہیں۔ سراقہ حلیہ اور نشان بتاتا کہ بھائیو! میں جس آدمی کو پوچھ رہا ہوں وہ لاکھوں میں بھی نہیں چھپ سکتا۔ شرافت اور زیبائی اس کے تیوروں سے برستی ہے وہ شخص ہمارا دشمن سہی مگر سچی بات یہ ہے کہ اس کا چہرہ سورج سے زیادہ روشن اور تابناک ہے، ہنس مکھ، خوش منظر، وجیہہ، دل کش انداز، بہت سے لوگ باہر سے مکہ میں آئے اور بس اس کا چہرا دیکھ کر ہی مسلمان ہو گئے --- محمدؐ ہے اس کا نام! سارے عرب میں اس نام کا ایک آدمی بھی نہ نکلے گا۔

سراقہ پکے ارادے کے ساتھ گھر سے نکلا تھا، اس نے ناکامی کے بعد بھی جستجو سے ہاتھ نہ اٹھایا۔ یہاں تک کہ ایک دن دور سے حضرت محمدؐ رسول اللہ اور حضرت ابوبکرؓ اونٹنی پر بیٹھے ہوئے نظر آ گئے۔ خوشی کے مارے اس کا دل بلیوں اچھلنے لگا۔ اس کی آنکھوں میں خوشی کے جذبات جھومنے لگے۔ حرص خوب کھلکھلا کر ہنسنے لگی کہ گوہر مقصود ہاتھ آنے میں اب بس ذرا سی دیر رہ گئی ہے۔ محمدؐ رسول اللہ کی ہمراہی میں کل تین آدمی تھے۔ آدمیوں کی کثرت کا خوف نہ رہا۔ سراقہ نے گھوڑے کے ایڑ لگائی۔ اشہب تیز گام چھلاوے کی طرح اچھل کر حضرت محمد رسول اللہ کے ناقہ کے قریب پہنچ گیا۔ حضور صلی اللہ علیہ وسلم نے سراقہ پر نگاہ ڈالی، اور نگاہ کا پڑنا تھا کہ گھوڑے نے ٹھوکر کھائی اور وہ پٹ سے زمین پر گر پڑا۔

سراقہ نہایت تیزی اور پھرتی کے ساتھ فرش خاک سے اٹھا اور ترکش سے تیر نکالے۔ فال کے تیر، شگون کے سوفار، سعد و نحس کے ناوک۔ یہ دیکھنے کے لیے کہ مجھے اب اقدام کرنا چاہیے یا نہیں! اتفاق سے بات کی "فال" کا جواب "نہیں" ملا۔ عقل نے کہا کہ اب حملہ کرنا مناسب نہیں۔ زیادہ تیزی اور جرأت دکھائی تو منہ کی کھاؤ گے، شکست اور ناکامی سے بچنا چاہتے ہو تو سیدھے گھر لوٹ چلو۔ ابھی تمہارا کچھ بنا بگڑا نہیں ہے۔ قریش سے کہہ دینا کہ میں نے ایک ایک راستہ چھان مارا مگر محمد کا پتہ نہ چلا۔ مگر ہوس نے ابھارا کہ شکار چنگل میں ہے بس ذرا ہمت کرو تو

بیڑا پار ہے۔فال کے تیروں اور شگون کے پانسوں کا کیا اعتبار! کبھی کبھی غلط بھی نکل آتے ہیں۔ فال اور شگون کی آڑ لے کر اقدام نہ کرنا ایک طرح کی بزدلی اور کم ہمتی ہے۔ سراقہ! بھول گیا، تجھے یاد نہیں رہا، سو اونٹوں کا انعام مقرر کیا گیا ہے، تیری زندگی بن جائے گی۔ ذرا سی دیر میں فاقہ کش سراقہ! تو امیر اور دولت مند ہو جائے گا۔ سو اونٹ تو قریش کے بڑے بڑے آدمیوں کے پاس بھی نہیں ہیں اور جن کے یہاں ہیں ان کا ہر محفل میں احترام کیا جاتا ہے۔

ہوس کے بڑھاوے پر سراقہ نے گھوڑے کو پھر بڑھایا۔ مگر اب کی بار گھٹنوں تک زمین میں دھنس گیا۔ وہ گھوڑے سے اتر پڑا۔ پھر فال دیکھی اور دوسری دفعہ بھی وہی ''نفی'' میں جواب نکلا۔ مگر لالچ نے پھر اکسایا کہ ہمت سے کام لے، تلوار اٹھا، تیر چلا، بازوؤں کا زور دکھا۔ یہ لوگ خوف زدہ اور تھکے ہوئے سے ہیں، تو تازہ دم ہے۔ خوب کس کر مقابلہ ہوا تو جی چھوڑ جائیں گے۔ سراقہ نے اس مرتبے انتہائی جرأت کا مظاہرہ کیا۔ لیکن اب بھی پہلے کی طرح معاملہ پیش آیا۔ وہ پست ہمت ہو گیا۔ مقابلہ اور اقدام کا خیال دل سے نکال دیا، معافی کا طلب گار ہوا۔ حضورؐ نے سراقہ کے ہاتھوں کو دیکھ کر مسکراتے ہوئے ارشاد فرمایا کہ میں تیرے ہاتھوں میں شہنشاہ کسریٰ کے کنگن دیکھ رہا ہوں۔

حضرت محمدؐ رسول اللہ کا ارشاد سراقہ کے لیے بہت حیرت انگیز تھا۔ وہ بے چارہ کسریٰ کے کنگن تو کجا اس کے گورنروں اور درباریوں کی بارگاہ میں بھی حاضری کا تصور نہ کر سکتا تھا، مگر یہ محمدؐ رسول اللہ کی پیشین گوئی تھی۔ یہ اس کا ارشاد تھا جس کی زبان سے حق کے سوا کوئی اور بات نکلتی ہی نہیں۔ حضورؐ نے اس وثوق اور یقین کے ساتھ سراقہ کو خوش خبری دی گویا کہ آپ سراقہ کا نوشتۂ تقدیر پڑھ کر فرماتے ہیں۔ حضور کا فرمانا پورا ہو کر رہا۔ حضرت عمر فاروق کے دور خلافت میں جب ایران فتح ہوا اور وہ سرزمین جہاں جمشید و کیکاؤس کی عظمتوں کے پھریرے اڑتے تھے۔ غلامان محمدؐ کے زیر نگیں آئی تو کسریٰ کے کنگن سراقہ کے ہاتھوں میں پہنائے گئے، حضرت سراقہ کے ہاتھوں میں کسریٰ کے بیش بہا کنگن تھے۔ ہجرت نبوی کا واقعہ ان کی نگاہوں کے سامنے تھا اور نبی برحق کے الفاظ کان میں گونج رہے تھے۔

سراقہ کی ناکام واپسی کے بعد پھر راستہ بھر اور کسی مزاحمت، تصادم اور ناگوار واقعہ کا سامنا کرنا نہ پڑا۔ خطرات کا امکان ہر آن تھا، ہو سکتا تھا کہ سراقہ کی طرح کچھ اور لوگ بھی

تعاقب میں آرہے ہوں۔ کفار قریش چین سے بیٹھنے والے نہیں تھے۔ اسلام اور پیغمبر اسلام کی ذات سے ان کی دشمنی انتہائی شدید تھی۔ ان کی مخالفت ہر رنگ میں ظاہر ہو سکتی تھی۔ ایسے شدید دشمن جو کچھ بھی کر گزرتے تھوڑا تھا۔ مگر اللہ کا فضل شامل حال رہا، خدا کی حمایت نے ہر منزل میں دست گیری کی۔ یہاں تک کہ چند دن کے مسلسل سفر کے بعد حضرت محمد رسول اللہ اپنے رفقائے منزل کے ساتھ قبا عافیت سے پہنچ گئے، قبا کی آبادی یثرب سے بہت قریب اور مکہ سے منزلوں دور تھی۔ کافروں کے تعاقب، دراندازی اور حملہ کا یہاں خطرہ نہ تھا۔

یہ سفر مظلومیت کا سفر تھا، مکہ کی زمین کفار قریش نے حضرت محمدؐ پر تنگ کر دی تھی۔ اسی لیے اس جگہ کو چھوڑ دیا گیا۔ یہ ''ہجرت'' تھی خدا کی راہ میں ہجرت! اس ترک وطن سے اللہ کی خوشنودی اور اس کے حکم کی تعمیل مقصود تھی، ''حب وطن'' نے یقیناً رسالت مآب کے قلب مبارک میں چٹکیاں لیں۔ درد انگیز چٹکیاں! مکہ چھٹنے کا آپ کو فطری طور پر ملال ہونا ہی چاہیے تھا۔ لیکن اسلام کی سربلندی اور حق وصداقت کی اشاعت وتبلیغ کے لیے آپؐ نے خندہ پیشانی کے ساتھ اس جام تلخ کو گوارا کر لیا۔

مکہ میں کچھ لوگ تو بہت خوش اور مطمئن تھے کہ محمد ابن عبد اللہ نے آپ ہی دیس نکالا قبول کر لیا۔ چلو اچھا ہوا، اسلام اور اس کے ماننے والے اب بے سہارا ہو کر رہ جائیں گے۔ اسلام کی تبلیغ اور اشاعت اب کاہے کو یہاں ہو سکے گی۔ شمع ہی نہ رہی تو پروانے بے چارے تنہا کیا کریں گے۔ یہ تو محمد کے دم سے تمام سرگرمیاں جاری تھیں، ان کے چلے جانے کے یہ معنی ہیں کہ مکہ سے اسلام بھی چلا گیا۔ مگر ہوش مند اور تجربہ کار قریش گھبرا رہے تھے، ان کے دل کہتے تھے کہ محمدؐ ابن عبد اللہ کی باتوں میں بے پناہ کشش ہے، جن کی صورت دیکھ کر اجنبیوں کے دل کھنچنے لگتے ہیں وہ جہاں جائیں گے، اپنی نئی دنیا پیدا کر لیں گے۔ ان کا پیغام رک نہیں سکتا۔ ہجرت کے بعد تو یہ آواز زیادہ قوت کے ساتھ بلند ہو کر پھیلے گی۔ محمدؐ کی ہجرت درحقیقت کامیابی کا پیش خیمہ ہے اسلام کا پودا جسے ہم نے مکہ میں پنپنے نہ دیا اب دوسری جگہ جڑ پکڑے گا۔

قبا میں چند دن رسول اللہ نے قیام فرمایا۔ اسی اثنا میں حضرت علیؓ ابن ابی طالب بھی مکہ سے پیدل چل کر وہاں آ گئے۔ علیؓ سے مکہ والوں کے حالات تفصیل کے ساتھ معلوم

ئے، قبا کے دوران قیام میں خدا کی عبادت کے لئے مسجد تعمیر ہوئی، خود سرورکائنات نے
بنانے میں حصہ لیا اور آپ کو کام کرتا دیکھ کر صحابہ کے ذوق وشوق اور عملی سرگرمیوں میں
جان پڑگئی۔ اس مسجد کی بنیاد تقویٰ اور نیکوکاری پر رکھی گئی تھی۔ اس کی نیو میں خلوص شامل
۔ بے ریا سجدوں سے معمور ہونے کے لیے یہ بنی تھی۔

یثرب میں خبر پہنچ چکی تھی کہ محمدؐ رسول اللہ قبا میں تشریف لا چکے ہیں اور بہت جلد یثرب
نزول اجلال فرمائیں گے۔ یثرب والوں کو حضورؐ کی آمد کا بے حد انتظار تھا وہ روز صبح
رے بستی سے باہر آکر ٹیلوں پر بیٹھ جاتے اور جب تک خوب دھوپ نہ پھیل جاتی انتظار
تے رہتے۔ انتظار کی ساعتیں بہت ہی صبر آزما ہوتی ہیں۔ اہل یثرب پر ایک ایک گھڑی
ی تھی ان کی پرشوق آنکھوں میں دل کا اضطراب تمنا بن کر جھلک رہا تھا۔ رات کو اس امید
سوتے کہ صبح سویرے سرورکائنات کے خیر مقدم کی سعادت حاصل کریں گے۔ یثرب کی
ٹیوں سے نبوت کا بدر کامل طلوع ہوتا ہوگا اور ہم اپنے دامن نگاہ کو جلوؤں سے بھر
گے مگر جب خوب دن چڑھ جاتا تو گھروں کو ناکام لوٹتے۔ اس ناکامی میں بھی بڑی لذت
اضطراب کی لذت بے چینی کا لطف! قدرت آتش شوق کو اس طرح تیز تر بنا رہی تھی۔
ت انتظار سے شوق میں جان پڑ جاتی ہے۔

اپنی اپنی قسمت اور اپنا اپنا ذوق اور وسعت فکر ہے مکہ کے لوگ محمدؐ رسول اللہ سے اتنے
ر کہ حضورؐ کو وطن چھوڑ دینا پڑا۔ اور یثرب کے رہنے والوں کے شوق و دلچسپی کا یہ عالم کہ
دل فرش راہ کیے ہوئے بیٹھے ہیں ان سعادت مند انسانوں کا جوش عقیدت تمنا کر رہا ہے
ی طرح زمین کی طنابیں کھینچ جائیں اور محمدؐ رسول اللہ کل کے پہنچتے آج ہی بلکہ ابھی تشریف
آئیں۔ مکہ نے جس پیام کو رد کیا مدینہ میں اس کی پذیرائی ہوئی مکہ بیزار تھا اور مدینہ مشتاق،
طرف عداوت تھی اور دوسری طرف محبت اور عقیدت! یثرب والوں کے دل قدرت نے
ت کے آب قدس سے دھو کر آئینہ بنا دیے تھے جن کی لطافت سچائی کا عکس قبول کرنے
لیے پوری طرح تیار تھی اور بہت سے آئینے تو فوراً صداقت' سے جگمگا بھی چکے تھے۔

یثرب میں کچھ ایسے خوش قسمت اہلِ ایمان بھی تھے جو حضور سرورکائنات کے دیدار
آثار سے مشرف ہو چکے تھے مگر زیادہ تعداد ابھی اس سعادت کے انتظار میں تھی۔ جو

لوگ مکہ میں حضور کی خدمت میں باریابی کا شرف حاصل کر چکے تھے، وہ دل ہی دل میں خوش تھے کہ محمد رسول اللہ جب ہم نیازمندوں اور غلاموں کو دیکھیں گے تو ہمیں پہچان کر مسکرائیں گے۔ کتنی حسین، دلکش اور تسکین آمیز ہوتی ہے محمد عربی کی مسکراہٹ! دل غموں سے چاہے کتنا ہی نڈھال کیوں نہ ہو مگر رسولِ محترم کے تبسم کو دیکھ کر گلاب کی مانند دل شاداب ہو جاتا ہے۔ اب یہ سعادت ہمیں گھر بیٹھے میسر آ گئی۔ پہلے پیاسے دریا کے پاس جایا کرتے تھے اور اب اللہ کا کرنا ایسا ہوا کہ خود دریا پیاسوں کے یہاں آ گیا۔ جو لوگ سعادتِ دیدار سے ابھی تک محروم تھے، ان کی خوشی کی کوئی انتہا ہی نہ تھی، شوقِ نظارہ چٹکیاں لیتا کہ وہ آ رہے ہیں۔ قبا سے چل دیے، روانہ ہو چکے، قبا والوں نے رکاب سعادت کو چوم کر ''الوداع'' کہی، وہ یثرب میں تنہا تشریف نہیں لا رہے تھے۔ ان کے جلو میں برکتیں ہیں، سعادتیں ہیں۔ ہدایتوں کے پرچم بھلائیوں کے نشان اور نیکیوں کے خزانے ہیں۔ ان کے قدوم میمنت لزوم سے یثرب کی تاریخ کا نیا باب شروع ہو جائے گا، اور ہاں دیکھنا، اظہارِ عقیدت میں کوئی کمی نہ رہ جائے۔ ان کی راہ میں سچ مچ دل اور آنکھیں بچھا دینا۔

یثرب کے باشندوں کو خوش خبری ملی کی حضرت محمد رسول اللہ تشریف لا رہے ہیں۔ بس اب کوئی دم میں سواری بادِ بہاری آیا چاہتی ہے، نخلستانوں کا سلسلہ یثرب کے آس پاس نہ ہوتا تو کوبۂ نبوت کبھی کا نظر آ جاتا۔ انتظار کی ساعتیں ختم ہوئیں، دیدار کی تمناؤں کو مبارک باد دو کہ وہ جانِ نظارہ آنے ہی والا ہے۔ جی بھر کر اس کے جمال جہاں آرا سے کسب سعادت کرنا، تمام یثرب سرکار دو عالم کی پیشوائی کے لیے امنڈ آیا۔ ان میں زیادہ اہلِ نظر اور بہت تھوڑے تماشائی تھے! جوان اور بڑے لوگ ہتھیاروں سے سج کر گھروں سے نکلے، تلواروں کے جوہر خوبصورت نیاموں کے گھونگھٹوں سے جھانکتے تھے۔ دیدہ زیب ترکش، قیمتی نیزے اور خوش منظر پھریرے بہار دے رہے تھے! کسی غریب کے پاس پھٹی ہوئی زرہ تھی تو اسے جلدی میں کاندھے پر ڈال کر چل دیا۔ ماؤں نے بچوں کے منھ دھلا کر صاف ستھرے کپڑے پہنائے کہ یہ معصوم بھی سرور کائنات کے خیر مقدم کی سعادت سے کیوں محروم رہیں۔ یثرب کے گھر گھر میں خوشی رقص کر رہی تھی۔ آج اہلِ یثرب کی عید تھی بلکہ عید الاعیاد۔

چشم فلک اور دیدۂ مہ و انجم نے بہت سے شہنشاہوں، حاکموں اور فاتحوں کے شاندا

بال اور خیر مقدم کے جشن دیکھے تھے مگر یہ استقبال اپنی اہمیت اور تقدیس کے اعتبار سے
سے نرالا اور ممتاز تھا۔ یثرب میں آج کون آرہا تھا؟ دنیا کا سب سے بڑا انسان، خدا کا
یدہ ترین بندہ، نبیوں کا سردار اور رسولوں کا پیغمبر۔ حضرت ابراہیمؑ و موسیٰؑ کے دو صحیفوں،
اہ کی مقدس کتاب اور حبقوق نبی کی پیش گوئی میں اسی ذات قدسی اور وجود گرامی کی آمد کا
تھا، حضرت مسیح علیہ السلام کے حواریوں میں یوحنا بڑی شخصیت کا مالک گزرا ہے۔ اسی
سے جناب مسیح علیہ السلام نے فرمایا:

"میں اپنے آسمانی باپ (اللہ تعالیٰ) سے فارقلیط (محمدؐ) کو طلب کرتا ہوں تاکہ وہ
رے ساتھ ابدالآباد تک رہے وہ خدا کی روح ہے، اور تمہیں ہر نیک بات کی تعلیم دے گا۔"

زبور میں بھی اسی انداز کی پیش گوئی کی گئی تھی:

"اس (محمدؐ) کا نام ابد تک باقی رہے گا، جب تک آفتاب کی روشنی رہے گی، اس کے
ار رواج بھی دنیا میں رہے گا۔ دنیا والے اس کے سبب اپنے لیے مبارک سمجھیں گے اور
ی قوتیں اس کی بارگاہ میں ہدیۂ تبریک پیش کریں گی"۔

یثرب والے جس کے خیر مقدم کا شرف حاصل کر رہے تھے، اس کی ذاتِ گرامی پر اللہ
ں نے اپنی رحمتوں کو تمام کر دیا تھا۔ اس سے بڑھ کر کسی کو نوازا نہ جائے گا، دنیا کے تمام
ے اور معزز آدمیوں میں وہ سب سے زیادہ محترم اور مکرم تھا۔ اس کے مناقب و محامد کی کوئی
ں، شرف و اجتبا کے بلند مقامات بھی اس کے منصب سے فروتر ہیں۔

یثرب اس مقدس ترین خلائق اور برگزیدۂ روزگار کا "دارالہجرت" بن رہا تھا یہ بظاہر
ئی سی بات تھی مگر کسی کسی کے آئینۂ ادراک پر اس واقعہ کا بہت پہلے عکس پڑ چکا تھا۔ قرآن
میں یمن کے بادشاہ تبع کا ذکر آیا ہے۔ اسی تبع نے اپنے ساتھ فوج لے کر یثرب پر حملہ
یا۔ اوس اور خزرج اور یہودیوں نے پوری قوت اور انتہائی دلیری کے ساتھ مدافعت کی،
کے لوگ ہمیشہ سے نرم دل، متواضع اور خوش اخلاق واقع ہوئے تھے۔ رات میں تو یہ
تبع اور اس کے ہم راہیوں کی مہمان داری کرتے اور دن نکل آتا تو میدانِ جنگ میں
برد آزما ہو جاتے، تبع اپنے جی میں بہت پشیمان ہوا کہ میں اتنے متواضع اور مہمان نواز
ں سے لڑ کر اپنے ضمیر کا خون کر رہا ہوں۔ اس نے صلح کے لیے سلسلہ جنبانی کی۔ دونوں

طرف سے کچھ لوگ صلح صفائی اور بیچ بچاؤ کرنے کے لیے مقرر ہو گئے۔ انھیں پنچوں اور ثالثوں میں ایک شخص اجیحہ نامی تھی، اجیحہ نے تبع سے کہا، ہم آپ ہی کے قوم ہیں، آپ کو ہم سے جنگ کرنی نہ چاہیے تھی، اور یہ بھی کہا کہ ہمارے اس شہر کو آپ فتح بھی نہیں کر سکتے۔ تبع نے پوچھا کہ آخر اس کا سبب کیا ہے، میں نے تو اخلاق و مروّت کے سبب صلح کر لی ہے، ورنہ میری فوجیں تو تمہارے شہر کے دھوئیں اُڑا دیتیں۔ اجیحہ بولا کہ ہمارا یہ شہر ایک نبی کی فرودگاہ ہے جو قریش سے ہوگا۔ اس جواب کو سن کر تبع نے یہ شعر پڑھا۔

القیٰ الیّ نصیحۃ کی ازدجر

عن قریۃ محجورۃ بمحمد

اس نے مجھے نصیحت کی کہ میں اس آبادی سے ہٹ جاؤں جو محمد کے لیے محفوظ رکھی گئی ہے۔ ماضی کی تاریخ مستقبل پر روشنی ڈال رہی تھی۔

وہ جو کتاب یسعیاہ کے بیالیسویں باب کے گیارہویں درس میں لکھا تھا۔

"جب وہ آئے گا تو سلع (یثرب کا قدیم نام) کے باشندے گیت گائیں گے"۔

تو اس کے ظہور کی ساعت آ گئی تھی، سرور موجودات اور خلاصۂ کائنات کی سواری کو دیکھ کر یثرب کے لوگوں کی خوشی کے مارے چیخیں نکل گئیں، آپس میں ایک دوسرے کو مبارک باد دے رہے تھے "اھلاً و سھلاً" اور "حبذا و مرحبا" کے شور سے پہاڑیوں کی گھاٹیاں گونج رہی تھیں۔ سب کے چہروں پر مسرت کی سرخی نمودار ہو گئی تھی، جیسے کسی نے سرخ غازے اور عنبر و گلال کا ہاتھ ان کے رخساروں پر پھیر دیا ہے۔ خوشی نے اہل یثرب پر والہانہ کیفیت طاری کر دی تھی۔ دل سچ مچ پہلو سے نکلے جا رہے تھے۔

مدینہ کی کھجوروں کی شاخیں زبانِ حال سے پکاریں:

"یتیموں کا والی آ گیا"۔

اس کے جواب میں پہاڑ کی چوٹی سے صدا آئی:

"غلاموں کا مولا تشریف لے آیا"۔

اور پھر در و دیوار سے تہنیت کے نغمے اور تبریک کے زمزمے اور بلند ہوئے، یثرب کے ذرّوں کے منھ میں آج زبان آ گئی تھی، پتھر بول رہے تھے اور سنگریزوں سے گویا

پھوٹ رہی تھی۔ سرورِ کائنات اور حضرت ابوبکرؓ ایک ہی ناقہ پر سوار تھے۔ ابوبکرؓ لوگوں کے اشتیاق اور جوشِ عقیدت کو دیکھ کر کھڑے ہو گئے اور چادر کا سایہ سراقہ پر کر دیا تاکہ آقا اور غلام میں تمیز ہو سکے، اور لوگ محمد رسول اللہ اور ابوبکر ابن قحافہ کو پہچان لیں، انصاری کی کمسن اور معصوم بچیاں لَے میں لَے ملا کر خیر مقدم کے ترانے گا رہی تھیں:

اشرق البدر علینا　　　　من ثنیات الوداع

ان کے شیریں نغموں نے اس کیف کو اور دوبالا کر دیا: بنات انصار کے لہجہ میں مسرت، عقیدت اور جوشِ دل ملا جلا تھا۔ وہ زمین پر گا رہی تھیں اور آسمان کے فرشتے جھوم رہے تھے۔ انھیں اس بات کا ہوش ہی نہ تھا کہ ان کی آواز کے زیر و بم میں توازن رہا یا نہیں۔ مگر جذبِ دل اور سوزِ عقیدت نے آپ ہی آپ ان نغموں کو مرتب بنا دیا۔ یہ دل سے نکلے ہوئے زمزمے تھے، ان کی نغمگی میں اثر انگیزی ہونی ہی چاہیے تھی۔

یثرب کا ہر شخص حضورؐ کی خدمت میں درخواست کر رہا تھا کہ سرکار! میرے غریب خانہ کو میزبانی کا شرف بخشیں۔ مگر یہ سعادت ابوایوب انصاری کے لیے مقدر ہو چکی تھی۔ آپ کا ناقہ خدا کے حکم سے ابوایوب کے مکان کے سامنے بیٹھ گیا اور چند دن تک حضورؐ نے وہاں قیام فرمایا۔ ابوایوب انصاری اپنی قسمت پر ناز کر رہے تھے۔ خوشی کے مارے ان کے قدم بہکے بہکے پڑ رہے تھے، عمامہ کے پیچ کھل کھل پڑتے۔ ان کا سیاہ خانہ قبۂ نور بن گیا۔ خورشیدِ رسالت کے جلوؤں نے اس ظلمت کدے کی قسمت جگمگا دی ع

کلاہِ گوشۂ دہقاں بہ آفتاب رسید

لوگوں نے ابوایوب انصاری کو مبارک باد دی کہ گھر بیٹھے تمھیں یہ دولت ابد قرار مل گئی۔ اتنے برگزیدہ، مقدس عظیم المرتبت مہمان کی دنیا میں آج تک کسی نے میزبانی نہیں کی۔ ابوایوب کی تشکر آمیز نگاہیں جواب دیتیں کہ اللہ تعالیٰ نے مجھ غریب پر فضل فرمایا ہے، میں اس اکرامِ بے پایاں اور رحمت بے نہایت کا مستحق نہ تھا، یہ خدا کی دین ہے، وہ جس ذرّہ کو چاہے آفتاب بنا دے۔ میں اور سرورِ دو عالم کی میزبانی ایک خواب سا دیکھ رہا ہوں ؎

وہ آئیں گھر میں ہمارے خدا کی قدرت ہے
کبھی ہم ان کو کبھی اپنے گھر کو دیکھتے ہیں

مسجد نبوی صلی اللہ علیہ وآلہ وسلم

کتاب یسیعیا میں جسے سلع کہا گیا تھا، وہ بعد میں جا کر یثرب ہو گیا اور اب اسی
حضرت محمد رسول اللہ کے نزول اجلال نے مدینۃ النبی (City of the Prophet
دیا۔ آج سے اس کا نام بدل گیا۔ تاریخ اسلام میں اس کا ذکر مدینہ کے نام سے آئے گا
اب ''یثرب'' اور ''بطحا'' نہیں رہا، مدینہ ہو گیا۔ طیبہ بھی اور منورہ بھی! اس سرزمین کے
وغبار، سنگریزوں اور کانٹوں کو اہلِ عقیدت آنکھوں میں جگہ دیں گے، ہر اہلِ ایمان کو
مقدس شہر سے دلی لگاؤ اور تعلق خاطر ہو گا۔ شاعرانِ نازک خیال ''مدینہ'' کی مدح
قصیدے کہیں گے اور حال وقال کی محفلوں میں مدینہ کا نام آتے ہی وجد طاری ہو جائے گا

مدینہ میں قیام کے بعد حضور سرور کائنات فخرِ موجودات علیہ الصلوٰۃ والتحیات نے ا
گھر بنانے کا ارادہ فرمایا۔ خاندانِ نجار کی زمین کا ایک قطعہ جس میں چند قبریں اور کھجور
کے درخت تھے۔ آپؐ نے مسجد کے لیے منتخب فرمایا۔ نجار کے گھرانے والے بلائے گئے
''میں یہ زمین قیمت دے کر لینا چاہتا ہوں''۔ حضرت محمد رسول اللہ نے ارشاد فرمایا
''ہم قیمت تو ضرور لیں گے مگر آپؐ سے نہیں خدا سے''۔ قبیلہ نجار کے لوگوں نے عرض
یہ زمین یتیم بچوں کی تھی۔ حضورؐ نے ان کو طلب فرمایا۔ قیمت دینی چاہی تو نیک
بچوں نے عرض کیا کہ زمین آپؐ کی نذر ہے۔ مگر رحمتِ عالم نے یتیموں کی اس پیش کش
نذر کو قبول کرنا گوارہ نہ فرمایا۔ حضرت ابوایوب انصاری نے زمین کی قیمت ادا کر دی۔

پہلے اس زمین پر بنی ہوئی قبریں اکھڑوا کر فرش کو ہموار بنایا گیا۔ یہ کام ہو لیا تو تعمیر کا
آغاز ہوا، انصار اور مہاجرین نے مل جل کر مسجد بنانی شروع کی۔ کوئی زمین کھودتا، کوئی
لاتا، کوئی گارا بناتا۔ انتہائی شوق واحترام کے ساتھ تعمیر ہونے لگی۔ ہر شخص اپنا فرض سمجھ کر
کام کو کر رہا تھا۔ انھیں کے ساتھ حضرت محمد رسول اللہ بھی عام مزدوروں کے لباس میں ص

کا ہاتھ بٹا رہے تھے، خود پتھر اٹھا کر لاتے اور گرد و غبار سے جسم اقدس اَٹ جاتا۔ صحابہ عرض کرتے کہ سرکار! آپؐ زحمت نہ فرمائیں، آپؐ کا کام ہم غلامانِ بارگاہ کر لیں گے۔ مگر حضورؐ مسکرا مسکرا کر پتھر اٹھائے جاتے۔

گردشِ ماہ و سال یہ منظر دیکھنے کے لیے رک رک جاتی کہ جس کے سرِ اقدس پر اللہ تعالیٰ نے عزت و بزرگی کا سب سے زیادہ قیمتی تاج رکھا تھا وہ مزدوروں کے لباس میں پتھر ڈھو رہا تھا۔ جبینِ سعادت عرق آلود ہو جاتی۔ آقا اپنے غلاموں کا ہاتھ بٹا رہا تھا۔ نبوت قوتِ بازو کی زبان سے بول رہی تھی۔ دیکھنے میں یہ ایک مسجد کی تعمیر تھی مگر حقیقت میں یہ ایک درس تھا جہاں بانوں، فرماں رواؤں، کشور کشاؤں اور حاکموں کے لیے۔ کہ حکومت اور دولت کے نشہ میں آپے سے باہر نہ ہو جانا۔ انسان کی بلندی سونے چاندی کے ڈھیروں، قاقم و سنجاب کے پردوں، حریر و دیبا کی قباؤں، سر بفلک ایوانوں اور خوش نما باغیچوں میں نہیں ہے۔ نکوکاری، تواضع، ہمدردی اور ایک دوسرے کی غم گساری میں انسانیت کی رفعت کا راز پنہاں ہے۔ بندہ اونچے سے اونچا ہو کر بھی بندہ ہی رہتا ہے، خدا نہیں ہو جاتا۔ کبر و غرور عبدیت کی نہیں معبودیت کی شان ہے۔ جو بندہ اپنی حد سے آگے بڑھنے کی کوشش کرے گا ذلیل ہو جائے گا اور انسانی ہمدردی کے اوصاف نہ ہوں تو جڑاؤ تاج پہن کر بھی آدمی ذلیل رہتا ہے۔ لعل و گوہر کی چمک سے صاحب تاج کی عزت میں ذرہ برابر اضافہ نہیں ہو جاتا اور آدمی خدا شناس، پاک باز اور ہمدرد خلائق ہو تو سر پر مٹی کا ٹوکرا رکھ کر بھی اس کا سرِ عزت نیچا نہیں، اونچا ہی رہتا ہے۔

یہ مسجد نبوی تھی، سادگی کا بہترین نمونہ، ظاہری آرائش اور اوپری ٹیپ ٹاپ سے دور دکھاوے اور بناوٹ کی یہاں گنجائش ہی نہ تھی، ناتراشیدہ پتھروں کی دیواریں، کھجور کے ستون اور اسی کے پتوں کی چھت، فرش پر سنگ ریزے بچھے ہوئے۔ مگر مسجد جن سجدوں سے معمور تھی ان کی رفعت کا اندازہ قدسیوں کا خلوصِ عبادت اور صدقِ تہلیل بھی نہیں کر سکتا۔

حضرت محمدؐ رسول اللہ جہاں قدم رکھ دیں تو   ع

سالہا سجدۂ صاحب نظراں خواہد بود

پھر اس جگہ تو حضورؐ کی پیشانی مبارک کے نشان پائے جاتے تھے، یہاں کی بلندی کا

کیا پوچھنا! عرش جھک جھک جاتا ہوگا جب محمدؐ رسول اللہ کی جبینِ پُرنور فرشِ زمین پر سجدہ میں ہوگی۔

مسجد نبوی بن چکی تو اس کے پاس ازواجِ مطہرات کے رہنے کے لیے حجرے ہوئے۔ کچے اور انتہائی سادہ حجرے! کسی کسی کی چھت تو اتنی نیچی تھی کہ آدمی کھڑا ہوتا تو کا سر چھت سے لگ جاتا۔ یہ محمدؐ رسول اللہ کے اہل بیت کے مکانات تھے۔ قیصر و کسریٰ ایوان، ہرقل کی شبستانِ عیش اور ملوکِ ہند و ایران کے عشرت کدے اور حریم نازنہ انسانیت کی تاریخِ تمدن کا یہ سب سے زیادہ روشن نقش تھا۔ انہیں آثار کو دنیا والوں کے چراغِ راہ بننا تھا۔ یہی سادگی، مختصر گیری، بے نفسی اور دنیوی طمطراق سے بے نیازی انسانی کے لیے شمع ہدایت اور آثارِ سعادت تھی۔

٭ ٭ ٭

فطیون کا قتل

مدینہ کے مسلمان جنہوں نے مہاجرینِ مکہ کے ساتھ سگے بھائیوں جیسا بلکہ اس سے بھی بڑھ کر نیکی، ہمدردی، مروت اور غم گساری کا برتاؤ کیا۔ تاریخ اسلام میں ''انصار'' کے نام سے مشہور رہیں۔ یہ لوگ اللہ کے دین کے سچے اور مخلص مددگار تھے۔ انصار کا قدیم وطن یمن تھا۔ یمن میں جب تباہ کن سیلاب آیا اور سیلِ عرم نے سارے یمن کو تہ وبالا کر دیا تو اس قحطانی قبیلہ کے لوگ یمن چھوڑ کر مدینہ چلے آئے اور یہیں آباد ہو گئے۔ مدینہ انصار کے اسلاف کا وطن ثانی تھا۔ سیکڑوں سال گزرنے کے بعد آئندہ نسلیں مدینہ کی ہی ہو کر رہ گئیں۔ اس خاندان میں دو شخص اوس اور خزرج بہت نامور اور بااثر گزرے ہیں۔ تمام انصار انہیں دو بھائیوں کی اولاد ہیں۔ آگے چل کر اوس اور خزرج دو مستقل خاندان بن گئے۔

یثرب (مدینہ) قدیم میں یہودیوں کو بہت کچھ قوت اور اقتدار حاصل تھا۔ یہودی مال ودولت میں سدا سے قارون ہوتے آئے ہیں۔ بخل ان کی فطرت اور حرص وہوس ان کا مزاج ہے۔ روپیہ پیدا کرنے کے ڈھنگ ـــــ ان کو خوب آتے ہیں اور اس میں وہ حلال وحرام کی تمیز نہیں کرتے! روپیہ کی بہتات نے یہودیوں کو یثرب میں صاحب اقتدار بنا دیا۔ سیم وزر کے سہارے ان کی حاکمیت قائم ہو گئی۔

یہود میں فطیون نامی ایک رئیس تھا۔ انتہائی عیش پرست، بدکار اور فاسق وفاجر۔ اسی فطیون نے فرمان جاری کیا کہ یثرب میں جو کنواری لڑکی بیاہی جائے، پہلی رات اس کے ساتھ بسر کرے۔ یہ حکم اہلِ یثرب کی غیرت کو چیلنج اور ان کی عزت وناموس کو دعوتِ مبارزت تھی۔ عوام یہود میں غیرت ہی نہ تھی۔ انہوں نے اس بے عزتی کو گوارا کر لیا۔ فطیون کے عشرت کدے میں دوشیزگی کا خون ہونے لگا۔

مالک بن عجلان انصار کا سردار تھا۔ اس کی بہن کا بیاہ ہوا تو وہ شادی کے دن گھر سے نکل کر باہر آئی اور مالک بن عجلان کے پاس سے گزری۔ مالک غصہ کے مارے لال پیلا ہو گیا۔ شادی کے دن نئی نویلی دُلہن کا گھر سے باہر قدم رکھنا غیرت کے خلاف تھا۔ وہ اسی غیظ و غضب کے عالم میں گھر کے اندر آیا۔

''یہ تم نے کیا کیا؟ خاندان کے ناموس کو خاک میں ملا دیا'' - مالک نے بہن سے کہا۔

''جی! یہ تو کچھ نہیں ہوا، اور'' -- بہن کی بات پوری ہونے سے پہلے ابن عجلان بول پڑا:

''اس سے زیادہ اور کیا ہوگا، شریف دلہنیں گھر سے باہر نہیں جایا کرتیں''۔

مالک کی بہن نے جواب دیا:

''لیکن کل (فطیون کی شبستانِ عیش کی طرف اشارہ تھا) جو ہوگا وہ اس سے بڑھ کر ہوگا، بس میں اس سے زیادہ کچھ نہیں کہہ سکتی۔ شرم و غیرت نے میرے ہونٹوں کو سی دیا ہے''۔

بہن کا جواب سن کر مالک فرطِ غیرت اور جوشِ حمیت سے پسینہ پسینہ ہو گیا۔ دوسرے دن جب اس کی نوعروس بہن بن سنور کر فطیون کے یہاں پہنچی تو مالک بن عجلان بھی سہیلیوں کے جھرمٹ میں زنانہ لباس پہن کر پہنچ گیا۔ مالک خنجر چھپائے ہوئے موقع کا منتظر تھا۔ دن گزرا، شام آئی اور رات ہو گئی۔ فطیون خوشی خوشی خلوتِ عیش کی طرف روانہ ہوا۔ مالک کی بہن سہمی ہوئی بیٹھی تھی۔ یہ اس کی عزت و آبرو کے لوٹے جانے کی رات تھی۔ فطیون نے خلوت کدے میں قدم رکھا ہی تھا کہ مالک ابن عجلان نے جھپٹ کر فطیون پر خنجر کا وار کیا اور بدکار فطیون کو ٹھنڈا کر دیا۔

مالک ابن عجلان اچھی طرح جانتا تھا کہ یہود سارے یثرب پر چھائے ہوئے ہیں یہاں رہوں گا تو پکڑا جاؤں گا۔ میری حمایت میں ایک آواز بھی شاید بلند نہ ہوگی۔ اوس وخزرج نے احتجاج کیا بھی تو یہود ان کا گلا دبا دیں گے کہ تم ہمارے رئیس کے قاتل کی حمایت کرتے ہو۔ فطیون کو قتل کر کے وہ یثرب سے بھاگ کر شام پہنچا۔ ابو جبلہ غسانی وہاں کا حاکم تھا۔ اس میں شرافت اور انسانیت کی خو بو تھی۔ مالک بن عجلان نے تمام واقعات ابو جبلہ کے گوش گزار کیے، ابو جبلہ کی شرافت بہت متاثر ہوئی۔ اس نے تلوار پر ہاتھ رکھ کر کہا کہ فطیون کی بدکاریاں اب زیادہ دن تک جاری نہیں رہ سکتیں اور نہ یہودی تمہارے خاندان پر

جبر و ستم کر سکتے ہیں۔

ابو جبلہ بڑی بھاری فوج لے کر یثرب پر آیا، پہلے دن اس نے اوس اور خزرج کے شیوخ کو دعوت پر بلایا اور ان کو بیش بہا تحفے اور خلعت دے کر رخصت کیا۔ دوسرے دن یہود کے رؤسا کو دعوت دی۔ یہود خوش تھے کہ ہم اوس اور خزرج کے رئیسوں سے ہر طرح بڑھ چڑھ کر ہیں۔ ابو جبلہ ہمیں ان سے زیادہ قیمتی خلعت دے گا، مگر ابو جبلہ کی یہ چال تھی۔ اس نے رؤسائے یہود کو قتل کرا دیا، اور اس طرح یثرب میں یہود کی قوت ختم ہوگئی اور اوس و خزرج نے طاقت حاصل کر لی۔ انصارِ مدینہ انھیں کی اولاد تھے۔

٭ ٭ ٭

مہمان نوازی

انصار اپنی فطرت اور جبلت کے اعتبار سے بامروّت، خوش خلق، وسیع الظرف، نیک اور مہمان نواز تھے۔ اسلام نے ان خوبیوں کو اور جلا دے دی۔ قبول حق کے لیے وہ پہلے سے ہی تیار تھے، حق کی صدا کان میں پہنچتے ہی دل میں گھر کر گئی، اسلام کی دعوت کو مکہ والوں کی طرح انھوں نے ٹھکرایا نہیں، بہت جلد قبول کرلیا جیسے کہ روح حق کے وہ بہت پہلے سے منتظر تھے۔ عقبۂ اولیٰ اور عقبۂ ثانیہ کے بعد ہی سے اوس وخزرج میں اسلام کی اشاعت کا آغاز ہو چکا تھا اور اب پیغمبر اسلام کی ہجرت کے بعد تو یہود کے سوا تمام مدینہ ایمان کی سعادت سے مشرف ہو گیا۔ انصار صحیح معنوں میں اسلام کے مسلمانوں کے مددگار ثابت ہوئے۔ خدمت اسلام کے لیے انھوں نے جان اور مال پیش کرنے میں کبھی دریغ نہیں کیا۔ مکہ کا مظلوم اسلام مدینہ میں آکر فاتح و منصور ہو گیا۔ بے کسی اور کسمپرسی کا دور گزر چکا تھا۔ اب فتح ونصرت اور چھا جانے اور غلبہ پالینے کا زمانہ شروع ہو رہا تھا۔

مہاجرین جب مدینہ میں آئے تو وہ ہر طرح سے نادار اور بے سروسامان تھے، پریشاں روزگاری ان کے چہروں سے نمایاں تھی، اسلام لانے کے بعد انھیں کسی قسم کی راحت ہی نہیں ملی، اہل مکہ کی دل آزاریوں نے ان سے زندگی کی ساری خوشیاں چھین لی تھیں، اپنے پرائے سب ان کے دشمن اور لہو کے پیاسے تھے۔ مکہ والوں نے صحابہ کرامؓ کا ایک طرح سے بائیکاٹ سا کر رکھا تھا۔ دنیوی منفعت کی راہیں ان پر قریب قریب بند تھیں۔ مکہ سے وہ خالی ہاتھ آئے، کسی کسی جسم پر تو کپڑے بھی ثابت نہ تھے۔ پردیس میں تہی دستی اور زیادہ تکلیف دہ ہوتی ہے۔ مگر انصار کے حسن سلوک نے مہاجرین کو غربت میں پریشان نہ ہونے دیا، جہاں تک ان سے ہوسکتا تھا اپنے پردیسی بھائیوں کی دل دہی اور غم گساری میں انھوں نے کوتاہی نہیں کی۔ یہ دنیا عالم اسباب ہے، اللہ تعالیٰ نے زندگیوں کے باقی رکھنے کے لیے ذرائع پید

فرمادیے ہیں اور ان ذریعوں، وسیلوں اور واسطوں کو استعمال کیے بغیر متمدن انسانوں کا کام نہیں چل سکتا۔ انسانوں کو ایک دوسرے کی مدد اور غم خواری کی قدم قدم پر ضرورت پڑتی ہے۔ کوئی آدمی اس دنیا میں اکیلا نہیں رہ سکتا۔ کسی نہ کسی حد تک دوسرے لوگوں سے تعلقات باقی رکھنا پڑتے ہیں۔ یہاں تک کہ رہبانیت بھی دنیوی راوابط سے بالکل الگ نہیں رہ سکتی۔

رسول اللہ فطرت شناس اور حقیقت آگاہ تھے، مہاجرین کی بے سروسامانی اور پریشان حالی حضورؐ کے پیش نظر تھی۔ اس کا بھی حضورؐ کو اندازہ تھا کہ انصار اپنے مہاجر بھائیوں کی غم خواری سے گرانی محسوس نہ کریں۔ اللہ تعالیٰ نے اسلام کی خدمت کے لیے ان کے دل کھول دیے ہیں۔ مکہ والوں کی طرح ان کے سینوں میں تنگی اور دلوں میں بھنچاوٹ نہیں ہے۔ حضورؐ نے مہاجرین اور انصار میں مواخات قائم کرادی۔ انصار خدمت اقدس میں حاضر تھے۔ آپؐ نے نہایت محبت بھرے لہجہ میں ان سے فرمایا:

"(مہاجرین کی طرف اشارہ فرماتے ہوئے) تمہارے بھائی ہیں۔ پھر حضورؐ مہاجرین میں سے دو اور انصار میں سے دو آدمیوں کو بلا کر فرماتے۔ یہ اور تم بھائی بھائی ہیں" اس طرح انصار اور مہاجرین میں بھائی چارہ قائم ہو گیا۔

انصار نے مہاجرین سے سچ مچ سگے بھائیوں جیسا سلوک بلکہ اس سے بھی بڑھ کر اپنے آقا و مولا کے ارشاد کی انھوں نے زبان عمل سے تائید کی۔ انصاری اپنے ساتھ مہاجرین کو لے جاتے اور اپنے گھروں کی ایک ایک چیز بتا کر کہتے کہ اس مال میں آدھا آدھی بانٹ کر رکھ دی۔ یہاں تک کہ بعض انصار تو اس پر تیار ہو گئے کہ دو بیویوں میں سے ایک بیوی کو طلاق دے کر اپنے مہاجر بھائی کے حوالے کردیں۔ انسانیت کی تاریخ اس ہمدردی، غم گساری، وسعت ظرف اور مہمان نوازی کی نظیر پیش کرنے سے عاجز ہے۔

اس دنیا میں لوگ سدا سے غرض کے بندے اور مصلحت کے پجاری ہوتے آئے ہیں۔ بھائی بھائی کے ساتھ چال اور بناوٹ سے کام لیتا ہے۔ ہر شخص اپنی ذات کو دوسرے کے سود و زیاں پر مقدم رکھتا بلکہ ترجیح دیتا ہے۔ ایثار میں بھی اہل دنیا کی کوئی غرض شریک ہوتی ہے۔ نام و نمود، شہرت، تحسین و ستائش! دوسروں کی زبان سے یہ سننے کی تمنا کہ بھئی! فلاں شخص بڑا فیاض، کشادہ دست اور ایثار پسند ہے۔ ایک غیر آدمی کے ساتھ یہ کیا وہ کیا۔ یا پھر جس کے

ساتھ حسن سلوک کیا جاتا ہے۔ اس کے معاوضہ اور بدل کی تمناؤں میں چھپی ہوتی ہے کہ خدانہ خواستہ ہم پر ایسا وقت آپڑا تو یہ شخص ہمارے بھی کام آئے گا۔ لیکن انصار کا ایثار خلوص و صداقت کے سوا اور کسی جذبہ اور تمنا سے آشنا ہی نہ تھا۔ اللہ اور رسول کی محبت میں وہ سب کچھ کر رہے تھے۔ محمدؐ رسول اللہ کے حکم کی تعمیل انھیں منظور تھی۔

جب مواخات قائم ہوئی تو عبدالرحمٰن بن عوف جو انتہائی بے سروسامان مہاجر تھے۔ سعد بن الربیع کے بھائی بنے۔ سعد نے کہا کہ میری دو بیویاں ہیں ان میں سے جو بیوی تمھیں پسند آئے اسے میں طلاق دیے دیتا ہوں۔ تم اس سے نکاح کر لینا۔ حضرت عبدالرحمٰن بن عوف نے تشکر آمیز لہجہ میں انکار کر دیا۔ پھر سعد انھیں اپنے گھر ساتھ لے گئے اور تمام چیزیں دکھا کر کہا کہ ان میں سے آدھی تم لے لو۔ عبدالرحمٰن نے فرمایا:

"بھائی تمھارا مال تمھیں مبارک رہے، مجھے تو بازار کا رستہ بتادو"۔

سعد نے انھیں قینقاع کے بازار کا راستہ بتا دیا، عبدالرحمٰن بن عوف نے پہلے پنیر مول لے کر بیچنا شروع کی، نفع ہونے لگا تو پس انداز سے دوسرا سامان خرید لیا، تجارت میں ترقی ہوتی گئی۔ وہ ایمان دار تھے محنتی تھے اور زبان کے سچے، جس سے جو بات کہہ دی اور سودا کر لیا اس سے نہ پھرتے، چاہے اس میں کتنا ہی ٹوٹا کیوں نہ آجائے۔ اللہ تعالیٰ نے عبدالرحمٰن بن عوف کی تجارت میں برکت دی۔ کام پھیلتا اور بڑھتا ہی چلا گیا، یہاں تک کہ باہر کے شہروں سے سات سات سو اونٹوں پر ان کا سامان تجارت لد کر مدینہ منورہ آتا تھا۔ اللہ تعالیٰ نے انصار کو یہ بھی دکھا دیا کہ تم جو مہاجرین کی مدد کر رہے ہو اس پر مغرور نہ ہو جانا۔ یہ بھی ہمارا ہی کرم اور احسان ہے کہ اس سعادت اور نیکی کے لیے تمھیں آمادہ کر دیا ہے۔ ہم یہ بھی کر سکتے ہیں کہ تمھاری مدد کسی کو حاصل نہ ہو اور وہ اپنی قوت بازو کی بدولت تم سے زیادہ دولت مند ہو جائے۔ انصار فطرتاً شریف اور نیک وسادہ واقع ہوئے تھے۔ انھوں نے مہاجرین پر نہ تو احسان جتایا اور نہ ان سے اپنی غم گساریوں کا بدلہ چاہا۔ ان کی ہمدردی، اغراض سے بلند تھی۔ ان کی خدمات بے لوث اور بے میل تھیں، اللہ اور رسول کے حکم کی تعمیل میں وہ اتنا سب کچھ کر رہے تھے، خدا نے ان نیکیوں کو قبول کر لیا۔ تاریخ میں وہ "انصار رسول" کے لقب سے یاد کیے جاتے ہیں، اور زمین ہی نہیں آسمانوں میں بھی ان کے مناقب کے زمزمے آج تک گونج رہے ہیں۔

قریش کی تیاریاں

وہ کفار قریش جنہوں نے حبش تک صحابہ کرام کا پیچھا کیا تھا اور اسلام کی دشمنی جن کی گھٹی میں پڑی تھی، مدینہ میں پیغمبر اسلام اور آپؐ کے ساتھیوں کو بھلا چین سے کس طرح بیٹھے دیتے۔ انھوں نے سازشیں اور مدینہ پر حملہ کی تیاریاں شروع کردیں، اپنے جاسوس قریش نے مدینہ میں بھیج دیے تھے جو مسلمانوں کی نقل و حرکت کی اطلاعیں مکہ بھیجتے رہے۔ کفار قریش ہجرت نبوی کے بعد یہ سمجھتے تھے کہ ان کے شہر مکہ میں مسلمان بے سہارا ہو کر رہ گئے ہیں۔ محمدؐ رسول اللہ کے جانے کے بعد ان کی ہمتیں ٹوٹ گئی ہیں۔ محمدؐ ابن عبداللہ ہی نے ان لوگوں میں سر فروشی اور ایثار کی روح پھونکی تھی۔ جب وہ ہی یہاں سے چلے گئے تو یہ بے چارے اب کس کے بل بوتے پر ہماری سختیوں کا مقابلہ کریں گے۔ سردار ہی نہ رہا تو اس کی فوج کب تک پاؤں جمائے رہے گی۔ مگر ان کی توقعات غلط ثابت ہوئیں۔ بہت سے مسلمان تو اپنا سب کچھ چھوڑ چھاڑ مدینہ چلے آئے اور ہجرت کے مقدس فریضہ کی ادائیگی میں انھوں نے گھر بار، مال و دولت، یہاں تک کہ بیوی بچوں اور عزیزوں تک کی پروا نہ کی اور اللہ کی راہ میں ہر قربانی اور ہر ایثار کو خوشی سے گوارا کرلیا۔ کوئی تعلق اس نیک کام سے انھیں باز نہ رکھ سکا۔ ہر تعلق کو توڑ کر اور ہر چیز کو چھوڑ کر وہ گھر سے چل پڑے، جو مسلمان مکہ میں رہ گئے انہوں نے انتہائی استقامت، پامردی اور ثبات عزم کا ثبوت دیا، کفار ان کو مارتے پیٹتے، قید کی تکلیف دیتے، گرم پتھروں اور آتشیں لوہوں سے جسموں کو داغتے۔ مگر صحابہ کرام کا جوش ایمانی کسی طرح کم نہ ہوتا۔ بلکہ ایذا رسانیوں، ستم رانیوں اور جفا کوشیوں سے یہ جذبہ تیز تر ہو جاتا۔ صحابہ کرامؓ محمدؐ رسول اللہ کے امتی اور خالق کائنات کے پرستار تھے۔ خود ذات رسالت مآب نے ان میں یہ یقین پیدا کردیا تھا کہ محمدؐ چاہے تمہارے ساتھ رہیں یا نہ رہیں، یہاں تک کہ وہ دنیا ہی سے اٹھ جائیں پھر بھی تمہارے جوش ایمانی میں کمی نہ آنی چاہیے۔ اس لیے کہ تم خدا کے پوجنے والے ہو اور خدا حی و قیوم ہے مسلمانوں کے اس ثبات و استقامت کو دیکھ کر

کافروں کو بڑی جھنجھلاہٹ آتی کہ اسلام کی لگن تو ہجرت کے بعد بھی کم نہیں ہوئی جو مسلمان مکہ میں رہ گئے ہیں ان کے جوش ایمان اور ذوق یقین کا وہی عالم ہے۔

مدینہ سے کفار قریش کے پاس اطلاعیں آتیں کہ مدینہ میں بہت تیزی کے ساتھ اسلام پھیل رہا ہے۔ ہجرت سے پہلے ہی بہت سے لوگ مسلمان ہو چکے تھے اور ہجرت کے بعد تو یہ رفتار اور زیادہ ہوگئی۔ قبیلہ کے قبیلہ مسلمان ہوتے چلے جاتے ہیں۔ یہود اور ان کے زیر اثر کچھ لوگ اس سعادت سے اب تک محروم ہیں ورنہ اوس و خزرج کے گھر گھر اسلام کا اجالا پہنچ چکا ہے اور صنادید مدینہ اور اعیان انصار اللہ اور رسول کی اطاعت کا قلادہ اپنی گردنوں میں ڈال چکے ہیں۔ ان خبروں نے کفار قریش کو غضب ناک بنا دیا، وہ سراسیمہ سے ہو گئے۔ توقع کے خلاف جب کوئی بات ظہور میں آتی ہے تو آدمی گھبرا جاتا ہے۔ مشورہ بلکہ فیصلہ ہوا کہ مدینہ میں اپنے ان دشمنوں کو ہم چین سے نہ بیٹھنے دیں گے۔ اگر ان کو مہلت مل گئی اور ہماری طرف سے مزاحمت نہ ہوئی تو سارے عرب پر اسلام چھا جائے گا، ہمارے معبودوں کی خدائی ختم ہو جائے گی اور ہماری خاندانی عظمت خاک میں مل جائے گی۔ یہ ذلت کسی طرح گوارہ نہیں کی جاسکتی، قریش کی نسلی عزت کو ہر قیمت پر بچایا جائے گا اور وہ بت جو صدیوں سے ہماری مشکلیں دور کرتے رہے ہیں، ان کی بڑائی کو ہم کسی طرح نیچا نہ ہونے دیں گے، ابھی ہمارے پاس طاقت ہے زور ہے، غلبہ ہے، آدمیوں کی کثرت، روپیہ پیسہ کی بہتات اور ہتھیاروں کی فراوانی ہے۔ قبائل عرب ہماری عزت کرتے ہیں۔ بادیہ نشین ہمیں سردار مانتے ہیں۔ کعبہ کی تولیت ہمارے ہاتھ میں ہے۔ صنعا سے لے کر طائف تک ہماری سیادت تسلیم کی جاتی ہے۔ مسلمانوں کی تعداد بھی زیادہ نہیں ہوئی، ان کا زور اس نوبت پر توڑا جاسکتا ہے۔

قریش نے مدینہ کے سب سے بڑے رئیس عبداللہ بن ابی کے پاس سفارت بھیجی کہ یا تو تم خود ہمت کر کے محمدؐ کو قتل کرادو، اور اگر تم نے ایسا نہیں کیا تو ہم قریش پوری قوت کے ساتھ تم پر حملہ کر کے تمہاری قوم کا صفایا کر دیں گے۔ ایک طرف تو قریش نے رسول اللہ کے قتل کے لیے عبداللہ بن ابی کو ابھارا بلکہ دھمکی دی اور دوسری طرف ان کے نوجوانوں کی ٹولیاں مدینہ کے آس پاس گشت لگانے لگیں۔ انصار کی چراگاہوں کو یہ لوگ تباہ کر ڈالتے، نخلستانوں کو کاٹ دیتے اور مدنی چرواہوں سے بکریاں چھین لے جاتے۔ قریش اس طرح

حضرت محمد رسول اللہ اور آپ کے صحابہ کی قوت کا اندازہ کرنا چاہتے تھے کہ ان میں طاقت ہوگی تو ہماری چھیڑ چھاڑ کا ضرور جواب دیں گے اور ہوتے ہوتے لڑائی کی نوبت آجائے گی، مدینہ سے باہر مسلمانوں کا کوئی اثر نہیں ہے۔ تمام لوگ ہمارا ساتھ دیں گے۔ مسلمانوں کو ایک ہی جھڑپ میں پیس کر رکھ دیں گے۔

قریش کے یہ اوچھے ہتھیار بھی بے کار ثابت ہوئے تو انہوں نے مدینہ پر حملہ کی تیاری کا ارادہ کرلیا، وہ مدینہ پر پوری قوت کے ساتھ فیصلہ کن حملہ کرنا چاہتے تھے مگر اس کام کے لیے ساز وسامان اور مصارف کی ضرورت تھی۔ دوسروں کے شہر پر چڑھ کر جانا کھیل نہیں تھا۔ یہ جنگ ان کی خاندانی لڑائیوں اور قبائلی خانہ جنگیوں سے بالکل مختلف تھی۔ جنگ کے مصارف کے لیے انہوں نے یہ تدبیر سوچی کہ اب کی بار جو تجارتی قافلہ مال واسباب لے کر جائے اس کی قیمت جنگی مصارف میں لگنی چاہیے۔ اس طرح ساری قوم جنگ میں شریک ہو جائے گی اور کسی ایک قبیلہ پر بار نہ پڑے گا۔

اس تجویز کو عملی جامہ پہنانے کے لیے صیادید قریش نے پر جوش تقریریں کیں، لوگوں کو امداد کے لیے ابھارا کہ بھائیو! یہ قوم اور وطن کی عزت کا معاملہ ہے ہمارے لیے اس سے زیادہ نازک گھڑی پھر نہ آئے گی، مسلمانوں کے زور کو نہ توڑا گیا تو یہ لوگ قوت پا کر خود ہمارا صفایا کردیں گے، کیا ہم اس دن کے دیکھنے کے لیے زندہ رہیں گے۔ جب ان مسلمانوں کے ہاتھوں لات وہبل کے ٹکڑے ٹکڑے ہوتے ہوں گے۔ ہماری تلواروں نے ہمیشہ عظمت قریش کی حفاظت کی ہے۔ ہم نے سینوں پر زخم کھا کر بھی قوم کے وقار کو نیچا نہیں ہونے دیا۔

قریش فصاحت کے بادشاہ تھے، آتش فشاں تقریریں کرنی انھیں خوب آتی تھیں۔ وہ اچھی طرح جانتے تھے کہ جنگ کے لیے اپنی قوم کو کن الفاظ میں ابھارا جاتا ہے اور کس انداز کا جملہ ان کی رگ حمیت پر نشتر لگا سکتا ہے۔ مکہ کی تمام آبادی نے اپنا سب کچھ اس تجارتی قافلہ کی نذر کردیا۔ بیوہ اور نادار عورتوں تک نے اپنا پس انداز تجارت میں لگادیا۔ یہ قافلہ اس عزم کے ساتھ مکہ سے شام کی طرف روانہ ہوا کہ بس ہم ذرا شام سے لوٹ کر آجائیں پھر ہم نہیں یا محمدؐ اور ان کے ساتھی نہیں! اتنی زور کی لڑائی ہوگی اور ایسے گھمسان کا رن پڑے گا کہ عرب کی زمین دہل جائے گی، اب تک ہم مسلمانوں کو انفرادی طور پر ستاتے رہے ہیں۔ مگر

اب ان سے ساری قوم یک دل ہو کر جنگ کرے گی۔ ہماری تلواریں مسلمانوں کو بتادیں گی
قریش کی خاندانی عظمت سے کھیلنا مذاق نہیں ہے۔ وہ وقت دور نہیں ہے کہ ابو قحافہ کے
خطاب کے فرزند اور ابو طالب کے بیٹوں کی لاشیں زمین پر تڑپتی ہوں گی۔ ان نادان انصار
اسلام دوستی کا صلہ مل جائے گا۔ بڑے آئے ہمارے دشمنوں کے پناہ دینے والے۔

قریش کا تجارتی قافلہ روانہ ہو چکا تو انہی دنوں میں مکہ میں یہ افواہ پھیل گئی کہ مسلمان کاروانِ تجارت لوٹنے کے لیے مدینہ سے چل دیے ہیں۔ اور کسی منزل پر ہمارے قافلہ سے ان کا تصادم ہو جائے گا۔ اس خبر کا مشہور ہونا تھا کہ کفار قریش کے غیظ و غضب کا طوفان میں آ گیا۔ انھوں نے یک زبان ہو کر کہا مسلمانوں کو قافلہ پر حملہ کرنے کا ہم موقع دیں گے۔ ہم خود مسلمانوں سے جا کر گتھ جائیں گے اور ان کی تلواریں نیام سے نکلنے بھی پائیں گی کہ ہماری آب دار شمشیریں ان پر ٹوٹ پڑیں گی۔ ہمارے قافلہ پر حملہ ہ غیرت کے خلاف کھلا ہوا چیلنج ہے۔ اس کا پوری قوت سے جواب دیں گے حملہ کی پہل ہ طرف سے ہوگی۔

رسول اللہ صلی اللہ علیہ وآلہ وسلم کو جب اس واقعہ کی اطلاع ملی تو حضور نے صحابہ کرامؓ کو جمع کیا۔ لوگ ایک آواز پر اکٹھا ہو گئے۔ ان میں مہاجرین بھی تھے، اور انصار بھی! ہجرت نبوی صلی اللہ کے بعد اتنا بڑا اجتماع آج تک نہ ہوا تھا۔ حضور نے صحابہ کے مجمع کے سامنے صورتِ بیان فرمائی۔ اس کے جواب میں ابو بکرؓ اور دوسرے صحابہؓ نے انتہائی پُر جوش تقریریں کی اور تقریروں میں اپنے عزم و ثبات، یقین و ایمان اور اسلام کے لیے ہر قربانی اور ایثار کا ا کیا گیا، ایسا محسوس ہو رہا تھا کہ مہاجرین اللہ کے دین کی حفاظت کی خاطر موت سے ملانے کے لیے تیار ہیں۔ ان کے دل میں نہ کسی قسم کا خوف ہے اور نہ کسی طرح کی جھ معرکہ آرائی ہوگی تو یہ جاں نثار برچھیوں اور تلواروں کے زخم کھا کر دادِ شجاعت دیں۔ بڑھتے ہوئے قدم پیچھے ہٹیں گے نہیں، خون کے ہر قطرے سے یہ حق پرست اللہ کی ربو کی شہادت دیں گے۔

مہاجرین تقریریں کر رہے تھے مگر حضور بار بار انصار کی طرف دیکھتے تھے۔ انصا لیے خاموش تھے کہ مہاجرین جو کچھ کہہ رہے ہیں وہی ہمارا خیال ہے، یہ ہمارے دلوا

ترجمانی ہو رہی ہے، مہاجرین سے ہم انصار کسی طرح پیچھے نہ رہیں گے۔ مگر جب انصار نے محسوس کیا کہ سرورِ کائنات ان کی زبان سے ان کے ارادوں کا حال سننا چاہتے ہیں تو قبیلۂ خزرج کے سردار حضرت سعد بن معاذ کھڑے ہوئے اور انتہائی پُرجوش مگر پورے ادب واحترام کے ساتھ عرض کیا:

''کیا حضور کا اشارہ ہم انصار کی طرف ہے! اس خدا کی قسم جس نے حضور صلی اللہ علیہ وآلہٖ وسلم کو نبی بنایا ہے، آپ حکم دیں تو ہم دریا میں کود پڑیں۔ دشمنوں کے مقابلہ میں آنا ہمیں گراں نہیں گزرتا۔ ہم انصار میں سے ایک آدمی بھی پیچھے نہ رہے گا۔ حضور جہاں چاہیں ہمیں لے چلیں۔''

سعد بن معاذ تقریر کر چکے تو مقداد کھڑے ہوئے:

''حضور صلی اللہ علیہ وآلہٖ وسلم ہم حضرت موسیٰؑ کی قوم کی طرح ہرگز نہ کہیں گے کہ آپ اور آپ کا خدا جنگ کریں، ہم تو یہاں بیٹھے بیٹھے تماشا دیکھا کریں گے۔ ہم انصار تو حضور صلی اللہ علیہ وآلہٖ وسلم کے سامنے آکر، عقب میں جا کر اور دائیں بائیں کھڑے ہو کر لڑیں گے۔''

انصار کی پُرجوش تقریریں سن کر حضور کا چہرۂ مبارک خوشی سے چمک اٹھا۔ حضور کی مسرت کو انصار اور مہاجرین اچھی طرح محسوس کر رہے تھے، وہ لوگ بھی خوش اور مطمئن تھے کہ غلاموں کی عرض داشت آقا نے قبول کر لی۔ جب انصار جنگ کے لیے حضور سے بیعت کر رہے تھے تو اسعد بن زرارہ نے اُٹھ کر کہا:

''ایہا الاخوان! یہ بھی معلوم ہے؟ کہ تم کس چیز پر بیعت کر رہے ہو؟ یہ عرب وعجم اور جن وانس سے اعلانِ جنگ ہے۔''

حضرت اسعد بن زرارہ نے بظاہر بہت ڈرا دینے والی بات کہی تھی۔ انصار کی جگہ کم ہمت لوگ ہوتے تو سوچ میں پڑ جاتے۔ جان کا خوف، مصلحتوں کی آڑ ڈھونڈنے لگتے۔ دبی ہوئی زبان سے ڈپلومیٹک قسم کا جواب دیا جاتا۔ مگر یہ انصارِ رسول تھے، یہ اپنی جانیں اللہ کے ہاتھ بیچ چکے تھے۔ رسول کے حکم کے بعد تامل کرنا اور اس کی تعمیل کے لیے حیلے ڈھونڈنا ان کے مذہب میں منافقت تھی، وہ سب یک زبان ہو کر بولے: ''ہاں ہاں، ! ہم اسی پر بیعت کرتے ہیں۔''

رمضان المبارک کی بارہ تاریخ کو حضرت محمد رسول اللہ صلی اللہ علیہ وآلہٖ وسلم تقریباً تین سو جاں نثاروں

کو ساتھ لے کر مدینہ سے روانہ ہوئے۔ آبادی سے کوئی ایک کوس کی مسافت طے کرنے کے
بعد حضور نے سپاہیوں پر نگاہِ انتخاب ڈالی، ان میں جن کی چھوٹی عمر تھی ان کو مدینہ لوٹا دیا گیا
عمیر بن ابی وقاص کم سن تھے، شوقِ شہادت اور جذبۂ جہاد ان کو یہاں لے آیا تھا۔ یہ منظر
دیکھ کر کہ بچوں کو مدینہ واپس کیا جا رہا ہے، وہ پنجوں کے بل کھڑے ہوگئے تاکہ بڑی عمر کے
لوگوں میں ان کا قد پست نظر نہ آئے اور انھیں لوٹا نہ دیا جائے۔ حضور نے ان سے واپس
ہونے کے لیے ارشاد فرمایا تو وہ بے ساختہ رو پڑے اور رحمۃ للعالمین نے انھیں جنگ کے
لیے ساتھ چلنے کی اجازت دے دی۔ سعد ان کے بڑے بھائی تھے، انھوں نے جوش میں
کمسن بھائی کے گلے میں تلوار ڈال دی۔

عمیر کی آنکھوں میں یا تو آنسو جھلملا رہے تھے، اور اب حضور نے عسکر اسلام میں شامل
ہونے کی اجازت جو مرحمت فرمائی تو ان کے چہرے پر مسرت رقص کرنے لگی۔ عارض خوشی
کے اثر سے گلاب بن گئے۔ پیشانی پر کہکشاں چمکنے لگی، فرطِ شوق سے دل اچھلنے لگا۔ جوش
ایمانی عمیر کو ابھارتا تھا کہ اسلامی فوج کے اور سب سے کمسن سپاہی! اپنی تقدیر پر ناز کر کہ
اس جنگ میں اللہ اور رسول کی طرف سے لڑنے کے لیے جا رہا ہے جو اسلام کا دیباچہ ہے
حق و باطل کی اس پہلی معرکہ آرائی میں شرکت تجھے مبارک ہو! زندہ رہا تو بھی کامیاب ہوگا
اور شہید ہو گیا، پھر بھی کامیابی تیرے ساتھ رہے گی۔

⊛ ⊛ ⊛

جنگ بدر

کم سنوں کو چھانٹ دینے اور فوج کا جائزہ لینے کے بعد سپاہیوں کی تعداد تین سو تیرہ رہ ئی، جن میں ساٹھ مہاجر تھے اور باقی تعداد انصار کی تھی۔ مدینہ سے شام کی طرف جو راستہ تا ہے اس پر سرفروش مجاہدوں کا یہ لشکر روانہ ہوا، دنیا کی نگاہ نے بڑے بڑے جرار لشکر یکھے تھے، صبا رفتار گھوڑے، زرہیں، خود، بکتر چار آئینہ، جوشن، تلواریں، ڈھالیں، نیزے، چھے اور وہ سب کچھ جس سے دشمن کی فوج کا قلع قمع کیا جاتا ہے، لشکر کے ساتھ رسد کا سامان ے، ڈیرے، شامیانے، چتر، نوبت، نقارے۔ مگر یہ محمد رسول اللہ کے غلاموں کی فوج تھی، ں کے پاس ٹوٹی ہوئی تلواریں اور پھٹی ہوئی زرہیں تھیں۔ ایک ایک سواری پر دو دو تین تین ہد سوار تھے، رسد کی جگہ اللہ کا نام تھا۔ بہت سے بہت چند تھیلے ستو اور کھجور کے ہوں گے۔ ہری ساز و سامان ان کے پاس ایمان کی قوت اور اسلام کا جوش تھا۔ گھروں سے یہ لوگ ں بات کا عزم کر کے چلے تھے کہ اللہ کا کلمہ بلند کرنے کے لیے سر دھڑ کی بازی لگا دیں گے۔

کافر ہو تو شمشیر پہ کرتا ہے بھروسا
مومن ہو تو بے تیغ بھی لڑتا ہے سپاہی

ان مجاہدین کو صرف اپنے اللہ کی ذات پر بھروسا تھا اور یہی اعتماد، یقین اور ایمان انہیں ت کی آواز پر "لبیک" کہنے کے لیے لئے جا رہا تھا، ان کے دل میں خدا کے سوا اور کسی کا ف نہ تھا۔ جب اللہ کا ڈر ان کے دل میں آیا، اور سب ڈر، تمام دہشتیں اور سارے وسوسے سے نکل گئے۔ تکبیریں پڑھتے اور اللہ کا ذکر کرتے ہوئے جا رہے تھے۔ نماز کا وقت ہو تا تو خدا کے سامنے انتہائی خشیت و خضوع کے ساتھ جھک جاتے، محمدؐ رسول اللہ ان کے م، پیشوا اور امیر لشکر تھے۔ حضورؐ کی معیت پر ان کی قسمت ناز کر رہی تھی کہ اے چرواہو! تم

کو زمین و آسمان مبارک باد دے رہے ہیں، آسمانوں سے تمہارے نام سلام آرہے ہیں، فخر موجودات کے ساتھ ہم سفر ہونا ہی بہت بڑی سعادت اور نیکی ہے۔ اور یہ تو اللہ کے راستہ میں جہاد کرنے کے لیے بادیہ پیمائی ہو رہی ہے۔ فوج کی کمان خود سید الانبیاء کے ہاتھ میں ہے، خوش قسمتی اور فیروز مندی کی یہ معراج ہے۔

کفارِ قریش پوری تیاری اور بڑے ساز و سامان کے ساتھ مکہ سے روانہ ہوئے، ایک ہزار سے کچھ اوپر ان کی تعداد تھی۔ ہتھیاروں، سواریوں اور رسد کے سامان کی بہتات تھی۔ قریش کے تمام رئیس بہ نفس نفیس شریک تھے۔ ابولہب بیماری کے سبب نہ آسکا تو اس نے اپنی جگہ ایک بہادر آدمی کو لڑنے کے لیے بھیج دیا۔ عقبہ بن ربیع فوجِ قریش کی سپہ سالاری کر رہا تھا۔

مدینہ سے تقریباً اسّی میل کے فاصلہ پر بدر واقع ہے۔ یہ مقام شام کے راستہ میں پڑتا ہے۔ قریش جب یہاں (بدر) پہنچے تو انہیں پتہ لگا کہ تجارتی قافلہ جس کا امیر ابوسفیان تھا، سلامتی کے ساتھ نواحِ مدینہ سے نکل گیا اور اب کوئی خطرہ باقی نہیں رہا۔ مسلمان مدینہ سے منزلوں دُور جا کر ان کے قافلہ کا پیچھا کرنے سے رہے، اس لیے زہرہ اور عدی کے قبیلوں کے رئیسوں نے کہا کہ ہم اپنے قافلے کے بچانے کے لیے مکہ سے چلے تھے، قافلہ صحیح سلامت شام کی طرف کوچ کر گیا تو ہمیں بھی مکہ کو لوٹ جانا چاہیے۔ مسلمانوں سے چھیڑ چھاڑ کرنا کسی طرح مناسب نہیں۔ مگر ابوجہل نے کسی کا کہنا نہ مانا۔ وہ اپنی ضد پر قائم رہا، عتبہ اور امیہ تک کچھ نرم پڑ گئے۔ لیکن ابوجہل کی شقاوت یہاں پہنچ کر سخت تر ہوتی چلی گئی، وہ دشمن اسلام بولا کہ مکہ کو یوں ہی لڑے بھڑے بغیر خالی ہاتھ لوٹ جانا بزدلی اور کم ہمتی ہے۔ قافلہ چلا گیا تو کیا ہوا، ہمارے دشمن مسلمان تو موجود ہیں، ان لوگوں کی موجودگی عرب کے لیے سب سے بڑا خطرہ ہے۔ جب ادھر آئے ہیں تو آؤ اس خطرے اور فتنہ کو بھی مٹاتے چلیں۔

قریش پہلے سے بدر پہنچ چکے تھے اور مضبوط اور محفوظ مورچوں پر ان کا قبضہ ہو چکا تھا، رات کا وقت تھا، صحابہ کرام مسلسل سفر کرتے ہوئے آئے تھے، رات کو سب نے آرام کیا، مسلمانوں کے اس پورے لشکر میں بس ایک ذات بیدار تھی، اور وہ ذات حضرت محمدؐ رسول اللہ کی تھی، حضورؐ رات بھر اپنے خدا کے آگے سربسجود اور مصروفِ دعا رہے، سب سو رہے تھے

رکارِ دوعالم کی آنکھوں سے آنسو جاری تھے، اپنا دکھ درد رحمۃ للعالمین نے رب العالمین
ارگاہ میں عرض کیا۔

رات کا دھندلکا، جنگل، دشمنوں کے حملہ کا خطرہ۔۔اور اس عالم میں محمدؐ رسول اللہ کے
ے اور آپؐ کی دعائیں! قبولیت نثار ہوگئی، بابِ اجابت جھوم جھوم اور کانپ کانپ گیا۔
ں کے کنگرے ہلنے لگے، زمین کی طنابیں آسمان کا شامیانہ لرز لرز گیا۔کون کہہ سکتا ہے کہ
ے نے اپنے معبود سے خلوت میں کیا کہا اور ادھر سے کیا جواب ملا۔جس کا دل ذرا سی
نی محسوس کرے اور جبریل امین تسلّی کے لیے فوراً حاضر ہو کر عرض کریں کہ آپ کے خدا
پیغام بھیجا ہے! اور آج جب وہ خود گڑگڑا رہا ہو، اس کی پیشانی اللہ کی جناب میں خاک
ہو رہی ہو تو ایسے عالم میں نہ جانے ادھر سے کیا پیام آئے ہوں گے، یہی وہ بزم
خلوت ہے ع

کہ جبریلِ امیں را ہم خبر نیست

مدینہ سے بدر تک کا راستہ بہت سی دشوار گزار گھاٹیوں سے ہو کر گزرتا تھا مگر بدر کے
پاس کی زمین ہموار تھی، کہیں کہیں ٹیلہ بھی تھا، اسی میدان کے ایک کنارے پر صحابہ
مؓ نے حضورؐ کے لیے چھپّر کا ایک سائبان بنادیا تھا۔سعد بن معاذ عریش کے پیچے
سونت کر حضورؐ کی حفاظت کے لیے کھڑے ہو گئے، سعد اس عزم کے ساتھ ایستادہ تھے
ان دے دوں گا مگر حضورؐ پر آنچ نہ آنے دوں گا۔

صبح نماز کے بعد رسول اللہ نے جہاد کے لیے وعظ ارشاد فرما کر جان نثاروں کے قلوب
مادیا۔ایک ایک لفظ پر سرفروش مجاہد اچھل اچھل پڑتے۔اس کے بعد جنگ کے لیے
آرائی ہوئی۔حضورؐ نے خود صفیں درست کرائیں، دستِ مبارک میں کھجور کی ایک شاخ
ور اس کے اشارہ سے صفوں کو سیدھی کرنے کا حکم دے رہے تھے۔سوداا بن عزمہ جو
وش طبع صحابی تھے۔اتفاقاً ان کے قدم صف کی حد سے آگے نکل گئے اور ان کے مقام
ف ٹیڑھی ہو گئی، حضورؐ نے چھڑی سے ان کے سینہ کو ٹھوکا دیا کہ دوسروں کی طرح صف
کر سیدھے کھڑے رہو، سودا نے اس پر عرض کیا کہ یا رسول اللہ! خدائے تعالیٰ نے آپ
وصداقت پر مبعوث فرمایا ہے اور انصاف کرنے کے لیے آپ دنیا میں آئے ہیں۔

میرے سینہ پر آپؐ نے چھڑی کی جو ضرب لگائی ہے اس کا میں انتقام لوں گا۔ حضورؐ نے سینہ سے چادر ہٹادی اور فرمایا:

''اے سودا! قصاص لے۔''

سودا کی اس درخواست پر تمام صحابہؓ حیران اور پریشان تھے کہ اس شخص کو آج کیا ہو گیا ہے۔ مکہ سے تو محمدؐ رسول اللہ کے حکم پر جان دینے کے ارادے سے چلا تھا اور یہاں آ کر چھڑی کے ذرا سے ٹھوکے کا ذاتِ رسالت مآب سے انتقام اور قصاص چاہتا ہے۔ کسی کسی صحابی نے غضب ناک ہو کر تلوار کی موٹھ پر ہاتھ رکھ لیا کہ حضورؐ نے خشم آلود تیوروں سے ذرا بھی اشارہ فرمایا تو سودا کا سر اڑا دوں گا۔ حضورؐ کا بند قبا وا ہوا ہی تھا کہ سودا نے بڑھ کر سینۂ مبارک کو عقیدت کے ساتھ چوم لیا۔ حضورؐ نے قصاص نہ لینے کا سبب پوچھا تو سودا نے عرض کیا کہ یا رسول اللہ! یہ میرا آخری وقت ہے، گھڑی دو گھڑی کی بات اور ہے، میں اللہ کے راستہ میں مارا جاؤں گا، میں نے چاہا کہ زندگی کے آخری دَور میں حضورؐ کے جسم مبارک سے اپنا بدن مس کر لوں۔ حضورؐ نے اس کے لیے دعائے خیر فرمائی۔ اور تمام صحابہ حضرت سودا کے اس جواب سے خوش ہو گئے، ان کے غصّے ٹھنڈے پڑ گئے، جیسے کسی نے آگ پر یک بارگی برف کی سل رکھ دی۔ بعض نے تو دل ہی دل میں سودا کی اس شوخیِ عقیدت کی داد بھی دی۔

جنگ کا آغاز اس طرح ہوا کہ پہلے کفارِ قریش کے بہادر میدان میں آ کر مبارز طلب ہوئے۔ ادھر سے انصار پُر جوش انداز میں پہنچے۔ کافروں نے کہا کہ انصار کا اور ہمارا کیا جوڑ۔ ہمارے مقابلے کے لیے تو حمزہ، عمر اور علی کو بھیجو۔ اس پر مہاجرین میں سے چند بہادر میدان کارزار میں آئے، لڑائی شروع ہوئی۔ حضور صلی اللہ علیہ وآلہٖ وسلم اللہ کی بارگاہ میں ہاتھ پھیلا پھیلا کر دعا فرمانے لگے۔

''بارالہا! تو نے مجھ سے جو وعدہ کیا ہے اسے آج پورا کر۔''

محویت اور استغراق کا یہ عالم تھا کہ دعا مانگنے میں ردائے مبارک دوشِ مقدس سے نیچے گر گر پڑتی۔ پھر حضورؐ نے سجدہ کیا، اور سجدے میں سر رکھ کر بولے:

''خدایا! یہ چند نفوس اگر مٹ گئے تو پھر قیامت تک تیری پرستش نہ ہو گی''۔

یہ دعا حقیقت میں نازِ عبدیت تھا۔ اس کے اسرار محمدؐ اور محمدؐ کا خدا ہی جانتے ہیں۔ اللہ کی

راہ میں یہ جنگ ہو رہی تھی، اللہ کا رسول دعا مانگ رہا تھا اور اللہ ہی نے اپنے رسول کی زبان سے اس دعا کے الفاظ کہلوائے۔ ہم تو بس اتنا ہی کہہ اور سمجھ سکتے ہیں، اس نازک حقیقت کی شرح خاکی تو کیا گروبیانِ قدس بھی نہیں کر سکتے!

دونوں طرف سے معرکہ آرائی ہو رہی تھی، کفار قریش نے جاہلی عصبیت کا خوب خوب مظاہرہ کیا۔ ایک ایک کافر کٹ کٹ کر لڑا۔ کفر نے تہور اور بے باکی کی صورت اختیار کرلی۔ کافر لات وہبل کی جے پکار پکار کر تلوار چلاتے، ان میں بہت سے تجربہ کار تیغ زن اور بہادر نوجوان تھے، آج وہ یہ طے کر کے میدان جنگ میں اترے تھے کہ مسلمانوں کا نام و نشان مٹا کر رہیں گے، چاہے اس میں ہماری جانیں کیوں نہ چلی جائیں۔ وہ زخم کھا کھا کر بھی بڑھنے کی کوشش کرتے، ایک مرتا تو دوسرا اس کی جگہ آجاتا، آدمیوں کی ان کے پاس کمی نہ تھی۔ ہتھیار بھی کثرت سے تھے، کسی کے ہاتھ میں تلوار ٹوٹ جاتی تو اس سے جوہر دار شمشیر اسے مل جاتی، حق و باطل اور کفر و اسلام کا یہ پہلا معرکہ تھا، کفار اچھی طرح جانتے تھے کہ اس پہلی نبرد آزمائی میں زیر ہو گئے تو ہماری بہادری اور ناموری کی ساکھ باقی نہ رہے گی، ہماری ہوا اکھڑ جائے گی اور نوجوانوں کے حوصلے پست ہو جائیں گے۔ آج خوب جم کر لڑنے کی ضرورت ہے، مسلمانوں کے سپاہی تعداد میں بہت کم ہیں، اسلحہ کا بھی ان کے پاس توڑا ہے۔ ہم مضبوطی کے ساتھ جمے رہے تو وہ مٹھی بھر فاقہ کش لوگ کہاں تک لڑیں گے۔

مگر صحابہ کرام کے جوش ایمانی نے کافروں کے پاؤں اکھاڑ دیے۔ ایک ایک بہادر مسلمان تنِ تنہا قریش کی صفوں کو چیر کر کافروں کو واصل جہنم کر دیتا۔ میمنہ اور میسرہ میں ابتری پھیل گئی۔ یہاں تک کہ جاں باز صحابہ نے باطل پرستوں کے قلب فوج کو الٹ دیا۔ پریشان حال، تہی دست اور فاقہکش خدا پرست، ٹوٹی ہوئی تلواریں، پھٹی ہوئی زرہیں۔ مگر جوشِ حق نے ان میں قیامت کا زور پیدا کر دیا تھا۔ لبوں پر خدا کے نام کی تکبیریں تھیں اور ہاتھوں میں تلواریں۔ اس قدر اطمینان، اعتماد اور عزم و یقین کے ساتھ لڑ رہے تھے جیسے فتح ان کے لیے مقدر ہو چکی تھی۔ اپنی قلتِ تعداد کا ان کو غم ہی نہ تھا اور نہ دشمنوں کی کثرت سے ہراساں تھے ان کے حوصلے کہہ رہے تھے کہ سارا عرب بھی اگر ہمارے مقابلہ میں آجائے تو ہم ان سے بھی گتھ جائیں گے اور دنیا دیکھ لے گی کہ محمد رسول اللہ کے غلام موت کو کھیل سمجھتے ہیں اور حق

کی حمایت میں وہ کسی بڑے سے بڑے خطرے کو بھی دھیان میں نہیں لاتے۔

حضورؐ عریش سے سرفروش صحابہ کی جان بازی کے مناظر دیکھ رہے تھے۔ مجاہدین زخم کھا کر اور زیادہ جوش کے ساتھ تلوار چلاتے، پیشانی کے زخم سے لہو ٹپکتا تو کوئی کوئی مجاہد:

"فُزْتُ بِرَبِّ الْكَعْبَةِ".

"ربّ کعبہ کی قسم میں کامیاب ہو گیا"۔ کہہ کر لہو کے گلگونہ سے چہرے کو ارغوانی بنا لیتا۔ خاک وخون میں تڑپ کر مجاہد اپنی قسمت پر ناز کرتے کہ شہ رگ کا لہو زبانِ حال سے صاف "اقرب من حبل الورید" کی شہادت دے رہا ہے۔ اور یہ بھی کہ خود سرورِ دو عالم ہماری سرفروشی اور جان نثاری کا مشاہدہ فرما رہے ہیں۔ مبارک ہے ہمارا "یہ خاک وخون غلطاں" ہونا۔

کفر اسلام کا مقابلہ نہ کر سکا۔ حق کے آگے باطل کو کامیابی نہ ہو سکی۔ لات وہبل کے پوجنے والے خدائے واحد ویکتا کے پرستاروں کے سامنے نہ جم سکے، نیکو کاروں کی فتح اور بدکار اور فاسقوں کو شکست ہوئی۔ قریش کا غرور ٹوٹ گیا۔ نسلی فخر اور آبائی عظمت کے پرچموں کو سرنگوں ہونا پڑا۔ ابوجہل نے ذلت کے ساتھ خاک پر دم توڑ دیا۔ عتبہ زخموں کی تاب نہ لا کر جہنم کی طرف چل دیا اور شیبہ نے کراہتے ہوئے جان دے دی۔ سرداروں کے قتل نے رہے سہے کافروں کی ہمتیں پست کر دیں۔ وہ دیکھ رہے تھے کہ مسلمان ہماری صفیں الٹے دیتے ہیں اور ہمارے بہادران شیروں کے آگے لومڑیوں کی طرح بھاگ رہے ہیں۔ اگر ہم نے شکست قبول نہ کی تو ہم میں سے شاید ایک آدمی بھی زندہ نہ بچے گا۔ ان مسلمانوں کا مقابلہ کرنا ہمارے بس کا کام نہیں، جوانوں کا تو پوچھنا ہی کیا، کمسن سپاہی جن کی پوری طرح مسیں بھی نہیں بھیگیں! نہایت بے باکی اور جوش کے ساتھ تلوار چلا رہے ہیں۔

اپنی شکست اور فوج کی ابتری کا یہ رنگ دیکھ کر کفار نے ہتھیار ڈال دیے، ہار مان لی، تلواروں کو زمین پر پھینک دیا، نیزوں کی انی نیچی کر لی، ترکشوں کو الٹا لٹکا دیا، پرغرور گردنیں جھک گئیں، ہونٹوں پر ذلت کی مہر لگی تھی۔ مگر خموشی زبانِ حال سے کہہ رہی تھی کہ ہم شکست قبول کرتے ہیں، اب ہم تمہارے رحم وکرم پر ہیں جیسا چاہے سلوک کرو۔ ہم تمہیں مٹانے کے ارادے سے آئے تھے۔ مگر کیا کریں قسمت نے یاوری نہ کی۔ فوج کی کثرت اور اسلحہ کی بہتات کے باوجود ہمیں ناکامی ہوئی۔ ہمارے بہادروں نے بزدلی نہیں دکھائی، وہ خوب جوش

ے ساتھ لڑے۔ سردارانِ قریش نے موت کی آنکھوں میں آنکھیں ڈال کر تیغ زنی کی، لیکن
دران تم مسلمانوں کے ہاتھ رہا۔ ہم تمہیں کمزور، ذلیل، فاقہ کش اور بے سہارا سمجھتے تھے۔ مگر
رے تمام اندیشے غلط ثابت ہوئے۔ تم تو ثباتِ عزم کا کوہِ گراں نکلے۔ کاش! یہ ذلت ہمیں
منی نصیب نہ ہوتی اور ابوجہل وشیبہ کے برابر ہماری لاشیں بھی پڑی ہوتیں۔

اسیرانِ بدر

کافروں کی لاشوں کو دیکھا گیا تو پتہ چلا کہ تمام بڑے بڑے قریشی سردار قتل ہو چکے ہیں، خود فوج قریش کا سپہ سالار مارا گیا اور اس کی لاش بے گور و کفن پڑی ہے۔ دار لندوہ میں جن چودہ سرداروں نے رسول اللہ کے قتل کی تجویز پر اتفاق کیا تھا ان میں سے گیارہ غزدۂ بدر میں ہلاک ہوئے۔ بدر کی جنگ میں اعیان قریش کی زندگی کے کتا بچے پارہ پارہ ہو گئے۔ عرب کی کسی لڑائی میں شاید اتنے بہت سے نامور سردار اب تک قتل نہ ہوئے تھے۔ بدر میں کفار قریش کی شکست دراصل ان کے اقتدار اور حاکمیت کی شکست تھی۔ آثار اشارہ کر رہے تھے کہ اس ہزیمت کے بہت دور رس نتائج نکلیں گے۔ کفر کی رسوائی اس نقطہ پر ختم نہ ہوگی۔ ابھی اسے بہت کچھ ذلیل ہونا ہے، اسلام باطل کے کسی نقش کو باقی نہ چھوڑے گا، اجالا اور دھند لکا ایک جگہ نہیں رہ سکتے۔ جھوٹ اور سچ میں میل نہیں ہو سکتا۔

قریش کے ستر آدمی قید ہو کر مدینہ لائے گئے، یہ سب کے سب بہادر اور نامور اشخاص تھے۔ اپنے قبیلوں میں ان کی بڑی عزت کی جاتی تھی۔ احساس شکست نے ان کے سرخ و سفید چہروں کو سنولا دیا تھا۔ آنکھیں خشک تھیں مگر دل رو رہے تھے۔ رسول اللہ کے چچا عباس اب تک ایمان نہ لائے تھے، وہ بھی اپنے بھائی بند اور ہم عقیدہ قریش کے ساتھ فوج میں شامل ہو کر بدر آئے اور قریش کی حمایت میں خوب لڑے، ان قیدیوں میں عباس بھی شامل تھے۔

اسیرانِ بدر کو مسجد نبوی کے ستونوں سے باندھ دیا گیا۔ حضرت عباس عم رسول اللہ نے بندِ اسیری کی تکلیف محسوس کی۔ حضور صلی اللہ علیہ وسلم کا اشارہ پا کر صحابہؓ نے ان کے عم کے بند ڈھیلے کر دیے، رات کا وقت تھا، حضورؐ نہایت بے چینی کے ساتھ مسجد میں ٹہلنے لگے۔ صحابہؓ نے عرض کیا کہ سرکار نے آرام نہیں فرمایا؟ حضورؐ نے جواب دیا کہ قیدیوں کی حالت مجھ سے نہیں دیکھی

جاتی۔ صحابہؓ نے عباس کی طرح دوسرے قیدیوں کے بند بھی ڈھیلے کر دیئے۔ اور جب اسیرانِ بدر کو چین آ گیا تو کہیں جا کر حضورؐ نے استراحت فرمائی۔

غزوۂ بدر کے یہ قیدی ذاتِ رسالت مآب اور صحابہ کرام کے خون کے پیاسے تھے، ان کے ہاتھوں مسلمانوں کو بڑی دردناک تکلیفیں پہنچیں تھیں مگر رحمۃ للعالمیں نے ان سب کو کپڑے پہننے کے لئے عطا فرمائے، گردآلود قباؤں کی جگہ صاف ستھرے کرتے دیئے گئے۔

حضرت عباس بہت قدرآور تھے۔ سب سے زیادہ بلند قامت، کسی کا کرتہ ان کے جسم پر ٹھیک نہ آتا تھا، مدینہ کے منافقوں میں ایک شخص عبداللہ بن اُبی تھا، اس گروہ کا سردار تھا، اس کی بلند قامتی مدینہ میں مشہور تھی۔ رسول اللہ نے اس کا کرتہ منگوا کر عباس کو پہننے کے لئے دیا۔

عبداللہ ابن اُبی نے جو حضور کے چچا کے ساتھ احسان کیا تھا اسے سرورِ کائنات نے فراموش نہیں فرمایا، منافقوں کا یہ سردار جب مرا تو حضورؐ نے اپنا کرتہ اس کے کفن کے لئے عطا فرما کر اس احسان کا معاوضہ دے دیا۔ اشیاء میں نسبتوں کے اعتبار سے فرق ہوا کرتا ہے، وہ راس المنافقین عبداللہ بن ابی کا کرتہ تھا اور یہ سید المرسلین محمدؐ ابن عبداللہ کی قبا تھی۔ عبداللہ بن ابی کے کفن سے زیادہ مقدس کفن کسی مردے کو نصیب نہیں ہوا، رحمۃ للعالمین نے ابن ابی کو اپنے احسان سے ڈھانپ دیا۔

اسیران بدر یقیناً اس کے مستحق تھے کہ ان کی گردنیں اڑا دی جاتیں۔ حضرت عمر فاروق نے یہی رائے دی تھی اور عرض کیا تھا کہ میں اپنے عزیزوں کو اور علی بن ابی طالب اپنے رشتہ دار قتل کریں۔ مگر رحمت عالم نے معمولی سا تاوان لے کر آزاد فرما دیا، جو قیدی لکھنا پڑھنا جانتے تھے ان سے زرِ فدیہ بھی نہ لیا گیا، ان کا تاوان یہی تھا کہ انصار کے بچوں کو لکھنا پڑھنا سکھا دیں۔ اللہ تعالیٰ نے بدر میں مسلمانوں کی فتح کا ان لفظوں میں ذکر فرمایا۔

”تم کمزور تھے مگر اللہ تعالیٰ نے تمہاری مدد کی، اب تم اللہ کے لئے تقویٰ اختیار کرو، تاکہ اس کے شکر گزار بن جاؤ“

❁ ❁ ❁

قاتل غلام بن گیا

بدر میں قریش کی شکست کی خبر جو پہنچی تو تمام مکہ شور ماتم سے ہل گیا، ہر شخص متاثر اور مل
تھا، ہر طرف اس جنگ کی باتیں اور تذکرے ہوتے، اس ہزیمت کا سب کو انتہائی ملال
وہب کا بیٹا عمیر پیغمبر اسلام اور مسلمانوں کی دشمنی میں پیش پیش تھا۔ وہ اور اس کا دوس
صفوان بن امیہ دونوں ایک جگہ بیٹھ کر مقتولین بدر کا ماتم کر رہے تھے۔ ان کی گفتگو کیا
دردناک نوحہ تھا۔ "عمیر! اس ذلت آمیز شکست کے بعد اب جینے کا مزہ نہیں رہا" صفوان
ٹھنڈی آہ بھر کر کہا۔ سچ کہا تم نے صفوان! اگر مجھ پر قرض نہ ہوتا اور بال بچوں کے بکھیڑ
میرے ساتھ نہ ہوتے تو میں سواری پر چڑھ کر مدینہ پر پہنچتا اور محمد (صلی اللہ علیہ وآلہ وسلم) کو قتل کر د
مدینہ میں میرا بیٹا بھی گرفتار ہے۔" عمیر نے جواب دیا۔

"تم نہ تو قرض کا خیال کرو اور نہ بال بچوں کی فکر میں پڑو۔ میں ذمہ داری اور کفالت
پورا وعدہ کرتا ہوں، مجھ پر اعتبار کرو عمیر!"

صفوان کے اطمینان دلانے پر عمیر تیزی کے ساتھ گھر آیا، بیوی سے کہا کہ میں مد
جا رہا ہوں، تمہارے بیٹے کو چھڑا کر لاؤں گا، میری اس زہر میں بجھی ہوئی تلوار سے محمدؐ
عبداللہ بچ نہیں سکتے۔ مقتولین بدر کے انتقام کی یہ پہلی قسط ہے۔

عمیر نے تیز سی اونٹنی لی اور مدینہ کی طرف چل دیا۔ راستہ میں کہیں کہیں تھوڑی سی
کے لیے ٹھہرتا اور ذرا سا ستا کر اور تازہ دم ہو کر پھر چل پڑتا۔ وہ جلد سے جلد مدینہ پہنچ
چاہتا تھا۔ زہر آلود تلوار کو بار بار دیکھتا اور دل ہی دل میں خوش ہوتا کہ اس کے ایک ہی وار
(نعوذ باللہ) محمدؐ کا کام تمام ہو جائے گا۔ تلوار کی باڑھ پہلے ہی سے تیز تھی۔ میں نے زہر
بجھا کر اسے موت کا قاصد بنا دیا ہے، اس کا ذرا سا گھاؤ دشمن کو موت کا راستہ دکھا دے گا۔

عمیر مدینہ آیا تو حضرت عمرؓ سے راہ میں ملاقات ہوئی۔ عمر فاروق اس کے تیور د
سے تاڑ گئے کہ یہ مکہ سے کوئی برا ارادہ لے کر آیا ہے۔ عمرؓ نے اس کی گردن دبوچ لی اور
عالم میں اسے لے کر دربار رسالت میں پہنچے۔ حضورؐ نے فرمایا، عمر! اس شخص کو چھوڑ دو۔ ر

اللہ کا ارشاد سن کر عمر فاروق کے ہاتھوں کی گرفت خود بخود ڈھیلی ہو گئی۔ پھر حضورؐ نے اسے قریب بلایا:

''کس ارادہ سے آئے ہو تم یہاں؟'' رسول اللہ نے عمیر سے دریافت کیا۔

''اپنے بیٹے کو قید سے رہائی دلانے کے لیے حاضر ہوا ہوں۔'' عمیر نے جواب دیا۔

''تو پھر یہ تلوار تمہاری گردن میں کیوں لٹکی ہوئی ہے؟'' رسول اللہ نے پوچھا۔

''ہماری تلواریں بدر میں کس کام آئیں۔۔۔جو۔۔۔'' عمیر کی آواز دھیمی پڑ گئی۔ جیسے بدر کا نام آتے ہی اس کے دل کی چوٹیں ابھر آئیں اور غم تازہ ہو گیا آخری لفظ اس نے دبی زبان سے ادا کیا جیسے اس کی بات ہو چکی۔ اس کے جواب میں رسول اللہ فرمایا:

''تم اور صفوان دونوں نے حجرے میں بیٹھ کر میرے قتل کی سازش جو کی تھی۔''

حضورؐ کا جواب سن کر عمیر کو پسینہ آ گیا، اسے بڑی حیرت ہوئی کہ اس مشورے میں صفوان اور میرے سوا کوئی شریک نہ تھا، خود میرے عزیزوں، دوستوں اور گھر والوں تک کو اس سازش کی خبر نہ تھی۔ یہ مشورہ ہم دونوں نے انتہائی رازداری کے ساتھ کیا تھا۔ مگر حضرت محمدؐ کا مکہ کی بات کو مدینہ میں رہ کر ظاہر کر دینا یقیناً اس بات کی دلیل ہے کہ اللہ تعالیٰ آپؐ پر چھپی ہوئی باتیں ظاہر فرما دیتا ہے۔ جس شخص کا خدا کے ساتھ اس قسم کا معاملہ ہو اس کو نبی ہونا ہی چاہیے۔۔ حق واضح ہو چکا تھا۔ عمیر کی طبیعت میں ضد اور ہٹ دھرمی نہ تھی، فطرت کا غبار سحاب نبوت کے دو چار چھینٹوں میں دھل گیا فوراً اٹھے اور پرجوش انداز میں اللہ کی ربوبیت اور محمدؐ رسول اللہ کی رسالت کی شہادت دے کر مسلمان بن گئے، قسمت اور بختِ بیدار کی سازگاری دیکھیے کہ تلوار زہر میں بجھا کر اس نیت کے ساتھ مکہ سے چلے تھے کہ (نعوذ باللہ) محمد ابن عبداللہ کا خاتمہ کر دوں گا۔ مگر یہاں آ کر دل کی دنیا ہی کچھ سے کچھ ہو گئی۔ زاویہ نگاہ ہی بدل گیا۔ ارادے کی بساط ہی الٹ گئی، اللہ تعالیٰ کی ہدایت نے دست گیری فرمائی تو قاتل جان نثار غلام بن گیا۔ عمیر جب مکہ سے روانہ ہو گئے تو کفار قریش کو شدہ شدہ ان کے ارادے کا علم ہوا۔ ایک نے دوسرے سے کہا، دوسرے نے تیسرے سے! مکہ میں خوشی لہر دوڑ گئی، وہ لوگ اس امید میں تھے کہ عمیر مدینہ سے اپنے مقصد میں کامیاب واپس ہو گا۔ مدینہ سے لوٹ کر فخریہ لہجہ میں وہ کہے گا کہ میں اس طرح سے مدینہ پہنچا اور پھر کئی دن کی کوشش کے بعد محمدؐ ابن

عبداللہ کی بزم میں باریابی ہوئی، اس کے بعد کمال ہوشیاری کے ساتھ محمدؐ کو قتل کردیا۔ میری تلوار کو سونگھ کر دیکھو، بنوہاشم کے خون کی بو آرہی ہے۔ جب میں چلا ہوں تو مدینہ میں ماتم بپا تھا، خطاب کا بیٹا عمر جیسا بہادر انسان بھی زنان یہود کی طرح پھوٹ پھوٹ کر رو رہا تھا۔ مدینہ منورہ سے مکہ میں قافلہ آتے جاتے رہتے تھے، لوگ منتظر تھے کہ عمیر اپنے ارادے کو پورا کرکے نہ جانے کسی قافلہ کے ساتھ واپس آتا ہے یا تنہا لوٹتا ہے۔ مدینہ کی طرف سے کوئی شخص آتا کفار قریش اس سے پوچھتے کہ مدینہ کی کوئی نئی خبر تو سناؤ! وہ اچھی طرح جانتے تھے کہ محمدؐ ابن عبداللہ کے قتل کی خبر چھپ نہیں سکتی۔ مدینہ کے آس پاس کی آبادیوں میں بجلی کی طرح یہ خبر پہنچے گی، آنے والے کہتے کہ بھائیو! ہم نے تو کوئی بات نہیں سنی، بس سب سے زیادہ نئی اور تازہ بات یہی ہے، مدینہ میں مسلمانوں کی تعداد بڑھتی جارہی ہے اور وہ پیچ جسے مکہ کی زمین میں جمنے نہ دیا گیا مدینہ میں برگ وبار لا رہا ہے۔

آخر ایک دن مدینہ سے خبر آئی، مکہ والوں کے لیے انتہائی غمناک اور دل توڑ دینے والی خبر! کہنے والے نے کہا کہ ایہا القریش! عمیر تو یہاں سے جاکر مسلمان ہوگیا۔ تم لوگ خواہ مخواہ ہوائی قلعے اور خیالی قصر تیار کر رہے ہو۔ قریش اس خبر کو سن کر ہکا بکا رہ گئے جیسے ان کے جسموں میں لہو ایکا ایکی پانی بن گیا۔ توقع کے خلاف جب کوئی بات ظہور میں آتی ہے آدمی متاثر ہوئے بغیر نہیں رہ سکتا۔ کوئی کوئی بوڑھا شیخ قبیلہ تو اپنی داڑھی کو بار بار مٹھی میں پکڑتا اور چھوڑ دیتا۔ جھنجھلاہٹ نے تیوروں کو انتہائی روکھا بنا دیا تھا، آج سے پہلے وہ عمیر کی شان میں قصیدے پڑھتے تھے کہ عمیر کا خاندان سدا سے بہادر اور غیرت مند رہا ہے، اس کے پردادا نے شام کی سرحد پر تن تنہا ڈاکوؤں کی ٹولی کا مقابلہ کیا اور ان کو نیچا دکھایا۔ مگر اس خبر کے سنتے ہی عمیر کی تمام خوبیاں ان کی نگاہ میں عیبوں اور برائیوں میں بدل گئیں۔ کل تک جس کی اچھائی اور بڑائی کے مناقب بیان کیے جاتے تھے۔ آج اس کے بارے میں کہا جانے لگا کہ ابن عمیر کا خاندان قریش کے لیے باعث ننگ ہے۔ اس کے آباء واجداد لڑائیوں میں عورتوں کے لیے کجاوؤں کی آڑ میں پناہ لیا کرتے تھے، ایسے بزدل خاندان کے آدمی سے بہادری اور جرأت کی کیا امید ہوسکتی تھی، ہم تو پہلے ہی جانتے تھے کہ یہ اوچھا آدمی کچھ کر گزرے گا نہیں ہمارا خیال صحیح نکلا۔

ایک خوں ریز سازش

قریش کو ناکامیوں پر ناکامیاں ہو رہی تھیں مگر وہ اپنی حرکتوں سے باز نہ آتے تھے۔ مدینہ سے جو خبریں ان کے پاس آئیں انھیں سن سن کر وہ آگ بگولا ہو ہو جاتے، جھنجھلاتے، دانت پیستے، ہونٹ چباتے اور مسلمانوں کو گالیاں دیتے۔ کمینہ فطرت لوگوں سے جب کچھ بن نہیں آتا تو وہ اسی قسم کے اوچھے ہتھیاروں پر اتر آتے ہیں۔

کفار قریش کو کسی طرح چین نہ آتا تھا، وہ اسی ادھیڑ بن میں لگے رہتے کہ حضرت محمد بن عبداللہ اور آپؐ کے ساتھیوں کو کس عنوان سے ستایا جائے، کبھی صحابہ میں پھوٹ ڈالنے کی تدبیریں سوچتے، کبھی یہ اسکیم بناتے کہ کسی طرح حجاز کے قبیلوں میں بدظنی پھیلا کر اور بدویوں کو بھڑکا کر مدینہ پر چڑھائی کرادیں۔ مدینہ کے یہودی اور منافقوں سے قریش مکہ ساز باز رکھتے تھے، رسول اللہ اور آپؐ کے صحابہ کی نقل وحرکت کی اطلاعیں پہنچتی رہتیں۔

قریش عضل اور قارہ کے قبیلوں میں پہنچے اور ان کو دھمکی دی۔ لالچ سے بھی پرچایا اور یہ بھی کہا کہ عبداللہ کے بیٹے محمدؐ نے نیا دین نکال کر ہمارے آبائی دین کو شدید خطرے میں ڈال دیا ہے۔ عرب کی خاندانی عظمت خاک میں ملی جارہی ہے، وہ مقدس بت جو صدیوں سے ہماری مدد کرتے آئے ہیں، ان کی یہ مسلمان توہین کرتے ہیں۔ اگر اس فتنے کو نہ روکا گیا تو سارا عرب ایک دن محمدؐ کے قدموں پر ہوگا۔ اور جانتے ہو اس وقت عرب کی کیا حالت ہوگی؟ کسی زبان سے بھی لات وہبل کی جے نہ نکلے گی۔ غریب اور فاقہ کش مسلمان شیوخ قریش کی برابری کریں گے، وہ شراب جس کے جام ہمارے اسلاف نے تلواروں کی چھاؤں میں پیئے ہیں۔ اس کا پینا بند کردیا جائے گا، تمام لذتیں، مسرتیں، تفریحیں ختم، ہر لطف اور خوش فعلی غائب! بس صبح سے شام بلکہ رات تک نمازیں پڑھو، کھڑے ہو، جھکو اور خاک پر گر پڑو اور وہ بھی ایک خیالی اور ان دیکھی ہوئی طاقت کے سامنے!

قریش کی باتوں کا ان لوگوں پر جادو چل گیا۔ ان دونوں قبیلہ کے سات آدمی مدینہ جانے

کے لیے تیار ہوگئے، سازش یہ تھی کہ کسی بہانے حضرت محمدؐ رسول اللہ کے صحابہ کو یہ اپنے سات
لے آئیں اور پھر انھیں دھوکے سے قتل کر دیں۔ یہ اسکیم کامیاب ہوگئی تو پھر اسی انداز پر
سازشوں کی نوعیت بدل بدل کر صحابہ کو موت کے گھاٹ اتارتے رہیں گے، اس طرح ایک
ان لوگوں کی تعداد کم ہوتی جائے گی، دوسرا فائدہ یہ ہے کہ دوسرے قبیلوں کے آدمی جب
خبر سنیں گے کہ عرب میں ایک ایسی جماعت پیدا ہوگئی ہے جو مسلمانوں کو قتل کر دیا کرتی ہے
تو پھر اسلام کی طرف ان کا میلان اور طبیعت کا جھکاؤ عملی صورت اختیار نہ کر سکے گا۔

قوم عضل اور قارہ کے یہ سات آدمی جن کو قریش کی سازش نے ابھار کر مدینہ بھیجا تھا
مدینہ پہنچے اور حضرت محمدؐ رسول اللہ کی خدمت میں حاضر ہوئے، ان لوگوں نے مسکینوں جیسی
صورت بنالی تھی جیسے یہ بڑے ہی سیدھے سادے، بھولے بھالے اور نیک صفت ہیں ا
اسلام کی کشش ان کو یہاں تک لے آئی ہے۔ ان لوگوں نے رسول اللہ کی خدمت میں عرض
کیا کہ ہمارے قبیلے اسلام کی سعادت سے مشرف ہونے کے لیے بالکل تیار ہیں۔ ہمارے
ساتھ اپنے صحابہ میں سے کچھ ایسے اشخاص کو بھیج دیں جو اہل قبیلہ کو اسلام کی تعلیم دے سکیں
حضورؐ نے دس صحابی مسلمان ان کے ساتھ کر دیے۔ عاصم بن ثابت مبلغین اسلام کے ا
مقدس گروہ کے سردار اور معلمین کی اس جماعت کے امیر تھے۔

مدینہ سے یہ قافلہ مسرتوں کے جھرمٹ میں روانہ ہوا، صحابہ کرام کو خوشی اس بات کی تھ
کہ ہم تبلیغ حق کی خدمت انجام دینے کے لیے جارہے ہیں، ناواقفوں کو اسلام کی حقیقت
بتائیں گے، جو اب تک اسلام نہیں لائے ہیں ان پر اسلام پیش کریں گے۔ ہماری کوشش
سے اگر چند آدمی بھی ہدایت پا گئے تو ہمارے اعمال نامے اس نیکی کی بدولت بہت وزنی
جائیں گے۔ قبول حق بہت بڑی سعادت اور انسانیت کی سب سے بڑی خدمت ہے۔ ا
دنیا میں ایک آدمی دوسرے آدمی کے ساتھ جو سب سے بڑی بھلائی اور نیکی کر سکتا ہے، وہ یہ
ہے کہ اس کی سعی سے گمراہی ہدایت سے بدل جائے۔ کوئی شک نہیں کہ بھوکے کو کھانا کھلا
ننگے کا بدن ڈھانکنا اور مظلوموں کی فریاد کو پہنچنا بھی انسانیت کی خدمت ہے۔ مگر یہ بھلائی ا
تمام نیکیوں سے بڑھ کر ہے کہ کسی کی سعی واثر سے کوئی گمراہ ہدایت پا جائے۔

مدینہ سے چند منزل تک یہ لوگ بہت خاموش رہے جیسے یہ سچ مچ ہدایت کے لیے متم

ہیں اور ان کے دل پہلے کی طرح سیاہ اور سخت نہیں رہے۔ مگر جب ان کی بستی کے آثار نظر آنے لگے تو ان کے دلوں کے چور ظاہر ہو گئے، منافقت بے نقاب ہو گئی اور خباثتیں اپنے اصلی رنگ میں سامنے آگئیں، وہی تلواریں جو ابھی تک نیام میں تھیں، نیام سے نکل آئیں۔

ان قبیلوں کے دو سو جوان ان صحابہ سے مقابل ہوئے۔ انھیں گرفتار کرنا چاہا، صحابہ کرام دشمنوں کے اس خونخوار ہجوم کو دیکھ کر ذرا بھی نہ گھبرائے۔ ان کے حوصلے بلند رہے اور ان کی ایمانی جرأت نے ہتھیار ڈالنے سے انکار کر دیا۔ انھوں نے بھی تلواریں سونت لیں، ان کے تیور زبانِ حال سے کہہ رہے تھے کہ ہم مسلمان ہیں، ذلت کے ساتھ گرفتار نہیں ہو سکتے تم بہت سے بہت یہی کر سکتے ہو کہ ہمیں قتل کر دو۔ مگر ہماری جرأتوں اور ایمانی قوتوں کو مغلوب نہیں کر سکتے۔ جان بلا سے چلی جائے، یہ تو ایک دن جانے کے لیے ہی آئی ہے مگر ایمان پر آنچ نہ آئے۔

لڑائی شروع ہو گئی۔ اُدھر بہت سے تھے اور یہ کل دس آدمی، دشمن اپنے وطن میں تھے اور یہ پردیس میں تھے، وہ پہلے سے تیار تھے اور ان کو ایکا ایکی حملہ کا مقابلہ کرنا پڑا۔ صحابہؓ لڑے اور خوب جم کر لڑے۔ آٹھ شہید ہوئے اور باقی دو صحابی حضرت خبیب اور حضرت زید کو کافروں نے گرفتار کر لیا۔

سفیان ہزلی اسی قبیلہ کا ایک فرد تھا، وہ ان دونوں جاں نثاروں کو مکہ لے گیا اور قریش کو مژدہ سنایا کہ سازش پوری طرح کامیاب ہوئی۔ مسلمان اور خود ان کے رسول ہمارے دامِ تزویر میں آگئے۔ مگر صاحبو! یہ مسلمان ہوتے بہت بہادر ہیں اور میں تو کہوں گا، تھوڑے بے وقوف بھی! ہمارے نوجوانوں سے لڑنے کے لیے تیار ہو گئے۔ بھلا مٹھی بھر آدمی سینکڑوں مسلح نوجوانوں کا کیا مقابلہ کر سکتے تھے۔ آٹھ کو ہم نے موت کے گھاٹ اتار دیا۔ وہ "اللہ، اللہ" پکارتے ہی رہے۔ مگر ہم نے اپنی تلواروں اور برچھیوں سے انھیں ہلاک کر دیا۔ اور ایہا القریش! ان کے ایثار، ہمدردی اور جواں مردی کا یہ عالم تھا کہ ایک مسلمان دوسرے مسلمان کے سامنے آ آ کر نیزے اور برچھی کے وار کو رد کرتا۔ خیر، مختصر یہ ہے کہ اُن آٹھ کی تو لاشیں بھی مٹی میں مل گئیں ہوں گی، ان دو کو ہم گرفتار کر کے لے آئے ہیں۔

قریش کی خوشی کے مارے باچھیں کھل گئیں، بہت دن کے بعد یہ ایک خوش خبری ان

کے کانوں نے سنی تھی۔ قریش نے عضل اور قارہ قبیلوں کی بہادری کو سراہا کہ تم نے اہلِ عرب کی لاج رکھ لی۔ بس ایسے دو چار معرکے اور سر ہوئے تو مسلمانوں کو ختم ہی سمجھو۔ کم سے کم یہ ضرور ہوگا کہ اسلام کی ترقی رُک جائے گی۔

سفیان ہزلی نے ان دونوں کو قریش کے ہاتھ بیچ دیا۔ قریش نے خبیب اور زید کو ڈرایا۔ اگر تم نے اسلام نہ چھوڑا تو تمہارا بھی وہی حشر ہوگا جو تمہارے بھائیوں اور دوستوں کا ہوا ہے، دیکھو! ہم تمہارے فائدے کی بات کہتے ہیں، ہمارا کہا مانو، اپنی جانوں کو مصیبت اور ہلاکت میں نہ ڈالو۔ تمہاری زبانوں کی جنبش میں بندھی ہوئی مشکیں کھل سکتی ہیں۔ اسلام کو چھوڑ کر پھر اپنے آبائی مذہب کی طرف لوٹ آؤ۔ قوم میں تمہاری عزت ہوگی اور ہر طرح کے آرام اور آسائش تمہارے لیے مہیا کردی جائیں گی۔ مگر خبیب اور زید کو جان جانے کا ڈر اور دولت و عیش کا لالچ رام نہ کرسکا۔ اسلام کے نشہ کو کوئی ترشی نہیں اتار سکتی۔

قریش نے حضرت خبیب کو سولی کے نیچے کھڑا کر کے کہا کہ اگر تم اسلام سے کنارہ کشی اختیار کرلو تو تمہاری جان بچ سکتی ہے۔ خبیب اور زید نے یک زبان ہو کر کہا نادانو! جب اسلام ہی باقی نہ رہا تو ہم اپنی جان رکھ کر کیا کریں گے؟ قریش اس جواب کو سن کر ششدر رہ گئے، ان کے وہم میں بھی یہ بات نہ آئی تھی، اس دنیا میں ایسے آدمی بھی موجود ہیں جو سچائی کی خاطر ہنسی خوشی جان دے سکتے ہیں اور سولی کے نیچے کھڑے رہ کر بھی جن کا یقین متزلزل نہیں ہوتا۔

قریش کی جگہ کوئی اور ہوتا تو اس واقعہ سے ہدایت حاصل کرتا۔ مگر وہ لوگ پتھر سے زیادہ سخت دل رکھتے تھے اور پتھروں سے تو کبھی کبھی چشمے بھی پھوٹ نکلتے ہیں۔ لیکن ان کے قلوب میں نفوذ و اثر کی صلاحیت ہی نہ رہی تھی۔ ایک ظالم نے حضرت خبیب کے سینہ میں خنجر چبھو دیا اور کہنے لگا کہ کہو! اب تو تم دل میں ضرور کہتے ہوگے کہ میں چھوٹ جاؤں اور محمد میری جگہ کسی طرح آجائیں اس سوال پر خبیب کے تن بدن میں آگ لگ گئی، وہ شیر کی طرح بپھر کر بولے:

''میرے ان اقوال کا خدا گواہ ہے کہ مجھے تو یہ تک پسند نہیں کہ میری جان تو بچ جائے مگر محمد رسول اللہ کے پیر میں کانٹا بھی لگے۔''

ظلم کے تیور پھر خشم آلودہ ہوگئے! شقاوت نے جھر جھری لی، دل کی سیاہی اور زیادہ

پھیل گئی، دلیلوں کا کام سولی کی نوک سے لیا گیا۔ خبیب شہید کردیے گئے مگر جان دیتے وقت ان کے ہونٹوں پر مسکراہٹ کھیل رہی تھی جیسے موت کا وہ خوشی کے ساتھ استقبال کر رہے ہیں۔ انہوں نے جان دیتے ہوئے فرمایا:

''اے خدا، ہم نے تیرے رسول کے احکام ان لوگوں کو پہنچادیے، اب تو اپنے رسول کو ہماری حالت اور کافروں کے کرتوتوں کی خبر کردے۔''

مظلومیت کی یہ موت اور سچائی کی اس شہادت نے درحقیقت کفار قریش کے پاپ کے گھڑے کو کنارے تک بھر دیا۔ اور تاریخ اس دن کا انتظار کر رہی تھی کہ جب ظلم وستم کا یہ تار و پود بکھر جانے والا تھا۔

اُحد کا معرکہ

بدر میں کفارِ مکہ کی شکست کا حال سن کر مکہ میں صفِ ماتم بچھ گئی۔ مکہ والے اس امید میں تھے کہ ہماری ساز وسامان والی فوج کا وہ بے سروسامان مٹھی بھر آدمی کیا مقابلہ کر سکیں گے، ایک ہی ریلے میں مسلمان سرمہ کی طرح پس کر رہ جائیں گے، خالد اور ورقہ جیسے بہادروں کی تلواریں اپنے دشمنوں کے لہو میں پیرنے سے پہلے نیام میں آنا ہی نہیں جانتیں، ان مسلمانوں کو شاید انصار کی کثرت پر گھمنڈ ہو گیا ہے۔ مگر وہ بے چارے مدینہ کے ہلکے پھلکے لوگ جن کی تاریخوں میں ایک صفحہ بھی خون سے رنگین نہیں ہے، بھلا ان قریش کا کیا مقابلہ کر سکیں گے جن کے کارنامے خوں ریز معرکوں کی یادگاریں ہیں۔ مکہ کے وہ نادان قریش جو محمد بن عبداللہ کے رفیق و ہمنوا بن گئے ہیں وہ یقیناً بہادر اور ہم ہی میں سے ہیں۔ ذرّوں کی کثرت دریا کو پاٹ دیا کرتی ہے۔

مگر خبر آئی کہ بدر میں قریش کو ذلت کی شکست اٹھانی پڑی، ان کے بہت سے بہادر جنگجو مارے گئے اور بہت سے مسلمانوں نے قید کر لیے قریش نے بدر میں بہت کچھ جواں مردی کا ثبوت دیا۔ لیکن مسلمانوں کا جوش طوفان کا جوش تھا۔ چھوٹے چھوٹے نیزوں اور ٹوٹی ہوئی تلواروں نے قیامت برپا کر دی۔ پھر کفارِ مکہ نے انتقام کے لیے بڑے پیمانہ پر تیاریاں شروع کر دیں، عورتوں نے مردوں کو غیرت دلائی کہ بدر کے بعد خاموشی کے ساتھ بیٹھ جانا بزدلی اور بے غیرتی کی بات ہے۔ قریش کی عظمت کے صحیفے اس آسانی سے چاک نہیں ہو سکتے۔ شکست کا انتقام لیا جائے گا اور ضرور لیا جائے گا، شاعروں نے پُر جوش رجز لکھے جن میں کہا گیا:

عدنان اور غالب کی روحیں چیخ رہی ہیں۔ ''انتقام---انتقام!''

بدر میں قتل کیے جانے والے بہادروں کا انتقام!

قریش جب انتقام کے لیے نکلتے ہیں تو آسمان لرز جاتا ہے اور زمین کی طنابیں کانپنے

لگتی ہیں، دشمن ان کے جذبۂ انتقام کی تاب نہیں لاسکتا۔

بیواؤں کے دھڑکتے ہوئے دل اور یتیموں کے جھلملاتے ہوئے آنسو تمہاری غیرت کے کان میں "انتقام" کا نعرہ لگارہے ہیں۔

شکست کے بعد آرام سے بیٹھنا بزدلوں اور پست ہمت والوں کا کام ہے۔ تلواروں کو یاموں سے باہر نکالو، نیزوں کو ہاتھوں میں لے لو۔ گھوڑوں کے ایڑ لگا کر میدانِ جنگ میں پہنچ جاؤ۔ زیادہ انتظار اور سوچ بچار سے جذبۂ غیرت سرد ہو جاتا ہے۔

اس انداز کے رجزیہ اشعار نے قریش میں انتقام کی آگ بھڑکا دی، تیاریاں ہونے لگیں، ساز و سامان درست کیا جانے لگا، کسی نے نیزے کی اَنی کو تیز کیا، کسی نے تلوار پر دھار رکھی، کوئی نیزوں کے سوفار کو آب دینے لگا۔ مسلمانوں سے شکستِ بدر کا بدلہ لینے کے لیے قریش کا لشکر روانہ ہوا، ان میں جواں سال بہادر بھی تھے اور جہاندیدہ و تجربہ کار قریش بھی! عورتیں بھی ساتھ تھیں تاکہ وہ اپنے سپاہیوں کو رجز پڑھ کر جوش اور غیرت دلائیں۔

ابوسفیان چلنے سے پہلے اپنے معبود اور حاجت روا ہبل کی بارگاہ میں حاضر ہوا، قریش کے سب سے بڑے سردار نے پتھر کی بے جان مورتی کے سامنے سر جھکا دیا۔ داڑھی کے ل ہوا سے ہلنے لگے، تیروں کے ذریعہ پہلے فال دیکھی اور فال کے بعد پھر ہبل سے مدد طلب کی، لجاجت آمیز لہجہ میں کہا:

میرے حاجت روا! قریش کا سب سے بڑا شیخ تیری بارگاہ میں مدد طلب کرنے کے لیے آیا ہے۔ ہم اپنے بدر کے مقتولوں کا مسلمانوں سے انتقام لینے کے لیے جارہے ہیں۔ ماری مدد کی جائے، تیری عظمت کے فدائی اور تیرے نام کی جے پکارنے والے اب دوبارہ لت نہ دیکھنے پائیں۔ انھیں فتح اور سربلندی نصیب ہو، ہم کامیاب واپس ہوں اور آج جن ہروں پر فکر و غم کے بادل چھائے ہوئے ہیں کل ان پر مسرت کی کرنیں جھم جھم کرتی نظر آئیں۔

غزوۂ احد، کفارِ مکہ کے اسی جنونِ انتقام کی صورت میں ظاہر ہوا، مسلمانوں کی فوج پہنچ گئی۔ دونوں طرف سے لڑائی کے لئے صف بندی ہوئی، توحید پرست کوہِ احد کے دامن میں صف آرا ہوئے۔ اور بنجر زمین کے میدان میں کافروں نے پرے جمائے۔ رسول اللہ صلی اللہ علیہ وآلہ وسلم نے خود صفوں کو درست فرمایا۔ مسلمان مجاہد خطوطِ مستقیم پر اللہ پر بھروسہ کر کے

کھڑے ہو گئے، ان کو معلوم تھا کہ احد کی لڑائی جنگِ بدر سے بہت زیادہ شدید ہو گی، کفار مکہ پورے ساز و سامان کے ساتھ لڑنے کے لیے آئے ہیں۔ ان کے انتقام کی آگ پوری قوت کے ساتھ بھڑک رہی ہے۔ لیکن مسلمانوں کے حوصلے بہت بلند اور ان کے ارادے پہاڑوں کی طرح مضبوط تھے، ان کی ہمتیں کہہ رہی تھیں کہ ذرا جنگ کا آغاز ہو تو پھر کفار کو معلوم ہو جائے گا۔ کہ خدا پرستوں سے لڑائی کرنا گویا موت سے کھیلنا ہے۔

عنین ایک چھوٹی سی پہاڑی تھی جس میں ایک شگاف تھا، مسلمانوں کا لشکر اسی کے قریب صف آرا تھا۔ یہی مقام ان کا زبردست مورچہ اور کمک بھیجنے کا مستقر تھا۔ خطرہ تھا کہ کافر اس راستہ سے آکر بہت کچھ ابتری پھیلا سکتے ہیں۔ اس لیے حضور نبی کریم نے پچاس تیر اندازوں کو ایک جگہ مقرر فرما کر حکم دیا کہ چاہے تم لوگوں کی جیت ہو یا ہار۔ مگر اس مقام سے ہرگز نہ ہٹنا، اس کی محافظت کرتے رہنا۔ حضرت عبداللہ بن جبیر کو تیر اندازوں کی اس جمعیت کی کمان سپرد فرمائی۔

مسلمانوں کی فوج صفیں باندھے کھڑی تھی بس حضورؐ کے حکم دینے کی دیر تھی، شوقِ شہادت اور جذبۂ جہاد بے چین کیے دیتا تھا۔ حضور نے سعد بن وقاص اور ابو عبیدہ بن جراح کو اسلامی فوج کے سامنے بڑھنے والے دستہ پر متعین فرمایا۔ ہراول کا انتظام دُرست ہو گیا تو حضور نے فوج کے دائیں اور بائیں بازو کی طرف توجہ فرمائی۔ عکاشہ بن محسن اسدی اور ابو سلمہ بن عبدالاسد کو ان دونوں حصوں کی کمان تفویض ہوئی۔

کفار قریش نے بھی صفوں کو درست کیا، ان کے میمنہ کا کمانڈر خالد بن ولید بنا۔ میسرد کی امارت عکرمہ ابن ابو جہل کو ملی اور قلب فوج میں ابو سفیان کو متعین کیا گیا۔

جنگ کا آغاز ہوا، دونوں طرف کے بہادر جوہرِ شجاعت دکھانے لگے۔ تلواروں کی جھنکار سے پہاڑیاں گونجنے لگیں۔ ایک طرف لات و ہبل کی جے پکاری جا رہی تھی اور دوسری جانب شورِ تکبیر بلند تھا۔ حضورؐ نے ابو دجانہ کو اپنی تلوار عطا فرمائی، ابو دجانہ بہت دلیر، حوصلہ مند اور شجیع تھے۔ شمشیر نبویؐ لے کر جب کفار کی طرف چلے تو ان کی چال میں تبختر پیدا ہو گیا۔ حضورؐ نے فرمایا کہ "اس چال کو خدا دشمن رکھتا ہے مگر اس موقع پر معیوب نہیں۔" کافروں کی صف سے نکل کر ایک سپاہی ابو دجانہ کے سامنے آیا۔ وہ اپنی تلوار کا وار کرنا ہی

چاہتا تھا کہ ابودجانہ نے اس کا سر اُڑا دیا۔ ابودجانہ صفیں چیرتے ہوئے بڑھتے ہی چلے گئے، ابوسفیان کی بیوی ہندہ دوسری خاتونِ قریش کے ساتھ سپاہیوں کو غیرت دلانے اور ابھارنے کے رجز پڑھ رہی تھی، ہر شعر جوشِ انتقام سے لبریز تھا، ہر شعر جوانانِ مکہ کے حوصلوں کو بڑھاتا، جس سے جذبۂ انتقام اور تیز ہوجاتا۔ ابودجانہ دادِ شجاعت دیتے ہوئے ہندہ کے پاس پہنچ گئے اور اسے قتل کرنے کے لیے تلوار اٹھائی۔ قریب تھا کہ ہندہ کی لاش میدان میں تڑپتی نظر آئے۔ لیکن پھر خیال آیا کہ محمدؐ رسول اللہ کی تلوار عورت کے خون میں آلودہ کرنا مناسب نہیں، اس خیال کے آتے ہی اٹھا ہوا ہاتھ رُک گیا۔ ابوسفیان کی بیوی کی جان بچ گئی۔

کمانوں سے تیر چھٹنے لگے، نیزے ہلے، تلواریں جنبش میں آگئیں، کافروں نے بھی آج مرنے مارنے کا تہیہ کرلیا تھا، بڑی پامردی سے لڑے۔ ایک گرتا تو دوسرا اس کی جگہ آکھڑا ہوتا۔ مگر مسلمانوں کے طوفانی حملہ کی تاب نہ لاسکے، ان کے پیر اکھڑ گئے، آگے بڑھنے والے پیچھے ہٹنے لگے۔ وہ بہادر جو فتح یا موت کا عزم لے کر آئے تھے بھاگ کھڑے ہوئے۔ جان ہر کسی کو پیاری ہوتی ہے۔ کافروں کو اس طرح بھاگتا دیکھ کر وہ تیرانداز جن کو رسول اللہ نے عبداللہ بن جبیر کی ماتحتی میں پہاڑی کے شگاف پر متعین فرمایا تھا غنیمت کا مال لوٹنے لگے۔ تیراندازوں نے سمجھا کہ ہماری جیت ہوگئی، کافر ہار گئے، اور شکست کے بعد لڑائی ختم ہوجایا کرتی ہے، بھاگنے والے اب کیا لڑیں گے، بدر میں جب ان کو شکست ہوئی تھی تو پھر ایک سپاہی نے بھی الٹ کر سانس نہ لی تھی۔۔ مگر ان کا خیال غلط نکلا۔ رسول اللہ صلی اللہ علیہ وآلہ وسلم نے جو حکم دیا تھا کہ کسی حالت میں اس مقام کو نہ چھوڑنا۔ نیک نیتی کے باوجود اس کے خلاف ہوجانے میں حالات کا پانسہ ہی بدل گیا۔ جنگ کا نقشہ ہی کچھ سے کچھ ہوگیا۔

کافروں نے جب دیکھا کہ تیرانداز جو مدافعت کی سب سے زیادہ مضبوط دیوار بنے ہوئے تھے، مال لوٹنے میں لگ ہوئے ہیں تو ان فتنہ سازوں نے پلٹ کر حملہ کردیا۔ یہ لوگ مجتمع تھے اور مسلمان بکھرے ہوئے تھے، کوئی کہیں تھا اور کوئی کہیں! عبداللہ بن جبیر اپنے ہمراہیوں سمیت شہید ہوگئے۔ لشکرِ اسلام میں ابتری پھیل گئی، چودہ صحابہ کے سوا اور جتنے بھی مسلمان مجاہد تھے ان سب کے پائے ثبات جنبش میں آگئے۔ سب سے بڑی مصیبت یہ نازل ہوئی کہ رسول اللہ کی شہادت کی خبر چاروں طرف پھیل گئی۔ اس نے مسلمانوں کی رہی

سہی ہمیت بھی توڑ دی۔

وحشی مکہ کا ایک غلام تھا، وہ حضرت حمزہ کی تلاش میں بیٹھا تھا، جیسے ہی حمزہ اس کی زد میں آئے تو اس نے حربہ پھینک کر مارا، سید الشہداء حمزہ اس برچھے کے کاری زخم کی تاب نہ لا سکے، اللہ کا نام لے کر دم توڑ دیا۔ وحشی نے ان کا پیٹ چاک کر کے کلیجہ نکالا اور خوش خوشی ہندہ کے پاس لے گیا۔ وحشی نے ہندہ سے کہا:

''جانتی ہے، یہ میں کیا چیز لے کر آیا ہوں! یہ کلیجہ ہے اس شخص کا جس نے تیرے باپ کو لڑائی میں قتل کیا تھا''

ہندہ نے حمزہؓ کے کلیجہ کو لے کر چبایا۔ ایسا شدید انتقام دنیا میں کسی نے کاہے کو لیا ہوگا۔

حضرت علی کرم اللہ وجہ نے حضرت حمزہؓ کی لاش کو بڑی مشکل سے تلاش کیا۔ لاش کا بند بند جدا تھا، حضورؐ کو یہ غمناک خبر ملی تو بہت متاثر ہوئے۔ حمزہ کی بہن صفیہ بھی بھائی کے اس قدر بے دردی کے ساتھ قتل کیے جانے کی اطلاع پا کر رونے لگیں۔ سیدہ فاطمہؓ کی آنکھوں سے بھی آنسو گرنے لگے اور خود رسول اللہ آبدیدہ ہو گئے۔

مشرکین موقع کی نزاکت سے پورا پورا فائدہ اٹھا رہے تھے، ان کا حملہ اور پُرشور ہوتا جا رہا تھا، وہ دیکھ رہے تھے کہ اسلامی فوج میں ابتری پھیل گئی ہے۔ مسلمان بدحواس اور پراگندہ ہیں، ایسے میں بڑھتے اور حملے کرتے ہی چلے جانا چاہیے۔ یہاں تک کہ مسلمانوں کا ایک ایک سپاہی خاک پر ڈھیر ہو کر گر پڑے۔ یا پھر یہ لوگ ہار مان لیں، بدر کا انتقام اسی طرح پورا ہو سکتا ہے۔

رسول اللہ چند سرفروش صحابہ کے جھرمٹ میں ایستادہ تھے، چاروں طرف سے تیروں کی بے پناہ بارش ہو رہی تھی، جان نثارانِ نبی میں حضرت علیؓ شیرِ خدا نے اس دن جس ثباتِ عزم، بے نظیر شجاعت، بے خوفی اور جوشِ ایمانی کا ثبوت دیا، وہ اسلامی تاریخ میں ضرب المثل واقعہ بن گیا ہے۔

حضرت حنظلہ ایک جوشیلے نوجوان تھے۔ اتفاق کی بات کہ ان کی شادی اسی رات کو ہوئی جس دن یہ حادثہ پیش آیا۔ صبح کا وقت تھا، وہ ابھی اپنا سر ہی دھو رہے تھے کہ کان میں آواز آئی، احد میں رسول اللہ اور آپؐ کے صحابہ مشکل میں گھرے ہوئے ہیں۔ اسی حالت

میں تلوار گلے میں حمائل کی اور احد میں پہنچ کر کافروں کی صف پر ٹوٹ پڑے۔ اس قدر بے باکی کے ساتھ تلوار چلائی کہ دشمنوں کے چھکے چھڑا دیے، ذرا سی دیر میں کتنے ہی کافروں کو جہنم کا راستہ دکھا دیا۔ یہ اکیلے تھے، اُدھر غول کا غول تھا۔ تیروں، نیزوں اور تلواروں نے ان کے بدن کو زخموں سے لالہ زار بنا دیا۔ زمین پر تیورا کر گرے اور اللہ کے راستے میں جان دے دی۔ شہیدوں کی تلاش ہوئی تو حنظلہ کی لاش پانی میں بھیگی ہوئی دیکھی گئی جیسے ان کی لاش کو باقاعدہ غسل دیا گیا ہے۔ ایک رات کا دولہا اپنی نئی نویلی دلہن کو چھوڑ کر عروسِ شہادت سے ہم کنار ہو گیا۔

جحش کے بیٹے عبداللہ اس قدر بے جگری سے لڑے کہ تیغ زنی کرتے کرتے تلوار ہی ٹوٹ گئی، رسول اللہ کی نگاہ پڑی تو حضورؐ نے ان کو کھجور کی ڈالی عطا فرمائی۔ اسی ڈالی نے تلوار کا کام دیا اور عبداللہ بن جحش رسولِ خدا کی دی ہوئی ڈالی کو لے کر کافروں کی صفوں پر ٹوٹ پڑے اور خوب خوب شجاعت کے جوہر دکھائے۔

حضرت ابوطلحہ انصاری نہایت ہی چابک دست اور قدر انداز تھے۔ تمام مدینہ میں ان کی تیراندازی کا شہرہ تھا، انہوں نے رسول اللہ کی حفاظت کی خاطر اپنے سینہ کو سپر کر دیا کوئی تیر اونچا آتا تو حضرت ابوطلحہ پنجوں کے بل کھڑے ہو جاتے کہ رسول اللہ کی طرف آنے والا تیر ان کے سینہ اور گلے میں پیوست ہو جائے۔ مگر اس ذات گرامی کو صدمہ نہ پہنچے۔ ابوطلحہ نے اس دن کافروں پر اس قدر تابڑ توڑ تیر برسائے کہ تین کمانیں ان کے ہاتھ میں ٹوٹ گئیں۔

ان جان نثاروں میں حضرت سعد بن ابی وقاص بھی تھے، جن کے ہاتھ میں کمان تھی اور کافروں کو بے تحاشا تیروں کا نشانہ بنا رہے تھے۔ سعد کی قدر اندازی کو دیکھ کر آقائے دوعالم محبت اور حوصلہ افزائی کے لہجہ میں فرماتے:

”سعد! تیر چلا، تجھ پر میرے ماں باپ قربان!“

رسول اللہ کی زبانِ حق ترجمان سے یہ مقدس اور محبت آمیز الفاظ سعد کے علاوہ اور کسی کے لیے نہیں سنے گئے۔

نازک ساعت

مجاہد تیر اندازوں کی بھول چوک نے لڑائی کا نقشہ ہی بدل دیا تھا۔ مسلمانوں کے انتشار

کو دیکھ کر کافر آگے بڑھتے چلے آ رہے تھے۔ ان کو یقین ہو گیا تھا کہ مسلمان اب زیادہ دیر تک جم نہیں سکتے۔ احد کی جنگ ہی سے قریش کی تاریخ کا رخ بدل جائے گا۔ آج معرکہ سر ہو گیا تو یوں سمجھو کہ مسلمانوں کا سارا زور ہی ٹوٹ گیا۔ ہم تو بدر میں شکست کی مصیبت جھیل گئے تھے مگر یہ لوگ ایک ہی پسپائی میں جی چھوڑ دیں گے۔ جو مسلمان مدینہ میں رہ گئے ہیں، ان پر یہاں سے نبٹ کر حملہ کریں گے اور اس طرح پیغمبر اسلام اور ان کے ساتھیوں کا نام و نشان جہان سے مٹا دیں گے۔ بس وہ وقت قریب ہے کہ سلع کی پہاڑیاں تکبیروں کی گونج سے ہمیشہ ہمیشہ کے لیے محروم ہو جائیں گی۔

ابن قمیہ قریش کے لشکر میں پیش پیش تھا۔ اس نے حضورؐ نبی کریم پر پتھروں کا مینھ برسا دیا۔ سورج کی آنکھ یہ دردانگیز اور دل ہلا دینے والا منظر دیکھ کر لہو ٹپکا رہی تھی کہ وہ جس نے دنیا والوں پر رحمتوں کے پھول برسائے خود اس پر پتھروں کی بارش ہو رہی ہے۔ سنگ باری کے اثر سے عارضِ اقدس لہو سے گلگوں ہو گئے۔ پھر اس نابکار نے بڑھ کر تلوار کا وار کیا، ایک تو تلوار کی جھوک پھر حضورؐ زرہ پہنے ہوئے تھے اس کا بار بھی اس موقع پر گراں ثابت ہوا۔ حضورؐ غار میں گر پڑے۔ ابن قمیہ سمجھا کہ مدت کی تمنا بر آئی۔۔ جوشِ مسرت سے بے اختیار پکار اُٹھا کہ "محمدؐ مارے گئے"۔۔ اور یہ صدا کافروں کے لشکر میں پھیلتی ہی چلی گئی۔ ستم گاروں کے چہرے خوشی کے مارے تمتمانے لگے، لبوں پر مسکراہٹ بکھر گئی۔ فرطِ مسرت سے ان کے دل بلیوں اچھل رہے تھے۔ مکہ میں جب یہ پہنچے گی تو ہمارے کارناموں کی دھوم مچ جائے گی۔ نغز گفتار شاعر ہماری مدح میں قصیدے کہیں گے اور عکاظ اور ذوالمجنہ کے بازاروں میں ہمارے نام کے نشان نصب کیے جائیں گے۔

ابوعبیدہ بن جراح نے حضورؐ کے جسم مبارک سے خود کی کڑیاں اپنے دانتوں سے کھینچ کر نکالیں جس کے اثر سے دانت ٹوٹ گئے۔ ابوعبیدہ احتیاط برت رہے تھے کہ رحمۃ للعالمین کے مقدس لہو سے کہیں زمین لالہ زار نہ بن جائے ورنہ کیا عجب ہے کہ اللہ کا عذاب نازل ہو کر زمین سے روئیدگی کی قابلیت سلب کر لے۔

رسول اللہ کے زخموں سے لہو بہہ رہا تھا اور کافر فتح کے نعرے لگا رہے تھے۔ مسلمان تتر بتر تھے بڑی ہی سخت گھڑی اور انتہائی نازک مرحلہ تھا اسی عالم میں حضرت علیؓ اپنی ڈھال میں

پانی لے کر آئے انھوں نے پانی ڈالا اور سیدہ فاطمہؓ نے مظلوم و مقدس باپ کے زخموں کو دھویا۔

زخموں کے سبب حضور صلی اللہ علیہ وآلہٖ وسلم نڈھال سے ہو گئے۔ مگر اسی عالم میں آپؐ نے بیٹھ کر نماز پڑھی مظلومیت کے ان سجدوں پر خود نماز ناز کر رہی تھی۔ کافروں کے یہاں فتح کے شادیانے بج رہے تھے۔ ابوسفیان نے بڑے بڑے صحابہ کو نام لے کر پکارا رسول اللہ کا اشارہ پاکر مسلمانوں کی طرف سے پر جوش استفسار کا کوئی جواب نہیں دیا گیا۔ پھر ابوسفیان نے اپنے لوگوں سے پکار کر کہا۔ بھائیو! خوشی مناؤ یہ سب لوگ قتل ہو گئے اگر وہ زندہ ہوتے تو میری باتوں کا جواب ضرور دیتے۔ ابوسفیان کے اس طنز اور تحقیر آمیز اعلان پر حضرت عمرؓ سے خاموش نہ رہا گیا، دامن ضبط کی گرفت خود بخود ڈھیلی ہو گئی۔ وہ پکارے:

او خدا کے دشمن! جن جن کے تو نے نام لے کر پکارا ہے وہ سب زندہ ہیں۔

اس پر ابوسفیان کو بھی جوش آ گیا، کفر کی جھنجھلاہٹ بتوں کی جے بن کر گویا ہوئی۔

حضورؐ نے فرمایا کہ "جواب میں تم بھی" "اللہ اعلیٰ و اجل" کہو!"

ربیع انصاری کے بیٹے سعید بھی اس غزوے میں شریک تھے وہ نظر نہ آئے تو رسول اللہ نے فرمایا کہ کون ہے جو سعید بن ربیع کی خیر خبر لے کر آئے۔ حضورؐ کا حکم سن کر ایک انصاری فوراً چل پڑا۔ میدان میں شہیدوں کے لاشے بکھرے پڑے تھے لہو نے ریتیلی زمین کو لالہ زار بنا دیا تھا۔ بڑی جستجو کے بعد حضرت ربیع کا پتہ چلا۔ انصاری نے دیکھا کہ لاشوں کے جھرمٹ میں سعید بھی خاک و خون میں لوٹ رہے ہیں۔

"رسول اللہ نے تم کو سلام کہا" ۔ ڈھونڈنے والے نے کہا۔

"مجھ جاں نثار غلام کا سلام بھی حضور کی خدمت میں عرض کرنا" ابنِ ربیع نے جواب دیا اور پھر تھوڑی دیر کے لیے رُک گئے۔ نزع کے عالم میں نقاہت کا غلبہ بھی ہو جاتا ہے۔ شدتِ درد چھپانے کے لیے ہونٹوں کو دانتوں سے دبایا اور بڑی مشکل سے بات پوری کی، بولے:

"میرے ساتھیوں اور دوستوں سے ایک ایک کر کے کہنا کہ دیکھو! رسول اللہ کی اطاعت میں کوتاہی نہ ہونے پائے۔ اطاعتِ رسول میں کمی کی تو پھر خدا کے یہاں تمہاری کوئی معذرت قبول نہ ہوگی"۔

یہ باتیں جوش میں آ کر کہنے کو تو کہہ دیں مگر شہ رگ سے لہو کی آخری بوندیں ٹپک پڑیں۔

گرم خون جس کے ہر قطرے میں خدا اور رسول کی محبت جھلک رہی تھی۔ اور محمد رسول اللہ کا جان نثار غلام ہمیشہ کے لیے چین کی نیند سو گیا۔ چہرے پر سفیدی پھر گئی۔ اور دم کے دم میں جسم اور روح ایک دوسرے سے جدا ہو گئے۔

انصاری نے واپس آ کر تمام واقعہ پوری تفصیل کے ساتھ حضور کی خدمت میں عرض کیا تو اس پر حضور نے فرمایا۔ ''اے اللہ! سعد بن ربیع سے راضی ہو جاؤ!''۔

سعد خوش نصیب اور سعادت مند سعد مرتے وقت حضور کی دعاؤں کے سدا بہار پھول اپنے ساتھ لیتا گیا، اللہ کی رضامندی اس کے لیے مقدر ہو گئی۔

اُحد کے بعد:

مدینہ میں اس واقعہ کی خبر پہنچی تو مسلمان کے گھر گھر میں کہرام مچ گیا۔ لوگ حسرت و ناامید کے ساتھ ایک دوسرے کا منہ دیکھتے۔ ایک خاتون بھی اس غمناک خبر کی اطلاع پا کر گھر سے احد کی طرف روانہ ہوگئی ''تیرا باپ مر گیا'' ایک شخص نے ہمدردی کے لہجہ میں کہا۔ مگر عورت بڑھتی چلی گئی ''تیرا خاوند مر گیا'' لیکن عورت کی رفتار میں ذرا سی بھی سستی اور گرانی پیدا نہیں ہوئی۔ پھر اس سے کہا گیا کہ تیرا بیٹا کلیجہ پر برچھی کھا کر موت کا نشانہ بن گیا۔

''مگر خدا کے بندے، یہ تو بتا! کہ رسول اللہ کس حال میں ہیں؟ میرے کانوں نے بڑی درد انگیز خبر سنی ہے، میرے منہ میں خاک۔ دل اس خبر کی تاب نہیں لا سکتا''۔ خاتون نے رک رک کر دریافت کیا۔

''رسول اللہ تو زندہ ہیں مگر'' کہنے والے کی بات پوری بھی نہ ہوئی تھی کہ عورت جھٹ سے بول پڑی:

''جب سرکار زندہ ہیں تو میں کسی عزیز کے مرنے سے غمگین نہیں ہو سکتی۔ محمد رسول اللہ کے ہوتے ہوئے ساری مصیبتیں ہیچ ہیں۔''

احد سے رسول اللہ کی واپسی کی خبر ملی تو مدینہ کے لوگ آپ کے خیر مقدم کے لیے بستی سے باہر نکل آئے۔ حضرت حمزہ کی کمسن اور معصوم بیٹی فاطمہ بھی راستہ میں کھڑی ہوگئی۔ استقبال کے بعد لوگ لوٹے تو فاطمہ نے دیکھا کہ ان لوگوں میں حمزہ کا چہرہ نظر نہیں آ رہا۔ آخر کیا بات ہے، وہ کیوں نہیں آئے؟ ان کو تو رسول اللہ کی ہم رکابی میں واپس ہونا تھا۔

معصوم بچی کا دل دھڑکنے لگا۔ غیر محسوس طریقے پر گرد یتیمی اس کے چہرے کو چھونے لگی، دل میں سو سو طرح کے وہم آتے تھے اور وہموں کا پیدا ہونا فطری بات تھی، جنگ سے کسی آدمی کا نہ لوٹنا، ہر اندوہناک سے اندوہناک حادثہ کا سبب ہو سکتا ہے۔

راستہ میں حضرت صدیق ملے، فاطمہ نے دریافت کیا:

"میرے باپ کہاں ہیں ابوبکر؟"

صدیق اکبر نے رکتے ہوئے لہجہ میں جواب دیا:

"پیچھے خود رسول اللہ تشریف لا رہے ہیں، ان سے تم اپنے باپ کا حال پوچھنا۔ تھوڑی دیر میں حضور گھوڑے پر سوار آتے ہوئے نظر آئے۔ حمزہ کی بیٹی فاطمہ نے سواری کے آنے کا انتظار بھی نہ کیا۔ تیزی کے ساتھ آگے بڑھی اور رسول اللہ کے گھوڑے کی لگام مٹھی میں پکڑ کر بولی:

"یا رسول اللہ! میرے باپ کہاں ہیں؟"

پیارے چچا حمزہؓ کی درد انگیز شہادت سے خود حضورؐ بہت زیادہ متاثر تھے۔ یتیم بچی کے اس سوال نے چچا کی شہادت کے زخم کو اور ہرا کر دیا۔

حضور نے فرمایا:

"تیرا باپ میں ہوں۔"

حضورؐ نے ان لفظوں میں لڑکی کو تسلی بھی دے دی۔ اور انتہائی بلیغ اور نازک پیرایہ میں واقعہ کا اظہار بھی فرمایا۔ حضورؐ کھل کر سیدنا حمزہ کے بے دردی سے قتل کیے جانے کی کیفیت بیان فرماتے تو معصوم بچی کے دل پر نہ جانے کیا گزر جاتی۔ سید الشہداء حمزہؓ کی یتیم بچی رسول اللہ کا ارشاد سن کر بے اختیار بول اٹھی:

"اس جواب سے مجھے خون کی بو آتی ہے۔"

غزوۂ خندق:

کفار قریش کی غزوۂ احد کے بعد اور ہمتیں بڑھ گئیں۔ انھوں نے مکہ جا کر بڑے فخر د غرور کے لہجہ میں کہا کہ احد میں بدر کی شکست کا ہم نے ایک حد تک بدلہ لے لیا۔ حمزہ جیسے نامور بہادر کو خاک و خون میں ملا دیا۔ خود محمد ابن عبد اللہ ہمارے چنگل میں آ گئے تھے۔ ابن قمیہ کا ہاتھ ذرا اور کس کر پڑ جاتا تو سارا قصہ ہی ختم ہو گیا ہوتا۔ قسمت اچھی تھی جو محمد بچ گئے۔

مگران کے زخم۔ پتھروں نے ابن عبداللہ کے چہرے کو لہولہان کر دیا تھا مگر صاحبو! ان کے صحابی بھی جاں نثاری میں اپنا جواب نہیں رکھتے۔ ہم محمد کی طرف پھینکتے تو ایک انصاری محمد کو بچانے کے لیے تیر کو اپنے سینہ پر روک لیتا۔ اور ایہا الاخوان! مسلمان عورتوں تک نے اس لڑائی میں بڑی پامردی اور بہادری کا ثبوت دیا۔ تیر برس رہے تھے، تلواریں کھچا کھچ چل رہی تھیں اور یہ عورتیں مشکیزے بھر بھر کر اپنی پیٹھوں پر لاد کر لے جاتیں، پیاسے سپاہیوں کو پانی پلاتیں اور زخمیوں کی مرہم پٹی کرتیں۔ اسی انداز کی ایک آدھ لڑائی اور ہوگئی تو مسلمانوں کی ترکی تمام سمجھو۔ ہم قریش کے دشمن کا قلع قمع کیے بغیر چین سے نہیں بیٹھ سکتے، یہ ہماری خاندانی غیرت کا معاملہ ہے، ہم تھک کر بیٹھ گئے تو دنیا کیا کہے گی؟ یہی کہ قصی جیسے نامور سردار کی اولاد نے ہار مان لی۔ ہماری تمام پچھلی تاریخِ شجاعت پر پانی پھر جائے گا۔ ہم ایسا نہ ہونے دیں گے۔"

غزوۂ خندق اسی سلسلہ کی ایک کڑی تھی۔ رسول اللہ نے حضرت سلمان فارسی کے مشورہ سے خندق کھودنے کا حکم دیا۔ صحابہؓ نے خندق کھودنی شروع کی اور خود رسول اللہ بھی اس میں شریک ہوگئے۔ چشم آفتاب نے ایسا منظر کاہے کو دیکھا ہوگا کہ اقلیم ہدایت وسعادت کا شہنشاہ مزدور کی طرح زمین کھود رہا تھا۔ کہاں ہیں مزدوروں اور کسانوں کے وہ جھوٹے غم خوار اور بناوٹی دردمند جو صوفوں اور قالینوں پر بیٹھ کر مزدوروں کے فلاح و بہبود کی اسکیمیں تیار کرتے ہیں۔ ان عیش پسندوں کو مزدور کے دکھ درد کی کیا خبر! مزدور کیا ہوتا ہے۔ اور مزدوروں پر کیا گزرتی ہے، اس کی کیفیت غزوۂ خندق کے اس مقدس مزدور سے پوچھو، جس نے ارشاد فرمایا:

"مزدور کا پسینہ خشک ہونے سے پہلے اس کی مزدوری چکا دو۔"

خندق کھودتے میں ایک بھاری پتھر آگیا۔ صحابہ نے لاکھ کوشش کی۔ مگر وہ پتھر ٹس سے مس نہ ہوا۔ حضرت سلمان نے حضورؐ کی خدمت میں اس واقعہ کی اطلاع دی۔ حضورؐ نے کدال کی ضرب جو اس پتھر پر لگائی تو ایک ہی ضرب میں وہ پتھر ریزہ ریزہ ہوگیا۔ پتھر سے روشنی نمودار ہوئی اور مسلمانوں نے اپنی آنکھوں سے دیکھا کہ مصر، ایران اور شام کی سرحدیں صاف نظر آرہی ہیں۔ تاریخ اپنے کو دہرا کر ماضی کو حال بنا دیا کرتی ہے اور یہاں

حال کے آئینہ میں مستقبل جھلک رہا تھا۔ یہ فیضانِ نبوت تھا۔ ان بھیدوں کو ہر کوئی نہیں سمجھ سکتا۔ یہ کیفیتیں ہر کس و ناکس کے قلب پر وارد نہیں ہوا کرتیں۔ یہ قدرت کی دین اور اللہ کا فضل تھا۔ عقل کہے گی کہ اس کے لیے دلیل لاؤ۔ یہ کیسے ہوسکتا ہے۔ انسان کے حالات اور کیفیات میں اتنا غیر معمولی فرق نہیں ہوا کرتا۔ ہم کہتے ہیں کہ اس ''تفاوت'' کے لیے دلیلوں کی بھی کوئی کمی نہیں ہے۔ نہیں دیکھتے ہو کہ ایک ہی باغ کی ایک ہی کیاری میں گلاب اور دھتورے کے دو پودے پیدا ہوتے ہیں، کوئلے اور ہیرے کے کیمیاوی عناصر میں کوئی فرق نہیں ہوتا۔ لیکن ایک چولھے میں جلایا جاتا ہے اور ایک بادشاہوں کے تاجوں کی زینت بنتا ہے۔ انبیائے کرام کو عام آدمیوں پر قیاس نہ کرو۔

غزوۂ خندق میں بھی کفار قریش کو ناکامی کا منھ دیکھنا پڑا اور ان کی تدبیریں کچھ کام نہ آسکیں۔ کافروں کا خیال غلط نکلا کہ احد کی جنگ کے بعد مسلمانوں کی ہمتیں پست نہیں تو سراسیمہ اور متوحش ضرور ہوگئی ہوں گی۔ مگر انھوں نے محسوس کیا بلکہ آزما کر دیکھ لیا کہ مسلمان پہلے سے اور زیادہ مضبوط اور مستحکم ہوگئے ہیں۔ ہر ٹکراؤ اور تصادم کے بعد اسلام کا نشہ کم نہیں بلکہ اور تیز ہوجاتا ہے۔

حج کے لیے:

سب جانتے ہیں کہ نماز، روزہ، زکوٰۃ اور حج اسلام کے بنیادی اور اہم ترین فرائض ہیں۔ ان میں سے کسی ایک کے انکار سے بھی آدمی دائرۂ اسلام سے خارج ہوجاتا ہے اور ان کا تارک (۱) اللہ کا بہت بڑا نافرمان ہے اور ان فرائض کے مسلسل ترک کرنے سے ایمان بس کچھ یوں ہی سا باقی رہ جاتا ہے۔ جس شخص کے دل میں خدا کا خوف، رسولؐ کی محبت اور دین سے لگاؤ ہوگا وہ ان بنیادی فرائض سے اعراض برت ہی نہیں سکتا۔ بھول چوک کی اور بات ہے۔

حج کا زمانہ قریب آیا تو حضور نبی کریم علیہ الصلوٰۃ والسلام نے بھی چودہ سو صحابہ کے ساتھ فریضۂ حج ادا کرنے کی نیت سے مکہ مکرمہ کی جانب کوچ فرمایا۔ کفارِ قریش کی کینہ سازیاں اور مسلمان دشمنی پیش نظر تھی کہ یہ بدنصیب ہر آن خدا پرستوں کے ٹکراؤ کے لیے

(۱) نماز کسی حالت میں معاف نہیں، روزہ سفر اور بیماری میں معاف ہے مگر اس کی قضا لازم ہے، اور زکوٰۃ اور حج کے لیے استطاعت شرط ہے ''م''۔

بہانے ڈھونڈھتے رہتے ہیں۔ جس کے دل میں کھوٹ ہوتی ہے وہ دوسروں کو بھی اپنا ہی جیسا سمجھتا ہے اس خیال سے قربانی کے اونٹ مسلمانوں نے اپنے ساتھ لے لیے، احرام کا لباس (احرام) بھی پہن لیا تاکہ قریش کو کہیں یہ دھوکا نہ ہوجائے کہ پیغمبر اسلام حملہ کرنے کے لیے مکہ میں آرہے ہیں حکم دیا گیا کہ جو مسلمان حج کرنے کے لیے چل رہے ہیں وہ اپنے ساتھ بس تلوار تو رکھ سکتے ہیں مگر کوئی اور ہتھیار نہیں لے جاسکتے۔ اور تلواریں بھی کھلی ہوئی نہ رہیں۔ ان کو نیام میں رہنا چاہیے۔

یہ حجاج کا قافلہ تھا۔ محمد رسول اللہ اس کے امیر اور سالار تھے۔ مقصد صرف فریضۂ حج کی ادائیگی تھا۔ قربانی کے اونٹوں کی قطاریں، جسموں پر جامۂ احرام اور لبوں پر ''لبیک اللہم لبیک'' کے دلنواز زمزمے! بس تلواریں ضرور ہمراہ تھیں اور اس زمانہ میں پانی کے برتنوں، کھجور اور ستو کے تھیلوں اور سایہ کے لیے چادروں اور خیموں کی طرح تلوار کا رکھنا بھی ضروری تھا۔ کوئی عرب کسی عزیز واقارب کی موت کا پُرسا دینے کے لیے بھی کہیں جاتا تو تلوار ضرور ساتھ ہوتی۔

مدینہ سے چند منزلوں کے بعد ذوالحلیفہ نامی ایک مقام آیا جہاں اس مبارک قافلہ نے پڑاؤ ڈال دیا۔ حج کے ابتدائی مناسک کا یہاں سے آغاز ہوگیا۔ مکہ سے ہجرت کے بعد حضور نبی کریم علیہ الصلوٰۃ والتسلیم کا یہ پہلا حج تھا۔ احتیاط کے مدنظر قافلہ حجاج میں سے ایک آدمی کو آگے روانہ کردیا گیا کہ قریش کے حالات اور دل کا اتا پتہ لگائے۔ ذوالحلیفہ سے چل کر عسفان پر جب توحید پرستوں کا یہ قافلہ پہنچا تو پیغامبر کی زبانی اطلاع ملی کہ قریش تو اس خبر کو سن کر آگ بگولا ہوگئے۔ ان کے نوجوان کہنے لگے کہ محمدؐ اور اس کے ساتھیوں کی اب یہ جرأت ہوگئی ہے کہ وہ مکہ میں حج کرنے کے لیے مدینہ سے چل پڑے۔ کیا وہ چاہتے ہیں کہ ہمارے بھائی بندوں کو اسلام کی رغبت دلا کر پھر ہم سے اور ہمارے آبائی دین سے منحرف کردیں۔ ہم یہ فرض بھی کرلیں کہ ابن عبداللہ اور اس کے ساتھی حج کرکے خاموشی کے ساتھ یہاں سے چلے جائیں گے اور ان کی ایک تلوار بھی یہاں نیام سے باہر نہ آئے گی۔ مگر صاحب! ان کا یہ خاموش آنا کیا کم قیامتیں ڈھائے گا۔ مکہ کے قیام کے زمانہ میں محمدؐ کو نماز پڑھتے دیکھ کر اچھے خاصے ہوش مند لوگ مسلمان ہوگئے۔ ان لوگوں کی تو خاموشی بھی بولتی

ہوئی تبلیغ ہے۔

ہم مدینہ کے اس قافلہ کا یہاں آنا کسی طرح گوارہ نہیں کر سکتے۔ چاہے ارضِ حرم کو خون سے رنگین ہی کیوں نہ ہونا پڑے، گھر پر تو ذرا سی چیونٹی بھی شیر ہوتی ہے اور ہم کہ صنادید قریش کی اولاد ہیں۔ بھلا اپنے گھر پر اس ذلت کو قبول کر لیں ! یہ تو ایک طرح کی ہماری شکست ہوئی۔ مدینہ پہنچ کر بھی محمدؐ اور ان کے ساتھی مکہ کا خیال نہیں چھوڑتے۔ جو تلواریں بدر واحد میں چمک چکی ہیں، کیا مکہ میں نیاموں میں ہی لپٹی رہیں گی۔

کفار قریش جو مدینہ پر چڑھ چڑھ گئے تھے، مکہ سے چند منزل دُور مسلمانوں کے آجانے کی اطلاع پا کر بھلا کس طرح خاموش بیٹھے رہتے۔ ان میں انتقام وعداوت کی ایک لہر دوڑ گئی، تیاریاں شروع ہوئیں، عکاظ اور منیٰ کے میلوں میں جانے کے لیے نہیں۔ حضرت محمدؐ رسول اللہ اور آپؐ کے سرفروش صحابہ سے جنگ کرنے کی غرض سے ! خالد بن ولید کی قسمت کا ستارہ ابھی تک کفر کی ظلمت میں چھپا تھا، ان کی سرکردگی میں دو سو بہادر اور آزمودہ کارِ قریش عسفان کی طرف چل پڑے۔ یہ مقدمۃ الجیش تھا۔ اصل فوج تو پیچھے آ رہی تھی ! کفارِ قریش کے تیوروں سے عتاب وخفگی کے شرارے نکل رہے تھے۔ مگر قدرت مسکرا رہی تھی کہ نادانو! تمہارا کمانڈر (خالد) جس کی تلوار آج کفر کی حمایت میں بے نیام ہے، ایک دن ایسا آئے گا کہ یہی تلوار اسلام کی حمایت کا حق ادا کرے گی۔

رسول اللہ کو کافروں کی نقل وحرکت اور ان کے ارادوں کی اطلاعیں ملتی رہتی تھیں اور قریش کے بھی آدمی لگے ہوئے تھے جو یہاں کی اطلاعیں ان کو جا کر دیتے، قریش نے عروہ بن مسعود ثقفی کو رسول اللہ کی خدمت میں بات چیت کرنے کے لیے بھیجا۔ عروہ نے صلح کے مسئلہ پر حضورؐ سے گفت وشنید کی اور یہاں سے واپس ہو کر کفار قریش سے بولا کہ بھائیو! امیروں اور رئیسوں کا تو ذکر ہی کیا ہے میں نے نجاشی کی بزم شاہانہ اور قیصر وکسریٰ کے دربارِ خسروی کا طمطراق بھی دیکھا ہے۔ مگر محمد ابن عبداللہ کے ساتھی ان سے جس درجہ عقیدت اور وابستگی رکھتے ہیں اور جو جاہ ووقار میں نے وہاں دیکھا وہ کہیں نظر نہیں آیا۔

عروہ سے گفت وشنید تو ہوئی مگر کوئی بات پورے طور پر طے نہ ہو سکی، اس لئے حضورؐ نے خراش بن امیہ کو قریش سے اس مسئلہ پر بات چیت کرنے کے لیے روانہ فرمایا۔ مگر قریش

بدعہد اور کم ظرف نکلے اور معاہدہ شکن بھی۔ سفیروں اور ایلچیوں کا اس دورِ جاہلیت میں بھی احترام کیا جاتا تھا۔ لیکن یہ لات وہبل کے پجاری تھے۔ خدانا شناس، نامنصف اور چھچھورے بھی۔ انہوں نے پہلے تو سفیر نبوت کے سواری کے اونٹ کو ہلاک کردیا پھر خود ان کے ساتھ بھی یہی سلوک کرنا چاہتے تھے، وہ تو کچھ قبیلوں کے لوگوں نے بیچ میں آکر بلکہ مزاحم ہو کر انہیں بچالیا، ورنہ ان کی جان جانے میں کوئی کسر نہ رہی تھی۔

ابھی گفت وشنید کا سلسلہ ختم نہ ہوا تھا مگر قریش سے ضبط نہ ہوسکا، انہوں نے اپنی فوج کا ایک دستہ مسلمانوں کے اس قافلہ پر حملہ کرنے لیے مکہ سے روانہ کردیا۔ مسلمان بھی غافل نہ تھے وہ جانتے تھے کہ قریش چھیڑ چھاڑ سے باز آنے والے نہیں۔ وہ کسی نہ کسی عنوان سے اقدام ضرور کریں گے۔ مسلمان سپاہیوں نے حملہ آور قریش کو چھاپہ مارنے اور قتل وغارت گری کرنے کا موقع ہی نہ دیا۔ کفار قریش مزاحمت کے لیے تُل گئے تھے مگر انہوں نے دیکھ کہ مسلمان تلوار کا جواب تلوار سے دیں گے۔ برابر کی ٹکر ہوگی، حالات نازک ہیں۔ زیاد شیخی اور اکڑ دکھائی تو جان سے ہاتھ دھونے پڑیں گے۔ نجات اسی میں ہے کہ خاموشی کے ساتھ اپنے کو ان کے حوالے کردو۔ سانپ ہر جگہ ٹیڑھا چلتا ہے، مگر پانی میں اسے سیدھا چلن پڑتا ہے۔ ہر جگہ سختی اچھی نہیں۔ مصلحت دیکھ کر کہیں کہیں آدمی کو نرم بھی بننا پڑتا ہے۔

قریش کے اس دستہ کو گرفتار کرکے صحابہ رسول اللہ کی خدمت میں لائے۔ کفار سمجھ رہے تھے کہ آج جان کی خیر نہیں، یہیں جنگ میں ان کی گردنیں اڑادی جائیں گی، حملہ آور دشمنوں کے ساتھ ایسا ہی سلوک کیا جاتا ہے۔ مگر رحمتِ عالم نے ان کو معاف کردیا بلکہ رہا فرمادیا۔

رسول اللہ اور آپؐ کے صحابہ تو حج کی نیت سے آئے تھے۔ چھیڑ چھاڑ، لڑائی اور کسی قسم کا ٹکراؤ، ان کا مقصد ہی نہ تھا وہ صلح اور امن چاہتے تھے، اور اسی کے لیے آپؐ نے حضرت عثمان بن عفان رضی اللہ عنہ کو قریش سے صلح کی بات چیت کرنے کے لیے مکہ روانہ کیا۔ سعید کے بیٹے ابان مکہ میں تھے، حضرت عثمان کی ان سے قرابت تھی۔ سعید بن ابان کی حمایت میں حضرت عثمان مکہ پہنچے اور کفار قریش کو رسول اللہ کا پیغام پہنچایا۔

جب ایک پیام صنادید قریش تک اسلام کے سفیر اور ایلچی نے پہنچایا تھا تو اس کا جواب دینا ضروری تھا۔ اس پر گفتگو کرنی تھی تاکہ مسئلہ واضح ہوجاتا مگر انہوں نے ایسا کرنے

بجائے حضرت عثمان کو نظر بند کردیا۔ یہ دنیا بھی عجیب ہے کہ یہاں کہیں واقعہ ہوتا کچھ ہے اور بہت سے واسطے سے دوسری جگہ پہنچتے اس کی نوعیت کچھ ہو جاتی ہے۔ لوگ زیب داستان کے لیے بھی اپنی طرف سے اضافے کردیا کرتے ہیں۔ خبروں کی اصلیت اور واقعہ کی نوعیت پر اس اضافہ وترمیم نے حالات کو بڑا نازک بنادیا ہے۔

حضرت عثمان کی نظر بندی کا واقعہ بھی اس خبر کے ساتھ مشہور ہو گیا کہ وہ قتل کرڈالے گئے۔ حضورؐ کو اس واقعہ کی اطلاع ملی تو آپؐ نے زبانِ مبارک سے ارشاد فرمایا کہ عثمان کے خون کا قصاص لینا فرض ہے۔ پھر آپؐ نے صحابہ کو جمع کیا، آن کی آن میں پروانے شمعِ نبوت کے اِرد گرد جمع ہو گئے۔ عثمانؓ کی شہادت کی خبر سے حضورؐ بہت متاثر تھے۔ حضورؐ نے ببول کے درخت کے نیچے صحابہ کرام سے اللہ کی راہ میں مارنے اور مرجانے کی بیعت لی۔

عجیب سماں تھا، چٹیل میدان۔ کہیں کہیں کھجور کے سوکھے پیڑ اور ببول کے درخت دکھائی دیتے تھے۔ دور تک ہو کا عالم تھا اور خدا کا نبی جان نثاری کے لیے صحابہ سے بیعت لے رہا تھا۔ مرد اور عورت جوش میں آ آ کر اقرار کررہے تھے کہ اللہ کے راستہ میں ہماری جانیں کام آجائیں تو یہ سب سے بڑی سعادت ہوگی۔ یہ اقرار زبانِ حال سے تھا۔ یعنی یہ کہ! عثمان بن عفان کے خون کے ایک ایک قطرے کا قصاص لیا جائے گا۔ کفار اس گھمنڈ میں نہ رہیں کہ ہم پرائے دیس میں ہیں۔ مدینہ یہاں سے دُور ہے۔ خدا کی قسم! ہم بدر و احد سے زیادہ پامردی اور بے جگر کے ساتھ لڑیں گے۔ یہ جانیں آخر ہیں کس دن کے لیے۔ خدا کی راہ میں ان کا کام آجانا زندگی کی معراج ہے۔ تاریخ میں یہ بیعت ''بیعت الرضوان'' کے نام سے مشہور ہے۔ مگر بعد میں جاکر اس خبر کی اصلیت کا پتہ چل گیا کہ اطلاع غلط تھی، حضرت عثمان شہید نہیں ہوئے، کافروں کے یہاں نظر بند ہیں۔

صلحِ حدیبیہ:

اس کے بعد صلح کے لیے سلسلہ جنبانی شروع ہوا۔ سہیل بن عمر و فصاحت اور بلاغت میں مشہور تھے، عام قریش کی طرح ان میں تیز مزاجی بھی نہ تھی۔ طبیعت کے انتہائی متین اور سنجیدہ تھے، سفارت کے لیے ایسے ہی شخص کا انتخاب موزوں تھا۔ ''خطیب قریش'' (سہیل) مکہ سے حدیبیہ پہنچا۔ مکہ سے چند کوس کی دُوری پر ایک کنویں کا نام حدیبیہ ہے، وہاں جو چھوٹی

بستی آباد ہے اسے بھی ''حدیبیہ'' ہی کہتے ہیں۔ اسی نسبت کی بنا پر یہ واقعہ ''صلح حدیبیہ'' کے نام سے شہرت پا گیا۔

سہیل حدیبیہ پہنچ کر رسول اللہ کی خدمت میں حاضر ہوئے۔ صلح کی شرطوں پر بہت دیر تک بات چیت ہوتی رہی۔ سہیل کی کوشش یہ تھی کہ قریش کی بات کہیں نیچی نہ ہو جائے۔ کوئی شرط میں نے دب کر مان لی تو اعیانِ مکہ کو منھ دکھانے کے قابل نہیں رہوں گا۔ لوگوں نے مجھے بھروسہ کا آدمی سمجھ کر ہی تو بھیجا ہے۔ رؤسائے قریش نے مجھے رخصت کرتے ہوئے کہا تھا کہ دیکھنا سہیل! تم ہماری آبائی عزت کے منشور پر دستخط کرنے کے لیے جا رہے ہو، بہت بڑی ذمہ داری ہم نے تمہیں سونپ دی ہے۔

مسلسل گفت و شنید کے بعد چند شرطیں فریقین نے مان لیں۔ حضورؐ نے حضرت علیؓ سے معاہدہ تحریر کرنے کا حکم دیا۔ حضرت علیؓ نے صلح نامہ قلم بند کرنا شروع کیا۔ عبارت کا آغاز اس جملہ سے ہوا:

هٰذا ما قاضى عليه محمد رسول الله۔

''یعنی وہ معاہدہ ہے جسے محمدؐ رسول اللہ نے مان لیا۔''

اس پر قریش کا سفیر سہیل بولا۔ ''یہ کیا لکھ دیا، ہماری اور تمہاری ساری لڑائی ہی اس بات پر ہے کہ ہم محمد صلی اللہ علیہ وآلہٖ وسلم کو اللہ کا پیغمبر تسلیم نہیں کرتے۔ اگر ہم آپ کو خدا کا رسول مان لیں تو پھر ہم میں اور آپ میں کوئی نزاع ہی باقی نہ رہے۔ معاہدے میں ''رسول اللہ'' کا لفظ نہیں لکھا جائے گا ''محمد ابن عبداللہ'' کافی ہے''۔

اس پر حضورؐ نے ارشاد فرمایا کہ ''اگر چہ تم جھٹلاتے ہو لیکن خدا کی قسم میں خدا کا رسولؐ ہوں''۔ پھر آپؐ نے حضرت علیؓ کو حکم دیا کہ ''رسول'' کا لفظ عبارت سے مٹا دیا جائے۔ حضرت علی کا ضمیر کانپ اُٹھا، عرض کیا، حضورؐ کا ہر حکم میرے سر آنکھوں پر۔ مگر ''رسول'' کا لفظ ہرگز نہ مٹاؤں گا۔ اور حضور!

خطا نمودہ ام و چشم آفریں دارم

حضورؐ نے علیؓ سے کہا کہ اچھا بتاؤ میرا نام کہاں ہے، علی مرتضیٰ نے اپنی انگلی اس لفظ پر رکھ دی اور حضورؐ نے ''رسول اللہ'' کا لفظ خود دستِ مبارک سے مٹا دیا۔

اس کے بعد صلح نامہ کی شرطیں قلم بند ہوئیں:

(۱) مسلمان اس سال حج کیے بغیر لوٹ جائیں۔ (۲) آئندہ سال حج کے موقع پر آئیں تو تین دن سے زیادہ نہ ٹھہریں۔ (۳) ہتھیار لے کر نہ آئیں۔ بس زیادہ سے زیادہ تلوار لا سکتے ہیں، ان کو بھی بے نیام ہونے نہ دیا جائے گا۔ (۴) جو مسلمان مکہ میں پہلے سے رہتے ہیں اور ٹھہرے ہوئے ہیں ان میں سے کسی ایک کو بھی اپنے ہمراہ مدینہ نہ لے جائیں۔ مگر اس کے برخلاف کوئی مسلمان مکہ آنا چاہے تو اس کو نہ روکیں۔ (۵) کافروں یا مسلمانوں کا کوئی آدمی اگر مدینہ جائے تو اسے واپس کر دیا جائے گا اور کوئی مسلمان مکہ پہنچ جائے تو اسے واپس نہ کیا جائے گا۔''

ابھی معاہدہ لکھا ہی جا رہا تھا، طرفین کے دستخط نہ ہوئے تھے۔ عبارت ادھوری تھی کہ اتنے میں سہیل کے بیٹے ابو جندل گرتے پڑتے پاؤں میں بیڑیاں پہنے ہوئے وہاں آ پہنچے اور زبان حال سے فریاد کرنے لگے:

''یا رسول اللہ! اسلام لانے کی پاداش میں کافروں نے مجھے قید میں رکھ کر بڑی بڑی دردناک اذیتیں دی ہیں۔ یہ دیکھیے، میری پیٹھ کو دیکھیے! کوڑوں کے نشانوں کا کوئی شمار نہیں ہے۔ اور میرا سینہ جلتے پتھروں سے داغا جاتا ہے۔ حضورؐ! مجھ سے کہا جاتا ہے کہ جب تک محمدؐ سے بیزاری کا اعلان نہ کرو گے، اسی طرح ستائے جاؤ گے! میں نے صاف کہہ دیا کہ نادانو! محمدؐ کی رفاقت اور اطاعت پر مجھ جیسی ہزار جانیں قربان! تم میرے جسم کے ایک ایک عضو کو بھی جدا کر دو گے تب بھی محمد (صلی اللہ علیہ وآلہ وسلم) رسول اللہ کی فرماں برداری کا دم بھرتا رہوں گا۔ حضور! بڑی مشکل سے ان ظالموں کی قید سے نکل کر آیا ہوں، پیروں کی بیڑیاں بھی نہیں کاٹ سکا۔ اب سرکارؐ! میں جاؤں گا نہیں، حضورؐ کے قدموں ہی میں رہوں گا''

ابو جندل کی آہ وزاری سن کر صحابہ کرامؓ کے دل ہل گئے، خود رسول اللہ صلی اللہ علیہ وآلہ وسلم بے حد متاثر ہوئے۔

''محمد! صلح نامہ کی شرائط کی تعمیل کا یہ سب سے پہلا موقع ہے۔ صلح کی شرط کے مطابق اس شخص (ابو جندل) کو مجھے واپس دے دو'' سہیل نے حضورؐ سے کہا۔

''مگر ابھی معاہدہ لکھا نہیں جا چکا'' حضورؐ نے جواب میں ارشاد فرمایا۔

"تو پھر ہمیں سرے سے صلح ہی منظور نہیں"۔ سہیل نے بے پروائی کے ساتھ جواب دیا"

"اچھا، ان (ابوجندل) کو یہیں رہنے دو"۔ حضورؐ نے کئی بار اصرار کے ساتھ فرمایا۔ مگر سہیل کسی عنوان راضی نہ ہوا، وہ یہی کہتا رہا کہ ابوجندل کو آپؐ کے پاس نہیں چھوڑا جاسکتا۔ چنانچہ حضرت ابوجندل کو اسی حالت میں مکہ واپس جانا پڑا۔

ابوجندل۔ مظلوم و اسیر ابوجندل کی آنکھوں میں التجا غلطاں تھی کہ سرکارؐ! خدا کے لیے مجھے سفاک اور ظالم دشمنوں میں واپس نہ بھیجئے۔ اور سرکار دوعالم کی چشم کرم زبان حال سے بول رہی تھی کہ ابوجندل! صبر کرو، یہ مظلومیت کا دور زیادہ دن تک نہ رہے گا۔ اللہ تعالیٰ تیری محافظت فرمائے گا، صبر کرنے والوں کا بڑا درجہ ہے۔

صحابہ کرام کو اس واقعہ کا بڑا املال ہوا، کسی کی آنکھوں میں تو آنسو آگئے، ان کا بس چلتا تو ابوجندل کو روک لیتے، جانے نہ دیتے۔ مگر رسول اللہ کے حکم کے آگے کسی کو چون وچرا کی مجال نہ تھی۔ صلح کے شرائط کا بھی ان کو غم تھا، ظاہری طور پر مسلمانوں کی طرف سے دب کر صلح کی گئی تھی، ہر شرط کفار مکہ ہی سے موافق پڑتی تھی مگر اللہ تعالیٰ نے اس صلح کو "فتح مبین" کہا۔ وحی آئی:

اِنَّا فَتَحْنَا لَكَ فَتْحًا مُّبِيْنًا۔ "ہم نے تجھ کو کھلی ہوئی فتح دی"۔

صلح حدیبیہ سے پہلے کافر اور مسلمان ایک دوسرے سے دور دور رہتے تھے۔ مکہ کے لوگ مکہ میں اور مدینہ کے رہنے والے مدینہ میں! لڑائی اور نزاعوں نے ایک دوسرے کے درمیان بیگانگی اور اجنبیت کی دیوار کھڑی کردی۔ دونوں طرف سے جان جانے کا خطرہ بھی لگا رہتا۔ صلح حدیبیہ کے بعد مسلمان اور کفار ایک دوسرے سے ملنے جلنے لگے اور دونوں شہروں میں آنے جانے کا سلسلہ شروع ہوگیا۔

صحابہ کرام کی زندگی، سیرت وکردار، عادات واطوار، طرز معیشت، اخلاق، سچائی، نیکی اور پاک بازی کو دیکھ دیکھ کر کافروں پر بڑا گہرا اثر ہوا۔ اور یہ اثر دلوں کو اسلام کی طرف کھینچ کھینچ کرلے گیا۔ صلح کے اس زمانہ میں اچھی خاصی تعداد دائرۂ کفر سے نکل کر آغوشِ اسلام میں آگئی۔

خالد سیف اللہ جس کی تلوار نے شام کو فتح کیا اور عمرو بن عاص جن کو تاریخ فاتح مصر کے نام سے پکارتی ہے، اسی زمانہ میں اسلام کی سعادت سے مشرف ہوئے۔ یہ حدیبیہ کی صلح

جس کی شرطوں کو دیکھ کر عمر جیسا مستقل مزاج اور بہادر انسان بھی اپنے غم کا اظہار کیے بغیر نہ رہ سکا۔ حقیقت میں ''فتح مبین'' ثابت ہوئی۔ اسلام کا چرچا مکہ میں پہلے سے اور زیادہ ہونے لگا، جو لوگ ابھی تک اسلام نہ لائے تھے وہ بھی دبی زبان سے اقرار کرتے کہ محمدؐ ابن عبداللہ کے ساتھی کیا ہیں فرشتے ہیں۔ زمین پر چلتی پھرتی نیکیاں اور بولتی ہوئی شرافت اور بھلائیاں، بات کے سچے، قول کے پکے، ایثار، مروت کے پتلے، دیانت دار، راست باز۔ تو جس مذہب نے برے لوگوں کو اتنا اچھا بنا دیا۔ وہ مذہب یقیناً سچا ہی ہو سکتا ہے۔ یہ باتیں عام ہونے لگیں۔ دار الندوہ تک میں بھی اس قسم کے تذکرے ہوئے۔ صداقت بوئے گل کی طرح پھیل رہی تھی، اسے روک کون سکتا تھا۔ کوئی بد ذوق پھولوں سے چاہے کتنی ہی دشمنی رکھتا ہو مگر اس کی قوتِ شامہ تو پھولوں کی خوشبو سونگھ کر یقیناً فرحت محسوس کرے گی۔

❋ ❋ ❋

غزوۂ خیبر

مدینہ میں دو گروہ تھے۔ ایک منافقین کا اور دوسرا یہود کا۔ یہ دونوں گروہ رسول اللہؐ اور صحابہ کرام کے خلاف طرح طرح کی سازشیں کرتے رہتے، یہ سازشیں بڑی خوفناک قسم کی تھیں مسلمانوں میں پھوٹ ڈالنے کی کوشش کی جاتی، اقصائے عرب سے جو قبیلے رسول اللہ کی خدمت میں اسلام کے متعلق استفسار حال کے لیے آتے ان کو طرح طرح بہکایا جاتا۔ کفار مکہ نے مسلمانوں کے خلاف جتنے محاذ جنگ قائم کیے، منافقین اور یہود کے مشورے ان میں شریک تھے، اور یہود تو بغلی گھونسہ اور مار آستین بنے ہوئے تھے۔ رسول اللہ کے عفو و کرم سے انھوں نے ناجائز فائدہ اٹھانے کی کوشش کی، یہود کی جگہ کوئی اور ہوتا تو بار احسان سے گردن نہ اٹھاتا اور رسول اللہ کے حسن سلوک کی قدر کرتا۔ مگر یہ یہود تھے جن کو حضرت عیسیٰ روح اللہ نے سانپ کے بچوں کا لقب دیا۔ محسن کشی ان کی فطرت تھی اور اسلام دشمنی ان کی طینت۔

یہود کی سازشیں، منصوبے اور ان کے ناپاک ارادے ایک ایک کر کے بے نقاب ہو گئے کوئی بات چھپی نہ رہی۔ ان کی روش روزِ ازل سے معاندانہ تھی، کفار مکہ کی یورشوں کا معاملہ وہ بدر و احد تک ہی محدود رہا اور یہ بلا دور ہی سے ٹل گئی۔ اگر کہیں مدینہ کی بستی پر قریش حملہ کرتے یہود ان کا ساتھ دیتے اور مسلمانوں پر تلواریں لے کر ٹوٹ پڑتے۔ مسلمانوں کی ترقی دیکھ دیکھ کر ان کے کلیجے پر سانپ لوٹتے اور ان کے دل غصہ کی آگ سے اندر ہی اندر کھولنے لگے۔

اخلاق و انصاف کا یہی تقاضا ہے کہ ایسے دشمنوں کو اپنے میں نہ رہنے دیا جائے۔ سانپ اب آستینوں میں رکھنے کے قابل نہ رہے تھے۔ چنانچہ رسول اللہ نے خدا کے حکم سے بنو نضیر کو مدینہ سے جلاوطن کر دیا اور یہ لوگ خیبر میں آباد ہو گئے۔ جلاوطنی کی سزا ان سازشی دشمنوں کے کرتوتوں کے مقابلہ میں بہت ہلکی سزا تھی۔ مگر یہود کسی کا احسان ماننے والے کب تھے، ان کے دلوں میں پاپ، کپٹ اور لوبھ گھر کر چکا تھا۔ انصاف اور انسانیت کی رمق بھی ان کے دلوں میں باقی نہ رہی تھی۔

خیبر پہنچ کر بھی یہود چین سے نہ بیٹھے، اسلام دشمنی کا جذبہ وہاں پہنچ کر اور تیز تر ہو گیا ان کے وفود اور شعلہ بیان خطیب۔ قبائل عرب میں جا جا کر اور قریہ قریہ گھوم کر اسلام کے خلاف

لوگوں کو بھڑکاتے، غزوۂ احزاب یہود کے اسی پروپیگنڈے کا خوفناک نتیجہ تھا۔

یہود سازش اور دروغ بیانی میں ید طولیٰ رکھتے تھے، ان کی سازش بڑی گہری اور باریک ہوتی۔ ایک مثال اور صرف ایک منظر!

گرمی کا زمانہ ہے، آسمان سے آگ برس رہی ہے، ہواؤں میں شعلے کی لپٹ مل جل گئی ہے، دھوپ اتنی تیز کہ سچ مچ سوا نیزے پر آفتاب آ گیا، ریت کے ذرے سورج کی گرمی پاکر انگارے بن گئے اور سنگریزوں سے چنگاریاں نکلنے لگیں، کھجور جھلسے ہوئے دکھائی دیتے ہیں جیسے ان پر برسوں سے بارش کی ایک چھینٹ بھی نہیں پڑی۔

اس عالم میں ایک یہودی خیبر سے روانہ ہوکر قبیلہ غطفان کے ایک قریہ میں پہنچتا ہے۔ یہ یہودی۔ مکر و دغا کی تصویر، اور فریب و سازش کا مجسمہ! میانہ قد مگر داڑھی ناف سے بھی کچھ نیچے لٹکی ہوئی، سر کے بال الجھے ہوئے۔ اونچی قبا مگر اس کی آستینیں ڈھیلی ڈھالی، ماتھے کی سلوٹیں بے ترتیب جیسے کوئی کسی کپڑے کو پانی میں بھگو کر شکنیں نکالے بغیر سوکھنے کے لئے پھیلا دے، دانتوں پر میل جما ہوا، آنکھیں چمکیلی لیکن ریا کی چشمکوں سے معمور!

کھجوروں کے جھنڈ میں عربوں کے خس پوش مکان تھے، پوری بستی میں ایک کنواں تھا جس پر عورتوں، مردوں اور بچوں کی بھیڑ لگی تھی، پانی بھرا جا رہا تھا، پانی یوں تو ہر وقت اور موسم میں ضروری ہے لیکن گرمی میں تو اس کی ایک ایک بوند آب حیات کا کام کرتی ہے، عرب کے ریگستانوں میں پیاسے مسافر کو لعل و جواہر کی تھیلی نہیں ایک گھونٹ پانی چاہیے، پیاس کی موت بہت دردناک ہوتی ہے۔

یہودی نے ہانپتے ہوئے ناقہ کو بٹھایا، قریہ کے لوگ اس کے اردگرد جمع ہو گئے۔ اس تپش اور دھوپ میں ٹھیک دوپہر کے وقت کسی کا آنا اچنبھے سے خالی نہ تھا۔ مہمان نواز عربوں نے یہود کو "اہلاً و سہلاً" کہا اور اپنے خیمے میں اسے لے گئے۔ کھجور، پنیر اور ستو اس کے سامنے لائے گئے، اور بکری کا دودھ بھی، یہودی نے پانی کے لیے اشارہ کیا، آن کی آن میں پانی آ گیا، یہودی پانی کا پورا ڈول غٹ پی گیا، اس نے اپنی داڑھی کو نچوڑا جو پانی میں بھیگ گئی تھی، پیاسا آدمی بدحواس بھی تو ہو جاتا ہے۔

ایہا الشیخ! ادھر کیسے آنا ہوا؟ اور آپ کسی ساتھی، ہم سفر اور قافلہ کے بغیر تنہا کس طرح

چل پڑے اور" قریہ کے ایک بوڑھے آدمی نے دریافت کیا اور اس کی بات پوری نہ ہوئی تھی
کہ بیچ میں دوسرا آدمی بول پڑا:

"ادھر کا جنگل بڑا خطرناک ہے، آئے دن قافلے لٹتے رہتے ہیں۔ اکیلے آدمی کا سفر
کرنا تو کسی طرح مناسب نہیں، آپ نے بڑی جرأت بلکہ میں کہوں گا (معاف فرمایئے
غلطی کی جو تن تنہا اس طرف چلے آئے۔

"مگر موت سے زیادہ بڑا خطرہ اگر سامنے ہو تو آدمی آخر کیا کرے۔" یہودی
جواب دیا۔ ہم سمجھے نہیں! آپ کی بات کچھ بوکھلائی ہوئی سی ہے، ذرا سا پانی اور پی لیجیے
آپ اس آگ برستے میں دور سے چل کر آرہے ہیں، موت سے بڑھ کر خطرناک چیز کیا
سکتی ہے، عجیب! ماتھے کا پسینہ تو پونچھیے اور داڑھی کے پیچوں سے گرد تو جھاڑیے، تکان آپ
کے تیوروں سے برس رہی ہے" کئی آدمیوں نے مل کر کہا اس طرح کہ ایک نے دو لفظ کہ
دوسرے نے اس پر اور اضافہ کر دیا، اور تیسرے نے کچھ اور بڑھا دیا۔

اس پر یہودی نے تقریر شروع کر دی:

ایہا الاخوان! اس دھوپ اور لو میں کسی کا عرب کے چٹیل میدانوں میں تن تنہا سفر کر
یقیناً حماقت ہے بلکہ یوں سمجھیے کہ خود اپنی ذات سے دشمنی کرنے کے برابر ہے، جان مجھے بھی
پیاری ہے اور زندگی کو میں بھی عزیز رکھتا ہوں، لیکن جس بات کے کہنے اور جس خطرہ
اطلاع دینے کے لیے میں یہاں آیا ہے وں، وہ بہت زیادہ اہم ہے۔" (بدویوں کی نگاہیں
بوڑھے اور فتنہ ساز یہودی کے لبوں پر جم کر رہ گئیں)

"سنو! یہ خبر تو تم تک کسی نہ کسی طرح ضرور پہنچ چکی ہوگی کہ قریش کے قبیلہ بنو ہاشم
ایک شخص محمدؐ نامی نے نبوت کا دعویٰ کیا ہے، یہ اب سے کئی سال کی بات ہے؟ قریش نے ا
پر سختی کی تو وہ اپنے ساتھیوں کو لے کر مدینہ چلا آیا۔ اب مدینہ محمدؐ ابن عبداللہ اور اس کے صحا
مرکز بن گیا ہے۔ ابن عبداللہ یہ کہتا ہے، جانتے ہو؟ (بہت کم جانتے ہیں جو نہ جاننے
برابر ہے، دو تین بدویوں نے ایک ساتھ مل کر جواب دیا) تو لو، میں بتاتا ہوں! بنو ہاشم کا
پیغمبر، عربوں کے آبائی فخر اور خاندانی شرافت کا منکر ہے۔ وہ کہتا ہے کہ انسان انسان سب
برابر ہیں تو یہ درس مساوات عرب کی شرافت کے خلاف کھلا ہوا چیلنج ہے، یعنی اب غلام اور

ایک ہی دستر خوان پر بیٹھ کر کھانا کھایا کریں گے۔ (یہ نہیں ہو سکتا، ہم ایسا نہیں ہونے دیں گے، غلام اور آزاد ایک برابر نہیں ہو سکتے۔ عرب کی غیرت اسے برداشت نہیں کر سکتی، قریہ کے لوگ بیچ میں بول پڑے) مگر بھائیو! آپ یوں ہی چپ چاپ بیٹھے رہے اور اس فتنہ کاری کا پوری قوت کے ساتھ مقابلہ نہ کیا تو آپ کو یہ ذلت برداشت کرنا پڑے گی۔ تمہارے معبودوں اور خداؤں کو توڑ پھوڑ کر خاک میں ملا دیا جائے گا۔ (بدویوں کے چہرے غصے کے مارے سرخ ہو ہو جاتے ہیں) مدینہ سے خبر آئی ہے کہ مسلمان اب کی بار تم غطفانیوں پر بڑے زور شور کے ساتھ چڑھائی کرنے کی تیاریاں کر رہے ہیں، وہ کہتے ہیں کہ غطفانیوں کا زور ٹوٹ گیا اور اس قبیلہ کو زیر کر لیا تو تمام اہل بادیہ ہماری مٹھی میں آجائیں گے۔ (مگر ہماری تلواریں کیا کند ہو جائیں گی اور ہمارے بازوئے تیغ زن کیا شل ہو جائیں گے۔ تلوار کا جواب تلوار سے اور تیر کا جواب تیر سے دیا جائے گا۔ غطفانیوں سے چھیڑ چھاڑ کر کے یہ مسلمان گھاٹے میں رہیں گے، یہ جنگ بہت مہنگی پڑے گی۔ غطفانی آج تک کسی لڑائی میں زیر نہیں رہے۔ شام کے جنگ جو لٹیروں کو بار ہا ہم نے شکستیں دی ہیں اور نجد کے راستوں کی کھجوروں، ببولوں اور پہاڑیوں پر ہماری فتح مندی کے پرچم لہرا رہے ہیں، ایک بدوی اپنی تلوار کو ہلاتے ہوئے بولا)۔

یہود نے قبیلہ غطفان کی طرح عرب کے دوسرے قبیلوں میں بھی مسلمانوں کے خلاف غضب و انتقام کا ایک آتشیں جذبہ پیدا کر دیا۔ قبیلہ غطفان کا خیبر کے یہود سے معاہدہ بھی تھا اور وہ ایک دوسرے کے حلیف تھے۔ ہجرت نبوی کے چھٹے سال قبیلہ غطفان نے مدینہ پر حملہ کرنے کے لیے بہت بڑے پیمانہ پر تیاریاں شروع کر دیں۔

خیبر کے یہود کی سازشیں خوفناک کھیل کھیل رہی تھیں۔ منافقین مدینہ سے بھی وہ ساز باز رکھتے تھے اور ان کے واسطے سے مسلمانوں کے حالات معلوم کرتے رہے۔ منافقین کا سردار عبداللہ بن ابی بن سلول یہود کی اس اسلام دشمنی سے بر وقت فائدہ اٹھا رہا تھا ان کو اشتعال دلانے کے لیے وہ ظالم مدینہ سے جھوٹی اطلاعیں اور گڑھی (۱) ہوئی خبریں بھیجتا رہتا۔ اس نے اپنے قاصد کو خیبر بھیجا جس نے یہود خیبر کو جا کر اطلاع دی کہ محمدؐ ابن عبداللہ تم لوگوں پر حملہ کرنے کی تیاریاں کر رہے ہیں، روزانہ مشورے ہوتے ہیں مسلمانوں کے

(۱) بعض ارباب قلم اسے "گھڑی ہوئی" لکھتے ہیں۔ (ماہر)

خطیب عوام کو جنگ کے لیے ابھارتے ہیں۔ تلواروں پر پانی رکھا جا رہا ہے۔ اور نیزوں کی انی تیز کی جا رہی ہیں۔ مگر تم لوگ اس خبر کو سن کر کہیں ڈر نہ جانا ایسا نہ ہو کہ ہمت ہار بیٹھو کہ یہ مسلمان نہ جانے کتنی بھاری فوج لے کر چڑھائی کریں گے، یہ گنتی کے آدمی ہیں جنگ کا ساز و سامان بھی پورا نہیں ہے۔ یہ تمہارا کچھ بگاڑ نہیں سکتے۔ مگر پھر بھی دشمن کو حقیر و بے چارہ سمجھنا نہ چاہیے، تم اپنی تدبیر سے غافل نہ رہو۔ اور فتنہ کو ابھرنے سے پہلے دبا دو۔ ہمارے دل تم لوگوں کے ساتھ ہیں۔ اور دل نہیں تلواریں بھی!

یہود خیبر نے اس خبر کے ملتے ہی آس پاس کے قبیلوں کو اکسایا کہ مسلمانوں کے حملہ کرنے سے پہلے ہمیں خود مدینہ پہنچ کر ان پر چڑھائی کر دینی چاہیے۔ تم اس لڑائی میں ہمارا ساتھ دو گے تو خیبر کے کھجوروں کی آدھی پیداوار تمہاری نذر کی جائے گی۔ کنانہ، یہودہ بن قیس اور غطفان کے قبائل نے اس شرط کو منظور کر لیا۔ ہامی بھر لی، نوجوانوں نے خم ٹھونک کر کہا کہ مدینہ کی زمین کو ہم مسلمانوں کا قبرستان بنا دیں گے۔ بدر و احد اور خندق کی تمام جنگوں کا بدلہ اس ایک ہی لڑائی میں لیا جائے گا۔

یہود اور غطفان کے مدینہ پر حملہ کی تیاریوں کی خبر پا کر حضور نبی کریم صلی اللہ تعالیٰ علیہ وآلہٖ وسلم مسلمانوں کی فوج لے کر خیبر کی جانب روانہ ہوئے۔ صحابہ کرام کے پاس سامان حرب کی کمی تھی مگر ایمان کی زیادتی نے اس کمی کو پورا کر دیا۔ شوق شہادت ان کی پاکباز آنکھوں میں جھلک رہا تھا۔ تیور زبان حال سے کہہ رہے تھے کہ حضرت موسیٰ کلیم اللہ کے ان نافرمان امتیوں کو خاک و خون میں تڑپا کر ہی مدینہ کو لوٹیں گے اور یہ غطفانی جن کو اپنی شجاعت پر بہت گھمنڈ ہے، بہت جلد دیکھ لیں گے کہ اللہ کی راہ میں جنگ کرنے والوں سے لڑنا ہنسی کھیل نہیں ہے۔

رسولؐ اللہ نے اس غزوے میں سب سے پہلی بار اسلامی فوج کے لیے علم تیار کرائے، ایک علم حباب بن منذر کو اور دوسرا جھنڈا اسعد بن عبادہ کو عنایت کیا۔ تیسرا پرچم حضرت علی بن ابو طالب کو ملا۔ پھریرا جو علیؓ کو مرحمت ہوا تھا، خاص رسول اللہ کا علم تھا جو حضرت عائشہؓ کی چادر مبارک سے بنا تھا۔

خیبر کے آس پاس نخلستانوں کا سلسلہ تھا، آبادی میں پہاڑیاں تھیں جن میں چھ قلعے تھے۔ پانچ قلعوں کو تو مسلمانوں نے بہت جلد فتح کر لیا تھا مگر یہ چھٹا قلعہ جو قموص کے نام

سے مشہور تھا، سب سے زیادہ مضبوط تھا۔ بہت کوشش کے بعد بھی قبضہ میں نہ آیا۔ اس قلعہ کا موقف (Situation) بھی کچھ ایسا تھا کہ حملہ کرنے والی فوج کے لیے دشواریاں اور مدافعت کرنے والوں کے لیے آسانیاں تھیں۔ قلعہ قموص کی سیادت مرحب کے سپرد تھی۔ مرحب کی شہ زوری اور جسمانی طاقت کی سارے عرب میں دھوم مچی تھی، عام طور پر مشہور تھا کہ مرحب اکیلا ایک طرف اور ہزار پہلوان ایک طرف! اتنا بہادر اور طاقتور پہلوان جس قلعہ کا رئیس ہو، اسے مضبوط ہونا ہی چاہیے تھا۔

شام کا وقت تھا۔ سورج ابھی غروب نہیں ہوا تھا، نخلستانوں پر البتہ شام کا دھندلکا پھیلنا شروع ہو گیا تھا۔ جاں نثار صحابہ جلو میں حاضر تھے، شمع نبوت کے اردگرد پروانوں کا ہجوم تھا۔ اتنے میں حضورؐ نے ارشاد فرمایا کہ کل میں اس شخص کو پرچم دوں گا جس کے ہاتھ پر خدا فتح عنایت فرمائے گا اور جو خدا کے رسول کو چاہتا ہے اور خدا اور خدا کے رسول اس کو چاہتے ہیں۔

صحابہ کرام میں ہر شخص اسی تمنا اور امید میں تھا کہ رسول اللہ مجھے علم عنایت فرمائیں گے، امید جب بندھتی ہے تو پھیلتی اور شاخ در شاخ ہوتی چلی جاتی ہے۔ رات گزری، سپیدۂ سحر نمودار ہوا۔ شوقِ انتظار کا دم آنکھوں میں کھنچ کر آ گیا تھا، سب منتظر تھے کہ دیکھیں رسول اللہ کسے پرچم نصرت مرحمت فرماتے ہیں۔ تمنائیں بڑی کشمکش میں تھیں۔ کہ اتنے میں علی ابن ابی طالب کی قسمت کا ستارہ چمکا۔ یہ سعادتِ خاص ان کے حصہ میں آئی اور رسول اللہ نے اپنے دستِ مبارک سے علم عطا فرما دیا۔ علیؓ کا چہرہ فرطِ مسرت سے گلاب کی طرح رنگین ہو گیا مگر اس رنگینی میں ذمہ داری کا احساس بھی جھلک رہا تھا کہ دیکھنا! رسول اللہ نے جو منصب سپرد فرمایا ہے اور ذمہ داری سونپی ہے اس میں کوتاہی نہ ہو جائے۔

قلعہ قموص کے رئیس اور شہ زور پہلوان مرحب نے رات کو خواب دیکھا کہ ایک شیر مجھے چیر رہا ہے۔ مرحب نے بیوی سے خواب کا ذکر کیا۔ بیوی نے جواب دیا کہ تم تو بڑے بہادر ہو، آج تمہیں کیا ہو گیا ہے کہ خواب دیکھ کر جی چھوڑے دیتے ہو، خواب وخیال کیا تو ایسا کوئی یقین نہیں کیا کرتا۔ مرحب نے کہا کہ میں اپنے دل کو کیا کروں کہ اس خواب دیکھنے کے بعد دل بیٹھا جاتا ہے، نہ جانے میری تقدیر میں کیا لکھا ہے اور کیا واقعہ پیش آنے والا ہے۔

صبح کو جب حضرت علیؓ میدانِ جنگ میں تشریف لائے تو مرحب بھی بڑے زور شور

کے ساتھ رجز پڑھتا ہوا قلعہ سے باہر نکلا۔ اس نے لوہے زرہ پہن رکھی تھی، ایک ہاتھ میں ڈھال تھی اور دوسرا ہاتھ میں چمکتی ہوئی تلوار، نیزہ بغل میں دبا کی تھا۔ اس کے چہرے سے خوف اور غضب ٹپک رہا تھا۔ زخمی بھیڑیے کی سی اس کی حالت تھی۔ اس کی رجز!

''خیبر کی وادیاں مجھے یہاں پہچانتی ہیں کہ میں مرحب ہوں اور میں دلیر ہوں، تجربہ کار اور جہاں دیدہ ہوں، اور ہتھیار بند ہوں۔''

اس کے جواب میں حضرت علی حیدر کرار نے پورے جوش کے ساتھ فرمایا:

''میں وہ ہوں کہ میری ماں نے میرا نام شیر (حیدر) رکھا تھا۔ شیرِ نیستان کی طرح ہیبت ناک ہوں!''

شیر کا نام سنتے ہی مرحب کو رات کا خواب یاد آ گیا اور اس کے ہاتھ پاؤں میں سنسنی سی دوڑ گئی۔ آدمی تھا جیوٹ اور جنگ آزمودہ، جی کڑا کر کے اس نے اپنے کو سنبھالا۔ لڑائی شروع ہوئی مرحب نے اپنی بہادری اور طاقت کے خوب خوب جوہر دکھائے۔ جب وہ کاوا دے کر حضرت علیؓ پر حملہ کرتا تو قلعہ کیفصیلپر کھڑے ہوئے یہود جوشِ مسرت سے بیتاب ہو کر چیخنے لگتے۔ اس شور میں ہمت افزائی کا جذبہ بھی شریک کار تھا۔ مگر علیؓ سے مقابلہ، حیدر کرار سے جنگ تھی، لَا فَتٰی اِلَّا علیؓ لا سَیفَ اِلَّا ذُو الفقار کا سامنا تھا، یہ اس سے لڑائی تھی جس کے لیے فتح ونصرت مقدر ہو چکی۔ آج ایک مرحب کیا، ساری دنیا بھی علیؓ کے مقابلہ پر آ جاتی تو شکست کھا جاتی۔ مرحب نے بہت کچھ داؤں پیچ کیے مگر شیرِ خدا کے سامنے اس شغالِ خیبر کی کچھ چل نہ سکی۔ ذوالفقارِ علیؓ نے اس رستم زماں اور تہمتنِ وقت کا قصہ ختم کر دیا۔ اس کی لاش کنکریوں پر تڑپنے لگی۔ حضرت علیؓ خیبر کا مضبوط دروازہ توڑتے ہوئے قلعہ میں داخل ہو گئے۔ اور مسلمانوں کے شورِ تکبیر سے خیبر کی رزم گاہ گونجنے لگی۔

فتح ہو چکی تو قدرتی طور پر خیبر کی ساری زمین مسلمانوں کے قبضہ میں آ گئی، ارضِ خیبر اب رسول اللہ صلی اللہ علیہ وآلہٖ وسلم کا مقبوضہ علاقہ تھا، خیبر کے یہود بارگاہِ رسالت میں حاضر ہوئے اور عرض کیا کہ خیبر کی زمین ہمارے ہی قبضہ میں رہنے دی جائے، جو کچھ زمین کی پیداوار ہو گی اس کی آدھی پیداوار ہم دے دیا کریں گے۔ یہود کی اس درخواست کو شرفِ قبولیت عطا ہوا۔ جب فصل کا وقت آتا تو رسول اللہ صلی اللہ علیہ وآلہٖ وسلم حضرت عبداللہ بن رواحہ کو پیداوار کی بٹائی

لینے کے لیے خیبر بھیج دیتے۔ حضرت عبد اللہ تمام پیداوار کو اکٹھا کر کے دو حصوں میں تقسیم کرتے اور یہود سے کہتے کہ اس میں سے جس حصہ کو چاہو لے لو۔ یہوی اس پر حیرت کے ساتھ کہتے، بلکہ کہنے پر مجبور ہو جاتے، دل کی آواز رک نہ سکتی:

"زمین و آسمان اسی عدل و انصاف کے سہارے قائم ہیں"۔

ارضِ شام میں

اس زمانہ میں بادشاہوں اور شہنشاہوں کے ماتحت سردار اور رئیس ہوا کرتے تھے، ان سردارں اور رئیسوں کی حیثیت نیم آزاد فرماں رواؤں جیسی تھی، اپنے علاقے میں یہ بھی ایک طرح کے چھوٹے موٹے بادشاہ تھے۔ ان کے یہاں محل سرائیں بھی تھیں اور دربار بھی گرم ہوتے تھے، عیش و عشرت کی محفلیں اور مسرت کے جشن بھی ہوتے تھے۔

قیصر روم کے ماتحت بہت سے رئیس اور سردار تھے۔ ان میں شام کے سرحدی علاقے کا شرحبیل بن عمر نامی ایک رئیس تھا۔ حضور نبی کریم علیہ الصلوٰۃ والسلام نے جب بادشاہوں اور حاکموں کے نام مکتوبِ ہدایت اور دعوت نامے بھیجے تو ایک خط شرحبیل کے نام بھی حضرت حارث بن عمیر کے ہاتھ روانہ فرمایا۔ شرحبیل رسول اللہ کا نامہ گرامی پڑھ کر آگ بگولا ہو گیا، اور نامہ بر (حضرت حارث) کو قتل کر دیا۔ رسول اللہ کو جب اس واقعہ کی اطلاع ملی تو حضور نے حارث کے خون کا قصاص لینے کے لیے تین ہزار کی جمعیت حضرت زید بن حارثہ کی قیادت میں بلقا کی طرف روانہ کی۔ زید ایک غلام تھے، جن کو حضور نے آزاد فرمایا تھا انہی کی سپہ سالاری میں انصار و مہاجرین کے اشراف نے سپاہی بن کر اللہ کے راستہ میں لڑنا ہنسی خوشی قبول کر لیا۔

حضور نے ہدایت فرمائی کہ زید بن حارثہ شہید ہو جائیں تو ان کے بعد جعفرِ طیار فوج کی کمان اپنے ہاتھ میں لیں، وہ بھی شہید ہو جائیں تو عبد اللہ بن رواحہ سپہ سالاری کے فرائض انجام دیں۔ حضرت عبد اللہ بن رواحہ بڑے رتبہ کے صحابی تھے، خیبر کے یہود سے پیداوار کی بٹائی لینے کے لیے ہر سال فصل پر جایا کرتے تھے، بلند پایہ شاعر بھی تھے۔

جیش اسلام مدینہ سے اِدھر روانہ ہوا، اُدھر پرچہ نویسوں اور جاسوسوں نے شرحبیل کو اطلاع دی کہ مسلمان حضرت حارث کے خون کا بدلہ لینے کے لیے تمہارے علاقہ میں آرہے ہیں۔ شرحبیل نے جنگی تیاریاں شروع کر دیں اور تھوڑی مدت میں ایک لاکھ کے قریب جرار

فوج کیل کانٹے سے لیس کرلی۔ دوسری طرف خود قیصرِ روم بھی بہت بڑا لشکر لے کر سرحد کے ایک اہم مورچہ پر آکر جم گیا۔

کافروں کی فوج کی کوئی شمار نہ تھی۔ ساز وسامان لاتعداد تھا۔ بادیہ نشینوں کا شہنشاہی اور امارت سے مقابلہ تھا۔ دیس بھی پرایا تھا، یہاں کے جنگلوں، وادیوں، نخلستانوں، پہاڑیوں اور راستوں سے بھی واقفیت نہ تھی۔ مگر مسلمان اللہ کا نام لے کر باطل پرستوں سے ٹکرا گئے۔ بڑے گھمسان کا رن پڑا۔ مسلمان بڑی پامردی اور جاں بازی سے لڑے۔

اسلامی فوج کے کمانڈر حضرت زید نے اتنی برچھیاں کھائیں کہ شہادت کا جام ہونٹوں سے آلگا۔ ان کے بعد حضور رسول کریمؐ کے ارشاد کے مطابق حضرت جعفرِ طیار نے فوج کی کمان سنبھالی اور پرچم اسلام ہاتھ میں لے کر دشمنوں کی فوج میں گھس پڑے، کچھ دیر تک سواری پر لڑتے رہے۔ پھر سوار سے کود کر زمین پر اُترے اور اس قدر بہادری اور جرأت کے ساتھ لڑے کہ دشمنوں کے چھکے چھڑا دیے۔ جعفر طیار جدھر کا رُخ کرتے، کافروں کی فوج کائی کی طرح پھٹ جاتی۔ آخر کار زخموں سے چور ہو گئے، اور شہادت کی سعادت حاصل کی۔ عبداللہ بن عمر نے جب ان کی لاش دیکھی تو حضرت جعفر طیار کے جسم پر تلواروں اور برچھیوں کے سو کے لگ بھگ زخم تھے۔ مگر یہ سب کے سب زخم سامنے کی طرف تھے۔ جعفر کی پیٹھ پر ایک خراش بھی نہ تھی۔

حضرت جعفر طیارؓ کی شہادت ہو چکی تو ان کی جگہ حضرت عبداللہ بن رواحہ نے لے لی۔ عبداللہ بھی خوب لڑے، یہاں تک کہ عروسِ شہادت سے ہم کنار ہو گئے۔

لشکرِ اسلام کے تین سپہ سالار جب پے در پے شہید ہو چکے تو حضرت خالد نے علم ہاتھ میں لیا اور شجاعت و دلیری کے کارزار میں جھنڈے گاڑ دیے۔ اس دن ایک نہیں آٹھ تلواریں ان کے ہاتھ سے ٹوٹ ٹوٹ کر گریں۔ مسلمانوں کی جمعیت بہت سے بہت تین ہزار تھی اور کفار کی تعداد کم سے کم ایک لاکھ! حضرت خالد نے موقع کی نزاکت کا اندازہ لگایا اور اتنی جرار فوج کے نرغہ سے مسلمانوں کا لشکر نکال لائے۔ بے جگری، بہادری اور شجاعت کا بے محل استعمال بعض موقع پر وبالِ جان بن جاتا ہے۔ فوج کا بہترین کمانڈر اور کامیاب جنرل وہ ہے جو معرکۂ رزم وقتال کی نبض کو پہچان سکے۔

فتح مکہ

ہجرتِ نبویؐ کے آٹھویں سال کا واقعہ ہے کہ حضورؐ مسجد میں تشریف رکھتے تھے۔ اتنے میں ایک شخص انتہائی درد انگیز لہجہ میں فریاد کرنے لگا:

"اے خدا! میں محمدؐ کو وہ عہد یاد دلاتا ہوں جو ہمارے اور ان کے قدیم قبیلہ میں ہوا ہے، اے خدا کے رسولؐ ہماری مدد کر، اور خدا کے بندوں کو بلا"۔

حضورؐ نے استفسارِ حال فرمایا تو معلوم ہوا کہ قریش کے ایما بلکہ ان کی مدد سے بنوبکر نے بنوخزاعہ کا حدودِ حرم میں خون بہایا اور معاہدہ شکنی کی، صلحِ حدیبیہ کے شرائط کی بنیاد پر بنوخزاعہ اور مسلمان ایک دوسرے کے حلیف ہوگئے تھے۔ یہی مسلمانوں کے حلیف (خزاعہ) بھیڑ بکری کی طرح حدود حرم میں ذبح کردیے گئے۔

عمرو بن سالم اپنے قبیلہ کی طرف سے فریاد لے کر بارگاہِ رسالت میں حاضر ہوئے تھے۔ اس سلسلے میں تمام واقعات اور مکمل تفصیل سن کر حضورؐ بہت زیادہ متاثر ہوئے اور قریش کے پاس تین شرطیں لے کر قاصد روانہ فرمایا۔ پہلی شرط یہ تھی کہ خزاعہ کے مقتولوں کا خون بہا دیا جائے۔ دوسری شرط یہ تھی کہ قریش بنوبکر کی حمایت سے ہاتھ اٹھالیں، اور آخری شرط یہ تھی، عام اعلان کردیا جائے کہ حدیبیہ میں جو معاہدہ ہوا تھا وہ ٹوٹ گیا۔

قریش کے نمائندے نے قاصدِ رسولؐ سے کہا کہ پہلی دو شرطیں ہمیں قبول نہیں، البتہ تیسری شرط منظور ہے۔ جب قاصد مدینہ واپس چلا گیا تو قریش کو اپنی غلطی کا احساس ہوا کہ ہم نے جواب دینے میں عجلت اور شدت سے کام لیا۔ ابوسفیان کو انہوں نے مدینہ بھیجا اور ابوسفیان نے حدیبیہ کے صلح نامہ کی تجدید کی کوشش بھی کی۔ مگر اب معاملہ صلح اور تجدید صلح کی حد سے گزر چکا تھا۔ کفار قریش کی مسلسل بدعہدیاں، سازشیں، اور اسلام دشمنی کسی مصالحت اور سمجھوتے کی مستحق نہ تھیں۔ ابوسفیان کی سفارت ناکام رہی، تاریخ اپنا ورق اُلٹ چکی تھی، سچائی کامیابی کے افق سے جھانک رہی تھی اور باطل کو آپ ہی آپ ٹھنڈے پسینے آرہے تھے۔

حضورؐ نے مکہ کی طرف کوچ کا اعلانِ عام فرمادیا۔ چند دن میں کوچ کی تیاریاں مکمل ہ
گئیں۔ یہاں تک کہ رمضان کی دس تاریخ (۸ ہجری) کو حضورؐ دس ہزار فدائی اور عقی
صحابہ کو ساتھ لے کر مدینہ منورہ سے مکہ مکرمہ کی طرف روانہ ہوگئے۔ منزلوں پر منزلیں طے
کرتا ہوا یہ مقدس لشکر مکہ کے حدود میں داخل ہوا۔ حضورؐ نے حضرت عباس کو حکم دیا کہ جاؤ
ابوسفیان کو قلۂ کوہ پر لے جاکر کھڑا کردو تاکہ وہ اپنی آنکھ سے اللہ کی فوج کے جلال وسطوت
مشاہدہ کرلے۔ سب سے پہلے قبائلِ عرب کی فوجوں نے پیش قدمی کی۔ قبیلۂ غفار کا علم سب
سے آگے لہرا رہا تھا۔ پھر دوسرے قبیلوں کے جاں باز سپاہی ہتھیاروں سے سجے ہوئے نعر
تکبیر بلند کرتے ہوئے آگے بڑھے۔ ابوسفیان اس منظر کو دیکھ کر سہم سہم جاتا۔ تکبیروں کے
پُرجوش نعروں نے اس کے بدن کے رونگٹے کھڑے کردیے۔ یا تو وہ زمانہ تھا کہ مکہ کی
سرزمین مسلمانوں کے لیے یکسر تنگ ہوگئی تھی اور خدا کے پرستار انتہائی مظلومیت اور بیکسی کی
زندگی بسر کر رہے تھے۔ یہاں تک کہ خود ذات مآب کو مکہ چھوڑ دینا پڑا۔ اور آج مکہ کی
فضا میں اسلام کے پرچم لہرا رہے تھے۔ مظلومیت فتح اور غلبہ سے بدل گئی تھی۔ کفر چھپ
کے لیے پناہ، ڈھونڈھ رہا تھا اور باطل کی سطوت سربہ گریباں بلکہ خاک بسر تھی۔

تمام قبیلوں کے دستوں کے بعد انصار کی باری آئی۔ تلوار، نیزے، ترکش، زرہیں، علم
رسب سے بڑھ کر ان کا جوشِ مسرت، حسنِ خلوص اور جذبۂ عقیدت۔۔ قریش اس اہتمام کو دیک
کر کانپ گئے۔۔ یہ انصار تھے رسولؐ اور صحابہؓ کے مددگار، جنھوں نے مہاجرین کے ساتھ
بھائیوں جیسا سلوک کیا۔ اسلام کی حمایت میں جو سدا سینہ سپر رہے۔ مقدس جنگوں میں جن کی
شجاعت اور جوشِ جہاد کے افسانوں سے تاریخ اسلام کے اوراق ہمیشہ مزین رہیں گے۔

قبیلوں کے تمام دستے ایک ایک کر کے گزر چکے تو سب سے آخر میں خود محمد مکی مد
العربی کی سواری بادِ سواری مکہ سے گلی کوچوں کو مہکاتی ہوئی اور خاک کے ذروں کو مہ و مہر بنا
ہوئی نظر آئی۔ حضرت زبیر بن العوام کے ہاتھ میں علم نبوی تھا اور حضورؐ نے فرطِ تواضع او
جذبۂ تشکر سے سرِ مبارک کو جھکا لیا تھا کہ جبیں مبارک کجاوے سے لگ گئی۔ جس وقت انصار
لشکر مکہ میں داخل ہوا تھا تو حضرت سعد بن عبادہ جیشِ انصار کے علم بردار تھے، ان کے منہ
میں جوش کی حالت میں نکل گیا تھا کہ:

"آج گھمسان کا دن ہے، آج کعبہ حلال کر دیا جائے گا۔"

اس جملہ کو جس قریشی نے سنا لرز گیا۔ ابوسفیان نے جب کو کبۂ نبوت کو دیکھا تو ڈرتے ڈرتے شکایت کے لہجہ میں پکارا:

"آپؐ نے سنا، عبادہ کے بیٹے سعد، انصار کے علم بردار نے کیا کہا تھا۔"

حضورؐ نے فرمایا:

"سعد نے ٹھیک نہیں کہا، آج تو کعبہ کی عظمت کا دن ہے۔"

اس ارشاد کے بعد حضورؐ نے حکم فرمایا کہ جیشِ انصار کا علم سعد بن عبادہ سے لے کر ان کے بیٹے کو دے دیا جائے۔

بامِ حرم پر معصوم کبوتر مسرت سے رقص کر رہے تھے کہ آج کعبہ کی تطہیر کا دن تھا۔ ہجرت کے دن سے لے کر آج تک ارضِ حرم کا ذرہ ذرہ دل گیر تھا مگر اب ان کے دن پھر گئے تھے، بے جان ذرّوں کے منھ میں زبان آگئی تھی۔ اور گویائی بھی! زبان حال سے عرض کر رہے تھے:

"حضورؐ! جب سے آپ یہاں سے تشریف لے گئے ہیں ہم پر مسرت کی ایک سحر بھی طلوع نہیں ہوئی۔ ہم اسی دن سے سرکار کی راہ دیکھ رہے ہیں، ہم پر کیسے کیسے سخت وقت گزر رہے ہیں اور کیسی کیسی بھیانک خبریں ہم تک پہنچی ہیں۔۔ کبھی یہ کہ احد کی جنگ میں محمد ابن عبداللہ کو شہید کر دیا گیا۔ مسلمانوں کی ترکی تمام ہوگئی، کبھی یہ کہ مدینہ کے یہود اور منافقین نے گاجر مولی کی طرح صحابہ کو کاٹ ڈالا، اور کوئی دن میں یہ بھی سن لینا کہ عبدالمطلب کے گھر کا چراغ بھی گل ہو گیا۔ اور حضورؐ! آپ سے جنگ کرنے کے لیے جب کفار قریش گزر رہے ہیں تو ان کے جوش و خروش کے مناظر دیکھ دیکھ کر ہم سہمے جاتے تھے اور اللہ سے دعا کرتے تھے کہ بار الٰہا! اپنے نبی اور انسانیت کے غم خوار نبی کی مدد فرمانا۔ اللہ نے ہم ناچیز ذرّوں کی سن لی، حضورؐ تشریف لے آئے۔ قریش کے فخر و غرور کے جھنڈے آپ ہی آپ سرنگوں ہو گئے۔"

قریش مسلمانوں کی فوج دیکھ کر سراسیمہ اور بدحواس ہو گئے، مقابلہ کی کسی میں ہمت نہ

تھی، ان کے بازوئے شجاعت آج شل ہو گئے، تلواروں کے جوہر آپ ہی آپ دھندلے ہوئے جا رہے تھے۔ جراُتیں جواب دے رہی تھیں اور عرب کی آبائی غیرت پر اوس سی پڑ گئی تھی۔ مگر اس حالت میں بھی قریش کی ایک ٹولی سے ضبط نہ ہو سکا۔ اس نے ہمت کر کے حملہ کیا اور کرز بن جابر فہری اور حبش بن اشعر دو صحابیوں کو شہید کر دیا۔ حضرت خالد تلوار چلانا نہیں چاہتے تھے، وہ دیکھ چکے تھے کہ سعد بن عبادہ کے یہ الفاظ کہ:

''آج گھمسان کا دن ہے، کعبہ آج حلال کر دیا جائے گا۔''

رسول اللہ کو پسند نہیں آئے۔۔ مگر جب کہ دوسری طرف تلواریں اپنا کام کر رہی تھیں، طرح دے کر خاموش بیٹھے رہنا اور معرکۂ جدال وقتال سے صرفِ نظر کرنا بھی کسی بھی طرح مناسب نہ تھا۔ خالد نے بھی تلوار کا جواب تلوار سے دیا۔ یہاں تک کہ کفار میدان سے بھاگ نکلے، ان کے تیرہ آدمی کام آئے۔ مقتولوں کی لاشیں بھی وہ ساتھ نہ لے جا سکے۔

خالد کے تیور عتاب آلودہ تھے، ننگی تلوار پر کافروں کے لہو کا غازہ ملا تھا۔ حضورؐ نے خالد سے باز پرس فرمائی۔ خالد اور دوسرے صحابہ نے پورا واقعہ بے کم وکاست بیان کر دیا۔ معلوم ہوا کہ جنگ کا آغاز کفارِ قریش نے کیا تھا۔ چھیڑ چھاڑ انہی کی طرف سے ہوئی۔ حملہ آور وہی لوگ تھے، مسلمانوں کو بدرجۂ مجبوری مدافعت کے لیے تلوار اٹھانی پڑی۔ مسلمان خاموش رہتے تو خود ارضِ حرم میں بدر و احد کی تاریخ دہرائی جاتی۔۔ اس اطلاع کے بعد زبانِ نبوت سے ارشاد ہوا کہ ''حکمِ الٰہی یہی تھا۔''

مکہ میں مقامِ خَیف کو حضورؐ کے قیام گاہ کا شرف حاصل ہوا۔ خیف بنو ہاشم کی مظلومیت اور بے کسی کی تاریخ اپنے سینہ میں چھپائے ہوئے تھا۔ اب سے چند سال پہلے جب کفار قریش نے بنو ہاشم کا مکمل بائیکاٹ کر دیا تھا اور یہ خاندان خود رسول اللہ کے ذاتِ گرامی سمیت جہاں محصور تھا۔ یہی وہ مقام تھا۔ کل کا محصور اور قیدی آج کا فاتح تھا۔ جنھوں نے اسے محصور کر رکھا تھا اور قید رکھا تھا، آج وہ اس کی چشم کرم کے محتاج تھے، زمانہ کروٹ بدل چکا تھا، عرب کی تاریخ دوسرے انداز پر لکھی جا رہی تھی اور کفارِ قریش کی عظمت کے ستارے اب جھلملا رہے تھے۔ بلکہ ڈوب رہے تھے، حق بہت دن تک مظلوم نہیں رہ سکتا۔ ظلم کی ناؤ سدا ایک ہی رُخ پر نہیں بہہ سکتی۔ باطل پرستوں کو ایک مقررہ زمانہ تک ڈھیل دی جاتی ہے۔ جب پاپ کا گھڑا بھر چکتا ہے

تو ایک ہلکی سی موج اسے ڈبونے کے لیے بہت کافی ہوتی ہے۔ سدا سے یہی ہوتا چلا آیا ہے۔ یہ اللہ کے قانون کی سنت ہے جس میں کبھی تبدیلی نہیں ہوتی۔

رسول اللہ خانہ کعبہ میں تشریف لائے۔ حرم کے درو دیوار نے ''خوش آمدید'' کہا۔

سلام اے طائف و مکہ کے مظلوم نبی سلام! درود اے اُحد کے زخمی درود!۔ بھوکا رہ کر اوروں کو کھلانے والے سخی ''اہلاً و سہلاً! خندق کے مقدس مزدور ''خوش آمدید!'' انسانیت کے سب سے بڑے غم خوار ''صلوٰۃ سلام''! بے کسی کی حالت میں مکہ سے ہجرت کرنے والے مسافر! آداب کورنش!''۔!

وہ کعبہ جس کی بنیادیں سیدنا ابراہیمؑ اور حضرت اسمٰعیل کے مقدس ہاتھوں نے اٹھائی تھیں اور جو صرف خدائے واحد و یکتا کی پرستش اور عبادت کے لیے مخصوص تھا۔ نادان اور جاہل قریش نے اُسے بت خانہ بنا رکھا تھا، جگہ جگہ پتھر اور لکڑی کے بت نصب تھے اور دیواروں پر تصویریں بنی تھیں۔ حضورؐ نے کعبہ میں داخل ہو کر چھڑی سے ایک ایک بُت پر ضرب لگائی، یہ آیت پڑھتے ہوئے:

جَآءَ الْحَقُّ وَ زَهَقَ الْبَاطِلُ اِنَّ الْبَاطِلَ كَانَ زَهُوْقاً.

حق آ گیا اور باطل مٹ گیا، اور باطل مٹنے کے لیے ہی تھا۔

بت ٹوٹ ٹوٹ کر زمین پر گرنے لگے، جن کے روبرو صدیوں قریش کی پیشانیاں خم ہوئی تھیں، آج وہ خود زمین بوس بلکہ پامال ہو رہے تھے۔ اس منظر کو دیکھ کر حجرِ اسود مسکرا مسکرا دیا۔ میزابِ رحمت کی خوشی کے مارے باچھیں کھل گئیں اور حطیم مسرت کے اثر سے جھومنے لگا۔ کفار مکہ نے کعبہ کی دیواروں پر پیغمبروں اور فرشتوں کی تصویریں بھی اپنے وہم و خیال کے زور سے بنا دی تھیں، ان میں حضرت ابراہیمؑ اور حضرت اسمٰعیلؑ کی تصویریں بھی تھیں۔ دکھایا یہ گیا تھا کہ دونوں مقدس پیغمبروں کے ہاتھوں میں قمار بازی کے تیر ہیں۔ حضورؐ نے ان تصویروں کو مٹاتے ہوئے ارشاد فرمایا۔ یہ قوم نہیں جانتی کہ انبیاء ہرگز جوا نہیں کھیلتے۔

مکہ میں داخل ہوتے ہی اعلان فرمایا گیا تھا:

(۱) جو شخص ہتھیار ڈال دے گا اس کے لیے امان ہے۔

(۲) جو شخص دروازہ بند کر لے گا اس کے لیے امان ہے۔ اور۔

(۳) جو شخص ابوسفیان کے یہاں پناہ لے گا وہ بھی اپنے کو مامون سمجھے۔

کفارِ قریش رسول اللہ کے سامنے آئے شرماتے ہوئے، سہمے ہوئے، ڈرے ہوئے، اندر سے کہہ رہے تھے کہ آج جان کی خیر نہیں۔ ہمارے ایک ایک ظلم کا بدلہ لیا جائے گا۔ ایک ایک شہید مسلمان کے خون کے قصاص کا آج دن ہے، ہمیں اپنے کرتوتوں کی سزا بھگتنی ہی پڑے گی۔ ابوجندل کی پیٹھ سے لے کر بلال حبشی کے سینہ تک کتنے جسم ہیں جن کو ہم نے نہیں چھیدا، نہیں تپایا اور نہیں داغا۔ ہمارے ہی ظلم وستم کے سبب محمد ابن عبداللہ کو گھر سے بے گھر ہونا پڑا اور پھر جب وہ مدینہ میں پہنچ گئے تو وہاں بھی ہم نے انہیں چین سے کس دن بیٹھنے دیا۔ ہمارے ہی سردار ابوسفیان کی بیوی نے محمدؐ کے پیارے چچا حمزہؓ کا کلیجہ چبایا تھا اور ابن قمیہ ہمیں میں سے تو تھا جس کی تلوار نے ابن عبداللہ اور اور درِ یتیم آمنہ کے چہرے کو لہولہان کر دیا تھا۔ مگر رحمتِ عالم نے فرمایا:

لَا تَثْرِيبَ عَلَيْكُمُ الْيَوْمَ اِذْهَبُوْا فَأَنْتُمُ الطُّلَقَاءُ.

''تم سے کوئی پوچھ گچھ نہیں! جاؤ تم سب آزاد ہو۔''

بس یوں سمجھو کہ قاتلوں کو پھانسی کے تختے پر چڑھا کر اتار دیا گیا۔ تلواریں گردن کے قریب لا کر روک دی گئیں، موت کا فرشتہ حلقوموں کی طرف اپنا ہاتھ بڑھا چکا تھا کہ اسے تھما دیا گیا۔ انسانیت کی پوری تاریخ عفو ودرگزر کی اس مثال سے خالی ہے۔ یہ ہر کسی کی نہیں صرف ''رحمۃ للعالمین'' ہی کی شان تھی اور یہ وصف آپؐ ہی کے لیے مخصوص تھا۔

سلام اس پر کہ جس نے خوں کے پیاسوں کو قبائیں دیں
سلام اس پر کہ جس نے گالیاں سن کر دعائیں دیں!
سلام اس پر کہ دشمن کو حیاتِ جاوداں دے دی
سلام اس پر ابوسفیان کو جس نے اماں دے دی
سلام اس پر کہ اسرارِ محبت جس نے سمجھائے
سلام اس پر کہ جس نے زخم کھا کر پھول برسائے
سلام اس پر کہ جس کے گھر میں چاندی تھی نہ سونا تھا
سلام اس پر کہ ٹوٹا بوریا جس کا بچھونا تھا

درود اس پر کہ جس کا نام تسکینِ دل و جاں ہے
درود اس پر کہ جس کے خلق کی تفسیر قرآں ہے

(ماہر القادری)

ایک مدت کے بعد صفا کی قسمت جاگی تھی کہ سرورِ کائنات وہاں تشریف لائے۔

بر زمین کہ نشان کف پائے تو بود
سالہا سجدۂ صاحب نظراں خواہد بود

صفا میں ایک اونچی جگہ پر حضورؐ تشریف فرما ہوئے اور کافروں سے اسلام کے لیے بیعت لینی شروع کی۔ قبول اسلام اور شرف بیعت کا یہ سلسلہ بہت دیر تک جاری رہا۔ ناپاک آج پاک کیے جا رہے تھے، دلوں کی سیاہی ایمان کے آب حیات سے وھل رہی تھی، کردار اور یہ سیرتیں بدل رہی تھیں۔ جاہلیت کا غرور اور حسب کا افتخار آج مٹ رہا تھا، بیعت کے شرف اور قبول حق کی اس سعادت میں عورتیں بھی برابر شریک تھیں، آج ان کی غلامی کی زنجیریں بھی کٹ رہی تھی اور ان کی قسمت کا ستارہ بھی شرف و عزت اور احترام و محبت کے افق سے چمک رہا تھا، یہ محمدؐ رسول اللہ تھے، ''نیکوں میں سب سے بڑے، پاکبازوں میں سب سے زیادہ پاکباز'' حضورؐ کی سیرت مقدسہ اور سوانح حیات میں یہ چیز کہیں نہیں ملتی کہ آپ نے کسی نامحرم عورت کا ہاتھ کبھی چھوا ہو، اس لیے فتح مکہ کے دن جب عورتیں قبول اسلام کے لیے حاضر ہوتیں تو حضورؐ ایک پیالے میں دست مبارک ڈال کر نکال لیتے اور پھر عورتیں اس پیالہ کے پانی سے اپنی انگلیاں بھگوتیں، یہ عورتوں سے بیعت کا طریقہ تھا۔

مکہ میں

تمام کفار مکہ کے دل ابھی صاف نہیں ہوئے تھے۔ کسی کسی کے دل میں ابھی کھوٹ باقی تھی، فتح مکہ کے دوسرے دن کا واقعہ ہے کہ حضورؐ کعبۃ اللہ کا طواف فرما رہے تھے۔ عمیر کا جوشیلا بیٹا فضالہ گھات میں تھا، اس نے دیکھا کہ حرم میں لوگوں کی اس وقت بھیڑ نہیں ہے، اکا دکا آدمی آجا رہے ہیں۔ رسول اللہ کے جسم پر کوئی ہتھیار بھی نہیں ہے، بالکل نہتے ہیں، ایسا موقع پھر نہیں آئے گا۔ لاؤ قاتلانہ حملہ کر کے ان کا کام تمام کردوں۔ محمدؐ قتل ہو گئے تو مکہ کی تاریخ کا رخ اسی آن بدل جائے گا۔ یہ اسلام اور اہل اسلام کی ساری گرم جوشی انہی کے دم

قدم سے ہے۔ دولہا نہ رہا تو براتی بھی تتر بتر ہو جائیں گے۔ اس شخص نے ہماری آبائی عظمت کے صحیفوں کو پارہ پارہ کر دیا۔ قصی اور عدنان کی روحیں تڑپ رہی ہوں گی کہ قریش کا وقار خاک میں گیا۔

فضالہ تلوار عبا میں چھپائے ہوئے رسول اللہ کے نزدیک آیا، ''کیا فضالہ آ رہا ہے؟'' رسول اللہ نے دریافت فرمایا، ''جی ہاں! میں فضالہ ہی ہوں'' فضالہ نے جواب دیا۔

''تم ابھی اپنے دل میں کیا سوچ رہے تھے؟'' رسولؐ اللہ نے کہا۔

''جی! کچھ نہیں (خوف زدہ ہو کر) میں تو دل ہی دل میں اللہ کو یاد کر رہا تھا۔''

فضالہ کے اس جواب پر حضورؐ کو ہنسی آ گئی اور ارشاد فرمایا:

''تم اپنے خدا سے معافی چاہو''۔

یہ کہہ کہ حضورؐ نے فضالہ کے سینہ پر اپنا ہاتھ رکھ دیا۔ فضالہ کہتے ہیں کہ اس سے پہلے میرے دل میں رسول اللہؐ کی ذات سے بیزاری تھی، مجھے جھنجلاہٹ آتی تھی کہ ان کی بدولت ہم قریش کی خاندانی عظمت پامال ہوگئی۔ مگر حضورؐ کے دست مبارک کے مس ہوتے ہی میرا سینہ سکون واطمنان کا گنجینہ بن گیا اور آپؐ کی محبت اور عقیدت کا دریا جوش مارنے لگا۔ فضالہ مکہ کے نوجوان تھے جن کی راتیں جام و مینا اور پری وشوں کے جھرمٹ میں بسر ہوتی تھیں۔ شراب پی، نشہ ہوا اور بہت سی ہوسناک آغوشوں کو پزیرائی کے لیے تیار پایا۔ پاکبازی کے تصور سے اہل مکہ کی دنیا کوسوں دور تھی۔ گانا، بجانا، پینا پلانا، نامحرم عورتوں کے ساتھ اختلاط، قمار بازی، فحش باتیں، ہر شخص کی یہ تمنا۔ ع

اتنی برس پڑے کہ نہالوں شراب میں

فضالہ جب حضور رسول کریم علیہ الصلوٰۃ والتسلیم کے پاس سے واپس ہوئے تو راستہ میں ان کی محبوبہ کا گھر پڑتا تھا، اس عورت نے دور سے دیکھا تو فضالہ کے چہرے کو بدلا ہوا پایا۔ ہوسناک نگاہیں اب جھکی ہوئی تھی، جیسے بار حیا سے یہ اب زمین سے لگ کر پھر اٹھیں گی نہیں! عورت محسوس کر رہی تھی کہ فضالہ نے غلط انداز نگاہ سے بھی اس کی طرف نہ دیکھا۔ فضالہ قریب سے گزرے تو اس نے خود ہی ٹوک کر کہا:

''فضالہ! میری ایک ذرا سی بات تو سنتے جاؤ''۔

حضرت فضالہ نے نگاہیں نیچی کر کے جواب دیا ''نہیں نہیں! خدا اور رسولؐ ایسی باتوں سے مجھے منع کرتے ہیں۔'' اللہ غنی! یا تو ہوسناکی اور معصیت کوشی کا وہ عالم، اور اب پاکبازی کا یہ انداز۔

کیا نظر تھی جس نے مردوں کو مسیحا کر دیا

حضورؐ کا جن دنوں مکہ میں قیام تھا، وہاں ایک اور واقعہ پیش آیا۔ اسود بن عبداللہ کی ایک لڑکی فاطمہ نام کی تھی، اس نے عجیب تماشا کیا۔ چند گھرانوں میں چلی گئی اور عزیزوں اور جاننے والوں کے نام سے دھوکہ دے کر زیورات لے آئی۔ پھر ان کو بیچ کھایا۔ یہ مقدمہ رسول اللہ کے سامنے پیش ہوا، لوگوں نے مشورہ کر کے حضرت اسامہ بن زید سے کہا کہ آپ رسولؐ سے سفارش کر دیں کہ فاطمہ بنت اسود کو حضورؐ چھوڑ دیں۔ اس بے چاری سے بھول چوک ہوگئی تھی، مکہ کا ماحول ہی اسی قسم کا رہا ہے۔ حضرت اسامہ نے ہامی بھلی بلکہ حضورؐ کی خدمت میں حاضر ہو کر سفارش بھی کر دی، اس پر حضورؐ کے چہرۂ مبارک کا رنگ متغیر ہو گیا۔ فرمایا ''تم حدود اللہ کے بارے میں میرے پاس سفارش لے کر آئے ہو!''

حضرت اسامہ کو اپنی حرکت پر بڑی ندامت ہوئی۔ لجاجت کے ساتھ عرض کی: ''یا رسول اللہ! میرے لیے خدا سے مغفرت طلب فرمایئے! میں معافی چاہتا ہوں۔''

جس دن اسامہ نے سفارش کی ہے اس کی شام کو حضورؐ نے مسلمانوں کے عام مجمع میں تقریر فرمائی:

''گزشتہ امتوں کی ہلاکت کی ایک وجہ یہ بھی تھی کہ جب ان میں سے کوئی شریف آدمی چوری کرتا تو اسے چھوڑ دیتے اور جب کوئی کمزور آدمی چوری کرتا تو اس پر حد جاری کرتے۔ خدا کی قسم، جس کے قبضہ میں میری جان ہے، اگر محمدؐ کی بیٹی فاطمہ بھی چوری کرے گی تو اس کا ہاتھ بھی کاٹا جائے گا''۔

فتح مکہ کے بعد

مکہ فتح ہو چکا تھا مگر ابھی تک عرب کے بعض قبیلوں کے دلوں میں اسلام دشمنی کی آگ سلگ رہی تھی۔ کفر کی جاہلیت رہ رہ کر اکساتی اور ابھارتی۔ دیکھنا اہل مکہ کی طرح کہیں ہتھیار نہ ڈال دینا۔ عرب کی غیرت شکست قبول نہیں کر سکتی۔

مکہ سے کچھ دور کے فاصلہ پر ایک چھوٹی سی بستی میں غیر معمولی چہل پہل نظر آرہی ہے لوگ خیموں میں اور خس پوش مکانوں میں آجا رہے ہیں۔ ہر شخص کسی تیاری میں ہے۔ ترکشوں میں تیر ڈالے جا رہے ہیں، کمانوں کو آزمایا جا رہا ہے اور تلواریں اکٹھی کی جا رہی ہیں۔

''اب جینا بے مزہ ہے، ذلت کی زندگی سے موت بہتر ہے'' ایک بوڑھے عرب نے کہا۔

''آپ نے میرے منھ کی بات چھین لی، ہبل توڑ دیا، لات وعزیٰ کے ٹکڑے کر دیے۔ اپنے معبودوں کی اس بے عزتی کا ہم مسلمانوں سے انتقام لیں گے۔ موت یا فتح، بس یہی ہمارا نعرہ ہے۔ ہم اس وقت لڑیں گے جب تک تن میں ایک سانس بھی باقی ہے۔ ہماری تلواروں کی ترشی فتح مکہ کے نشہ کو بہت جلد اتار دے گی۔'' دوسرے شخص نے جواب دیا۔

''قبیلہ ہوازن کی طرف سے قاصد آیا ہے، وہاں ہر طرح کی تیاری مکمل ہو چکی انھوں نے کہلا بھیجا ہے کہ ہم اہلِ خیبر کے اشارے کے منتظر ہیں۔ ہمیں رزم گاہ میں آیا ہوا ہی سمجھو، طائف اور مکہ کے نخلستان اور باغ دونوں قبیلوں میں آدھے آدھے تقسیم ہوں گے، مسلمانوں کا پلہ نیچا دیکھیں گے تو اہل مکہ بھی ہمارے ساتھ ہو جائیں گے۔ ان کے دلوں کے زخم ابھی ہرے ہیں۔ موقع کی نزاکت سے ہمیں فائدہ اٹھانا چاہیے'' ایک بدوی سردار نے تلوار زمین پر ٹیک کر کہا۔

قبائل کو پھر ایک بار مسلمانوں کے خلاف ابھار دیا گیا۔ شعلہ بیان خطیبوں نے بستیوں میں جا جا کر تقریریں کیں کہ ہم اپنے معبودوں کی بے عزتی کا بدلہ لیے بغیر نہیں رہیں گے۔ مسلمان مکہ میں ہمارے خداؤں کو ذلیل کر کے عزت کے ساتھ مدینہ واپس نہیں ہو سکتے۔ ہماری تلواریں آخر کس دن کام آئیں گی، بنی مضر اور بنی ہلال کے قبیلوں نے بھی ہوازن کے اعلان جنگ پر لبیک کہا، اس جنگ میں عورتوں اور بچوں کے ساتھ مال و دولت یہاں تک کہ اونٹوں اور بکریوں کو بھی ساتھ لے لیا گیا تاکہ لڑنے والے اپنے اہل خاندان اور مال و دولت کے بچاؤ کے لیے آبادیوں کا رخ نہ کرنے پائیں۔

حضورؐ کو جب قبیلوں کی اس جنگجویانہ تیاری کا علم ہوا تو آپؐ جاں نثار صحابہ کو لے کر مکہ سے آگے بڑھے، حرم کے متصل حضورؐ جنگ کرنا نہیں چاہتے تھے۔ مسلمانوں کی فوج میں اضافہ ہوتا جاتا تھا۔ خود مکہ کے دو ہزار اشخاص اسلامی فوج میں شریک ہو گئے۔ ان میں وہ

افراد بھی تھے جو حال ہی میں ایمان لائے تھے، نومسلموں کے علاوہ جن بت پرستوں سے معاہدہ ہوا تھا، ان کے لوگ بھی لشکر اسلام میں بھرتی ہو گئے اور یہ تعداد بڑھتے بڑھتے بارہ ہزار اتک پہنچ گئی۔ فوج کی کثرت دیکھ کر دلوں میں کچھ غرور سا پیدا ہو گیا۔

کافروں کی فوج سے جیش اسلام کا مقابلہ ہوا۔ قبائل نے پہلے سے اپنی فوج کو ایک ایسے مقام پر صف آرا کر رکھا تھا جہاں سے مسلمانوں پر بڑی آسانی کے ساتھ تیر برسائے جا سکتے تھے۔ کافروں نے پوزیشن لے کر مسلمانوں کی فوج پر تیروں کا مینھ برسا دیا۔ آگے کے دستہ پر تیروں کی بھرپور زد آ کر پڑی۔ زخمی فرش خاک پر گرنے لگے۔ تیروں کا اولوں کی طرح تانتا بندھا تھا۔ مسلمان فوجیوں کو سر اٹھانے، سوچنے اور اس نازک صورت حال کے لیے کوئی تدبیر کرنے کی مہلت ہی نہیں ملی۔ چاروں طرف موت ہی موت دکھائی دیتی تھی۔ لوگ بدحواس ہو کر بھاگ نکلے۔ بڑے بڑے بہادروں کے پاؤں اکھڑ گئے۔ مگر ایسے موقع پر رسول اللہ نہایت اطمینان کے ساتھ سواری سے اترے اور فرمایا:

انا النبی لا کذب انا ابن عبدالمطلب.

''اس میں کوئی شک و شبہ نہیں ہے کہ میں نبی ہوں اور عبدالمطلب کا بیٹا ہوں۔

حضورؐ کے اس ارشاد گرامی کا مفہوم یہ تھا کہ فوجوں، جماعتوں اور لشکروں کی ہار جیت کا میری نبوت کی سچائی پر کوئی اثر نہیں پڑ سکتا۔ میری خود ذات اپنی جگہ صداقت کا معیار ہے۔

غزوۂ تبوک

شام تجارت کی بہت بڑی منڈی تھی۔ مکہ اور مدینہ سے اکثر تجارتی قافلے وہاں آتے جاتے رہتے۔ ہجرت نبوی کا نواں سال تھا کہ ایک قافلہ شام کی طرف سے مدینہ میں آیا اور قافلہ والوں نے صحابہ کرام کو دوسرے حالات سفر کے علاوہ ایک نہایت ہی اہم واقعہ کی اطلاع دی:

ہم شام سے آرہے ہیں، اس سال کپڑے کا بھاؤ بہت مندا رہا، یمنی چادریں چار چار درہم میں بکی ہیں۔

تجارت میں اتار چڑھاؤ تو ہوتا ہی رہتا ہے۔

مگر تجارتی حالات سے زیادہ اہم بات ہم آپ سے کہنے کے لیے آئے ہیں۔

وہ کیا؟ جلدی کہیے پہلے آپ کو وہی بات کہنی تھی۔

شہنشاہِ قیصر نے اپنی بادشاہت میں عام اعلان کر دیا ہے کہ موتہ کی شکست کا مسلمانوں سے انتقام لیا جائے گا۔ آج ان بادیہ نشینوں اور خانہ بدوشوں نے میرے حاکم کو شکست دی ہے کل مجھ پر چڑھ دوڑیں گے، ان کی ہمتیں بہت بڑھ گئی ہیں۔ اس فتنہ کو پوری قوت سے کچل دینا چاہیے۔

یہ خبر یقیناً بہت زیادہ تشویش ناک ہے۔ قیصر کوئی یمامہ اور غسان کا حاکم اور فرماں روا نہیں ہے وہ تو شہنشاہ ہے۔ کسریٰ کے علاوہ اس کی برابری کا بادشاہ آج اور کون ہے؟

ارے صاحب! عیسائیوں کے تمام قبیلے بھی مل گئے ہیں۔ صلیبیں ہاتھوں میں لے کر لوگوں نے قسمیں کھائی ہیں کہ مدینہ کو فتح کر کے دم لیں گے عوام میں عجیب جوش پایا جاتا ہے۔ گھوڑے، تلوار، نیزے، کمان، زرہیں، آہنی خود اور غلہ جمع ہو رہا ہے۔

تو پھر کیا ہوگا؟

اس قدر کمزوری کی باتیں کیوں کرتے ہو فضیل! ہم نے قریش کی بڑی بڑی جمعیتوں کو شکستیں دی ہیں۔ اور وہ بھی انتہائی بے سرو سامانی کی حالت میں، ہمارا بھروسہ صرف اللہ کی

ذات پر ہے۔ قیصر کو اپنی شہنشاہی پر گھمنڈ ہے۔ مگر میدانِ جنگ میں اس کافر کی اولاد کو معلوم ہو جائے گا کہ مسلمان ایسے ہوتے ہیں! حق کے سامنے باطل ٹھہر نہیں سکتا۔ سچائی جھوٹ سے دب نہیں سکتی۔

رسول اللہ صلی اللہ علیہ وآلہٖ وسلم کو اس واقعہ کی اطلاع ملی تو حضورؐ نے جنگ کی تیاری کے لیے عام اعلان فرمایا۔ یہ قیصرِ روم سے مقابلہ تھا، پہلی تمام لڑائیوں سے بڑی لڑائی تھی اس لیے بہت زیادہ ساز و سامان کی ضرورت تھی۔ حضرت عثمان غنیؓ اونٹوں اور گھوڑوں کی قطاریں اور ایک ہزار دینار لے کر بارگاہِ نبوت میں حاضر ہوئے۔ حضرت عبدالرحمٰن بن عوف نے چالیس ہزار درہم حاضر کیے۔ حضرت عمر فاروقؓ نے گھر کے تمام مال و اسباب میں سے آدھا حصہ نذر کیا۔

یہ کون آ رہا ہے؟۔ تیز تیز! عبا کا دامن زمین پر گھسٹ رہا ہے۔

یہ ابو قحافہ کے نامور بیٹے حضرت ابو بکر صدیقؓ ہیں۔

ارے صاحب! یہ تو اپنے ساتھ اونٹ، تلواریں، زرہیں، پہننے کے کپڑے، یہاں تک کہ پانی پینے کے برتن تک لیے جا رہے ہیں۔

پھر صدیق جو ٹھہرے، رسولؐ اللہ کے یارِ غار، سچے رفیق! ان کے ایثار کا کون مقابلہ کر سکتا ہے۔ اب تک عمر فاروقؓ کا نمبر بڑھا ہوا تھا۔ آدھا مال لے کر بارگاہِ نبوت میں حاضر ہوئے تھے۔ مگر صدیقِ اکبرؓ کا ایثار سب سے بڑھ گیا۔

ذلك فضل الله يوتيه من يشاء و الله ذو الفضل العظيم.

او ایہا الاخوان! گھر کا ایک ایک تنکا حاضر کرنے کے بعد ابو بکرؓ کس طرح سر جھکائے کھڑے ہیں، گویا ان سے کچھ بن نہ آسکا! اس عالی ظرفی، جاں نثاری، ایثار اور جذبہ ایمانی پر آنے والی نسلیں فخر کیا کریں گی۔

ابو عقیل ایک غریب انصاری تھے، مزدوری کر کے پیٹ پالتے، کبھی کام نہ ملتا تو گھر میں فاقہ رہتا، رسولؐ اللہ کا اعلان سن کر ان سے رہا نہ گیا۔ ایک شخص کے نخلستان میں پہنچے اور رات بھر مزدوری پر کنویں سے پانی نکال کر درختوں کو سیراب کرتے رہے۔ اس مشقت کی مزدوری پر چار سیر کھجور ملی۔ دو سیر بال بچوں کو دے آئے اور آدھی کھجوریں لے کر دربارِ نبیؐ میں حاضر ہوئے۔ دل اندر سے بھنچا بھنچا سا تھا۔ اپنی ناداری پر اُن کو افسوس ہو رہا تھا۔ سوچتے

تھے کہ دوسرے لوگوں نے تو درہم و دینار کے ڈھیر لگا دیے ہیں، میری ان دو سیر کھجوروں کی کیا وقعت ہوگی، بلکہ دیکھنے والے اُلٹا مذاق اڑائیں گے کہ اس حقیر ہدیہ کے لانے سے تو یہی اچھا تھا کہ گھر میں بیٹھے رہتے۔ مگر صاحب ''الفقر فخری'' نے ابو عقیل کے خلوص کی یہ قدر فرمائی کہ ان کی لائی ہوئی کھجوروں کو تمام قیمتی مال اسباب پر بکھیر کو اس ہدیہ اخلاص کو سب سے اونچا کر دیا۔ انصاری کا دل خوشی سے باغ باغ ہو گیا۔ دل کی بھنچاوٹ اور خفت کا ملال جاتا رہا۔ وہ اپنی تہی دستی پر ناز کرنے لگے۔

شدید گرمی کا زمانہ تھا۔ آسمان سے سچ مچ آگ برس رہی تھی اور زمین آتش کدہ بن گئی تھی! جھلسا دینے والی لو چل رہی تھی، یہ زمانہ گھروں میں بیٹھ کر آرام کرنے کا تھا۔ سفر بھی کوئی منزل دو منزل کا نہ تھا۔ سینکڑوں میل کی مسافت، گرمی کی شدت، راستہ میں کوسوں دُور تک پانی اور سایہ دار درختوں کا پتہ نہیں! سواریوں کی قلت اس پر مستزاد! ایک ایک اونٹ پر کئی کئی آدمی سوار، اور بہت سے تو پیدل چل رہے تھے۔ شدید مصائب کا سامنا تھا، مگر صحابہ کرام نے ہر تکلیف کو خندہ پیشانی کے ساتھ برداشت کیا۔

تبوک میں پہنچ کر مسلمانوں کا یہ لشکر جس کی تعداد تیس ہزار کے لگ بھگ تھی۔ ٹھہر گیا اب آگے شام کا علاقہ تھا، ایک ماہ تک رسول اللہ مسلمانوں کی جمعیت کے ساتھ تبوک میں قیام فرما رہے۔ اہل شام کو جب معلوم ہوا کہ مدینہ پر ان کے حملہ کرنے سے پہلے مسلمان خود کیل کانٹے سے لیس ہو کر حدودِ شام میں آن پہنچے، تو ان کی ہمتیں پست ہو گئیں۔ قیصر کا جوش انتقام سرد پڑ گیا اور جن عیسائی نوجوانوں نے مسلمانوں کو خاک و خون میں تڑپانے کا بیڑا اُٹھایا تھا، ان کے ولولوں نے آپ ہی آپ ہتھیار ڈال دیے مسلمانوں کے اس دلیرانہ اقدام نے روم و شام ہی نہیں، مصر و ایران تک ہلا دیا۔ جہاں جہاں اس واقعہ کی اطلاع پہنچی، لوگ محسوس کرنے لگے کہ کسی نئے انقلاب کا ظہور ہونے والا ہے۔

ایک جان نثار

ایک صحابی کا نام تھا عبداللہ، اور ذوالبجادین لقب! یہ ابھی بہت کم سن تھے کہ باپ چل بسے۔ چچا نے یتیم بھتیجے کی پرورش کی۔ بچپن ہی میں اسلام کی آواز کان میں پڑ چکی تھی۔ شوق بڑھتا ہی چلا گیا۔ چچا ان پر مہربان تھا۔ یہ بڑے ہوئے تو اس نے بکریاں اور ما

واسباب دے کر بھتیجے کی بہت کچھ غم گساری کی۔

چچا بت پرست تھا۔ اسلام سے دشمنی رکھتا اور مسلمانوں کی ترقی سے جلتا تھا۔ چچا کے ڈر کے مارے عبداللہ کا شوق دبا دبا رہا۔ دل کی بات کا کھل کر اظہار نہ کر سکے۔ مگر ایمان کا ولولہ کب تک دب کر رہتا۔ آخر ایک دن انھوں نے ہمت کر کے چچا سے صاف صاف کہہ دیا کہ پیارے چچا! میں برسوں سے انتظار کر رہا ہوں کہ آپ اب اسلام لاتے ہیں، تب اسلام لاتے ہیں لیکن آپ کا اب تک وہی حال ہے۔ زندگی کا کوئی بھروسہ نہیں، نہ جانے کب موت کا فرشتہ آن پہنچے۔ مجھے تو آپ اجازت دے دیجیے کہ میں مسلمان ہو جاؤں۔ اس سعادت سے آخر کب تک محروم رہوں۔

بھتیجے کی اس گفتگو کو سن کر چچا آگ بگولا ہو گیا۔ آنکھیں غصہ کے مارے لال ہو گئیں، غضب ناک لہجہ میں بولا:

کان کھول کر سن لے عبدالعزی (عبداللہ کا زمانۂ کفر کا نام) اگر تو نے محمدؐ ابن عبداللہ کا دین قبول کیا تو تیرا سارا مال ومتاع چھین لوں گا، یہاں تک کہ تیرے جسم پر کپڑے کا ایک تار بھی نہ رہنے دوں گا۔

عبداللہ کے دل میں اسلام گھر کر چکا تھا، دنیا کے مال ودولت کا لالچ ان کو اپنی طرف کھینچ نہ سکتا تھا چچا سے بولے:

بت پرستی اور مشرکانہ باتوں سے میری طبیعت بیزار ہو چکی ہے۔ رسولؐ اللہ کی پیروی میں ضرور کروں گا، اب رہی دنیا اور اس کی متاع، تو اس کا کوئی بھروسہ نہیں، ان سب چیزوں کو یہیں ایک دن رہ جانا ہے، ان چیزوں کے لیے میں سچے دین کو چھوڑ دوں یہ کتنی خسارہ کی تجارت ہے! آپ شوق سے ایک ایک چیز مجھ سے لے لیجیے!"

عبداللہ ذوالبجادین کا چچا بھی بڑا ظالم اور ہٹ کا پورا نکلا۔ اسلام کا نام سنتے ہی وہ سر سے لے کر پیر تک اور دل سے لے کر نگاہ تک بدل گیا۔ آنکھوں میں رحم وکرم کی جگہ بے مروتی آ گئی جیسے نہ وہ اس کا چچا ہے اور نہ یہ اس کا بھتیجا! خون اور قرابت بھی جاتی رہی، اس ظالم نے عبداللہ سے ایک ایک چیز چھین لی، یہاں تک کہ جسم کے کپڑے بھی اُتروا لیے۔

عبداللہ اسی طرح اپنی بوڑھی ماں کے پاس پہنچے، بیٹے کو اس حالت میں دیکھ کر ماں کا

جی بھر آیا۔ پوچھا۔ بیٹے، کیا ہوا؟ یہ تمہارے کپڑے کس نے چھین لیے؟

عبداللہ نے جواب دیا۔ ماں! میں اسلام لا چکا ہوں، اور رسول اللہ کی خدمت میں حاضر ہونے کا شوق رکھتا ہوں۔ میں مدینہ پہونچ کر ہی رہوں گا۔ آپ سے ہو سکے تو میری تن پوشی کے لئے کپڑے کا بندوبست فرما دیجئے ماں نے بیٹے کو ایک کمبل عنایت فرمایا۔ عبداللہ نے کمبل کے دو ٹکڑے کئے۔ ایک ٹکڑے کو تہبند کی طرح باندھا، اور دوسرا چادر بنا کر اوڑھ لیا، اور مدینہ کے لئے چل پڑے۔

مال و متاع کے چھن جانے کا عبداللہ کو ذرا بھی ملال نہ تھا۔ وہ جی ہی جی میں خوش ہو رہے تھے کہ مدینہ پہنچ کر پیغمبر اسلام کے دیدار سے مشرف ہونے کی سعادت حاصل ہوگی۔ ان کی چشم عنایت ایک طرف اور ساری دنیا کی نعمتیں ایک طرف! میں نے اس تجارت میں نفع کمایا، کچھ کھویا نہیں، دین کو دنیا پر ترجیح دی، اصل زندگی تو آخرت کی زندگی ہے۔

جھلملاتے ہوئے ستاروں کی چھاؤں میں عبداللہ مسجد نبویؐ میں پہونچے، اور دیوار سے ٹیک لگا کر بیٹھ گئے۔ انتظار کی گھڑیاں بہت صبر آزما ہوتی ہے۔ ایک ایک لمحہ ایک ایک صدی معلوم ہوتا ہے۔ اتنے میں خورشید رسالت طلوع ہوتا نظر آیا۔ عبداللہ کی آنکھوں میں عقیدت کی روشنی آگئی۔ تمنائیں فرط مسرت سے جھومنے لگیں بلکہ اترانے لگیں۔

"تم کون ہو؟" ۔ رسول اللہ نے محبت آمیز لہجہ میں دریافت فرمایا۔

"میرا نام عبدالعزیٰ ہے یا رسول اللہ! غریب الوطن ہوں، تہی دست ہوں، دیدارِ اقدس کی کشش کھینچ کر لائی ہے۔ ہدایت کا طلب گار ہوں" ۔ عبداللہ نے جواب دیا۔

"دیکھو! تمہارا نام عبداللہ! اور لقب ۔ ذوالبجادین! تم ہمارے پاس رہو اور مسجد میں قیام کرو" رسول اللہ کا ارشاد سن کر عبداللہ کا چہرہ خوشی سے ارغوانی ہوگیا۔ اس کی تمنا سے زیادہ اور حوصلہ سے بڑھ کر نوازا گیا۔

اہل صفہ ان نادار صحابہ کی جماعت تھی جو بہت زیادہ وقت حضورؐ کی خدمت میں گزارتے، قرآن پڑھتے، حدیثیں سنتے اور خدا کی عبادت کرتے۔ عبداللہ بھی اسی جماعت میں شامل ہوگئے۔

حضرت عبداللہ ذوالبجادین کو قرآن پاک سے خاص شغف تھا، وقت کا زیادہ حصہ

قرآن سیکھنے اور پڑھنے میں گزرتا۔ ایک دن مسجد نبوی میں صحابہ کرام نماز پڑھ رہے تھے اور عبداللہ تلاوت میں مصروف تھے۔ حضرت عمرؓ نے رسول اللہ سے شکایت کی کہ یہ اعرابی قرآن اس قدر بلند آواز سے پڑھ رہا ہے کہ لوگوں کی نماز میں خلل پڑتا ہے۔ حضورؐ نے اس پر شفقت آمیز انداز میں ارشاد فرمایا:

عمر! اس شخص سے کچھ نہ کہو یہ تو خدا اور رسول کے واسطے سب کچھ چھوڑ کر یہاں آیا ہے۔

یہی عبداللہ ذوالبجادین معرکۂ تبوک میں رسول اللہ کے ہمراہ تھے، گرمی کی وہ شدت کہ الامان الحفیظ! دور دراز کی مسافت، ہر طرح کی تکلیفیں اور پریشانیاں، حضرت عبداللہ کو بخار آگیا، ہر مرض شروع میں یوں ہی سا ہوتا ہے، ہر بیمار یہی سمجھتا ہے کہ اچھا ہو جاؤں گا۔ اخیر دم تک امید بندھی رہتی ہے۔ مگر عبداللہ کا وقت آچکا تھا۔ بخار بڑھتا ہی گیا، تپش میں کمی نہ ہوئی۔ جنگل میں لو نے شدتِ تپ کو اور بھڑکا دیا، یہاں تک کہ طائرِ روح قفس عنصری سے پرواز کر گیا اور اللہ کا نیک بندہ اللہ سے جاملا۔

قبر کھودی گئی، اتنے میں رات ہوگئی، ہر طرف اندھیرا ہی اندھیرا پھیل گیا۔ حضرت بلالؓ نے چراغ ہاتھ میں لے لیا اور حضرت ابوبکر و عمر ساتھ خود رسول اللہ قبر میں اترے۔ صدیق و فاروق جب جنازے کو لحد میں رکھنے لگے تو حضورؐ فرمانے لگے:

"اپنے بھائی کے ادب اور احترام کا خیال رکھو"۔

قبر میں جنازہ رکھ دیا تو قبر پاٹ دی گئی، رسول اللہ نے اپنے دستِ مبارک سے قبر پر خود اینٹیں رکھیں۔ پھر دعا فرمائی:

بارِ الٰہا آج کی شام تک میں اس شخص سے راضی رہا۔ تو بھی اس سے راضی ہو جا۔ ایسی موت پر ہزاروں زندگیاں قربان۔ اسی لیے تو عبداللہ بن مسعود جیسے جلیل القدر صحابی نے تمنا کی کہ کاش! ذوالبجادین کی جگہ میں اس قبر میں دفن کیا جاتا۔

آزمائش:

حضرت کعب بڑے رتبہ کے صحابی تھے۔ غزوۂ تبوک کے لیے انھوں نے خاص طور سے دو سو اونٹ خریدے تھے اور اونٹوں کو ہریالی اور چارہ کھلا کھلا کر خوب فربہ بنایا تھا تاکہ اللہ کی راہ میں ان راہواروں کے قدم تیز تیز اٹھیں، رسول اللہؐ جان نثار صحابہ کے ساتھ مدینہ

سے تبوک کے لیے روانہ ہو گئے، مگر کعب نے سوچا کہ میرے اونٹ کافی تیز ہیں۔ میں راستہ میں جا کر لشکرِ اسلام سے جا ملوں گا۔ گرمی کا زمانہ تھا، تمام فضا کرۂ نار بنی ہوئی تھی، کھجوروں کی فصل بھی آ چکی تھی۔ کعب یہی سوچتے رہتے کہ آج چلتا ہوں، کل چلتا ہوں۔ دن گزرتے گئے اور عساکرِ اسلام مدینہ سے اتنی دُور پہنچ گئے کہ اب انتہائی تیزی کے ساتھ چلنے کے بعد بھی ان سے مل جانے کا امکان نہ تھا۔ یہاں تک کہ تبوک میں قیام کر کے رسول اللہ صحابہ کرام سمیت مدینہ واپس بھی چلے آئے۔

حضرت کعبؓ کو بڑی ندامت تھی کہ ہائے! میں نے یہ کیا کیا؟ رسول اللہ کی خدمت میں حاضری دینا بہرحال ضروری ہے۔ حضور صلی اللہ علیہ وآلہ وسلم نے تبوک نہ جانے کا سبب دریافت کیا تو آخر کیا معذرت پیش کروں گا، مجھ سے شدید غفلت ہوئی، اب اس کے ازالہ کی کوئی صورت بھی نہیں ہے، کیا کروں کیا نہ کروں۔ احساسِ ندامت رہ رہ کر میرے دل کو دبوچتا ہے کہ کعب! تو نے بڑی غفلت کی۔

کعب کا نفس ابھارتا کہ رسول اللہ کی خدمت میں جانا ہو اور آپ استفسار فرمائیں تو بیسیوں بہانے اور سینکڑوں عذر تراشے جا سکتے ہیں۔ یعنی یہ کہ میں بیمار ہو گیا، بیوی کو بخار آ گیا، بھائی اونٹ سے گر کر زخمی ہو گیا۔ گھر بھر میں صرف میں ہی اس کی مرہم پٹی اور دیکھ بھال کرنے والا تھا۔ رشتہ دار اور عزیز بھی نفس کی حیلہ سازیوں کی لے میں لے ملاتے کہ بھئی! تمہاری نیت میں تو کھوٹ نہ تھی، تبوک تم بہرحال جانا چاہتے تھے۔ بس ذرا سی غفلت اور تھوڑی سی بھول چوک ہو گئی۔ رسول اللہ دریافت فرمائیں تو کوئی معقول سا عذر پیش کر دینا۔ حضورؐ بہت سادہ طبیعت ہیں۔ تمہاری بات کو یقیناً درست مان لیں گے۔ دلوں کا حال تو اللہ جانتا ہے۔ اب رہا گناہ ثواب، تو زندگی میں کس آدمی سے بھول چوک نہیں ہو جاتی۔ تم اپنی لغزش کی اللہ سے معافی مانگ لینا۔ اس کی ذات ''تواب الرحیم'' ہے۔ سچے دل کی توبہ قبول ہو جاتی ہے۔

حضرت کعبؓ کے لیے بڑی سخت آزمائش کا سامنا تھا۔ نفس کے وہ دھوکے اور عزیزوں کے وہ تائیدی مشورے۔ مگر کعبؓ نے جرأت کے ساتھ فیصلہ کیا کہ رسول اللہ سے جھوٹ بول کر ندامت سے بچنے کی تدبیر کرنا خود بہت بڑا گناہ ہے۔ یہ نہیں ہو سکتا! کعب نفس

کے دھوکے میں نہیں آسکتا۔ اور نہ عزیزوں اور دوستوں کے ہم دردانہ مشورے اس کے پائے صداقت کو ڈگمگا سکتے ہیں۔ محمدؐ رسول اللہ نے ہم سے سچ بولنے کا عہد لیا تھا، یہ کیسے ہو سکتا ہے کہ میں اس ذاتِ گرامی کے سامنے جھوٹے بہانے تراش کر دنیا دکھاوے کی ندامت سے بچنے کی کوشش کروں۔

سچائی میں بڑی جان ہے۔

الکذب یهلك و الصدق ینجی.

''انشاء اللہ، سچائی ہی مجھے نجات دلائے گی''۔

کعب سہمے ہوئے، جھکے ہوئے اور لجائے ہوئے رسول اللہ کی خدمت میں پہنچے۔ وہ سر سے پیر تک ندامت بنے ہوئے تھے اور ان کی شرمائی ہوئی نگاہیں عفو و درگزر کی بھیک مانگ رہی تھیں۔ رسول اللہؐ نے کعب کی طرف دیکھ کر تبسم فرمایا مگر یہ تبسم عتاب آمیز تھا۔ تبسم تبسم میں فرق ہوا کرتا ہے! یہ رنگ دیکھ کر ہی کعب کے ہوش و حواس جاتے رہے۔ حضورؐ نے تبوک نہ چلنے کا سبب پوچھا۔ کعب نے عرض کیا:

''یارسول اللہ! میرے منحوس نفس نے مجھے غفلت میں ڈال دیا۔ سستی کا مجھ بدبخت پر غلبہ ہو گیا اور شیطان نے مجھے راہ سے بھٹکا دیا''۔

اس پر رسول اللہ نے خشم آلود لہجہ میں کعب سے ارشاد فرمایا:

''کعب! تو یہاں سے اٹھ کر چلا جا، یہاں تک کہ اللہ تعالیٰ تیرے بارے میں کوئی حکم نازل فرمائے''۔

کعب بارگاہِ نبوت سے اٹھ کر چلے آئے۔ چہرے پر ہوائیاں اڑ رہی تھیں، دل بیٹھا جا رہا تھا اور پاؤں اٹھتے نہ تھے جیسے ان میں سکت ہی نہیں رہی۔ یہ کسی حاکم اور بادشاہ کی نہیں، رسول اللہؐ کی خفگی کا معاملہ تھا۔ کعب کے دل پر جو بھی گزرتا تھوڑا تھا۔ کعب کے عزیزوں اور قرابت داروں نے کہا کہ کعب! تو نے سچ کہہ کر اپنے کو مصیبت میں ڈال لیا۔ ارے نادان! دوسروں کی طرح تو بھی کوئی حیلہ تراش لیتا تو یہ روز بد دیکھنے کو نہ ملتا۔ کعب نے جواب دیا کہ بھائیو! کسی دنیادار کے ساتھ معاملہ پیش آتا تو میں کوئی جھوٹ موٹ کہہ کر چھوٹ جاتا۔ لیکن یہ رسول اللہ کا معاملہ ہے۔ اللہ تعالیٰ وحی نازل فرما کر اگر میرے جھوٹ کو کھول دیتا تو میں کہیں

کا نہ رہتا۔

"ایہا الاخوان! اچھا یہ تو بتاؤ کہ میرے ساتھ جو معاملہ ہوا ہے، کیا اور کسی کے ساتھ بھی یہ صورتِ حال پیش آئی ہے"۔ کعب نے دریافت کیا۔

"ہاں! ہلال بن امیہ اور مرارہ بن ربیع کے ساتھ بھی یہی معاملہ گزرا ہے۔" لوگوں نے بالاتفاق جواب دیا۔

اس کے بعد مرحلہ اور زیادہ سخت تھا۔ رسول اللہ صلی اللہ علیہ وسلم نے حکم فرمایا کہ کوئی مسلمان کعب، مرارہ اور بلال سے بات چیت نہ کرے۔ ان تینوں کا یوں سمجھو کہ بائیکاٹ کر دیا گیا۔ دو چار پانچ دن نہیں، پورے پچاس دن اسی عالم میں گزرے۔ آدمی کے ساتھ زندگی کی سو ضرورتیں لگی ہیں، کعب کو بھی کام کاج سے گھر سے باہر جانا پڑتا۔ گلیوں، بازاروں کھیتوں اور نخلستانوں میں۔ مگر کوئی مسلمان ان سے بات چیت نہ کرتا۔ عجیب مشکل اور پریشانی کا سامنا تھا۔ صحابہ کرامؓ نے صاحب سلامت بند کر دی جیسے کعب سے کسی کا واسطہ ہی نہیں ہے اور یہ ان کے لیے بالکل اجنبی اور غیر ہے۔

ایک دن حضرت کعب مدینہ سے باہر پہنچے۔ ان کے چچازاد بھائی ابو قتادہ کا شہر سے باہر باغ تھا جہاں وہ ایک عمارت بنوا رہے تھے۔ کعب نے چچیرے بھائی کو سلام کیا۔ مگر بھائی نے کوئی توجہ نہ کی بلکہ منھ پھیر لیا۔

کعب نے دلگیر ہو کر کہا۔ "ابو قتادہ! تجھے تو معلوم ہے کہ میں خدا اور رسولؐ کو دوست رکھتا ہوں، اور میرا دل شرک اور نفاق سے پاک ہے، پھر تو مجھ سے کلام کیوں نہیں کرتا؟"

ابو قتادہ نے کعب کی بات کا کوئی جواب نہ دیا۔ وہ بدستور خاموش رہے۔ لبوں کو جنبش نہ ہوئی۔ کعب کی طرف سے منھ پھیرے رہے۔ کعبؓ نے ایک بار نہیں تین بار ابو قتادہ کو متوجہ کیا۔ مگر انھوں نے ایک حرف بھی جواب میں نہ کہا۔

کعب مسجد میں نماز پڑھنے کے لیے جاتے تو کوئی مسلمان ان سے کلام نہ کرتا۔ یہ چپ چاپ نماز پڑھ کر چلے آتے۔ اور یہ بھی کرتے کہ خاموشی کے ساتھ مسجد نبویؐ کے کسی گوشے میں بیٹھ جاتے اور اندازہ لگاتے کہ رسول اللہؐ مجھے کس نگاہ سے دیکھتے ہیں۔ کعب نے بارہا محسوس کیا کہ رسول اللہ میری طرف کنکھیوں سے دیکھ رہے ہیں۔ میری پریشان حالی پر حضورؐ کو

ترس بھی آرہا ہے۔ مگر جب میں حضورؐ کی طرف دیکھتا تو حضورؐ نگاہیں پھیر لیتے۔

گھر کے لوگ کسی آدمی سے بولنا چالنا چھوڑ دیں تو بے چارہ دیوانہ ہو جائے۔ یہاں تو سارے شہر نے کعب کا بائیکاٹ کر دیا تھا۔ صاحب سلامت اور دعا سلام تک جاتی رہی تھی۔ کعب کے دل کی جو حالت بھی ہو گئی ہو کم تھی۔ کعب تنہائی میں رونے لگتے۔ دنیا ان کی نگاہ میں تاریک تھی، امید کی کوئی کرن دکھائی نہ دیتی تھی۔

جب اس نے پھیر لیں نظریں رنگِ تباہی آہ! نہ پوچھ
نظریں خالی، سینہ ویراں، دل کی حالت کیا کہیے!

شام کا وقت تھا۔ سورج پوری طرح غروب نہیں ہوا تھا، کھجوروں کی ڈالیوں پر شام کی سیاہی کا دھواں سا نظر آتا تھا۔ لوگ کام کاج کر کے گھروں کو واپس آرہے تھے، راستوں میں بکریوں اور اونٹوں کی قطاریں دکھائی دیتی تھیں، پرندے دانہ دنکا چگ کر اپنے گھونسلوں کا رُخ کر رہے تھے، اور اونٹوں کے گلوں کی بجتی ہوئی گھنٹیاں، جیسے سکوتِ شام ہی آپ گنگنا رہا ہو، اتنے میں ایک نصرانی تیز سی اونٹنی پر آتا ہوا نظر آیا۔

"کعب کہاں ہے؟ کعب؟ کعب، جس کا تم مسلمانوں نے بائیکاٹ کر دیا ہے۔ جس سے تمہارے نبی ناراض ہیں"۔ نصرانی نے لوگوں سے دریافت کیا۔

"تم ہوا کے گھوڑے پر سوار ہو، ذرا تسلی سے بات کرو۔ دیکھو! سامنے والے باغ کے کنارے جو آدمی سر جھکائے بیٹھا ہے، وہ کعب ہے! تم مسافر ہو اس لیے ہم نے تمہاری خاطر کعب کی طرف اشارہ کر کے اس کا پتہ بھی بتا دیا۔ ورنہ مدینہ کا کوئی آدمی پوچھتا تو ہم یہ بھی نہ کرتے"۔ ایک بوڑھے عرب نے جواب دیا۔

نصرانی تیزی کے ساتھ کے پاس آیا اور اظہارِ مسرت کرتے ہوئے بولا۔ "کعب خوش ہو جا، تیرے دن پھر گئے۔ کعب تیری قسمت کا ستارہ چمک اٹھا۔ بادشاہ سلامت نے تجھے یاد فرمایا ہے۔ یہ شرف بڑی قسمت والوں کو ملتا ہے۔ پھر اس نے شاہ غستان کا خط کعب کے ہاتھ میں دے دیا۔ اس میں لکھا تھا:

"اے کعب بن مالک! مجھے معلوم ہوا ہے تیرا صاحب (حضرت محمد رسول اللہ) تجھ سے خفا ہو گیا ہے، اور اپنے یہاں سے اس نے تجھے نکال دیا ہے، دوسرے

مسلمانوں نے بھی تجھ سے کنارہ کشی اختیار کر لی ہے جس شہر کے لوگ تجھ سے

اتنے بیزار ہیں وہاں تجھ جیسے آدمی کا رہنا ٹھیک نہیں۔ اس خط کے پڑھتے ہی

ہمارے پاس چلا آ، ہماری نوازشیں تیری راہ دیکھ رہی ہیں۔"

حضرت کعب کی جگہ کوئی اور بندۂ ہوا و ہوس ہوتا تو خوشی کے مارے پھولا نہ سماتا۔ یہ ایک بادشاہ کی طرف سے طلبی کا فرمان تھا، دنیا کی نعمتوں اور ہر طرح کی قدردانیوں کا اس میں وعدہ تھا۔ مگر کعب مکتوبِ شاہی اور فرمانِ خسروی کو پڑھ کر برافروختہ ہو گئے۔ اس میں دل کا ملال بھی شامل تھا۔ ملال اس بات کا کہ میری اس حالت کو دیکھ کر بادشاہ مجھے کفر کی طرف بلاتا ہے، اس ظالم کے دل میں آخر یہ خیال کس طرح پیدا ہوا کہ کعب مدینۃ النبی کو چھوڑ کر اس کے دارالخلافہ کا رُخ کر سکتا ہے۔

نصرانی خاموش کھڑا تھا، اسے توقع تھی کہ کعب مجھ سے کہے گا کہ مجھے اپنے ساتھ اونٹ پر بٹھا کر بادشاہ کے حضور میں لے چلو، میں گھر بھی جانا نہیں چاہتا، اور گھر جاؤں تو کس کے پاس جاؤں۔ ایک ایک عزیز مجھ سے بیزار ہے! مگر نصرانی کی حیرت کی کوئی انتہا نہ رہی، جب اس نے دیکھا کہ کعب نے نہایت ذلت اور حقارت کے ساتھ فرمانِ شاہی آگ پر ڈال دیا۔

"تیرے بادشاہ سلامت اور آقائے ولی نعمت کی نوازشوں سے میرے آقا کی بے التفاتی بہتر ہے"۔ حضرت کعب نے نصرانی قاصد سے کہا۔ فرمانِ شاہی جل چکا تھا۔ آگ کا دھواں شام کے دھندلکے میں مل کر اور گہرا ہو گیا، نصرانی اپنی لمبی داڑھی کو پیچ دیتا ہوا واپس چلا گیا، بہت تیز تیز آیا تھا مگر اس ناکامی کے بعد اس کے پاؤں آہستہ اٹھنے لگے۔ بڑی سخت آزمائش تھی کعب کی، مگر اللہ تعالیٰ نے اپنا فضل فرمایا کہ کعب کے پائے استقامت کو ذرا سی جنبش بھی نہ ہونے دی۔

وہ جس کا امتحاں لیں اور جو ہو کامیاب اس میں
ہمارا آپ کا جینا نہیں، جینا اسی کا ہے

اس مرحلہ سے نبٹ کر اور اس طوفانِ آزمائش سے گزر کر حضرت کعبؓ اپنے گھر پہنچے تو کیا دیکھتے ہیں کہ رسول اللہ صلی اللہ علیہ وآلہٖ وسلم نے ایک صحابی کو یہ حکم دے کر بھجوایا ہے کہ کعب سے کہہ کہ وہ اپنی بیوی سے دور رہے! حضرت کعب نے دریافت کرایا کہ کیا اس حکم کا مطلب ہے

کہ میں اپنی بیوی کو طلاق دے دوں۔ ارشاد ہوا، نہیں طلاق نہیں، اسکے بستر سے دور رہو۔ اس پر کعب نے اپنی چہیتی بیوی اور شریکِ زندگی کو اس کے باپ کے گھر بھجوادیا۔

اسی عالم میں پورے پچاس دن گزر گئے۔ کعب کے دل پر غم کے آرے چل رہے تھے، دنیا کا دکھ درد، تجارت کا نفع ٹوٹا، کسی دوست عزیز کی خفگی ہوتی تو برداشت کی جا سکتی تھی، یہ خدا اور رسولؐ کا مسئلہ تھا، یہاں ہر آن ایمان جانے اور عاقبت برباد ہونے کا خطرہ کعب کے غم والم کا کوئی اندازہ نہ تھا۔ جس کے دل پر گزرتی ہے وہی جانتا ہے۔ کعب کا زیادہ وقت توبہ واستغفار میں گزرتا۔

رات کا وقت تھا۔ کعب اپنے مکان کے بالائی حصہ پر تھے، اور تھے کیا غم والم کی حالت میں بے چارے پڑے ہوئے تھے، نڈھال، پریشان، ملول و دل گرفتہ، زندگی اب ان پر بار گزرنے لگی تھی۔ اتنے میں ایک شخص نے ٹیلے پر کھڑے ہو کر کعبؓ کو زور سے پکار کر کہا:

''کعب! تجھے مژدہ ہو کہ اللہ تعالیٰ نے تیری توبہ قبول فرمالی۔''

اس خوش خبری نے کعب کی امیدوں کو نئے سرے سے زندگی عطا کی۔ آنکھوں میں شکر و مسرت جھلکنے لگی۔ زرد چہرے میں سرخی دوڑ گئی۔ وہ بالا خانہ سے نیچے آنے کا قصد ہی کر رہے تھے کہ لوگ ان کے پاس دوڑے ہوئے آئے اور کعبؓ کو بشارت دی کہ غزوۂ تبوک میں جو مسلمان شریک ہونے سے رہ گئے ہیں ان کی توبہ اللہ تعالیٰ نے قبول فرمالی۔

خبر کی اب پوری طرح تصدیق ہوگئی۔ کعب معاً سجدے میں گر پڑے۔ یہ سجدہ شکرانہ تھا، ہر موئے تن اللہ کا شکر بجالا رہا تھا، پھر وہ حضورؐ کی خدمت اقدس میں دوڑتے ہوئے پہنچے۔ مہاجرین و انصار وہاں بیٹھے تھے۔ کعب نے سلام کیا، حضورؐ کا چہرۂ مبارک خوشی سے چمک رہا تھا۔ چودھویں رات کے چاند کی طرح۔ مگر یہ بھی ناقص اور ادھوری تشبیہ ہے۔ محمدؐ تو خود آپ اپنی مثال تھے۔

حضورؐ نے کعب سے فرمایا:

اے کعب! بشارت ہو تجھے! تیری توبہ بارگاہِ الٰہی میں قبول ہوگئی۔ جس دن تو ماں کے پیٹ سے پیدا ہوا ہے، اِس دن سے بہتر کوئی دن تجھ پر نہ گزرا ہوگا۔

حضرت کعب بن مالک کی تاریک دنیا ایکا ایکی شعاعِ امید سے جگمگا اٹھی۔ ابھی ابھی

آنکھوں سے آنسو اور لب پہ آہیں تھیں اور اب ہونٹوں پر مسکراہٹ کھیلنے لگی۔

بادشاہوں کے نام

حدیبیہ میں جب صلح نامہ لکھا جارہا تھا تو قریش کے سفیر سہیل اس بات پر بگڑ گئے تھے کہ معاہدے میں "رسول اللہ" نہیں لکھا جائے گا، چنانچہ یہ لفظ لکھ کر مٹا دیا گیا۔ مگر اب حق مظلومیت کے دور سے گزر چکا تھا، اس کے غلبہ اور دنیا پر چھا جانے کا زمانہ آگیا تھا۔ سچائی کے ابلتے ہوئے چشمے اب کسی کے روکے رک نہیں سکتے تھے۔

وہ دیکھیے عمرو بن امیہ الضمری صبا رفتار ناقہ پر کسی دور دراز سفر کے لیے تشریف لے جا رہے ہیں۔ پانی کی چھاگل ساتھ ہے، ستو اور کھجور کی تھیلیاں بھی لٹک رہی ہیں اور ان کے ساتھ ایک تحریر بھی ہے۔ تحریر۔ جی ہاں! رسول اللہ کا فرمان۔ حبش کے بادشاہ "اصحم" کے نام! نجاشی (Negas) کے لقب سے مشہور ہے یہ فرمانرواں۔ اس فرمان میں حبش کے فرمانروا کو اسلام لانے کی دعوت دی گئی ہے۔ اے لوگو! رسول اللہ کے قاصد حبش پہنچ بھی گئے، بے چارے بہت تھکے ہوئے ہیں، سفر بھی تو کئی مہینہ کا تھا۔ بادشاہ نے مکتوبِ نبوی کو پڑھا، چوما، آنکھوں سے لگایا اور مسلمان ہو گیا۔ اس نیک سیرت انسان نے دلیلیں نہیں مانگیں، معجزے طلب نہیں کیے۔ رسول اللہ کا نامۂ گرامی پڑھتے ہی خدا کی وحدانیت اور محمد ابن عبداللہ کی رسالت کا اقرار کر لیا۔ صلیبیں خوف کے مارے گری جا رہی تھیں، اور گرجاؤں کے درودیوار سے بے کسی برس رہی تھی۔ حق آچکا تھا، باطل کو مٹ جانا ہی چاہیے تھا۔

یہ کون بزرگ ہیں؟ خوش منظر، دیدہ زیب، احساسِ ذمہ داری تیوروں سے نمایاں ہے۔ یہ علاء بن الحضرمی ہیں۔ منذر شاہ بحرین کے پاس اسلام کی دعوت لے کر جا رہے ہیں، شاہِ بحرین کہنے کو تو شہنشاہ فارس کو خراج دیتا ہے مگر حقیقت میں یہ خود مختار فرماں روا ہے۔ سچ مچ "مالک رقاب امم" اپنے حدود سلطنت میں سیاہ سفید کا مالک!۔ فرمانِ نبوی کو پڑھ کر اس کو بھی ایمان کی سعادت حاصل ہوگئی اور تنہا نہیں! اس کی رعایا کی اکثریت مسلمان ہوگئی۔ ایمان کا آفتاب طلوع ہوا تو اس نے اپنے گرد و پیش کو بھی منور کر دیا۔

مصر و اسکندریہ کے بادشاہ مقوقش اور ایران کے شہنشاہ خسرو پرویز کے پاس بھی قاصد دعوتِ اسلام اور منشور ہدایت لے کر پہنچے۔ خسرو نامۂ مبارک کو پڑھ کر آگ بگولا ہو گیا۔

ضورؐ کے فرمان کو بھرے دربار میں چاک کر دیا اور شانِ رسالت میں گستاخانہ کلمات کہے۔
اصد ایران سے واپس ہوا اور حضور سے تمام واقعہ عرض کیا۔ حضورؐ نے اس پر فرمایا:
اس نے خود اپنی قوم کا منشورِ سلطنت پارہ پارہ کر دیا۔ یہ کوئی قصہ کہانی ہے کہ بات آئی
ئی ہو گئی، لفظوں کا حقیقت سے کوئی ربط ہی نہ ہو۔ یہ محمدؐ رسول اللہ کے الفاظ تھے، کچھ دنوں
کے بعد اس گستاخ اور زبان دراز خسرو کو خود اس کے بیٹے نے موت کے گھاٹ اتار دیا اور
ضرت عمر فاروقؓ کے عہدِ خلافت میں کسریٰ کی حکومت کے ٹکڑے اڑ گئے۔ خسرو پرویز کو
اہ حبش کی قسمت نہ مل سکی، گمراہی اور تباہی اس کی تقدیر میں لکھی تھی، کفر کی جہالت قبولِ حق
ی راہ میں مزاحم ہوئی یہاں تک کہ خسرو کی زندگی کا طلسم ہی ٹوٹ گیا۔

بارگاہِ نبوت سے فرمان صادر ہو رہے تھے۔ قاصد درباروں میں پہنچ کر فرمان پیش
رتے۔ دومۃ الجندل کے حکمراں اکیدر، غسّان کے فرمان روا جبلہ اور نجد کے بادشاہ ثمامہ
قسمت کے ستارے کفر و جہالت کے اندھیرے سے نکل چکے تھے۔ ایمان کی سعادت
صیب ہوئی۔ جو مغرور، ازلی بد بخت اور حکومت کے نشہ میں چور تھے وہ اس سعادت سے محروم
ہے۔ حق کی آواز کان کے پردوں سے ٹکرا کر رہ گئی، دل میں گھر نہ کر سکی، نفس نے بڑھاوے
یے کہ دیکھنا! اپنے آبائی مذہب سے کہیں منحرف نہ ہو جانا، تمہارے باپ دادا کی روحیں کیا
ہیں گی۔ اور شیطان نے بہکایا کہ تم خود لاکھوں انسان کی تقدیروں کے مالک ہو۔ تمہاری
یان قانون ہے، تمہیں کسی کے مشورے اور دعوت کی کیا ضرورت! یہ تو ایک طرح کی ذلت
ر شکست ہوئی کہ کسی نے خط بھیج دیا اور اس کے سامنے جبینِ عقیدت کھٹ سے خم ہو گئی۔ نفس
کے ان ڈھکوں نے حق واضح نہ ہونے دیا۔ اپنی اپنی قسمت اور اپنا اپنا نصیب ہے۔

یہ کون ہے؟ یہ یمن و طائف کے سرحدی علاقہ کا حکمراں ہے۔ نام ہے ذی الکلاع اور
یر کے شاہی خاندان کا چشم و چراغ ہے۔ اس لیے ذی الکلاع حمیری کے نام سے مشہور
ہے۔ اس کا دربار حریر و دیبا کے پردے، ایرانی قالین، ہاتھی دانت کے بنے ہوئے دروازے،
ہری روپہلی منبت کاری، جڑاؤ اور قیمتی تخت، درباری تو بڑی رتبہ کے ہوتے ہیں۔ شاگرد
پیشہ، نوکر چاکر اور غلام ایسی بھڑکیلی وردیاں پہنے ہیں کہ دیکھنے والوں کی آنکھیں خیرہ ہوئی
تی ہیں۔ چاندی کی انگیٹھیوں میں عود و عنبر سلگ رہا ہے۔

''ہمارے خداوند نزول اجلال فرمانے والے ہیں، بندے جبینِ نیاز جھکانے کے تیار ہوجائیں''۔ چوبدار نے کڑک کر کہا۔ اس کی آواز میں کافی رعب تھا جیسے بادل گرج ہے۔ اتنے میں ذی الکلاع آیا۔ سر پر تاج جگمگاتا ہوا۔ یمن کے خوب صورت چھوکرے ا کے عبا کے دامن سونے کے طباقوں میں اُٹھائے ہوئے، اس کے آتے ہی تمام دربار سجدے میں گر گئے۔ ذی الکلاع مسکرایا۔ اگر وہ ہنس دیتا تو خدا کی شان کے منافی تھا اس حکم تھا کہ لوگ اسے ''خدا'' کہہ کر مخاطب کریں۔ بادشاہ سلامت! جہاں پناہ! غریب پرو یہ سب فرسودہ اور ایرانی اصطلاحیں ہیں۔

طائف و یمن کے اسی ''خداوند'' کے پاس رسول اللہ کا فرمان پہنچا، اور خدا کی شان منہ مبارک پڑھتے ہی سچائی کھل کر سامنے آگئی۔ وہ مسلمان ہوگیا اور اسلام لانے کے بہ خدا ترسی اور ایثار کا اس قدر جذبہ ہوا کہ ایک دن میں دس بیس نہیں، اٹھارہ ہزار غلام آزاد کئے مسلمان ہونے کے بعد چند سال بادشاہت میں گزرے۔ مگر خدا پرستی کی راہ م ملوکیت کو بھی سنگِ گراں پایا۔ راج پاٹ کو لات مار کر اور عیش و آرام کو تج کر مدینہ منورہ م آکر اقامت اختیار کرلی۔ ناز و نعمت کا پلا ہوا اور عیش و عشرت کے گہوارے میں جھولا ہوا ا موٹا جھوٹا کھاتا پہنتا اور زیادہ وقت خدا کی عبادت میں گزارتا۔

ایک سعید روح

قیصرِ روم کی شہنشاہی کے حدود دُور تک پھیلے ہوئے تھے۔ بعض علاقوں پر گورنر مق تھے اور کچھ حصے نیم خودمختار حکمرانوں کے ماتحت تھے جو شہنشاہی کے باج گزار تھے۔ ش کے علاقہ کی گورنری فردہ بن عمرو خزاعی کے سپرد تھی۔ اس زمانہ کا گورنر بھی آج کے مط العنان بادشاہوں سے زیادہ با اختیار ہوتا تھا۔

فردہ گورنر شام بھی مسلمان ہوگیا، ایمان لے آیا، توحید پرستوں کی صف میں شا ہوگیا، بات چھپنے والی نہیں تھی۔ قیصر روم کو خبر ملی کہ فردہ اسلام لے آیا۔ دوسرے لوگ بھی کی دیکھا دیکھی اسلام کی طرف مائل ہوتے جاتے رہے ہیں اور فردہ کی تبدیلیٔ مذہب عوا اثر انداز ہورہی ہے۔

قیصر نے فردہ کو اپنے دربار میں طلب کیا۔ سپاہیوں کو حکم دیا کہ فردہ کو مہلت نہ دینا،

سے جلد اپنے ساتھ لے کر آنا۔ کہیں ایسا نہ ہو کہ جان بچانے کے لیے عرب کی طرف بھاگ جائے اور اس کا فرار ہمارے لیے کسی فتنہ کا سبب بن جائے۔ فردہ کو دربار قیصر میں لایا گیا۔

''میں نے سنا ہے تم عیسائیت سے منحرف ہو کر مسلمان ہو گئے ہو''۔ قیصر نے دریافت کیا۔

''جی ہاں! آپ نے ٹھیک سنا ہے، میں اب تک تاریکی میں تھا، اللہ تعالیٰ نے مجھے ایمان کی روشنی عطا فرمائی۔ میں اب صرف خدائے واحد کو پوجتا ہوں۔ یہ ایک میں کا تین اور تین میں کا ایک، لغو اور خود تراشیدہ تصورات ہیں'' فردہ نے جواب دیا۔

''تمہاری یہ جرأت ہو گئی کہ سرِ دربار عیسائیت کی تردید کرتے ہو اور وہ بھی اس قدر بے باکی کے ساتھ جیسے تم قیصر شہنشاہ روم کے دربار میں نہیں بلکہ کسی حمام میں کھڑے ہو'' قیصر نے عتاب آمیز لہجہ میں کہا۔

''حق کی بات دب کر نہیں کہی جاتی شہنشاہ! دل میں کچھ اور زبان پر کچھ اور، یہ منافقت اور فریب ہے۔'' فردہ عبا کا تکمہ چھوتے ہوئے بولے۔

''اگر تم نے اس نئے مذہب سے منہ نہ موڑا تو میں تمہیں گورنری کے عہدے سے معزول کر دوں گا۔ قیصر نے جلالت آمیز لہجہ میں کہا۔

''مجھے قبول ہے، کوئی چیز ایمان کی قیمت نہیں ہو سکتی''۔ فردہ نے جواب دیا۔

''دیکھو! اب بھی کچھ بنا بگڑا نہیں ہے، میں تمہیں عزت کے ساتھ تحفے دے کر شام واپس کروں گا۔ نادان نہ بنو، ملی ہوئی دولت کو نہ ٹھکراؤ''۔ قیصر روم نے افق و ہمدردی کے انداز میں کہا۔

''مجھے اسلام اور ایمان کے مقابلہ میں کسی دوسری عزت کی ضرورت نہیں ہے۔ میرا فیصلہ اٹل اور محکم ہے، سارے جہان کی بادشاہت بھی میرے ایمان کی قیمت نہیں ہو سکتی۔ اور۔

قیصرِ روم کی آنکھوں سے شرارے نکلنے لگے۔ وہ فردہ کی بات پوری ہونے سے پہلے گرجنے لگا:

لے جاؤ اس بے عقل فردہ کو میرے سامنے سے لے جاؤ، اسے قید میں ڈال دو۔ آہنی بیڑیاں پہناؤ سختی کرو، یہاں تک کہ اس کا دماغ درست ہو جائے۔

فردہ کو قید خانے میں ڈال دیا گیا اور طرح طرح کی سختیاں کی گئیں، قیصر نے چند دن کے بعد پھر دریافت کرایا کہ تم اسلام سے منہ موڑ لو تو میں اب بھی تمہیں گورنری کے عہدے

پر بحال کرسکتا ہوں۔فردہ نے کہا، یہ نہیں ہوسکتا۔پھر قتل کی دھمکی دی گئی۔یہ بہت بڑ
آزمائش تھی۔قیصر سمجھتا تھا کہ یہ جان کا معاملہ ہے، اب فردہ کے پائے استقامت ڈگمگا جائیں
گے۔مگر فردہ نے کہا۔جان تو ایک دن جانی ہی ہے، وہ تخت پر جائے یا سولی پر! لیکن کامیا
اس زندگی کے لیے اور بشارت اس جان کے واسطے ہے جو حق کی راہ میں کام آوے۔

فردہ۔نہیں نہیں!۔حضرت فردہ کو قتل گاہ میں لایا گیا۔مشکیں بندھی ہوئی پاؤں میں
بھاری بیڑیاں! قیصر نے کہا:

''دیکھو! اب بھی تلافیِ مافات کا وقت باقی ہے۔میرے ایک اشارے میں جان بخش
ہوسکتی ہے''۔

حضرت فردہ نے جواب میں کلمہ پڑھا اَشْھَدُ اَنْ لَّآ اِلٰہَ اِلَّا اللّٰہُ وَ اَشْھَدُ اَنَّ مُحَمَّدً
رَسُوْلُ اللّٰہِ'' اللہ کی ''ہ'' زبان سے نکل ہی رہی تھی کہ بے رحم قاتل نے اسلام کے اس فدائی
سرتن سے جدا کردیا۔

ادھر بادشاہوں اور حکمرانوں کے نام بارگاہِ رسالت سے فرمان بھیجے جارہے تھے
دوسری طرف عرب کے قبیلے جوق در جوق حضور نبی کریمؐ کی خدمت میں حاضر ہورہے تھے۔
اسلام کی آواز دور دور تک پہنچ چکی تھی، تکبیر کی آوازیں نخلستانوں سے لے کر وادیوں
ٹیلوں، پہاڑوں اور کوہساروں میں گونج چکی تھیں۔اسلام کی طرف دل کھنچتے ہی چلے آرہے
تھے۔جس نے اس آبِ حیات کا ایک گھونٹ پی لیا، وہ زندگی بھر کے لیے سیر ہوگیا۔قبیلہ
میں دوچار آدمی بھی مسلمان ہوجاتے تو ان کی چال ڈھال، رفتار، گفتار، اور سیرت و کردار
سے دوسرے بھی متاثر ہوتے۔لوگ محسوس کرتے کہ اسلام قبول کرنے کے بعد دل نہیں چہرے
تک بدل جاتے ہیں۔یہی کشش بادیہ نشینوں کو اسلام کی طرف مائل کرتی ہے۔ہر مسلمان
اپنی جگہ خود تبلیغ بلکہ بولتا ہوا قرآن ہے۔

یہ کون لوگ ہیں؟ دمکتے ہوئے چہرے، چمکتی ہوئی پیشانیاں، گوری رنگت، بلند قامت
نیچی عبائیں، خلوص اور وفا ان کے تیوروں سے ٹپکی پڑ رہی ہے، یہ قبیلہ نجیب کے نمائندے
ہیں۔پورا قبیلہ مشرف بہ اسلام ہو چکا ہے، اسی نے ان تیرہ بزرگوں کو رسول اللہ کی خدمت
میں بھیجا ہے۔

شاید مدینہ میں یہ تجارت کرنے کی غرض سے آئے ہیں اونٹ اور بکریوں کی قطاروں کی قطاریں ان کے ساتھ ہیں، غلہ بھی ہے، کھجوریں بھی ہیں، درہم و دینار بھی ہیں، قوم نے اپنے مال کی زکوٰۃ دے کر ان کو مدینہ بھیجا ہے۔

''اپنی زکوٰۃ واپس لے جاؤ اور اپنی قوم کے فقراء میں بانٹ دو'' حضورؐ نے ارشاد فرمایا:

''اللہ تعالیٰ جس کی بھلائی چاہتا ہے، اس کا سینہ ایمان کے لئے کھول دیتا ہے''۔

خود نجیب کے وفد کے یہ ارکان قرآن اور سنت سیکھنے کا غیر معمولی شوق رکھتے تھے۔ رسول اللہ صلی اللہ تعالیٰ علیہ وآلہ وسلم نے ان مہمانوں کی خاطر و مدارات کے لئے حضرت بلالؓ کو مقرر فرما دیا تھا۔ ایک طرف تو ان کے شوق کا یہ عالم کہ زیادہ سے زیادہ وقت رسول اللہؐ کی خدمت میں گزارتے، اور صحابہ کرام سے قرآن و سنت کے بارے میں گفتگو کرتے، اور دوسری طرف ان کو اپنے وطن جانے کی جلدی بھی تھی، صحابہ کرامؓ سے بار بار کہتے کہ حضورؐ کی خدمت میں عرض کرو کہ یہ لوگ اپنے وطن واپسی کا عزم رکھتے ہیں، سرکارؐ اجازت مرحمت فرمائیں، صحابہ نے ان سے دریافت کیا کہ وطن جانے کی آخر تم لوگوں کو کیا جلدی پڑی ہے، اس قدر مقدس صحبت تمہیں دنیا جہاں میں اور کہاں میسر آسکتی ہے؟

کبھی کبھی تو یہ لمحے نصیب ہوتے ہیں

ان لوگوں نے جواب دیا کہ دل تو ہمارا یہاں سے جانے کو نہیں چاہتا۔ مگر یہ شوق بے چین کئے ہوئے ہے کہ حضور نبی کریمؐ سے جو کچھ ہم نے حاصل کیا ہے اسے جلد سے جلد اپنی قوم کو بھی پہنچا دیں تاکہ وہ لوگ اس فیض سے محروم نہ رہیں۔

جب وفد نجیب کے ارکان جانے لگے تو حضورؐ نے ان سب کو عطیہ مرحمت فرمائے، عطیے دینے کے بعد حضورؐ نے دریافت کیا:

''تم میں کوئی آدمی باقی تو نہیں رہ گیا؟''

جواب میں عرض کیا گیا:

''ہاں، رہ گیا ہے ایک نوجوان!'' (ایک تندرست اور توانا نوجوان کی طرف اشارہ کرتے ہوئے۔)

''حضورؐ! میری قوم پر رحمت کی برکھا ہوئی ہے تو مجھ پر بھی ایک آدھ چھینٹا پڑ جائے''۔

نوجوان نے گزارش کی۔

''تم چاہتے کیا ہو؟'' حضور نے مستفسرانہ انداز میں فرمایا۔

''میں حضور میں! میری تمنا سب سے جدا ہے یا رحمۃ للعالمین۔'' نوجوان بولا۔

''تمہاری تمنا آخر کیا ہے؟'' رسول اللہ نے پوچھا۔

''میں اپنے گھر سے یہ تمنا لے کر چلا تھا کہ حضور سے اپنے لئے دعا کراؤں گا، اس کے لئے خدا مجھے بخش دے۔ مجھ پر رحم فرمائے اور میرے دل کو غنی بنا دے۔'' نوجوان کے جواب پر حضورؐ نے اس کے لئے دعا فرمائی۔

ہجرت کے دسویں سال جب حضورؐ حج کے لئے تشریف لے گئے تو قبیلہ نجیب کے لوگ بھی آپؐ کی خدمت میں حاضر ہوئے، آپؐ نے ان سے اس نوجوان کا حال پوچھا لوگوں نے کہا:

''یا رسول اللہ! اس طبیعت کا تو کوئی آدمی آج تک دیکھنے ہی میں نہیں آیا۔ اس کی قناعت اور فقر و غنا کا یہ عالم ہے کہ اس کے سامنے اگر سارے جہان کی دولت بھی بٹ رہی ہو تو وہ ادھر آنکھ اٹھا کر بھی نہیں دیکھتا۔

وفود کی حاضری اور باریابی کا تانتا بندھا تھا۔ ایک وفد آیا دوسرا گیا، ہمدان، ثقیف، طے، غسان، عذرہ، غامد، محارب، ودس، سلامان، نجع وغیرہ قبیلوں کے وفود (Depulations) بارگاہ رسالت میں حاضر ہوئے، اور ایمان کی سعادت سے مشرف ہو کر گھروں کو لوٹے۔

طائف، جس کے بازاروں میں وہاں کے لوگوں نے حضورؐ پر پتھراؤ کر کے پا۔ مبارک کو لہولہان کر دیا تھا، اور جہاں کے چھوکرے حضورؐ کے پیچھے پیچھے تالیاں بجاتے تھے اس مقام کے افراد بھی حاضر ہوئے، کفر و جہالت کی تاریکی چھٹ چکی تھی۔ نادانی ا بے خبری کے پردے آنکھوں سے اٹھ چکے تھے، دلوں کی دنیا ہی بدل چکی تھی، جو کبھی رسول اللہ کی باتیں سننا گوارہ نہ کرتے تھے، انھوں نے آپؐ کی اطاعت کا قلادہ خوشی خو اپنی گردن میں پہن لیا۔

وفدِ ثقیف کی حضورؐ نے اس قدر عزت فرمائی کی کہ خاص مسجد نبوی کے صحن میں ان کے لئے خیمہ نصب کیا گیا۔ یہ لوگ صحابہ کرامؓ کو نمازیں ادا کرتے اور قرآن پڑھتے دیکھتے عبادت و بندگی کی کیفیت نے ان کے دلوں کو متاثر کیا کہ مسلمان ہوتے ہی بنی۔

بت شکنی

عرب میں قبیلہ قبیلہ کا بت جدا تھا۔قبیلہ ثقیف لات کو پوجتا تھا۔عربوں میں بتوں کی کوئی شمار نہ تھی۔ایک گھر میں دس آدمی اور ہر آدمی کا معبود الگ الگ! جس پتھر کے ٹکڑے اور لکڑی کے تختے کو چاہا اور ادھر ادھر سے چھیل چھال، اور گھڑ کر خدا بنا لیا۔مگر لات تمام قبیلوں کا مشترکہ خدا تھا۔ہبل اور عزیٰ کی حیثیت تھی لات کی۔

ثقیف کا وفد جب مدینہ سے واپس چلا گیا تو خالد بن ولید چند صحابہؓ کو ساتھ لے کر وہاں پہنچے اور لات کو گرانا شروع کیا۔آس پاس ہر جگہ بجلی کی طرح یہ خبر پھیل گئی کہ لات کو ڈھایا جا رہا ہے، لات ان کا صدیوں سے معبود رہا تھا۔اس کی محبت ان میں سے بعض کے دل میں اب تک رچی ہوئی تھی۔تماشائیوں کے ٹھٹ کے ٹھٹ لگ گئے۔مرد ہی نہیں، پردہ نشین عورتیں تک گھروں سے نکل آئیں۔ایمان نے ابھی پوری طرح جڑ نہ پکڑی تھی۔کوئی کوئی یہ سمجھ رہا تھا کہ لات کو جو گرائے گا، وہ خود ہلاک ہو جائے گا۔کسی قوم کے "خدا" کو یوں ہی چپ چاپ عافیت کے ساتھ ہنسی خوشی توڑ دینا کوئی دل لگی نہیں ہے۔سب کی نگاہیں لات پر جمی ہوئی تھیں۔

حضرت مغیرہ بن شعبہ بھی خالد کے ساتھ تھے، انھوں نے کمان چلہ پر چڑھائی اور لات کو خوب تاک کر تیر جو مارا تو اپنے زور میں خود ہی زمین پر گر گئے۔بعض لوگوں کی خوشی کے مارے چیخیں نکل گئیں کہ ہمارے خدا نے مغیرہ کو ٹھکرا دیا۔مغیرہ کو اس پر طیش آ گیا، نہایت تیز لہجے میں بولے:

"اے اہل ثقیف! تم تو بڑے ہی بے وقوف اور کم سمجھ نکلے۔یہ پتھر کا ذلیل ٹکڑا بھلا کیا کر سکتا ہے۔ایہا الناس! خدائے واحد کی بندگی کرو اور اس کی پناہ تلاش کرو"۔

حضرت مغیرہ نے پہلے اس جھوٹے خدا کو توڑ پھوڑ کر خاک میں ملا دیا پھر تمام مسلمان

معبد کی دیواروں پر چڑھ گئے اور آن کی آن میں ساری عمارت ڈھادی، بلکہ اس کی بنیادیں تک کھود ڈالیں۔ مقصد یہ تھا کہ ثقیف والوں کے دلوں میں لات کی عظمت جو ابھی تک بیٹھی ہوئی ہے دور ہو جائے اور وہ اپنے معبود کا حشر اپنی آنکھوں سے دیکھ لیں۔ وہ دن ہے آج کا دن ہے، ثقیف میں کسی ایک کی پیشانی بھی غیر اللہ کے سامنے نہیں جھکی۔ لات کو یوں ہی صحیح سلامت چھوڑ دیا جاتا تو گمراہی کی طرف لوٹ آنے کا امکان تھا۔

✻ ✻ ✻

بستر علالت پر

اسلام میں خدا پرستی کے سوا کسی دوسری پرستش کے لئے گنجائش ہی نہیں ہے۔ رسول اللہ صلی اللہ علیہ وآلہ وسلم اپنے کو بار بار ''خدا کا بندہ'' کہتے تھے، تاکہ جان نثار امتی جوشِ عقیدت میں حضورؐ کو دوسری گمراہ قوموں کی طرح خدا کا شریک اور اوتار نہ سمجھ لیں۔

طلبِ برکت، استغاثہ، فریادرسی اور استمداد۔ خدا کی ذات کے لیے ہی مخصوص ہیں۔ مصیبتوں کا دور کرنا، غموں کو مٹانا، صحت و عافیت دینا، غرض اس قسم کی تمام صفات اور ان امور کی تکمیل صرف اللہ تعالیٰ کی ذات کو زیبا اور سزاوار ہے۔

اسلام میں قبروں پر جانے کی جو اجازت دی گئی ہے اس کا یہی فلسفہ اور غرض و غایت ہے کہ جانے والے اہلِ قبور کے لیے اللہ تعالیٰ سے مغفرت طلب کریں اور ساتھ ہی ساتھ درسِ عبرت بھی لیں کہ یہ آج سینکڑوں من مٹی کے نیچے سو رہے ہیں، کل چلتے پھرتے اور کھاتے پیتے تھے مگر جب اللہ کا حکم آ گیا تو ان کو ایک سانس لینے کی بھی مہلت نہ مل سکی۔ ہمارے ساتھ بھی ایک دن یہی معاملہ ہونے والا ہے۔ دنیا کی زندگی اور مال و دولت کو ٹھہراؤ نہیں۔ یہ چلتی پھرتی دھوپ چھاؤں کی مانند ہے، اصل زندگی تو آخرت کی زندگی ہے جہاں سدا رہنا ہے۔ بس وہیں کے لیے آدمی کو کچھ کرنا چاہیے۔

رسول اللہ صلی اللہ علیہ وسلم بھی قبرستان بقیع میں مردوں کے لیے دعائے فرمانے کی غرض سے تشریف لے جایا کرتے تھے۔ ایک دن حسبِ معمول بقیع تشریف لے گئے اور وہاں سے واپس ہوئے تو طبیعت بھاری سی تھی۔ چند دن کے بعد بخار میں اس قدر شدت ہو گئی کہ ابو سعید خدری کا بیان ہے کہ رسول اللہ کے سر مبارک سے جو رومال باندھا گیا تھا، میں اسے چھوتا تو میرا ہاتھ گرمی کی شدت سے تاب نہ لا سکتا۔

حکم الٰہی کے سامنے ہر کوئی مجبور ہے۔ نبی اور پیغمبر بھی مشیتِ الٰہی کے آگے دم نہیں مار سکتے، بلکہ وہ تو عوام سے بہت زیادہ خدا کی مرضی کے تابع ہوتے ہیں۔ جس ذاتِ اقدس

کی دعاؤں نے بیماروں کو شفا بخشی تھی، آج وہ خود بیمار تھی۔ مگر علالت کے زمانہ میں بھی گیارہ دن تک حضورؐ نماز کی امامت فرماتے رہے۔ ایک دن عشاء کے وقت نماز پڑھانے کے لیے وضو فرمایا اور مسجد میں تشریف لے جانے لگے تو غش آ گیا۔ تین بار یہی صورت پیش آئی۔ آخر کار حضورؐ نے ابوبکرؓ کو نماز پڑھانے کے لیے حکم دیا۔

صفیں درست ہوئیں، تکبیر کہی گئی۔ حضرت ابوبکرؓ نے مصلّے پر کھڑے ہو کر ''اللہ اکبر'' کہہ اور نیت باندھ لی۔ صحابہ کرام آج مقتدی تھے اور صدیق اکبر مقتدا! یہ بہت بڑا اشرف تھا۔ نکتہ رس طبیعتوں نے اسی وقت اس بھید کو پالیا تھا کہ رسول اللہ کے بعد امت کی پیشوائی کا منصب سب سے پہلے ابوبکرؓ کو ملے گا۔ کبھی کبھی حال کے آئینہ میں مستقبل کے واقعات بھی جھلکنے لگتے ہیں۔

صحابہ کرامؓ سے ضبط نہ ہو سکا، آنکھوں سے آنسو گرنے لگے اور بعض تو آواز کے ساتھ رونے لگے۔ حضورؐ نے رونے کی آواز سنی تو مسجد میں تشریف لے گئے اور ابوبکرؓ کے برابر بیٹھ کر نماز پڑھائی۔ وصال سے پانچ دن قبل حضورؐ نے ارشاد فرمایا:

''تم سے پہلے ایک قوم گزری ہے جس کے لوگوں نے نبیوں اور نیک لوگوں کی قبروں کو سجدہ گاہ بنالیا تھا۔ تم ایسا کام نہ کرنا، خدا ان یہودیوں اور نصرانیوں پر لعنت کرے جنھوں نے انبیاء کے قبور کو سجدہ گاہ بنالیا۔''

اس کے بعد ارشاد ہوا:

''اے خدا! میری قبر کو میرے بعد بت نہ بننے دیجیو۔ اس قوم پر اللہ تعالیٰ کا غضب نازل ہوا جنھوں نے نبیوں کی قبروں کو مساجد بنالیا۔ دیکھو! میں تم کو اس سے منع کرتا ہوں۔ میں تبلیغ کر چکا۔ خدایا تو اس کا گواہ رہ! خدایا تو اس کا گواہ رہ!''

آخری ساعتیں:

سخاوت کو محمدؐ رسول اللہ کے دستِ عطا پر ناز تھا۔ ادھر مال آیا اور ادھر فقراء اور حاجت مندوں میں تقسیم فرما دیا۔ ایسے سخی داتا کے یہاں اللہ کے نام کے سوا اور ہو ہی کیا سکتا تھا۔ یہ دنیوی زندگی کی آخری رات ہے مگر رسولؐ کے گھر میں چراغ جلانے کے لیے تیل تک نہیں ہے۔ بیماری کے گھر میں اندھیری رات اور بھی شاق گزرتی ہے۔ حضرت عائشہؓ نے ایک

ہمسایہ عورت سے تیل ادھار مانگ کر چراغ جلایا۔

صبح کا وقت تھا، جھٹپٹا سا تھا، اندھیرا اور اُجالا ملا جلا سا! صحابہ کرام مسجد نبوی میں نماز پڑھ رہے تھے۔ حضور صلی اللہ علیہ وآلہ وسلم نے حجرۂ مبارک کا پردہ اُٹھا کر دیکھا تو صحابہ کو نماز میں مصروف اور مستغرق پا کر لب ہائے مبارک متبسم ہو گئے۔ رحمۃ للعالمین کا اس دنیائے ناپائدار میں آخری تبسم تھا۔ سپیدۂ سحر نے رسول اللہ کی مسکراہٹ کو ادب کے ساتھ سلام کیا، اور دبی زبان سے درود بھیجا۔

مرض کی بہت زیادہ شدت تھی، حضورؐ پیالہ میں ہاتھ ڈال کر بار بار پانی کا ہاتھ چہرۂ مبارک پر پھیر لیتے۔ حضرت سیدہ فاطمہ سے مقدس اور شفیق باپ کی یہ بے چینی دیکھی نہ گئی، بے اختیار رو پڑیں۔ حضورؐ نے اپنے ہاتھ سے سیدہ کے آنسوؤں کو پونچھا۔ اس کے بعد چہیتے نواسوں کو بلایا۔ حسنؓ و حسینؓ بھی نانا کی بے قراری دیکھ کر رو دیے۔ حضورؐ نے جنت کے ان دونوں گلدستوں کو چوما اور ان کے عزت و احترام کے لیے وصیت فرمائی۔ پھر حضرت علیؓ کی طلبی کے لیے حکم ہوا۔ علی آئے، پریشان، افسردہ اور مغموم!۔ حضورؐ پر نقاہت طاری تھی، سرِ مبارک کو علیؓ نے گود میں لے لیا۔ حضرت علیؓ کو نصیحت فرمائی گئی۔ علیؓ حجرۂ نبوی سے باہر چلے گئے تو حضرت عائشہؓ نے سرِ اقدس کو اپنے زانو پر رکھ لیا۔ ابوبکرؓ کے بیٹے عبدالرحمٰن اتنے میں مسواک لیے ہوئے آ گئے۔ مسواک نرم اور تازہ تھی۔ آپؐ نے اس حالت میں مسواک فرمائی اور زبان حق ترجمان گویا ہوئی:

''نماز۔ نماز۔ اور لونڈی اور غلام کے حقوق''۔

(الصلوٰۃ، الصلوٰۃ، ! وماملکت ایمانکم.)

اس کے بعد آخری الفاظ۔

اَللّٰھُمَّ بِالرَّفِیْقِ الْاَعْلیٰ.

بس پھر کوئی آواز نہ آئی۔ زانوئے عائشہ پر سرِ مبارک سکون کے ساتھ رکھا تھا۔ نورانی چہرہ آج اور زیادہ سفید ہو گیا تھا جیسے حضورؐ سچ مچ سو رہے ہیں۔ چاشت کا وقت تھا۔ دوشنبہ کا دن، ہجرت نبوی کا گیارھواں سال۔ سن شریف ترسٹھ سال اور چار دن۔ جس نے دنیا میں بھیجا تھا، اسی نے بلا لیا۔ روحِ مبارک عالمِ قدس میں رفیق اعلیٰ سے جا ملی۔ رہے نام اللہ کا۔

ازواجِ مطہرات، اہلِ بیت اطہار اور صحابۂ کرام پر غم والم کے پہاڑ ٹوٹ پڑے۔ کسی کسی صحابی کا تو یہ عالم تھا کہ رسول اللہؐ کی وفات کی خبر سن کر کھڑے کا کھڑا رہ گیا۔ جیسے اس کے بدن میں جان ہی نہیں رہی۔ شدتِ غم نے نامی جسم کو تھوڑی دیر کے لیے بت کی طرح جامد بنا دیا، در و دیوار زبانِ حال سے ''الفراق'' کہہ رہے تھے۔ حضرت سیدہ فاطمہؓ کا نازک اور معصوم دل شعر کی زبان میں چیخ اٹھا:

صُبَّتْ عَلَيَّ مَصَائِبٌ لَو اَنَّهَا

صُبَّتْ عَلَى الْاَيَّامِ صِرْنَ لَيَالِيَا

(مجھ پر ایسی مصیبتیں آکر پڑیں کہ اگر دن پر پڑتیں تو رات بن جاتا)۔

حضرت عمرؓ پر عجیب جذب کی کیفیت طاری ہوگئی۔ ننگی تلوار ہاتھ میں لے کر بولے کہ کسی کی زبان سے اگر یہ نکلا کہ محمدؐ وفات پاگئے تو کہنے والے کا سر اڑا دوں گا۔ عجب سراسیمگی کا عالم تھا۔

حضرت صدیق اکبرؓ کاشانہ نبوت میں گئے۔ پیشانی مبارک کو عقیدت کے ہونٹوں سے چوما اور مسجد نبوی میں آکر خطبہ ارشاد فرمایا:

جو کوئی محمدؐ کی عبادت کرتا تھا سو وہ سن لے کہ وہ (محمدؐ) انتقال فرما گئے اور جو کوئی اللہ تعالیٰ کو پوجتا تھا وہ سمجھ لے کہ اللہ تعالیٰ دائم و قائم اور حی و قیوم ہے۔ اللہ تعالیٰ ارشاد فرماتا ہے:

محمد بھی تو ایک رسولؐ ہیں، ان سے قبل بہت سے رسول اور پیغمبر گزر چکے ہیں، وہ اگر وفات پا جائیں یا قتل کر دیے جائیں تو تم کیا الٹے پاؤں پھر جاؤ گے۔ اگر کوئی شخص پھر جائے تو وہ اللہ کو کیا نقصان پہنچا سکتا ہے اور وہ (اللہ تعالیٰ) شکر گزاروں کو جزا عطا فرمائے گا۔

(صلی اللہ علیہ وآلہٖ وسلم)

زندہ پیام

عام طور پر دستور ہے، اور دستور کیا ہے، یہی ہوتا ہے اور ہوا کرتا ہے کہ ناول کے ''ہیرو'' کے مرجانے کے بعد ناول نگار کا قلم بھی رک جاتا ہے اور ناول کو ختم کر دیا جاتا ہے۔۔ اختتام۔ End! جو ''ہیرو'' کی زندگی ہی ختم ہو گئی تو اس سے متعلق ناول کس طرح جاری رہ سکتا ہے، اسے بھی ختم ہو جانا چاہیے۔ ہر آغاز کو اسی اختتام کے حزینہ سے سابقہ پڑتا ہے۔ مگر ''دریتیم'' کے ہیرو ''محمد رسول اللہؐ'' کی زندگی اور وفات کو دوسروں کے مرنے جینے پر ہرگز قیاس نہ کیجیے۔ حضرت محمدؐ رسول اللہ'' کا فرمان، پیام، اسوۂ حسنہ، کردار اور زندگی کا ایک ایک حزینہ اسی طرح زندہ ہے جس طرح وہ مکہ، مدینہ، طائف، بدر، حنین، خندق اور خیبر و تبوک میں زندہ قابلِ عمل، لائق تقلید اور جاری و نافذ تھا۔ محمدؐ رسول اللہ کے پیام اور اسوۂ حیات کو زوال و فنا سے محفوظ کر دیا گیا ہے۔ ستاروں کے چراغ اور مہ و آفتاب کی قندیلیں بجھ سکتی ہیں مگر محمدؐ رسول اللہ ہدایت کے جس چراغ کو لے کر آئے تھے وہ بجھ نہیں سکتا۔ سینکڑوں صلیبی معرکے اور ہزاروں مہابھارت بھی اس کو نہیں بجھا سکتے۔ لوگوں نے کوشش کر کے بھی دیکھ لی مگر ناکامی ہوئی۔ یہ چراغ تو آندھیوں کی گود میں سدا جلا کیا ہے۔ مخالفتیں اس کا کچھ بگاڑ نہ سکیں۔ اللہ سے کون لڑ سکتا ہے۔ محمدؐ اور ان کے پیام کی مخالفت درحقیقت خدا کے مقابلہ میں دعوتِ مبارزت اور اعلانِ جنگ ہے۔

تلوار ہی نہیں قلم، کتاب اور زبانوں نے بھی محمدؐ رسول اللہ کے پیام کے خلاف محاذِ جنگ قائم کیا۔ شیطان جھوٹے اور فریبی نبیوں کے بھیس میں آئے مگر دروغ کو فروغ نہ ہو سکا۔ جھوٹ کھل کر رہا، اہلِ بصیرت اور اربابِ نظر کی آنکھوں میں خاک نہ جھونکی جا سکی۔ نادان، بدبخت اور سیاہ باطن البتہ اس دھوکے میں آ گئے، ان کو آنا ہی چاہیے تھا۔ شیطان کو اس دنیا میں اپنا مشن چلانے کے لیے کچھ ہم نوا اور جی حضوری بھی تو چاہئیں۔ چراغِ مصطفوی سے شرار

بولہبی کی آویزش اور ستیزہ کاری جاری رہے گی۔ اس میں قدرت کی زبردست مصلحت پوشیدہ ہے۔ مگر اہلِ حق کفر و باطل کی اس چھیڑ چھاڑ سے دل گرفتہ اور پریشان نہیں ہوا کرتے۔ ان فتنوں اور شورشوں کو دیکھ کر ان کا ایمان اور محکم اور ان کا جذبۂ عمل زیادہ فعال (More Active) ہو جاتا ہے۔

محمدؐ رسول اللہ کا پیام زندہ ہے، کام زندہ ہے، آپؐ کی زبانِ مبارک سے نکلا ہوا ایک ایک لفظ زندہ ہے، مقدس زندگی کی ایک ایک ادا محفوظ اور پائندہ ہے۔ پھر وفات اور اختتام کیسا؟ محمدؐ رسول اللہ آج بھی اسی طرح نبی ہیں جس طرح آج سے چودہ سو برس پہلے تھے، تمام صالح قیادتوں اور نیک سیادتوں کا مرکز محمدؐ رسول اللہ کی ذاتِ گرامی ہے جو قیادت اور مرکزِ حق و صداقت سے ہٹی ہوئی ہے، وہ گمراہی اور ضلالت ہے۔ چاہے قوم میں وہ ایک لاکھ ''اتاترک کمال'' ہی کیوں نہ پیدا کر دے۔

عدی نے دیکھ لیا

محمدؐ رسول اللہ یقیناً خدا کے بندے، بشر اور انسان تھے اور یہی ''عبدیت'' حضورؐ کے کمال کی دلیل ہے۔ مگر کیسے بندے؟ جس کو جنت کی بشارت دے دی اس پر جنت واجب ہو گئی۔ غزوۂ خندق میں جب بھاری پتھر کو حضورؐ نے کدال سے توڑا ہے تو سلمانؓ کی کدال کی ضرب کی روشنی میں شام، مصر، ایران کے وہ علاقے دیکھ لیے تھے جن پر آگے چل کر پرچم اسلام لہرانے والا تھا۔

حاتم طائی کو کون نہیں جانتا۔ سخاوت اور داد و دہش نے اس کے سر پر شہرتِ دوام کا تاج رکھ دیا ہے۔ اسی حاتم کے بیٹے تھے عدی۔ قبیلہ طے کے نامور سردار! عدی بن حاتم کو بھی اسلام کا شرف اور ایمان کی سعادت حاصل ہوئی۔ حضورؐ نے عدی بن حاتم سے فرمایا تھا:

> ''وہ زمانہ قریب آ رہا ہے جب تو سن لے گا کہ قادسیہ سے ایک عورت تن تنہا چلے گی اور مکہ کا حج کرے گی اور اسے کسی قسم کا خوف اور ڈر نہ ہوگا۔ ارضِ بابل کا سفید محل بھی مسلمانوں کے ہاتھوں پر فتح ہوگا۔''

عدی نے اس پیش گوئی کے ایک ایک حرف کو اپنی آنکھوں سے پورا ہوتا دیکھ لیا۔ نوشیرواں کے قصر و ایوان بھی مسلمانوں کے قبضہ میں آ گئے اور قادسیہ سے ایک عورت اکیلی

مکہ حج کرنے کے لیے آتی ہوئی بھی دیکھ لی۔

محمدؐ خدا کے رسول اور بندے بھی۔ صاحبِ خیر کثیر۔ یہ بھی ہوا ہے کہ گھر میں کئی کئی دن سے چولہا گرم نہیں ہوا، فاقہ پر فاقہ ہو رہے ہیں، اور یہ بھی دیکھا گیا کہ تھوڑے سے کھانے پر حضورؐ نے دستِ مبارک پھیر دیا اور ایک جماعت نے پیٹ بھر کر کھانا کھایا، پھر بھی کھانا بچ رہا۔ پانی کی ذرا سی چھاگل میں دستِ خیر آثار ڈال دیا تو انگلیوں سے پانی کے فوارے چھٹنے لگے اور پورا قافلہ سیراب ہو گیا۔ جبر و اختیار، مشیتِ تکوینی میں سموئے ہوئے! یہ نکتہ اس سے زیادہ فاش نہیں کیا جا سکتا، جو سمجھ لے گا اس کو مبارک باد، جو نہ سمجھے اس سے کوئی باز پرس نہیں۔ مگر ہاں متشککین اور مذبذبین کو بدتوفیقی کی خبر بد۔

سب کے رسول صلی اللہ علیہ وآلہٖ وسلم

کسی مبالغہ کے بغیر پوری دیانت اور کمالِ ذمہ داری کے ساتھ کہا جا سکتا ہے کہ محمدؐ رسول اللہ کی برابر جامع شخصیت تاریخ وسیر میں نظر نہیں آتی۔ کسی کے یہاں رحم ہی رحم اور عفو ہی عفو ہے، کوئی غلبہ اور غضب کا مظہر ہے۔ کسی کی زندگی میں دنیا کی فرماں روائی کی جگمگاہٹیں ہیں اور کہیں فقر و فاقہ اور ترکِ دنیا کی سادہ کاریاں ہیں۔ اور یہی نہیں، کوئی صرف کلدانیوں کو ہدایت کا پیام دیتا ہے۔ کسی کے مخاطب بنی اسرائیل ہیں، کسی کو بعلبک اور نینوا کے بھٹکے ہوؤں کی رہبری مقصود ہے۔ کوئی چین کے حدودِ مملکت سے ایک قدم آگے نہیں بڑھاتا۔ کسی کا پیام صرف ایران کے گرد و پیش میں گونج کر رہ گیا۔ کسی کی بانسری گوکل بندرابن کے حوالی کو نغمہ زار بناتی رہی۔ مگر محمد عربیؐ کا پیام ملکوں اور خطوں میں محدود نہ رہ سکا۔ الکاہل کا ساحل بحر ہند و روم کے جزائر، دجلہ و فرات کے کنارے، سندھ کا ریگستان، کوہِ بیستون کی وادیاں، لبنان اور البرز کے ٹیلے، نیل کی ترائی، پرنیز کی چوٹیاں، فارس کے آتش کدے، بھارت ورش کے پوتر استھان، کلیساؤں کے مینارے اور بت خانوں کے در و دیوار اس پیام سے گونج اٹھے۔ محمد رسول اللہؐ کے پیام نے قوموں کی تقدیریں بدل دیں۔ گورے کالے، ابیض و احمر اور ازرق و اصغر، چھوٹے بڑے، جاہل، عالم، مرد، عورت، غریب، امیر، سبھی نے بقدرِ ذوق کسب فیض کیا، اسی پیام کی بدولت غلام ایکا ایکی پستیوں سے اچھل کر فرماں روائی اور قیادت کے شہ نشینوں پر جا بیٹھے۔ یہ انقلاب چہروں اور صورتوں کا نہیں، فکر و نظر اور ضمیر

وباطن کا انقلاب تھا۔ اس نے چوروں اور لٹیروں کو انتہائی دیانت دار اور امن پسند بنا دیا۔ فاسقوں اور بدکاروں میں نیکی اور پاکیزگی کی غیر فانی روح پیدا کردی۔ اس انقلاب نے صالح تمدن اور پاکیزہ تہذیب کی بنیاد ڈالی۔ اور نہ صرف بنیاد بلکہ پوری عمارت کھڑی کر دی جس کی ایک ایک اینٹ حسن تناسب اور صنعتِ تعمیر کا شاہکار ہے۔

جھلکیاں

عبادت اور بندگی کا وہ عالم کہ رات بھر اللہ کے حضور کھڑے رہتے، پائے مبارک ورم آلود ہو گئے۔ صحابہ نے عرض کیا کہ حضورؐ! اتنی مشقت کاہے کو گوارہ فرماتے ہیں جب کہ اللہ نے آپؐ کے اگلے پچھلے گناہوں کو معاف فرما دیا۔ صحابہ کی اس گزارش پر جواب میں ارشاد ہوا، کیا میں شکر گزار نہ بنوں۔

شجاعت اور بہادری کی یہ کیفیت کہ خون ریز جنگوں میں جب اچھے اچھوں کے پیر اکھڑ جاتے تو اس طرح ثابت قدم رہتے کہ جیسے کچھ ہوا ہی نہیں۔ اطمینان، سکون، بے خوفی اور خدا کی یاد، فاتح خیبر شیر خدا علیؓ کا بیان ہے کہ جنگ جب بہت زیادہ شدید ہوجاتی تو ہم رسول اللہ کی پناہ ڈھونڈتے تھے۔ غزوۂ حنین میں صحابہ کرام متزلزل ہو گئے تھے۔ عام سراسیمگی اور گھبراہٹ طاری تھی مگر رسول اللہ کوہ وقار بن کر اپنی جگہ قائم تھے۔

ایک دفعہ کا ذکر ہے مدینہ میں شور مچا کہ لٹیرے آن پہنچے سارے شہر میں کھلبلی مچ گئی، ماؤں نے اپنے بچوں کو کلیجوں سے چمٹا لیا، ہر شخص گھبرا رہا تھا کہ نہ جانے کیا آفت آنے والی ہے، ڈاکو پورے ساز و سامان کے ساتھ آئے ہوں گے۔ نہ جانے کس کس کی بیوی بیوہ اور کس کس کے بچہ کو یتیم ہونا پڑے، لوگ سوچ رہے تھے کہ کیا کریں کیا نہ کریں، حضورؐ نے تلوار لی اور گھوڑے پر سوار ہو کر شہر سے باہر پہنچے اور پورا چکر لگا کر واپس ہوئے اور تسکین دیتے ہوئے فرمایا: ''لوگو! کچھ نہیں ہے۔ کچھ نہیں ہے''!

تواضع کا یہ عالم کہ حضورؐ کسی کے یہاں تشریف لے جاتے تو کسی اونچی جگہ اور ممتاز مقام پر بیٹھنے کی ہرگز کوشش نہ فرماتے۔ عام آدمیوں کے ساتھ انھیں کے برابر بیٹھ جاتے۔

شیماء حضورؐ کی رضاعی بہن تھیں، ہوازن کے قبیلہ کے لوگ گرفتار ہو کر آئے تو ان میں شیما بھی تھیں۔ ان کو دیکھ کر حضورؐ نے اپنی چادر بچھا دی، شیما کے قدم اور محمد رسول اللہ کی

مقدس چادر، حیرت! مگر اس میں حیرت کی کیا بات ہے۔ رحمۃ للعالمین کا دریائے جود و کرم سی طرح جوش میں آتا ہے۔

ایک دفعہ کا ذکر ہے کہ ایک شخص نے فرط عقیدت سے حضورؐ کے دست مبارک کو چومنا چاہا۔ حضورؐ نے اپنا ہاتھ کھینچ لیا اور ارشاد فرمایا: ''عجمیوں کا کام ہے''۔

حبش کے بادشاہ نجاشی نے اپنے کچھ سفراء حضورؐ کی خدمت میں بھیجے۔ رسول اللہ نے بہ نفس نفیس ان لوگوں کی مہمان داری فرمائی۔ صحابہ کرام نے عرض کیا کہ یا رسول اللہ! آپ کیوں تکلیف فرماتے ہیں، یہ کام تو ہمیں کرنے دیجیے۔ حضورؐ نے فرمایا کہ انھوں نے میرے صحابہؓ کی آؤ بھگت اور عزت کی تھی، میں اس کا بدلہ دینا چاہتا ہوں۔

سیر چشمی اور عالی ہمتی کی یہ شان کہ اپنے آل پر صدقہ حرام کر دیا۔ حضورؐ نے عام اعلان فرمادیا کہ جو کوئی مسلمان مرجائے اس کا قرضہ میں ادا کروں گا، اور اس کے مال و اسباب کے وارث اس کے عزیز و اقرباء ہوں گے۔

چہیتی اور پیاری بیٹی فاطمہ کے سر پر ثابت اوڑھنی بھی نہ تھی اور عوام میں حضور مال و دولت تقسیم فرما رہے تھے۔ بارہا ایسا ہوا کہ سائل نے سوال کیا اور حضورؐ نے بکری کا دودھ یا آٹا سائل کو بخش دیا اور حرم رسولؐ میں وہ دن فاقہ سے گزرا۔

سائل کو ناکام نہ پھیرا بخش دیا جو کچھ گھر میں تھا
بھوکا سو رہنے کی عادت صلی اللہ علیہ وسلم

رسولؐ اللہ کسی کو مال و جنس دیتے تو خوب نیچا تولتے، اور کسی سے لیتے تو اس کا لحاظ نہ فرماتے۔ وہ اونچا تول دیتا تو بھی جبین سعادت آثار سے ناخوشی ظاہر نہ ہوتی۔ مال و دولت کبھی جمع ہی نہیں کیا، جو کچھ آتا، حاجت مندوں میں کھڑے کھڑے تقسیم فرما دیتے۔

ایک ضرورت مند نے بارگاہ نبوت میں حاضر ہو کر دست سوال دراز کیا۔ حضورؐ نے فرمایا کہ اس وقت میرے پاس دینے کے لیے کچھ بھی نہیں ہے، تم میرے نام پر کسی سے قرض لے لو، میں تمہارا قرض اتار دوں گا۔ حضرت عمر فاروقؓ وہاں بیٹھے ہوئے تھے، بولے:

''خدا نے آپؐ کو اپنی قدرت اور استطاعت سے بڑھ کر کام کرنے کی تکلیف نہیں دی۔''

اس پر حضورؐ خاموش ہو گئے، ایک انصاری اداشناس وہاں بیٹھا تھا، بول اٹھا:

یارسول اللہ خوب دیجیے! رب العرش مالک ہے، پھر تنگ دستی کا کیا خوف۔

انصاری کے جواب پر حضور کو ہنسی آ گئی اور چہرۂ اقدس پر بکھر بکھر گئی۔ پھر فرمایا: ''ہاں مجھے یہی حکم ملا ہے''۔

مدینہ میں ایک یہودی تھا، دل کا صاف اور نیت کا نیک! اسلام کے بارے میں وہ بہت کچھ سن چکا تھا۔ مگر ابھی اس مسِ خام کے کندن بننے میں ایک آنچ کی کسر باقی رہ گئی تھی۔

یہودی نے اپنے مذہبی صحیفوں میں پڑھا تھا کہ انبیاء بہت عالی ظرف اور بردبار ہوتے ہیں۔ اس کا وہ امتحان چاہتا تھا، اس نے آزمائش کے طور پر رسول اللہ کو کھجوریں قرض کے طور پر دے دیں، اور قرض ادا کرنے کا جو دن مقرر ہوا تھا اس سے پہلے آدھمکا اور حضورؐ کی چادر مبارک کو زور سے جھٹکا دے کر بولا:

''محمدؐ! تو ہمارا قرض کیوں نہیں دیتا؟ خدا کی قسم! تم عبد المطلب کے گھرانے والے بڑے نادہند اور لیلوٹ واقع ہوئے ہو''۔

حضرت عمرؓ سے ضبط نہ ہو سکا، بہت ہی تند لہجہ میں یہودی سے بولے:

''او دشمن خدا! تو نے رسولِ خدا کو جو کچھ کہا ہے، اگر حضورؐ کی نافرمانی کا ڈر نہ ہوتا تو ابھی تیری گردن اڑا دیتا''۔

حضورؐ نے عمرؓ پر تبسم آمیز نگاہ ڈالی اور نہایت نرم لہجہ میں فرمایا:

''عمرؓ! تمہیں تو مجھ سے قرض ادا کرنے کے لیے کہنا چاہئے تھا، جاؤ! اس کا قرض نبٹا دو، اور تم نے جو اسے ڈرایا اور دھمکایا ہے اس کے عوض بیس صاع اور زیادہ دینا''۔

یہودی پر حق پوری طرح کھل کر واضح ہو چکا تھا، غور و فکر کی اب ضرورت ہی نہ رہی تھی، وہ اسی وقت ایمان لے آیا اور قوم مغضوب کے دائرے سے نکل کر، اہل ''انعمت علیہم'' میں شامل ہو گیا۔

رسول اللہ اپنا کام خود اپنے ہاتھ سے کرتے، کپڑے دھو لیتے، جوتا گانٹھ لیتے، جانوروں کو چارہ ڈالتے، نوکر کے ساتھ ایک دستر خوان پر بیٹھ کر کھانا کھاتے، چھوٹے بڑے سب کو سلام کرنے میں سبقت فرماتے، لوگوں کے سلام کے منتظر نہ رہتے، لباس انتہائی سادہ اور کھانا موٹا جھوٹا جو سامنے آ گیا خوشی اور رغبت کے ساتھ کھا لیا۔

حضرت انس بن مالک کئی سال خدمت اقدس میں رہے، مگر حضورؐ نے کسی کام پر ان کو کبھی سخت سست نہیں کہا۔ اپنی ذات کے لیے کسی سے نہ انتقام لیتے نہ جھگڑتے اور نہ کسی کی خلاف طبیعت بات کا برا مانتے۔ ہاں دین کے معاملہ میں جلال آجاتا، یہودی کا ایک لڑکا حضورؐ کی خدمت کیا کرتا تھا۔ وہ بیمار ہو گیا تو خود اس کے گھر پیدل چل کر عیادت فرمائی۔

بلاوجہ گفتگو نہ فرماتے، زیادہ خاموش رہتے، ضرورت کے وقت نطق وحی آثار کو جنبش ہوتی، باتیں اس قدر مربوط اور ٹھہر ٹھہر کے کرتے کہ کوئی گننا چاہتا تو ایک ایک لفظ کو گن سکتا تھا، کسی شخص کو نصیحت کرنی ہوتی تو مجمع عام میں اس کا نام نہ لیتے بلکہ اس طرح فرماتے:

"آج کل لوگ ایسا ویسا کرنے لگے ہیں"

جب کوئی شخص اپنی خطا پر نادم ہو کر معافی چاہنے کے لیے حضورؐ کی خدمت میں حاضر ہوتا تو شرم وحیا کے مارے گردن جھکا لیتے، یوحنا نے حضورؐ کے مکہ میں فاتحانہ داخلہ کے بارے میں پیش گوئی کی تھی۔

اس کے لباس پر شہنشاہوں کا شہنشاہ اور خداوندوں کا خداوند لکھا ہوگا۔

صاحب مکاشفات سیکڑوں برس پہلے حضورؐ کے پیچھے فوجوں کا ادب ووقار کے ساتھ چلنا، اپنی چشم فراست سے دیکھ چکے تھے، تو یوحنا کا یہی "شہنشاہوں کا شہنشاہ" جب مکہ میں داخل ہوا تو سر مبارک کو اتنا جھکا دیا کہ کجاوے سے لگ گیا، حضرت عمر فاروقؓ روایت کرتے ہیں کہ ایک بار میں رسول اللہؐ کی خدمت میں حاضر ہوا، حضور تہبند باندھے چٹائی پر آرام فرما رہے تھے، چٹائی کے نشان جسم اطہر پر صاف ابھرے ہوئے نظر آتے تھے۔ گھر کے ایک گوشہ میں سیر دو سیر جو پڑے تھے اور دیوار پر چمڑا لٹکا تھا۔ اس بے سروسامانی اور فقر وافلاس کو دیکھ کر میری آنکھوں میں بے اختیار آنسو بھر آئے۔ حضورؐ نے میری آنکھوں کی نمی کو پہچان لیا۔ فرمایا:

"یا ابن خطاب! تجھے کس چیز نے رلایا؟"

میں نے عرض کیا:

"یا رسول اللہؐ میں نہ روؤں تو اور کیا کروں، قیصر وکسریٰ تو طلائی تخت اور حریر ودیبا کے نرم فرش پر مزے اڑائیں اور آپؐ خدا کے پیغمبر اور اس کے برگزیدہ ہوتے ہوئے اس حال میں بوریے پر زندگی بسر کریں۔"

عمر فاروقؓ کے جواب پر ارشاد ہوا:

’’ابن خطاب! کیا تو اس پر رضامند نہیں ہے کہ ان کے لیے دنیا ہو اور ہمارے واسطے آخرت‘‘

دفتر تمام گشت و بپایاں رسید عمر

ماہم چناں در اولِ وصفِ تو ماندہ ایم

قلم ہزاروں سطریں کاغذ پر منتقل کر چکا۔ مگر محمد رسول اللہؐ کے کسی ایک وصف کی بھی پوری تصویر نہ کھینچ سکی، لیکن اہل نظر اور ارباب ذوق کے لیے ان ادھورے خاکوں میں بہت کچھ عبرت و بصیرت کے سامان مل سکتے ہیں۔ دل میں درد اور طبیعت میں اخلاص ہو تو برگ و گل کو دیکھ کر عبرتیں حاصل کی جاسکتی ہیں اور ارباب بصیرت کے لیے گھاس کی ایک پتی بھی صحیفۂ فطرت سے کم نہیں، اور اس کتاب میں تو حقائق و واقعات پیش کیے گئے ہیں۔ ان واقعات میں صداقت ہے، زندگی ہے اور جان ہے۔ اب کسی کے دل کی آنکھیں بالکل ہی بے نور ہو گئی ہوں تو اس کا کوئی علاج نہیں۔ مگر چشم بصیرت میں ذرا سی بھی روشنی موجود ہے تو ’’دریتیم‘‘ کو پڑھ کر یہ کہنے پر مجبور ہو جائے گا، ایسی اور بس یہی ’’زندگی‘‘ حق و صداقت کا آخری معیار ہے۔ رمضان کی اٹھائیسویں صبح (۱۳۶۸ ہجری) طلوع ہونے والی ہے۔ نسیم سحری کے جھونکے محوِ خرام ہیں۔ آس پاس سے قرآن کی تلاوت کی دل نواز صدائیں آ رہی ہیں، اور ناول نگار ’’صاحب القرآن‘‘ پر درود و سلام بھیج رہا ہے۔ رحمۃ للعالمین پر سلام! خاتم النبیین پر سلام! انسانیت کے محسن اعظم پر سلام! اور عبداللہ کے دریتیم پر سلام!

امیدوار شفاعت

ماہر القادری

برائے یادداشت

براے یادداشت